Serie Literatura y Cultura
Editor General: Greg Dawes
Editora encargada de la serie: Ana Forcinito

La futuridad absoluta de Vicente Huidobro

Luis Correa-Díaz
y
Scott Weintraub
editores

Raleigh, NC

© 2018 Luis Correa-Díaz & Scott Weintraub

Reservados todos los derechos de esta edición para
© 2018 Editorial *A Contracorriente*

All rights reserved for this edition for
© 2018 Editorial *A Contracorriente*

Para ordenar visite http://go.ncsu.edu/editorialacc

Este libro fue publicado en inglés como *Huidobro's Futurity. 21st-Century Critical Approaches*. Minneapolis, MN: University of Minnesota Press, 2010. Hispanic Issues OnLine: http://cla.umn.edu/hispanic-issues. Se cuenta con todos los permisos de la editorial y de los autores para su publicación en castellano.

ISBN: 978-1-945234-48-4

Library of Congress Control Number: 2018945244

ISBN-10: 1-945234-48-2 (pbk)
ISBN-13: 978-1-945234-48-4 (pbk)

Coordinación y producción editorial de S.F. Sotillo
Corrección y edición por Diana Torres
Diseño de interior por Diana Torres & SotHer
Retrato de Huidobro de la tapa por David Alonso Cofré Bravo, con permiso.

Esta obra se publica con el auspicio y apoyo del Departamento de Lenguas y Literaturas Extranjeras de la Universidad Estatal de Carolina del Norte, el Departamento de Lenguas Romances de la Universidad de Georgia y el Departmento de Lenguas, Literaturas y Culturas de la Universidad de New Hampshire.

This work is published under the auspices and support of the Department of Foreign Languages and Literatures at the North Carolina State University, the Romance Languages Department at the University of Georgia, and the Department of Languages, Literatures, and Cultures at the University of New Hampshire.

Distributed by the University of North Carolina Press, www.uncpress.org

Contenido

Agradecimientos 7

La modernidad y futuridad absolutas de Huidobro: una
introducción 1
    Luis Correa-Díaz
    Scott Weintraub

Parte I. Culturalmente tuyo, Vicente Huidobro: poética y política culturales

1. La política transatlántica de solidaridad de Vicente Huidobro y la poética de la Guerra Civil Española 22
    Cecilia Enjuto Rangel

2. En busca de la autonomía del objeto en *Salle 14* de Vicente Huidobro 48
    Rosa Sarabia

3. *Altazor* y el 'individualismo estético' de Huidobro 67
    Greg Dawes

Parte II. Huidobro: (des)personificado, cuantificado, musicalmente inclinado y *au naturel*

4. *Altazor*: otros arreglos 92
    Bruce Dean Willis

5. La rosa de Huidobro: la dialéctica ambiental del
   creacionismo   117
   Christopher M. Travis

6. Berne – Copenhague – Madrid – París – Santiago:
   interpolaciones relativistas, variaciones cuánticas e
   impactos cósmicos en *Altazor* (1919-1931)   147
   Scott Weintraub

7. Canto VII de *Altazor*: lecturas críticas a través del
   sonido   171
   Felipe Cussen

Parte III. Huidobro y los otros: poética comparativa

8. Huidobro y Parra: dos generaciones de antipoetas   190
   Dave Oliphant

9. Huidobro desde *La nueva novela* de Juan Luis
   Martínez   213
   Oscar D. Sarmiento

10. Vicente Huidobro / Ezra Pound: traducir lo
    moderno   232
    Fernando Pérez Villalón

11. *Poèmes 1925*, Vicente Huidobro y Joaquín Torres
    García: la poesía intervenida   257
    Cedomil Goic

(Re)escribiendo la bibliografía de Huidobro… una vez más   266
Laura D. Shedenhelm

Contribuidores   352

Agradecimientos

Queremos agradecer a los colaboradores de este volumen, sin cuya paciencia y comprensión no hubiera sido posible. Greg Dawes y su equipo de Editorial *A Contracorriente* de la North Carolina State University demostraron un interés constante en publicar la versión castellana de *Huidobro's Futurity: 21st-Century Approaches* (University of Minnesota Press, *Hispanic Issues* Series, 2010), al igual que nuestros respectivos departamentos en la University of Georgia y en la University of New Hampshire. Nuestras familias y amigos también nos alentaron sin pausa, por lo que les dedicamos a todos ellos estos años de trabajo.

Quisiéramos agradecer también a la Fundación Huidobro y a su presidente, señor Vicente García-Huidobro S., por otorgarnos permiso para usar imágenes incluidas en este libro, y, especialmente, a Liliana Rosa, secretaria de la Fundación, por su amabilidad en ayudar a varios de los investigadores cuyo trabajo aparece en este volumen.

Como parte del alcance internacional de este proyecto huidobriano, empeñado en la extrema contemporaneidad del poeta chileno, agradecemos a quienes participaron en un número monográfico preparatorio que apareció en *Anales de Literatura Chilena* 9 (2008; http://www.uc.cl/letras/html/6_publicaciones/anales_n9.html), editado por Luis Correa-Díaz, Scott Weintraub y Cedomil Goic.

Finalmente, nos gustaría resaltar que la ética del futuro absoluto de Huidobro que nos sirvió siempre de hilo conductor, nos lleva paradójicamente a expresar nuestro más profundo agradecimiento a todos los estudiosos de la obra de Huidobro —bien lo saben los poetas, sólo ellos/ellas producen la resonancia renovada y continua de un escritor, de un artista.

La modernidad y futuridad absolutas de Huidobro: una introducción[*]

Luis Correa-Díaz
UNIVERSITY OF GEORGIA / ACADEMIA CHILENA DE LA LENGUA

Scott Weintraub
UNIVERSITY OF NEW HAMPSHIRE

Il faut être absolument moderne
(Se debe ser absolutamente moderno).
—Arthur Rimbaud, "Una temporada en el infierno" (1873)

Nothing gets old fast like the future.
(Nada envejece más rápido que el futuro).
—Lev Grossman

El comentario profético de Rimbaud enfatiza las dificultades de situar la modernidad cultural y literaria en un momento o lugar específicos, debido a que la modernidad, por y en sí misma, está compuesta de múltiples caminos divergentes. Estructuralmente, la modernidad apunta a borrar un pasado que inevitablemente necesita configurar su propio punto de partida, como Paul de Man sugiere "en la esperanza de alcanzar un punto que pudiera ser considerado como el verdadero presente" (1983, 148). A la vez, los caminos divergentes y rupturas de la modernidad, de hecho, producen la relación entre la innovación literaria y la modernidad histórica legible. De Man apunta:

[*] Traducción del inglés de Jorge García-Granados (University of Georgia).

> El continuo reclamo de la modernidad, el deseo de ruptura de la literatura hacia la realidad del momento, prevalece y, a su vez, recogiéndose en sí mismo, engendra la repetición y la continuidad de la literatura. Así la modernidad, que se constituye como una separación de la literatura y un rechazo a la historia, también actúa como un principio que otorga duración y existencia histórica a la propia literatura. (De Man 1983, 162)

Si la modernidad en tanto concepto debe dictar las condiciones de posibilidad del encuentro entre literatura e historia — como una fuerza dialéctica o una pulsión, no del todo diferente de lo que Octavio Paz describía en el contexto de la vanguardia latinoamericana como "la tradición de la ruptura"—, entonces tal vez no haya una mejor aproximación a la noción de Rimbaud de ser "absolutamente moderno" que lo que la crítica y meta-crítica consideran iniciado por la poética y estética experimentales del poeta chileno Vicente Huidobro (1893-1948), uno de los más influyentes escritores de los movimientos de vanguardia latinoamericana que se desarrollaron aproximadamente desde 1915 hasta la última parte de los años treinta. Su trabajo es ciertamente mejor conocido por su experimentación poética formal y visual, y es usualmente discutido en términos de su estética creacionista, que buscaba una esfera autónoma de la realidad poética que rechazara imitar el mundo natural en su fuerza creadora, tal como el poeta explicara en un manifiesto temprano titulado "La poesía", leído en el Ateneo de Madrid en 1921:

> El poeta crea fuera del mundo que existe el que debiera existir. (…) El poeta hace cambiar de vida a las cosas de la Naturaleza, saca con su red todo aquello que se mueve en el caos de lo innombrado, tiende hilos eléctricos entre las palabras y alumbra de repente rincones desconocidos, y todo ese mundo estalla en fantasmas inesperados. El valor del lenguaje de la poesía está en razón directa de su alejamiento del lenguaje que se habla. (…) La Poesía es un desafío a la Razón, el único desafío que la razón puede aceptar, pues una crea su realidad en el mundo que ES y la otra en el que ESTÁ SIENDO. (…) Toda poesía válida tiende

al último límite de la imaginación. Y no sólo de la imaginación, sino del espíritu mismo, porque la poesía no es otra cosa que el último horizonte, que es, a su vez, la arista en donde los extremos se tocan, en donde no hay contradicción ni duda. Al llegar a ese lindero final el encadenamiento habitual de los fenómenos rompe su lógica, y al otro lado, en donde empiezan las tierras del poeta, la cadena se rehace en una lógica nueva. El poeta os tiende la mano para conduciros más allá del último horizonte, más arriba de la punta de la pirámide, en ese campo que se extiende más allá de lo verdadero y lo falso, más allá de la vida y de la muerte, más allá del espacio y del tiempo, más allá de la razón y la fantasía, más allá del espíritu y la materia. (1964, 654–656)[1]

La obra huidobriana, en todos los géneros que explorara, marca una serie de importantes puntos de encuentro entre las vanguardias europeas y latinoamericanas, además de ser determinante en el desarrollo del canon poético chileno y latinoamericano. El trabajo crítico sobre la producción literaria de Huidobro se ha centrado en aspectos muy específicos: los diversos elementos lingüísticos de su poesía; la compleja relación entre palabra e imagen, en sus caligramas y su poesía visual; sus múltiples proyectos estéticos vanguardistas; y lo canónico y lo original de su escritura. Algunos críticos notables como Octavio Paz, René de Costa, Saúl Yurkievich, Guillermo Sucre, Cedomil Goic, George Yúdice, Ana Pizarro, Hugo Montes, Federico Schopf, Jorge Schwartz y Jaime Concha, entre otros, han contribuido a una considerable bibliografía que analiza y promueve la obra de Huidobro[2]. La aproximación del presente libro, sin embargo, apunta a entablar una conversación con, y posteriormente, responder a, un movimiento hecho desde la "absoluta modernidad" hasta una absoluta futuridad de los proyectos textuales de Huidobro. Del mismo modo que lo que ocurría en Rimbaud, los escritos de Huidobro son continuamente contemporáneos en un sentido extremo y urgente, e invitan a constantes reinterpretaciones y recontextualizaciones. Sin embargo, lo más importante es que el llamado que emana de la obra de Huidobro es urgente, considerado a la luz de la admonición, repetida por *Altazor*, de que "no hay tiempo que perder" (en el Canto IV, del poema epónimo). Esto invoca al lector por venir a explorar nuevos campos, mientras, al mismo tiempo, este lector debe estar seguro de prestar atención a la advertencia de Huidobro: "El lector corriente no se da cuenta de que el mundo rebasa fuera del valor de las palabras, que queda siempre un más allá de la vista humana, un campo inmenso lejos de las fórmulas del tráfico diario" (1964, 655).

Los ensayos incluidos aquí, por lo tanto, siguen este variopinto imperativo desde recientes trabajos teóricos y metodológicos realizados en las humanidades y en las ciencias —incluidas, pero no limitadas a los estudios culturales y trasatlánticos, la ecocrítica, la teoría cuántica y la cosmología, los estudios de los medios, las artes visuales, la teoría política, el psicoanálisis, la teoría del trauma, y la deconstrucción. En lugar de concebir este libro como una respuesta a cualquier tipo de 'estancamiento' en el estado de la crítica de Huidobro, concebimos que la naturaleza exploratoria de este volumen abrirá nuevas líneas de indagación sobre la escritura practicada por Huidobro en la primera parte del siglo XX. Y mientras la pregunta central de la relectura de Huidobro es frecuentemente formulada en términos de una aproximación a la poética, estos artículos examinan trabajos representativos de muchos géneros. Adicionalmente, creemos que los ensayos mismos cuestionan la validez de estas demarcaciones genéricas en la particularidad del proyecto literario continuamente innovador de Huidobro.

En términos de la especificidad de las contribuciones críticas a los estudios de Huidobro que este libro propone, la primera sección, titulada "Culturalmente tuyo, Vicente Huidobro: poética y política culturales", explora cómo y en qué medida los viajes europeos de Huidobro forman parte de un variado encuentro lingüístico, literario y cultural entre las poéticas (primariamente vanguardistas) americanas y europeas. Los artículos en esta sección examinan el modo en que la historicidad del proyecto poético de Huidobro, en tanto escritos vanguardistas, constituye una recontextualización única de los constructos ideológicos trasatlánticos literarios, culturales y políticos. Estas operaciones críticas reconsideran el cuerpo de la obra huidobriana interrogando la naturaleza material de la obra de arte en medio de los formalismos de la vanguardia, así como su ideología estética y social. Adicionalmente, los ensayos incluidos en esta sección reevalúan el lugar de Huidobro en el contexto global/ histórico literario por medio de las filiaciones (o caminos divergentes) entre su trabajo y el momento histórico de la vanguardia.

La primera pieza incluida en esta sección, "La política transatlántica de la solidaridad de Huidobro y la poética de la Guerra Civil Española" de Cecilia Enjuto Rangel, explora los poemas, los manifiestos políticos, entrevistas y cartas de apoyo a la República Española escritos por Huidobro durante la Guerra Civil (1936–1939). La investigadora sitúa la contribución del escritor chileno a la solidaridad transnacional en el contexto del período de vanguardias a través del énfasis del rol central que la raza y la tradición juegan en muchos textos de Huidobro, soslayados por muchos análisis; y también compara el tenor de los escritos de Huidobro con los del denominado arte 'comprometido' de muchos poetas notables de Latinoamérica y España que apoyaron la causa de la República. El análisis de Enjuto Rangel culmina con una interpretación detenida de la inolvidable elegía "España" (1937), en la que los versos de Huidobro dan testimonio de la fragmentación y destrucción de una nación previamente gloriosa, mientras que, al mismo tiempo, recupera los problemáticos lazos de sangre entre Latinoamérica y sus antepasados coloniales españoles para reforzar los vínculos dentro del mundo hispanohablante.

La contribución de Rosa Sarabia, titulada "En busca de la autonomía del objeto en *Salle 14* de Vicente Huidobro", por otro lado, se enfoca en el asunto de la política cultural y la obra de arte por medio de una interpretación de la exhibición, realizada en 1922 por Vicente Huidobro, de trece "poemas pintados", promocionados como *Salle XIV*. El artículo de Sarabia presenta un detallado análisis de los poemas pintados —especialmente "Minuit"— en términos del valor material, la originalidad, y la autonomía del objeto artístico. Sarabia continúa considerando la reinscripción en la escena del arte contemporáneo postmoderno a través de una exhibición titulada "Vicente Huidobro y las artes plásticas", que se llevó a cabo en el Centro de Arte Reina Sofía, en Madrid, España, en 2001. Sarabia sostiene, siguiendo al crítico cultural Eduardo Grüner, que la reificación de la obra de arte es, de hecho, la condición de posibilidad de su autonomía, hecha posible, en el caso de "Huidobro y las artes plásticas", con el patrocinio de Telefónica S.A. Esto muestra, de acuerdo con la interpretación de Sarabia de la exhibición, el modo en el cual las exposiciones como la rencarnación de Salle XIV se reifican y regulan dentro de una mayor industrialización de la cultura, del mismo modo en que Néstor García Canclini lo ha defendido para otros contextos.

El ensayo "*Altazor* y el 'individualismo estético' de Huidobro", escrito por Greg Dawes, marca un retorno a/de lo político en nuestras proyecciones de la futuridad de Huidobro, una corriente que emerge desde las mismas profundidades de una de sus obras — *Altazor* (1919-1931)— que se ha leído como la culminación y última etapa de la experimentación estética que caracterizó mucho del quehacer de las vanguardias globales. Dawes sostiene, de hecho, que *Altazor*, en sí y por sí mismo, se puede leer como la apoteosis de la estética política anarquista, en tanto que desplaza el radicalismo político del anarquismo y en tanto destaca la centralidad de la inclinación de izquierda de la visión libertaria de Huidobro en su sistema poético más amplio. A través de la cuidadosa interpretación de Dawes acerca de *Altazor* como un manifiesto poético-político, se podría defender la idea de que la estética vanguardista de Huidobro puede ser pensada como el el otro lado del anarquismo, de tal manera que es posible anunciar el triunfo del individualismo radical como punto de intersección entre el arte y la vida cívica/política.

El segundo grupo de ensayos, colectivamente titulados "Huidobro: (des)personificado, cuantificado, musicalmente inclinado y *au naturel*", se examina una innumerable cantidad de rasgos astronómicos, biopolíticos, musicales y ecocríticos en la producción poética y textual de Huidobro. Estos artículos llaman la atención sobre nociones naturalísticas, melódicas y corporales que estructuran tanto literaria como tropológicamente la poética de Huidobro, para resaltar la insistente, incluso urgente, resonancia de su trabajo dentro y más allá de los contextos teóricos y críticos actuales en los estudios hispánicos y literarios.

En "*Altazor*: un nuevo orden", Bruce Dean Willis examina la continua reordenación de los elementos lingüísticos, musicales y corporales en la dialéctica de creación y destrucción del extenso poema. Para Willis, los tropos de la descomposición física, que acompañan la progresiva degradación material de las palabras en *Altazor*, demuestran el 'fracaso' del poema (en la medida que escapar del lenguaje es imposible), aunque terminan reforzando, no obstante, el potencial creativo causado por el sonoro silencio del final del poema hacia la última parte del Canto VII. Es decir, la lectura atenta del reordenamiento de *Altazor*, y la mezcla de interludios lingüísticos y musicales que acarrean una serie de transformaciones estructurales, tonales y alquimísticas, alcanza una exitosa destrucción que permite liberar, a manera de Lázaro, el renacimiento de la poesía en el medio de la muerte del significado.

Moviéndose desde las exploraciones con la sinécdoque en *Altazor* a los rasgos ecocríticos de la estética creacionista de Huidobro, el siguiente artículo, "La rosa de Huidobro: la dialéctica ambiental del creacionismo", escrito por Christopher M. Travis, pone su atención en el modo en que Huidobro desafía la objetivación de la naturaleza como un fetiche estético, para posteriormente involucrarse en un diálogo más activo con el mundo no humano. Travis desarrolla, primero, la propuesta de que el poeta no debe obedecer la jerarquía tradicional que ha colocado a Dios/Naturaleza sobre la humanidad, como se evidencia, en particular, en manifiestos como "Non Serviam" y el famoso poema "Arte poética". A través de una detenida lectura posterior de muchos textos que abarcan la trayectoria de la carrera poética de Huidobro —desde los escritos tempranos de inspiración modernista hasta la apoteosis de su proyecto creacionista que es *Altazor*— Travis ilumina, reevaluando las exploraciones textuales y humanistas del poeta chileno con una mirada ecocrítica, el tipo de re-conocimiento inherente en la búsqueda, y pérdida, de la Naturaleza en Huidobro.

En "Berne-Copenhague-Madrid-París-Santiago: Interpolaciones relativistas, variaciones cuánticas e impactos cósmicos en *Altazor* (1919-1931)", Scott Weintraub reconsidera el impacto de una serie de 'caídas' lingüísticas, críticas, alegóricas y gravitacionales en la trayectoria de un "viaje en paracaídas" hecho por un *Altazor* que desciende irrevocablemente. Aquí Weintraub enfatiza, a través de discutir, primero, diversas aproximaciones críticas al problema de la ambigua e "ilegible" conclusión del poema, la relevancia de un evento lingüístico en el campo gravitacional del poema. Weintraub contextualiza esta caída desde el referente lingüístico y conceptual en *Altazor*, proporcionando un examen necesario del imaginario científico que el poema comparte con los importantes descubrimientos en la física teórica y experimental de las primeras décadas del siglo XX. A través de la presentación del contexto histórico del cambio de paradigma relativista/cuántico, que era contemporáneo a la composición del poema, se exploran las maneras en las que *Altazor*, en sí y por sí mismo, delimita el paso discursivo e histórico de la física de Newton a la física cuántica. Las actividades generadoras de significado en *Altazor*, leídas con respecto a las preocupaciones cuánticas y cosmológicas, muestran cómo el extenso poema de Huidobro recorre el movimiento descendiente de un evento lingüístico y cósmico que, sin embargo, carece de horizonte y es, radicalmente, de naturaleza heterogénea —una faceta del poema que es indicativa de los tipos de fluctuaciones cuánticas cuyo "recorrido" no se puede predecir con seguridad o no se puede describir con total certeza o control.

En la última pieza de esta sección, titulada "'Canto VII' de *Altazor*: lecturas críticas a través del sonido", Felipe Cussen destaca la falta de incorporación de las versiones musicalizadas de *Altazor* en las bibliografías sobre el poema de Huidobro. Comenta varias versiones de la musicalización del "Canto VII" de *Altazor*, probando que "la sonorización o musicalización no es solamente una operación estética o un ejemplo de traducción intersemiótica, sino también otra forma de lectura crítica". Luego emprende un análisis detallado de dos versiones del "Canto VII", las de Jaap Blonk y Patricio Wang (del grupo Quilapayún). Al final del ensayo se incluye la transcripción de unas entrevistas con Blonk y Wang en las cuales los compositores hablan sobre sus obras musicales.

La tercera y última sección de ensayos, agrupados bajo la rúbrica de "Huidobro y los otros: poética comparativa", explora la futuridad de Huidobro en términos del impacto de su escritura en los poetas futuros y sus ambientes poéticos. En particular, estos ensayos se centran en la marca indeleble que dejó Huidobro en el cuerpo poético de poetas más recientes, Nicanor Parra y Juan Luis Martínez, y explora muchos vínculos vigentes (Norte-Sur y Sur-Norte) entre las vanguardias latinoamericanas y la posterior producción poética norteamericana. En "Huidobro y Parra: dos generaciones de antipoetas", Dave Oliphant explora las maneras en que "Also Sprach *Altazor*" (publicado en *Discursos de sobremesa*, 2006) de Parra abiertamente rinde homenaje a la revolucionaria producción "antipoética" de Huidobro, mientras que, al mismo tiempo, satiriza el subdesarrollo de la irreverente impronta huidobriana en el canon poético chileno. Oliphant percibe la interpretación que Parra hace sobre Huidobro a través de la antipoética de los giros cómicos "del discípulo" en numerosos temas tales como las rivalidades histórico-literarias, los naufragios, los ataúdes, el abandono que Huidobro hace del comunismo, entre muchos otros. Oliphant da cuenta también de los irónicos comentarios de Parra en sus libros tempranos como *Poemas y antipoemas* (1954) y *Versos de salón* (1962). De acuerdo con Oliphant, entonces, "Also Sprach *Altazor*" regresa a, y parte de, los originales del maestro, de tal manera que le permite a Parra hacer una variación de la poética creacionista fundacional de Huidobro de un modo lúdico, que se puede leer como una revelación del sistema poético burlón-heroico e irreverente de Parra.

Óscar D. Sarmiento, en "Entrecruzando reflexiones: Huidobro desde *La nueva novela* de Juan Luis Martínez", revisa el corpus literario y visual de Vicente Huidobro a través de un conjunto de momentos cruciales en el objeto de arte/collage poético martiniano irónicamente titulado *La nueva novela* (1977). A través del cuidadoso cuestionamiento del impacto del proyecto creacionista de Huidobro en el complejo tejido de citas y contradicciones de Martínez, Sarmiento reflexiona sobre las posibilidades textuales del uso del humor y la ironía en ambos poetas, las representaciones visuales de la realidad, el contexto performativo en el re-encuentro martiniano con la vanguardia, así como el retorno de lo político en medio de una estética textual radical.

El siguiente ensayo sigue el hilo conductor de la poética comparativa, pero se desvía ligeramente hacia la práctica y política de la traducción literaria. Fernando Pérez Villalón, en "Huidobro/Pound: traducir lo moderno", reconoce los caminos de Vicente Huidobro y los desplazamientos físicos y lingüísticos de Ezra Pound por medio del viaje así como también de la traducción, destacando la tensión entre la lengua materna y las otras lenguas en en el trabajo de ambos poetas. Reflexionando sobre la otredad del lenguaje en sí mismo en la poesía escrita por Huidobro y Pound, Pérez Villalón revalúa la auto-inserción de cada poeta en el contexto del modernismo europeo a la luz del papel que la traducción ha jugado en la composición y la recepción de los trabajos de ambos poetas, y explora más a fondo las propias reflexiones teóricas de cada poeta en la (in)traducibilidad de la poesía y sus ramificaciones culturales.

El enfoque del ensayo final del libro, "*Poèmes Paris 1925*, Vicente Huidobro and Joaquín Torres García: imagen visual y escritura poética", preparado por Cedomil Goic, se centra en la original reinterpretación del pintor uruguayo Joaquín Torres García sobre el libro *Tout à coup* de Huidobro en Poèmes Paris 1925, en que el pintor intercala los poemas con dibujos simbólicos. Goic analiza las formas en que el encuentro entre el imaginario visual y la escritura poética permite comprender mejor los poemas, y representa una instancia original de diálogo creativo entre poesía y pintura, entre poeta y artista plástico.

Si bien, definitivamente, los ensayos y bibliografía incluidos en este libro deberían representar una importante revisión de los estudios acerca de Huidobro, de ninguna manera tratan de agotar o impedir nuevas lecturas del cada vez más relevante proyecto creativo huidobriano. La ética de los "nuevos enfoques" a la cual estos ensayos responden ofrece una muestra de las aproximaciones posibles dados los enfoques teóricos contemporáneos de la literatura y las artes visuales, entre otras disciplinas. Al mismo tiempo, otras relecturas, especulamos, podrían explorar en mayor profundidad los siguientes temas y preguntas, entre una innumerable cantidad de posibles avenidas críticas que dejamos anotadas aquí para promover la continuación de estos nuevos estudios huidobrianos:

1. Un Huidobro digital/izado.

¿De qué manera la poética y la obra literaria de Vicente Huidobro anticipa y evoca simultáneamente las particulares (re)configuraciones tecnológicas de la literatura en la era digital? En esta sección también se podrían considerar las maneras en que la obra de Huidobro ha sido o debería ser digitalizada.

2. Palabra e imagen/Huidobro visualmente.

La relación fundamental entre la palabra y la imagen. En sus proclamas teóricas y en su poesía, Huidobro desarrolla un proyecto transgresor y radical —en especial en sus caligramas y otros medios visuales durante el apogeo de la experimentación formal vanguardista. ¿Cómo se podría seguir la recontextualización y reevaluación de las preocupaciones visuales huidobrianas a la luz de los recientes planteamientos teóricos de los estudios de los medios, de la comunicación, y de la cultura visual?

3. Releyendo a (mi propio) Huidobro.

Setenta años después de la muerte del poeta chileno, muchos de los críticos que han escrito sobre Huidobro podrían estar interesados en volver a leer y evaluar sus anotaciones publicadas en términos de las metodologías o enfoques teóricos recientes. De la misma manera, anticipamos que la reflexión sobre la propia obra, en relación con las reinterpretaciones de los escritos de Huidobro, producirá nuevos y sorprendentes encuentros críticos.

4. Luchando con Huidobro.

Se necesita una reflexión crítica adicional con respecto a las polémicas en que se involucró personalmente Huidobro, incluyendo sus intercambios con Pablo Neruda, Pablo de Rokha, y Guillermo de Torre, entre otros; así como los conflictos, debates, o incluso impasses que su trabajo ha producido en medios artísticos, críticos, académicos y políticos.

5. Huidobro humorístico.

¿En qué formas la poesía de Huidobro y sus manifiestos configuran las múltiples relaciones entre lo corpóreo y el potencial desarticulador de la risa? Algunos ensayos sobre este tema podrían explorar la respuesta fisiológica involuntaria de la risa y su interrupción paroxística en la concepción fluida de Huidobro de la poesía y la poética. Si la circulación rítmica de humores o elementos en los escritos de Huidobro está continuamente expuesta a la amenaza de la parábasis, entonces ¿cuál es el estado del sujeto y el cuerpo poético en sus escritos?

6. El futuro de la 'futuridad' de/en Huidobro.

A la luz de la "actualización" y "nuevos enfoques" propuestos en el actual volumen, se podría continuar (re)considerando los rastros o huellas dejadas por Huidobro en la literatura latinoamericana y mundial en el contexto literario de las post-vanguardias, además de conjeturar sobre el futuro de la interpretación y transmisión de la obra de Huidobro.

El hilo conductor de estas nuevas direcciones busca desarticular lo que comúnmente se ha concebido, en los estudios literarios, como la trayectoria lineal de los momentos críticos que ha dado lugar a la historia literaria. Sin embargo, como muestran los ensayos de este libro, el insistente énfasis sobre el asunto de la modernidad de Huidobro toma lo 'nuevo' como una interrupción que es condición de posibilidad de la narración metafórica que constituye la historia misma (De Man 1983, 159). Y mientras Huidobro mismo sugirió en un entrevista de 1938, que "la poesía moderna comienza conmigo", nuestra indagación de la absoluta modernidad saca a relucir las maneras en que la narrativa se construye a través de la iniciativa crítica de interpretar cómo la contemporaneidad de Huidobro no puede eliminar sus propios orígenes o su fin, incluso cuando se anuncia su futuridad constituyente.

Tal vez nadie ha descrito con mayor precisión sobre este tipo de "futuridad" huidobriana que Eliot Weinberger en la introducción a su traducción de *Altazor* (2003)[2], un poema dividido en siete cantos, que es producto de su tiempo —históricamente situado entre las dos guerras mundiales-, es un poema que pertenece a una "época que se pensaba a sí misma como post-apocalíptica" y estaba estéticamente "obsesionada con la celebración de lo nuevo" (2003, vii). Esta fue una época que postulaba una nueva concepción del tiempo, como Octavio Paz sugirió en la década de 1970 cuando se acuñó la frase "la tradición de la ruptura": "Nuestro tiempo se distingue de otras épocas y sociedades por la imagen que nos hacemos del transcurrir: nuestra conciencia de la historia" (1981, 27). La tradición de la ruptura, que Huidobro, sin duda, encarnó, "por una parte, es una crítica del pasado, una crítica de la tradición; por la otra, es una tentativa, repetida una y otra vez a lo largo de los dos últimos siglos, por fundar una tradición en el único principio inmune a la crítica, ya que se confunde con ella misma: el cambio, la historia" (1981, 25). Uno de los aspectos cruciales de esta nueva tradición, de acuerdo con Paz, es (la ilusión de) la celeridad del tiempo (una percepción que, ciertamente, estructura nuestras vidas): "el tiempo transcurre con tal celeridad que las distinciones entre los diversos tiempos—pasado, presente, futuro— se borran o, al menos, se vuelven instantáneas, imperceptibles e insignificantes" (1981, 21).

Los mismos términos se presentan en la introducción de Weinberger —que otra vez confirma, por un lado, la validez imperecedera del ensayo de Octavio Paz, y, por otro lado, la influencia de Huidobro en este asunto. Aunque Paz no menciona al poeta chileno aquí, sería difícil negar la presencia de Huidobro en las ideas de Paz— después de todo, el poeta y ensayista mexicano describe a Huidobro en su libro de 1956, *El arco y la lira*, de la siguiente manera: "contempla de tan alto que todo se hace aire. Está en todas partes y en ninguna: es el oxígeno invisible de nuestra poesía" (1993, 96)[3]. Weinberger observa la misma aceleración que presiona a todos —en particular a los artistas y poetas, "los ciudadanos del progreso internacional"— hacia la "tarea de hacer lo nuevo desde de lo nuevo". Escribiendo más de cinco décadas después (en nuestro siempre escurridizo presente), Weinberger definitivamente reposiciona la singularidad de la obra maestra de Huidobro cuando sugiere que

> todo el tiempo colapsó en el único momento del ahora. "La velocidad", dijo Norman Bel Geddes, quien rediseñó el mundo, "es el grito de nuestra era", y *Altazor* es, entre otras cosas, seguramente el poema largo más rápido de leer que jamás se haya escrito. ¿Qué otro poema nos sigue recordando que hay que darse prisa, que no hay tiempo que perder? (2003, vii)

Así, con *Altazor*, Huidobro escribió el poema del futuro, y para el futuro —pero no sería justo simplemente leer su obra como una especie de texto futurista (aunque creacionista, en rigor) en el sentido moderno. ¿Qué es un poema del futuro y para el futuro? Es simplemente un poema que fuerza una llamada, una urgente en el caso de Huidobro, a enfrentar y empezar a encargarse completamente de "nuestro futuro cósmico", muy en el camino sugerido por Olaf Stapledon (citado por Nikos Prantzos en la conclusión de *Nuestro futuro cósmico. El destino de la humanidad en el Universo*): "Para el misterio del futuro lejano, entonces, hay que tratar de ver a la raza humana en su entorno cósmico, y moldear nuestros corazones para contemplar nuevos valores". Es un intento en el que "nuestra imaginación debe estar estrictamente disciplinada", y este intento imaginativo está más cerca del arte que de la ciencia en el "efecto que debe tener en el lector", dado que la ciencia debe ser siempre la fuente tanto de la potencialidad como de la humildad en el destino inevitable de la humanidad (2000, 272). Y es un destino que la poesía debe encarnar, como es el caso de Huidobro, claramente un poeta notable en este aspecto particular[4].

Por esta razón, debemos ir más allá de una lectura de *Altazor* (simplemente) como un poema antiépico a través del trazo del fracaso metafísico/metalingüístico y la caída (humana), como Weinberger sugiere: "*Altazor* es el poema de la caída, no del regreso a la tierra —aunque algunos críticos han insistido en interpretarlo como una versión del mito de Ícaro, pero en el espacio" (2003, x). En el presente volumen, en tanto que el artículo de Weintraub explora más directamente este nuevo paradigma crítico, otros investigadores llaman la atención sobre preocupaciones similares desde diferentes posiciones teóricas, en tanto todas ellas reconocen que hay más que saber en *Altazor* (y, por extensión, de Huidobro el poeta), este "cosmonauta, aviador que se desplaza a través del cosmos en paracaídas en vertigo y ascension metafísica" (Pizarro, 1994, 11), como Pizarro describe concisamente en su "Preámbulo a Huidobro, jugador aéreo".

Todos los enfoques críticos previos tienden a detenerse en este punto y no pretenden llevar más allá (hacia el futuro) la experiencia de lectura y, por lo general regresan, como lo hace Pizarro, con sutileza crítica innegable, para desarrollar los asuntos que estructuran e informan la modernidad europea y latinoamericana. El momento de esta otra lectura ha llegado, un momento en el que estos epítetos no son sólo imperativos modernos, sino también, y más importantemente, proporcionan una visión que concierne a la historia a una escala casi inimaginable. Por eso, la "transformación radical" que promovió Huidobro, como Pizarro describe con precisión, "forma parte de un proceso mucho mayor. Su virtualidad de pionero es percibirlo, impulsarlo, su grandeza de escritor es proyectar en él su máxima potencialidad estética, su virtud de escritor latinoamericano es haber construido con éste un discurso de perfil propio" (1994, 12). Sin embargo, ese "proceso mayor" en el que la obra de Huidobro participa no se limita al cosmopolitismo, al auge de la tecnología y a todos los demás matices que rodean a la modernidad. Es aún más complejo, en la medida en que habla de una aventura más apremiante para toda la humanidad: la de abrazar nuestra edad mítica, el presente-futuro, si estamos de acuerdo con Jean-Paul Martinon, con que "la futuridad constituye el espacio presente del futuro, lo que se ve hoy como el futuro" (2007, xi)[5].

Ya es hora de remover críticamente o desalojar a Huidobro de su presunta absoluta modernidad —más aún teniendo en cuenta que Paz, en su discurso al recibir el Premio Nobel en 1990, destacó que la modernidad, y su futuro/progreso, fue siempre previamente cancelada, y la posmodernidad fue un paréntesis, como Gilles Lipovetsky más tarde sugeriría en *Hypermodern Times*. Debemos interpretar a Huidobro en su absoluta futuridad, que no es la del impulso moderno, fascinado con lo nuevo (aviones, etc.), sino la de "la caída en el espacio" y la aceptación del destino cósmico de la humanidad. Esta llamada está presente y es, de hecho, constituyente de la poesía de Huidobro —no es solo la llamada de *Altazor*, es la de Huidobro como poeta y cosmonauta *avant la lettre*, que a pesar de querer ser transubstanciado en árboles para descansar finalmente en paz en el fondo del mar, no se olvidó de decirnos en "El paso del retorno" que traía para nosotros "un amor muy parecido al universo" (1981, 221).

Notas

1   Consulte el proyecto bibliográfico de Laura D. Shedenhelm para la actualización de los estudios críticos sobre Huidobro, incluido al final de este volumen.
2   Como es bien conocido (y Weinberger no duda en recordárnoslo, dada su importancia teórica y práctica para su propio trabajo como traductor del poema), es probable que "el original de este poema intraducible pueda ser en sí mismo una traducción" (Huidobro 2003, xii). Sea que pertenezca al ámbito del mito o sea un hecho, lo importante aquí es que esta situación vincula a *Altazor* con el *Quijote* y, por

lo tanto, esta relación puede ser utilizada para predecir el lugar que el primero tendrá en la (futura) historia de la escritura en lengua española. Si la obra maestra de Cervantes —que abrió la puerta a la modernidad de muchas maneras y, por lo tanto, fue crítica del pasado— sigue siendo constitutiva del sueño de volver a una edad de oro imposible de encontrar, salvo en un tiempo mítico, entonces, *Altazor* es la culminación de la actitud crítica revisionista y moderna, que deja tras de sí y olvida toda la nostalgia. En consecuencia llega a ser una llamada urgente a cancelar definitivamente el pasado e iniciar la conquista de una próxima edad de oro, ya en progreso, como Weinberger señala astutamente: "Érase una vez que lo nuevo era sagrado, el espacio se convirtió en el territorio inexplorado, y el futuro fue la única época mítica" (Huidobro 2003, xi).

3 Es importante que la traducción de Weinberger esté acompañada de una nota publicitaria de Octavio Paz: "el gran poema de Huidobro es el más radical experimento en la era moderna. Es una epopeya que cuenta las aventuras, no de un héroe, sino de un poeta en los cielos cambiantes del lenguaje. A través de los siete cantos vemos a *Altazor* someter al lenguaje a actos violentos o eróticos: mutilaciones y divisiones, cópulas y yuxtaposiciones. La traducción al inglés de este poema, que está repleta de complejidades, es otra hazaña épica, y su héroe es Eliot Weinberger" (Huidobro 2003).

4 Al igual que en el caso de las ampliamente estudiadas transformaciones de la vida moderna, Ana Pizarro sintetiza estas nociones en cuanto le competen a Huidobro: "El discurso del arte en su asimilación privilegiada de las transformaciones en el universo simbólico no podía dejar de textualizar la nueva relación del hombre consigo mismo y con el mundo que establecía la nueva conformación del universo urbano y el cosmopolitismo que se abría como fenómeno de la tecnología y de la guerra europea" (1994, 12).

5 Martinon destaca el (absoluto) punto de enfoque del presente, un presente que privilegia su nueva relación con el futuro más que con el pasado: "A partir de esta comprensión de la palabra 'futuro', uno puede entonces proceder a 'contemplar' o 'atisbar' hacia el futuro, sabiendo muy bien que esta contemplación, o atisbo, solo se permite por nuestra situación actual. Por otra parte, si uno está más inclinado a tomar medidas, se puede ya sea 'ser cauteloso' o ya sea 'ser osado' hacia la futuridad, otra vez desde la base de opciones disponibles para nosotros hoy. El significado del término es, por tanto inambiguo: lo que se puede identificar *aquí* y *ahora* como el futuro" (2007, xi). Esta comprensión de la futuridad nos lleva otra vez a las palabras de Sta-

pledon (citado en Prantzos), cuando nos advierte que en esta apertura al futuro "nuestra imaginación debe estar estrictamente disciplinada. Debemos procurar no ir más allá de los límites de la posibilidad establecida por el estado particular de la cultura en la que vivimos" (2000, 272). Nosotros concebimos esta "imaginación disciplinada" sin ninguna contradicción con nuestra propuesta aquí en este libro y, tampoco, evidentemente, con el trabajo creativo de Huidobro.

Obras citadas

De Man, Paul. 1983. *Blindness and Insight: Essays in the Rhetoric of Contemporary Criticism*. Minneapolis: University of Minnesota Press, 1993.
Grossman, Lev. 2009. "Back to the Final Frontier". [Reseña de la película *Star Trek* (2009)] *Time* 173, n° 17: 51–52.
Huidobro, Vicente. 2003. *"Altazor" or a Voyage in a Parachute: Poem in VII Cantos*. Edición bilingüe. Trad. Eliot Weinberger. Middletown, CN: Wesleyan University Press.
— 1999. *Manifestos/Manifest*. Trad. Gilbert Alter-Gilbert. København: Green Integer.
— 1964. *Obras completas*. Prólogo de Braulio Arenas. Tomo I. Santiago de Chile: Empresa Editora Zig-Zag. [Se consultó también: www.vicentehuidobro.uchile.cl]
— 1981. *The Selected Poetry of Vicente Huidobro*. Ed. David M. Guss. New York: New Directions.
Lipovetsky, Gilles. 2005. *Hypermodern Times*. Trad. Andrew Brown. Cambridge: Polity Press.
Martinon, Jean-Paul. 2007. *On Futurity: Malabou, Nancy and Derrida*. New York: Palgrave Macmillan.
Paz, Octavio. 1993. *El arco y la lira*. Novena reimpresión. México: Fondo de Cultura Económica.
— 1973. *The Bow and the Lyre*. Trad. Ruth C. Simms. Austin: University of Texas Press.
— 1974. *Children of the Mire*. Trad. Rachel Phillips. Cambridge: Harvard University Press.
— 1981. *Los hijos del limo*. Barcelona: Seix Barral.

— 1991. *In Search of the Present*. Discurso de Nobel 1990. Edición bilingüe. Trad. Anthony Stanton. San Diego, CA: A Harvest/HBJ Original.

Pizarro, Ana. 1994. *Sobre Huidobro y las vanguardias*. Santiago: Instituto de Estudios Avanzados/Universidad de Santiago.

Prantzos, Nikos. 2000. *Our Cosmic Future: Humanity's Fate in the Universe*. Trad. Stephen Lyle. Cambridge: Cambridge University Press.

Rimbaud, Arthur. 2009. *Oeuvres complètes*. París: Gallimard.

PARTE 1. CULTURALMENTE TUYO, VICENTE HUIDOBRO:
POÉTICA Y POLÍTICA CULTURALES

La política transatlántica de solidaridad de Vicente
Huidobro y la poética de la Guerra Civil Española[*]

Cecilia Enjuto Rangel
UNIVERSITY OF OREGON

La Guerra Civil Española (1936-1939) movilizó e inspiró políticamente una poética de solidaridad transnacional. Desde ambos lados del Atlántico, poetas latinoamericanos como Vicente Huidobro, Nicolás Guillén, Pablo Neruda, Octavio Paz y César Vallejo se unieron a poetas españoles como Antonio Machado, Luis Cernuda, Concha Méndez, Rafael Alberti y Miguel Hernández, para apoyar a la causa republicana. Sin embargo, la presencia de Huidobro en el Segundo Congreso Internacional de Escritores en Defensa de la Cultura y la República española fue ensombrecida por el rol protagonista de Neruda en el congreso y las evidentes rivalidades y tensiones entre los dos poetas chilenos[1].

En vez de retomar las rivalidades, en este ensayo propongo revisar los poemas, manifiestos políticos, entrevistas, y cartas en apoyo a la República Española[2]. Muy pocos críticos han escrito sobre los textos de Huidobro ante la Guerra Civil Española[3], a pesar de que estos artículos y poemas expresan cómo su apoyo político a la República determinó su participación en apoyo a los aliados en la Segunda Guerra Mundial. La voz activa de Huidobro y su poética política transatlántica de solidaridad necesita reconsiderarse ante la

[*] Me gustaría agradecerles a Pedro García-Caro, Scott Weintraub y Luis Correa-Díaz por sus lecturas detalladas de las primeras versiones de este texto.

amenaza del fascismo y la guerra que redefine la noción de progreso histórico.

La poesía de la guerra se subestima con frecuencia por ser propagandística, por sus tonos prosaicos y su supuesta "transparencia" en el lenguaje. Sin embargo, esta era una época cuando los manifiestos políticos y los poemas/panfletos no se condenaban por ser propagandísticos. Noël Valis analiza los comentarios de Robert Capa en cómo sus fotos de España no necesitaban trucos: "The truth is the best picture, the best propaganda". Valis sugiere que la explicación de Capa: "reveals how blurry the distinctions were between truth and propaganda. For Capa and for many others, propaganda served the truth. The power and intensity of the photograph can also communicate an historical reality and an ethical-moral vision that transcend (but do not obviate) questions of aesthetic and ideological import" (2007, 9). Las representaciones de Huidobro de la Guerra Civil Española también parecen proyectar sus propias versiones de verdad y tienden a ser propagandísticas, pero esto no necesariamente las desacredita estéticamente.

Por ejemplo, en "Fuera de aquí" Huidobro explícitamente reconoce su función propagandística al llamarle "poema-panfleto". Me interesa repensar cómo esta retórica y su uso metafórico del lenguaje se compara con el de otros poetas contemporáneos que también escriben sobre la guerra. ¿Cómo es que las tensiones sociales, culturales y raciales se perciben o no en estos poemas? ¿Cómo es que los poetas latinoamericanos se aproximan a su pasado colonial ante esta solidaridad política con el pueblo español y la República?

En este ensayo, empiezo por ubicar a Huidobro dentro del contexto de la vanguardia, y sugiero que la Guerra Civil Española provocó una nueva forma de solidaridad que redefinió el hispanismo y cambió la forma en que América Latina conceptualiza España. Para desarrollar mi análisis poético, comparo el discurso de Huidobro sobre la raza como si ésta fuera equivalente a una clase social durante la guerra española con "España" de Nicolás Guillén y cómo el poeta chileno define la raza y el legado español en las Américas desde una perspectiva diferente. Las diferentes posturas de Manuel y Antonio Machado sobre la "raza" y la "tradición" ejemplifican cómo estos términos son muy polémicos, a veces ambiguos, y cómo sus significados dependen del bagaje ideológico de la voz poética, y del autor. En particular, discutiré dos artículos de Huidobro: "Por los leales y contra los desleales" y "España de la esperanza", que revelan su visión de una solidaridad hispánica y de su noción problemática de una "raza" que parece idealizar la huella de los españoles en las Américas. Finalmente, voy a examinar cómo a través de las imágenes fantasmagóricas y las metáforas de la sangre en sus poemas, en especial "Fuera de aquí" y "España", Huidobro apoya al lado republicano en la guerra y fortalece los lazos entre España y América Latina.

Movimientos vanguardistas latinoamericanos transgredieron las fronteras nacionales y culturales para redefinir la originalidad y la innovación en la estética moderna, remodelando el panorama artístico europeo. Huidobro se encuentra en la vanguardia de un movimiento literario que surge de una ruptura radical con conceptos restrictivos de formas poéticas. Como Saúl Yurkievich sugiere, Huidobro: "necesitó abolir todas las restricciones empíricas, retóricas e imaginativas que coartaban la autonomía del poema" (1997, 135)[4]. Mucho se ha escrito sobre su creacionismo, su posición rebelde y su huella vanguardista en Europa, particularmente en su influencia sobre escritores españoles como Gerardo Diego y Juan Larrea[5]. La poética vanguardista y las amistades que surgieron fueron fundamentales para la reconceptualización de las relaciones transatlánticas literarias y políticas entre América Latina y España, pero en este ensayo voy a centrarme en la Guerra Civil Española, en los esfuerzos de Huidobro algo olvidados y a menudo subestimados en su apoyo al lado republicano.

En el contexto de las vanguardias, la poética comprometida que surge de la Guerra Civil Española no fue una postura estética y política sorpresiva e impredecible. Como explica Luis García Montero:

> Fue la crisis del propio callejón sin salida de la sublimación intimista, radicalizado en sus contradicciones por la vanguardia, la

que provocó una búsqueda de alternativas en la intención social. El yo en crisis que forma parte de una multitud hueca intenta recuperarse a sí mismo a través de un nosotros rehumanizado. Por eso no creo que deba entenderse el acercamiento de los vanguardistas a la política como una infección exterior a sus procesos creativos, motivada por las circunstancias extremas de la época. La búsqueda del amparo social surge también dentro del proceso lógico de una lírica que ya se había encontrado en sus paseos interiores con los vertederos. (2006, 120)

García Montero se centra aquí en Neruda y Federico García Lorca. El análisis de García Montero del "yo crisis" vanguardista y la necesidad de un "nosotros rehumanizado" podrían conectarse a la mayoría de los poetas de vanguardia, y también la encontramos en Huidobro. Varios poemas de Huidobro sobre la guerra también revelan este deseo de conjugar su voz lírica en el plural. Por ejemplo en "Gloria y sangre" y "Fuera de aquí", poemas que voy a comentar a continuación, Huidobro privilegia el nosotros como una voz colectiva hispanoamericana enfurecida y dolida ante los horrores de la Guerra Civil Española.

La política transatlántica de la solidaridad durante la guerra no significa que los poetas latinoamericanos estaban dispuestos a olvidar la historia imperialista española, todavía presente en las relaciones poscoloniales entre España y América Latina. Sin embargo, es interesante cómo el sentimiento "antiespañol" que había inflamado la retórica nacionalista en América Latina en el siglo XIX fue cuestionado y teorizado durante la Guerra Civil Española. Octavio Paz, en un ensayo que escribió en 1938, bajo el título "Americanidad de España", aborda esta nueva solidaridad:

> La guerra de España, aparte de su esencial y dramática significación para el presente de todo el mundo y para su inmediato porvenir, ha señalado, en Hispanoamérica, el despertar de una nueva solidaridad, nutrida no sólo en la hermandad democrática y de clase, sino en la unidad histórica de lo hispano. El hispanismo, en América y España, frecuenta una tesis desprestigiada, reaccionaria. Era natural. Con el hispanismo se hacía defensa de todo

aquello, antiespañol y antiamericano... la defensa del régimen de encomenderos, clero y Corona. (2007, 69-70)

Huidobro se adhirió a la visión de Paz de un hispanismo que despertó una nueva solidaridad entre los latinoamericanos ante la lucha social y los ideales políticos de la República Española. Sin embargo, como explicaré, a diferencia de muchos de los otros poetas contemporáneos de América Latina, Huidobro había idealizado polémicamente la conquista española como el poema épico de las Américas. En "Americanidad de España", Paz pasó a argumentar que la lucha contra el fascismo era precisamente contra esa herencia imperialista que la derecha defiende y reverencia. Paz argumenta que esto no era sólo la guerra de los españoles, sino una guerra en defensa de la democracia en sí misma y, por lo tanto, "La defensa de España es la defensa de América" (2007, 74). Como sabemos, el discurso político y estético del fascismo está marcado por una visión nostálgica de un pasado glorioso imperial recordado como una utopía anti moderna; ellos vistieron su insurrección como "La cruzada" y en su recuperación de la historia claramente se privilegia la "Reconquista" y la "Conquista" como la columna vertebral ideológica de la guerra. Por lo tanto, el reclamo de Paz que se trataba de una guerra contra el fascismo imperialista que amenazaba a todas las naciones democráticas está bien fundamentado. La retórica fascista y más tarde, el régimen dictatorial franquista, apoyan el discurso racista de la conquista, a favor de la homogeneización de la nación: "una, grande y libre". En su propaganda "nacionalista", los republicanos eran "anti-españoles", financiados por la Unión Soviética. Esto era una posición paradójica, puesto que la "cruzada" nacionalista de los fascistas tuvo éxito militar precisamente por soldados coloniales marroquíes que sirvieron como mercenarios y por el apoyo financiero y militar de las fuerzas extranjeras, como la Alemania de Hitler y la Italia de Mussolini.

Huidobro escribió un gran número de artículos y manifiestos a favor de la República Española, muchos de ellos publicados en *La Opinión de Santiago* y en *Frente Popular*. En estos artículos, intentó conmover emocionalmente y activar políticamente a los hispanoamericanos en apoyo a la República. Al igual que Paz, Huidobro argumentó que la guerra era también "nuestra" guerra:

> Nosotros, los escritores de nuestra lengua, nos sentimos unidos al pueblo español; sabemos que nuestro destino es su destino (…). El pueblo español triunfará. Podéis estar seguros de ello, compañeros de América (…). Ayudad vosotros como podáis a la victoria de este pueblo, que es vuestra Victoria. (1993, 193)

Se trata de un discurso que dio Huidobro en alta voz, al que llamó "La voz de España", en Madrid en julio de 1937. Al igual que en los poemas de Nicolás Guillén, Pablo Neruda y César Vallejo, la solidaridad con los españoles también se revela a través de la lengua y el uso de "vosotros". A través de una visión de una unión hispana, estos lazos culturales y la lengua común compartida por los americanos y los españoles consolidaron la poética transatlántica de la solidaridad[6].

Muchos poetas españoles y latinoamericanos retratan la guerra como la lucha de clases que conduciría a la revolución final, y en sus textos, ellos también desafiaron el discurso fascista imperialista y racista. En su poema "España", el poeta cubano Nicolás Guillén decide enfatizar su identidad racial y cultural; él representa la voz de los latinoamericanos y su herencia española y africana. El poema aclara desde las primeras estrofas que el hablante no defiende la España de Cortés o Pizarro y la conquista española, pero sí la España de los republicanos "milicianos", "los cercanísimos hermanos". Guillén aludió a la conquista española para legitimar la lucha actual contra las ambiciones imperialistas de fascismo: "Con vosotros, conquistadores de brazos / ayer, y hoy ímpetu para desbaratar fronteras…" Ambos Guillén y Huidobro se suscribieron a un discurso político anti-nacionalista, en su necesidad de reconocer los lazos filiales entre España y sus antiguas colonias.

Sin embargo, la obsesión de Huidobro con la defensa de "nuestra raza" en sus artículos es fascinante y problemática. Guillén legitima su voz como el hijo biracial, bicultural de España y de África: «Yo, hijo de América, / hijo de ti y de África, / esclavo ayer de mayorales blancos… / hoy esclavo de rojos yanquis… / yo, corro hacia ti, muero por ti". Pero a diferencia de Guillén, Huidobro no se describe a sí mismo como un producto de una historia de América Latina de mestizaje, ni responde a la herencia violenta de la conquista española. Ambos poetas quieren resaltar su alianza inequívoca a la República Española, pero se acercan al pasado colonial español desde muy diversas perspectivas. Mientras que el poeta cubano abraza su identidad multirracial y establece una crítica de la historia colonial y neocolonial de la esclavitud; la visión del poeta chileno de la raza podría considerarse más polémica porque se trata de la "raza" como valor cultural abstracto, casi como un "commodity", una mercancía "hispana". En sus poemas, también insiste en la "sangre" como una metáfora de la lucha sangrienta, y la que conecta los dos hemisferios, la corriente sanguínea transatlántica.

En "Por los leales y contra los desleales", Huidobro sostiene que los intelectuales chilenos están obligados a defender a los republicanos españoles, porque son los defensores de "la cultura" y "la raza" (1993, 216-7). La noción de Huidobro de raza es más "cultural" e "histórica" que en realidad racial. Él quiere que los "intelectuales" de Chile se vean a sí mismo en la "gente":

> Los intelectuales chilenos saben que el pueblo español defiende la cultura, defiende la verdadera tradición de la raza, defiende el destino y la dignidad del hombre (...) ¿de dónde salieron Cervantes, Lope de Vega, Góngora, Quevedo (...) Murillo, Goya (...) Picasso, Falla? Salieron del pueblo (...) el gran magma de la raza, es el que produce lentamente los seres de excepción... (1993, 216)

Para Huidobro, "raza" significa aquí el proletariado, la clase obrera, que lentamente produce estos genios artísticos, quienes determinan el tesoro cultural español. Uno puede colocar este texto en el contexto de la década de 1930 y así entender sus contradictorias definiciones de la raza, y al mismo tiempo, su retórica elitista puede molestarnos. Pero debemos preguntarnos, ¿qué estaba tratando de hacer aquí? Al igual que muchos escritores españoles que trataron de recuperar su "españolidad", su orgullo nacional que había sido secuestrado por la retórica fascista ultranacionalista, aquí Huidobro está tratando de recuperar palabras como "tradición" y "raza" del discurso nacionalista.

El poema de Manuel Machado "Tradición" evoca precisamente esta apropiación nacional-católica del "glorioso" pasado histórico español y de su tradición:

¡Ay del pueblo que olvida su pasado
y a ignorar su prosapia se condena!
¡Ay del que rompe la fatal cadena
que al ayer el mañana tiene atado! ...
... ¡Goza de su herencia / gloriosa! ...
¡Vuelve a tu tradición, España mía! (1994, 163)

Manuel Machado acusa a los republicanos de olvidar su pasado en su objetivo de cambiar el presente. España debe volver a su imperial "Gloria", a su "tradición" y no debe pretender ser como un ser divino: "¡Sólo Dios hace Mundos de la nada!" Manuel Machado critica la República como un proyecto revolucionario y utópico que pretende crear un mundo nuevo. El pasado glorioso español y la evocación de la conquista española como el gran poema de la historia es más explícito en otro texto de Manuel Machado, "Los conquistadores", donde Pizarro y Cortés son elevados como el epítome de la grandeza.

En "Tradición", Manuel Machado alude a un poema visionario, "El mañana efímero" escrito por su hermano, Antonio Machado, casi 25 años antes, en 1913. En "El mañana efímero", Antonio Machado parodia al "vano ayer" que genera el "mañana efímero" y propone que la única manera de detener el ciclo es a través del nacimiento de la "España de la rabia y de la idea" (2000, 233). En contraste con su retrato satírico del "mañana efímero", un producto de "amantes de sagradas tradiciones", Antonio Machado contempla otra versión de la nueva España:

Mas otra España nace,
la España del cincel y de la maza
con esa eterna juventud que se hace
del pasado macizo de la raza. (2000, 233)

Antonio Machado convenientemente rima con "maza" y "raza" para identificar a la "raza" española con la clase obrera. La evocación de la "maza", una herramienta obrera o un tipo de "martillo", es una metonimia de los trabajadores, pero también es una manera de aludir a su solidez, su fuerza, en contraste con la fragilidad, lo efímero del "vano ayer". Igual que Huidobro hace en su artículo, "Por los leales…", Antonio Machado utiliza la raza como referente de la clase social. Estos poemas apuntan a una terminología impugnada, un campo de batalla de las palabras. El uso de las mismas palabras indica la necesidad de recuperar sus significados, para activarlas en sus respectivos discursos.

En contraste con el uso de Machado de "raza", el discurso retórico fascista presenta a sus seguidores como los "verdaderos defensores" de la raza hispana y sus valores tradicionales, conservadores. Franco, de forma anónima, escribió el guión de la famosa película llamada *Raza* (con el alias de Jaime de Andrade), en el que la raza hispana está delimitada convenientemente a sus seguidores, ya que los republicanos y todos los que los apoyaban, eran "antiespañoles". Al final de la película, la marcha victoriosa glorifica esta visión de una España militarizada nueva, una nación "purgada" que suprime o borra del mapa cualquier diversidad cultural, ideológica o racial. La representación en Raza de la marcha es aún más compleja si tenemos en cuenta el papel de los mercenarios "moros", que fueron "persuadidos" para que lucharan en contra de un "otro" ateo. El ejército nacionalista manipuló la tradición de la "Reconquista" cuando le pareció conveniente. Pero cuando necesitaba convencer a los marroquíes, en su mayoría, demonizó a los republicanos como los ateos "infieles" y describió la guerra por lo tanto como la lucha del Catolicismo y el Islam contra la máquina comunista de "ateos"[7].

Cuando Huidobro insiste en que los republicanos son los "verdaderos defensores" de "la auténtica tradición española" y su "raza", él está respondiendo a esta lucha de palabras (de la Fuente 1993, 216). La guerra se libró también más allá del campo de batalla, con palabras, ideas y términos como "España", "nación", "tradición" y "raza" que tenían diversos significados y connotaciones según el discurso ideológico en el que se enmarcaban. Esto no es para reducir las complejidades de la guerra a un par de discursos de oposición; los republicanos tenían muchos y diversos grupos representativos (entre otros, comunistas, anarquistas y socialistas) al igual que los nacionalistas no eran un grupo homogéneo (fascistas, nacionalistas católicos y falangistas, entre otros). Por ejemplo, mientras que Nicolás Guillén alude a su propia identidad racial y sus antecedentes culturales, Huidobro en "Por los leales y contra los desleales", propone una noción de raza que significa más la clase social que la identidad racial e incluso podría representar, en general, la raza "humana".

En "Por los leales y contra los desleales", Huidobro identifica a los republicanos como la gente que valora su pasado cultural mientras que los fascistas son los que lo odian. Los españoles sienten orgullo en "ir custodiando el futuro cultural de la raza y también su pasado viviente, heredado por aquellos hombres superiores". Huidobro tiene la intención de reconciliar su visión elitista, en la que los hombres superiores son los artistas, que representan un venerable canon, con su compromiso político a las "personas" que saben apreciar su pasado cultural —en contraste con lo que sostiene Manuel Machado en su poema, "Tradición". Huidobro explica que "El fascista odia la cultura, porque ella significa el despertar del hombre y el adquirir conciencia". Por lo tanto, los latinoamericanos y en particular los intelectuales chilenos, deben apoyar a los republicanos porque defienden "la cultura" y el despertar social y político que provoca.

Desde un enfoque transatlántico, la retórica de Huidobro es más compleja que la que se espera de artículos o folletos que no tienen clara ambición artística, además de ser persuasiva y elocuente en su defensa de España. En otro artículo corto, "España de la esperanza", Huidobro revela su solidaridad con el pueblo, los oprimidos, como lo hizo en "Por los leales y contra los desleales". Como Neruda, Guillén, Langston Hughes, entre muchos otros poetas, Huidobro insiste en que la guerra civil es una lucha de clases:

> La horda de traidores quería detener brutalmente a ese pueblo, aplastado durante siglos y siglos por una oligarquía de privilegiados que manejaba a su antojo al Ejército y a la Iglesia para el servicio de sus mezquinos intereses de casta (…). En España ha cristalizado de repente la lucha de las clases sociales, de oprimidos y opresores (…). Por eso el pueblo español no puede perder. La oculta corriente de la Historia no puede detenerse. (1976, 895-6)

Huidobro claramente condena a los nacionalistas como una panda de fascistas traidores, apoyados por el ejército y la iglesia. El uso de la palabra "horda" es una acusación doble a la oligarquía porque generalmente la palabra está conectada negativamente a la clase obrera. Aún así, el punto clave aquí es el comentario sobre el progreso de la historia. La España democrática no puede perder; de lo contrario, para Huidobro sería interrumpida la historia y su visión de progreso lineal. Walter Benjamin considera progreso como una fuerza amenazante porque en "el nombre del progreso" muchas atrocidades son cometidas y permitidas. El fetiche del progreso había desilusionado al historiador materialista. Justo antes de que él explique su noción del ángel de la historia, Benjamin aborda la crisis contemporánea en Europa amenazada por el fascismo:

> The tradition of the oppressed teaches us that the "state of emergency" in which we live is not the exception but the rule. We must attain to a conception of history that is in keeping with this insight. Then we shall clearly realize that it is our task to bring about a real state of emergency, and this will improve our position in the struggle against Fascism. One reason why Fascism has a chance is that in the name of progress its opponents treat it as a historical norm (1968, 257).

Benjamin sugiere que la historia no debe leerse en una línea progresiva, como si fuese una corriente constante que nos llevará a un futuro mejor, porque entre otras razones, el fascismo no se debe subestimar como norma histórica. En "España de la esperanza" Huidobro mantiene la esperanza, y se aferra a la certeza de la victoria contra el fascismo, estrategia retórica muy común en esa época. Subraya que la victoria del fascismo en España sería el fin apocalíptico de la historia. En la conclusión de su breve ensayo, su lectura de la historia reaparece cuando se refiere a cómo los españoles escribieron la historia de las Américas.

Al final de la "España de la esperanza", Huidobro celebra el "Descubrimiento" español de América, con unas declaraciones que si hoy en día no son casi inconcebibles, al menos son claramente problemáticas. Podemos tratar de contextualizar su ensayo, que pretende crear una solidaridad transatlántica y recordar que en 1936, el «descubrimiento» era una palabra que no había sido impugnada, como sucedió en 1992; sin embargo, la retórica de Huidobro de forma retrógrada se acerca a la glorificación de la conquista española:

> Hoy, en este aniversario del descubrimiento de América, de ese magno poema escrito por el pueblo español sobre los océanos y los continentes, el enorme pueblo de ayer ha vuelto a la epopeya y los ojos del universo están fijos en él y llenos de esperanza.
>
> Como hijo de tu raza, y de estas tierras que arrancaste al misterio, mi emoción te saluda, España dolorosa y sublime, de pie y nunca de rodillas. (1976, 896)

"La España de la esperanza" parece conmemorar el 12 de octubre de 1492 como el día en que se establece el principio de la historia en este continente. La metáfora de la conquista como un poema épico, en el que los héroes eran los conquistadores españoles, que "salvaron" a estas tierras del misterio del olvido, es una afirmación muy discutible y que se acerca más a la recuperación de la historia de los fascistas y falangistas que a la de los republicanos. Es especialmente sorprendente, al saber que Huidobro habla como un poeta latinoamericano a favor del ejército popular republicano, que no tuvo las ambiciones imperialistas del "enorme pueblo de ayer". Además, la representación de la Guerra Civil Española como un poema épico, comparable a la "reconquista" y la "conquista", claramente abunda en la obra de poetas fascistas como Manuel Machado y José María Pemán. Sin embargo, Huidobro, al igual que Guillén, se identifica como un "hijo de España", un representante de un colectivo, "Como hijo de tu raza, y de estas tierras arrancaste al misterio". Privilegia especialmente la raza española con su valioso patrimonio cultural y racial, y trata a América casi como una tierra deshabitada, misteriosa antes de la conquista. Podemos elogiar sus esfuerzos para reforzar la solidaridad transatlántica ante la guerra española, pero su argumento se debilita al ser tan terriblemente eurocéntrico.

Huidobro también escribió algunos folletos poéticos en apoyo de la República, por ejemplo "Fuera de aquí", en respuesta a la gira sudamericana de cuatro aviadores fascistas italianos.[8] Este texto es más un panfleto que un poema, pero las hipérboles y la animalización en su retrato de los aviadores italianos intensifican el tono político de condena: "Fuera de aquí pájaros de mal agüero, aves de rapiña hasta el cielo / ponéis hediondo". Los aviadores y sus máquinas de matar, los aviones, son eficazmente comparados con aves asociadas con la muerte y los malos augurios. Preguntas retóricas y denuncias enmarcan el texto, en el que la voz poética está consternada por el hecho de que los italianos se atreven a venir a América del Sur después de su participación en la Guerra Civil Española a favor de los fascistas. Pero, una vez más, Huidobro alude al "verdadero" pasado heroico de España: "¿quién os mandaba allí, con qué derecho metíais vuestra infamia en esas tierras pletóricas de verdaderos heroísmos, de verdaderas epopeyas?" Huidobro, de esta forma, apoya su reprobación de los aviadores italianos con otra idealización de las "verdaderas" historias épicas españolas.

Sin embargo, Huidobro con éxito subraya que uno de los más fuertes enlaces entre España y América Latina es una lengua común compartida. Habla de la América española, cuyos ríos personificados cantan a España: "No humillaréis nuestros ríos que cantan a España en su misma lengua / con un acento un poco más montañoso". Este resurgimiento de su españolidad es comprensible; muchos escritores latinoamericanos quieren promover su solidaridad con España deshaciéndose del resentimiento ante una historia de violencia y explotación. Huidobro rompe con el discurso nacionalista y se identifica como un español, un chileno y un hispanoamericano:

Fuera de aquí aviadores fascistas somos hijos de España …

> Llevamos como una flor enorme el orgullo de sentirnos españoles.
> Fuera de Chile en nombre de los chilenos, fuera de América en nombre de
> > todos los americanos que ...
> > comprenden la voz de su profundo origen ...
> Esto también es España. (2003, 1218)

Aunque la idea de que Hispanoamérica encuentra su "origen" principalmente en la tradición española debe ser cuestionada, este texto está en contra del "tour" fascista y la indiferencia de los hispanoamericanos que no veían la guerra civil como su "problema". Huidobro también intensifica la conexión de España y las Américas en este poema a través de la metáfora de "lazos de sangre"[9].

La repetición de la imagen de la sangre como el efecto violento de la guerra intensifica el tono indignado de la voz poética. Huidobro denuncia que los aviadores italianos tienen sangre española en sus manos, y su presencia mancha la tierra de América del Sur. En "Fuera de aquí", él representa la sangre de las víctimas como "nuestra sangre" que es también subrayado de forma lingüística mediante el uso del "vosotros":

> No vengáis a manchar nuestros paisajes con el olor a sangre que
> > despiden vuestras manos
> Sangre de niños españoles, sangre de España, sangre nuestra ...
> Sangre que se prolonga en nuestras venas, sangre que viene de nuestras
> > madres y va a nuestros hijos
> Sangre sublime que crea continentes ... (2003, 216)

Los versos sugieren a través de la sinestesia que el olor de la sangre mancha y apesta. Los aviadores son repudiados porque sus manos culpables han derramado la sangre de España y sus hijos, pero Huidobro va más lejos al explicar por qué es "nuestra sangre" también. Por lo tanto, la sangre es tanto un símbolo de la muerte y la fuerza que une genéticamente España, la "madre patria" y sus ex colonias en las Américas —un discurso retórico que es frecuente y convencional entre los criollos. Aquí, los lazos de "sangre" significan la creación de una nueva "raza" hispana, la polémica declaración de "crear" el continente poblándolo. Sus otros poemas "Está sangrando España" y "Gloria y sangre" retratan de una manera más sofisticada las imágenes de la sangre que dominan el paisaje español.

En "Está sangrando España", España está personificada por el apóstrofe inicial y una serie de preguntas retóricas[10]. El hablante evoca un paisaje natural en el dolor, "Oh montaña ¿por qué te reclinas contra la noche? … / Oh abuela de los ríos … / Hay un olor de sangre entre las piedras" (2003, 1204-1205). España llora al sentir su sangre en sus piedras, sus raíces y su hierba. Aún así, este texto recupera la guerra como una lucha de clases, en donde las personas luchan por la justicia social: "Yerguen los puños como rocas desesperadas en el fondo / Y hay un olor a sangre entre las hierbas / Y hay una gran promesa tras el llanto que se ilumina por sí solo" (2003, 1205). Los puños desafiantes son fuertes aunque desesperados, pero aquí la sangre y el grito, una posible metáfora del poema, se aferran a la esperanza, la promesa de la luz. Al final de este texto, Huidobro transforma la sangre en savia: "Hay un olor a sangre en toda España / Y esa sangre será la savia del mañana" (2003, 1208). El topos de la esperanza en la guerra es recurrente y desde el sacrificio de los soldados republicanos surgirá un mañana que cura todas las heridas del presente.

"Gloria y sangre" comienza con una serie de símiles que describe el futuro esperanzador, el sueño de España. El futuro es como una lágrima, una luz interior, un deseo, un huracán violento, un brazo de hierro, un puño, "como sangre España como sangre … / sangre raíz herida de semilla / He ahí el futuro" (2003, 1209). La sangre que nutre nuestros cuerpos nutre también la tierra, la raíz, la semilla, el futuro de la fertilización. En marcado contraste con las acusaciones periódicas a Huidobro de vanidad y narcisismo, en estos poemas el hablante no es la figura central. La voz poética utiliza generalmente la primera persona del plural, y de vez en cuando, como en "Gloria y sangre", se confunde el "nosotros" con el "yo". En contraste con "Está sangrando España", en la que España estaba llorando, el hablante aquí repetidamente suplica poder llorar de orgullo: "Permítenos llorar … Lloramos de orgullo repentino … / Déjanos llorar los muertos que tú cantas y te cantan" (2003, 1209-1210). El poema se convierte en una canción, un grito en sí mismo, en un homenaje a los muertos. La mayoría de estos poemas no tienen signos de puntuación, con pocas excepciones, y en este sentido, la falta de un período final en "Gloria y sangre" acentúa el mensaje final esperanzado. Los versos, "He ahí España entre abrazos y cánticos y sonido de sangre / Ese dulce sonido del mito que se torna en espiga" (2003, 1211), paradójicamente retratan el sonido de la sangre como un mito dulce, melodioso. A través de la sinestesia, Huidobro vuelve a la metáfora de la sangre, cuyo sonido es como el tallo del trigo, que alude al alimento esperanzador. Los lazos de sangre una vez más nutren la médula ósea de la poética transatlántica de Huidobro.

En "España", el poema más conmovedor de Huidobro sobre la guerra española, las imágenes de la sangre se asocian a la música, la sinfonía y la danza de los muertos que defienden la República, "músicas con sangre"[11]. En "Memory and Modernity in Democratic Spain: the Difficulty of Coming to Terms with the Spanish Civil War", Jo Labanyi sostiene que a través del motivo de "haunting" películas como *El espíritu de la colmena* de Víctor Erice y *El espinazo del diablo* Guillermo del Toro enfrentan de forma exitosa el pasado traumático "precisely because they acknowledge the horror - that is, the 'unspeakable'" (2007, 107). Aunque Labanyi se centra en cómo leemos la Guerra Civil décadas después de que terminó, la "España" de Huidobro también trata de enfrentar el trauma de los efectos de la guerra a través de lo fantasmagórico, los fantasmas que atormentarán el imaginario político e histórico. Los protagonistas del poema son los soldados que nunca veremos otra vez, pero cuyos pasos siempre se escucharán, sumergidos en la tierra.

En las estrofas primeras, la voz poética se dirige a España y a la traición de la República democrática que significó el golpe de estado de los nacionalistas, a través de metáforas del agua que se contrastan entre sí:

> Traidores nocturnos con alma pantanosa
> Hermanos de la víbora y las ropas de luto
> Apuñalaron tu hermosa estrella esperanzada
> Entre algas y tinieblas entre ríos difuntos
> Sopla el mar fabricando pirámides de lágrimas
> Fatales escaleras y músicas con sangre
> Bajo nubes que pasan como carros de heridos
> Por un cielo color turbio de cañones distantes
> La epopeya del pueblo que exige su destino
> Levanta al cielo frentes y rompe grandes pechos. (2003, 1212)

Los fascistas, simbolizados en aguas estancadas, pantanos y ríos muertos, rompieron la estrella de la República, el símbolo de la esperanza utópica. En contraste con las imágenes sombrías, el viento vibrante del mar personificado se mueve rápidamente y construye pirámides y escaleras que surgen de esa realidad de dolor y muerte. El paisaje natural refleja el campo de batalla y "la epopeya del pueblo". El cielo está teñido por los colores de cañones y bombas, y las nubes se forman como los carros de los heridos, introduciendo el elemento fantasmagórico que desarrollará a lo largo del poema.

El motivo de "La danza de la muerte" aparece como una imagen constante en el que la escena de la naturaleza se funde con la procesión de cadáveres. Los fantasmas rodean no sólo los coches de los heridos, sino también las naves que los llevarán de una costa a la otra:

> Y danzan los fantasmas entre barcos enfermos
> En la noche del hombre que nutre cementerios
> Pasan soldados pasan olas y pasan vientos
> Como notas de un canto que asusta a las edades
> La inmensa sinfonía con su lluvia y sus hombres
> Se pierde en una tumba debajo de la tarde. (2003, 1212)

La muerte, comúnmente representada como la noche de los hombres, paradójicamente alimenta la ciudad de los muertos, el cementerio. El movimiento de los soldados marchando como una banda de música hacia la muerte, es interpretado hermosamente por el símil de "Como notas de un canto", en la que cada soldado es una nota que define la sinfonía colectiva. El tono enfurecido del principio deja paso a un tono más melancólico y desesperado, cuando la música de la guerra parece perderse con las tumbas. Los motivos fantasmagóricos abundan, ya que los principales agentes de la historia son los fantasmas de estos soldados. Al final del poema, cruzar el umbral significa que el silencio sepulcral paradójicamente pronto se convertirá en música eterna: "Procesión de ataúdes en puentes al silencio … / Y pasan los fantasmas atados por la sombra… / Sus esqueletos vivos debajo de la tierra / Serán los clavecines de una música eterna" (2003, 1213). La metonimia de los ataúdes como los soldados que marchan en una procesión hacia el mundo de las sombras y el silencio se contrasta con los dos últimos versos, cuando la muerte se transforma en otra forma de vida y la música. La paradoja final de los esqueletos que están "vivos", representando las ruinas de esos órganos, destaca una doble paradoja con su comparación a los clavecines de una música eterna. En los versos anteriores, los soldados se compararon a notas efímeras y abstractas, y al final, cuando se colocan debajo de la tierra, se vuelven instrumentos musicales, ejemplificando la búsqueda de Huidobro de una nota de esperanza ante la desoladora guerra.

Las imágenes evocativas de "España" pueden ser comparadas con las metáforas y la estética rota y desfigurada del *Guernica* de Pablo Picasso. El hablante de este texto de Huidobro parece ser un pintor, un voyeur y un testigo de la historia. El ejército de soldados no se representa sólo como notas musicales, sino también como luces: "Ejércitos de luces al borde de la muerte … / Es el gran viaje ciego de las velas y el viento / Ya no veréis más esos soldados" (2003, 1212). Las imágenes de estos versos responden a los mismos espacios metafóricos y la estética de la fragmentación presente en la pintura de Picasso: el rostro de una mujer que parece entrar en la escena como el viento, a través de la ventana y con una linterna en la mano, iluminando y advirtiendo a todo el mundo de lo que ocurre. Sin embargo, dudo que Huidobro ya hubiera visto el *Guernica* de Picasso cuando que escribió este poema, puesto que son ambos de 1937. Los cuerpos rotos en las obras de Huidobro y de Picasso revelan, con una sensibilidad parecida, una España en ruinas. La metáfora de la estrella asesinada en la primera estrofa de "España" también reaparece hacia el final: "Los vientos se estrellaron en la más alta torre / Caerán mil estrellas con la quilla partida / Y cada una en la tierra tendrá más de cien nombres" (2003, 1213). Huidobro efectivamente transforma la estrella solitaria individual en un colectivo, una multiplicidad de cuerpos rotos, nombres rotos, estrellas rotas, que una vez más iluminan la naturaleza fantasmagórica del poema.

"España" es el poema mejor logrado de Huidobro ante la Guerra Civil Española. Aunque encuentro que la representación de los fantasmas puede ser eficaz en mostrar los inquietantes efectos de la guerra, Huidobro tiende a agruparlos como una masa indistinta: "Y salen de sus cuerpos como salían de las fábricas". Los soldados están claramente identificados como la clase obrera cuya herramienta en batalla es su propio cuerpo, su propia vida. Sin embargo, estos versos sugieren un automatismo en su sacrificio, como si no hubiera ningún conflicto interno; carecen de individualidad, ya que parecen trabajar y morir como héroes: "Tanta sonrisa tanta sangre tantos héroes que caen". Aquí, el verso señala la mitificación de los soldados, quienes sabemos son republicanos, no sólo porque Huidobro publicó este texto en *El mono azul*, sino también porque la voz poética en un principio llama traidores a los instigadores del golpe de estado. Esta mitificación se vuelve problemática cuando Huidobro alude al pasado histórico de la conquista española como un ejemplo de la grandeza de la gente, haciendo referencia al continente americano:

> El pueblo será grande como su propia estatua
> Como ese continente que sacó de la noche
> Como el galope histórico de épicas mesnadas
> Que dan escalofríos a las alas del bosque. (2003, 1213)

La poética transatlántica de Huidobro de solidaridad profundiza en las aguas banales y nostálgicas de la exaltación del pasado, convirtiendo las metáforas de movilidad, de paso, de construcción, en metáforas de objetos petrificados, estáticos: "El pueblo será grande como su propia estatua … / cien leones antiguos / Petrificados por el rayo y los relámpagos" (2003, 1213). A diferencia de Iván Carrasco Muñoz, no encuentro un tono irónico en este poema[12]. Al igual que en su breve artículo "La España de la esperanza", donde Huidobro sugiere que los españoles rescataron las Américas del misterio, de lo desconocido, aquí el poeta asocia una vez más la grandeza española con el "descubrimiento" del continente "que sacó de la noche". Esta visión de Huidobro de la conquista de las Américas es abiertamente prejuiciada y eurocéntrica; es difícil pensar en las Américas como mundo de la oscuridad, atrapada en la noche de la historia cuando nos maravillamos, y en ocasiones temblamos ante la grandeza de los incas, los mayas y los aztecas, entre múltiples comunidades y culturas indígenas. Esta retórica en sus poemas y sus panfletos políticos contribuye a la idealización, a la mitificación de España en busca de apoyo a los republicanos, pero no deja de ser problemática. Carrasco Muñoz considera que estos textos forman parte de la etapa final de su creacionismo:

> Los hechos y tiempos históricos referidos en los poemas también han sido transfigurados por la fuerza mágica del creacionismo, pasando a tener rasgos ilusorios, irreales, fabulosos: España es un heroico mar con sus estrellas despertadas, la situación bélica es un himno de luz que estremece al planeta, la sangre es la savia del mañana (…) la clave creativa es la libre expresión de la imaginación creacionista que se desarrolla en la transfiguración de sus objetos, que son deshistorizados de acuerdo a los códigos huidobrianos. (2003, 1554)

La historia obviamente es recreada a través del lenguaje poético, creacionista o no, pero no creo que sus poemas "deshistorizan" la guerra o los acontecimientos que evocan únicamente por infundir lo ideal, la visión surrealista o fantasmagórica en su paisaje poético. En "España", Huidobro recuerda al lector que esos soldados están luchando por la libertad como un derecho inalienable: "La libertad bien vale un astro emocionado" (2003, 1213). La metáfora de las estrellas rotas una vez más se enciende, por lo que deja sus destellos.

Los poemas de Huidobro ante la Guerra Civil Española pueden tener un aspecto polémico en cuanto a cómo recuerda nostálgicamente el pasado imperial de España en las Américas pero, en última instancia, lo que pretende hacer en estos textos es aferrarse a la esperanza y contribuir a su manera a la ayuda de los republicanos españoles, que fueron enérgicamente "anti-imperialistas". Sus poemas también pretenden construir la memoria histórica de la guerra. Huidobro da testimonio de los horrores de la guerra y la visceral necesidad de no olvidar: "Ya no podréis jamás olvidar esos soldados" (2003, 1213). Este verso, que repite en diferentes formas a lo largo de "España", subraya la imposibilidad de olvidar y el imperativo ético de recordar. Para salvar una cierta definición de España contra los nacionalistas y la apropiación fascista de la nación y su historia, este poeta chileno estuvo dispuesto a defender el hispanismo con todo el tremendo peso de la "leyenda negra" y hacer uso del mismo vocabulario que estaba usando su enemigo, palabras como "raza" y "tradición", para redefinirlas en sus propios términos y evocar la sangre derramada y la guerra desde su perspectiva ideológica. Los poemas de Huidobro y sus artículos sobre la Guerra Civil Española realmente expresaron su apoyo a la República y reflejan las complejidades de la política transatlántica y poética de la solidaridad.

Notas

1   Para un estudio detallado de estas rivalidades, consulte el libro de Faride Zerán, *La guerrilla literaria. Huidobro, de Rokha, Neruda* (Santiago: Ediciones BAT. 1992). Algunos poetas contemporáneos en sus memorias aluden a esas rivalidades entre Neruda y Huidobro. Algunos como Elena Garro desde una perspectiva empática y otros en alianza a uno u otro como Rafael Alberti. Elena Garro menciona que: "Vicente Huidobro estaba preocupado porque Pablo Neruda había prohibido dirigirle la palabra, y sólo de escuchar su nombre, Pablo vomitaba fuego. Huidobro era amable, de maneras fáciles y conversación brillante, pero era chileno y las rivalidades son terribles. Lo encontré varias veces paseando solo por Madrid. Conversaba mucho con Carlos Pellicer, que lo llamaba 'el Gran Huidobro'"; véase *Memorias. España 1937* (México: Siglo XXI, 1992), 23. Por otro lado, Rafael Alberti se burla de Huidobro con su amigo Neruda. Como recuerda en sus memorias: "Elvira (de Alvear) fue quien me presentó a Vicente Huidobro, gran poeta, sí, pero de una inmensa vanidad, rayaba casi en lo grotesco.

Cuando en el año 1937 vino a España para el congreso de escritores por la paz, quiso en Madrid visitar algún frente, y Pablo Neruda y yo inventamos esta copla, que se le hizo llegar, diciéndole que los soldados la cantaban con alborozo en las trincheras:
Ya llegó nuestro Vicente,
ganaremos la batalla,
que es el hombre más valiente
por dondequiera que vaya.
[Rafael Alberti, *La arboleda perdida, 2. Tercero y Cuarto libros, (1931-1987)* (Madrid: Alianza Editorial, Biblioteca Alberti, 1998), 20.]
He citado estos dos comentarios de escritores contemporáneos de México y España porque son menos conocidos que el tan citado libro de Pablo Neruda y su retrato paródico de Huidobro en *Confieso que he vivido, Memoria*. (Barcelona: Editorial Seix Barral, 1974).

2   Huidobro estaba determinado a apoyar la República. Volodia Teitelboim explica que Huidobro hasta le escribió al General Enrique Lister para presentarse como voluntario en las trincheras; véase *Huidobro. La marcha infinita* (Santiago de Chile: Ediciones BAT, 1993), 230. Por otro lado, Teitelboim también asevera que como parte de sus rivalidades, Huidobro escribió un artículo en contra de *España en el corazón* de Neruda. Teitelboim argumenta, aunque no puede demostrarlo y se queda en conjetura, que Huidobro utiliza un pseudónimo y asume "la identidad apócrifa de un franquista sarcástico" (1993, 231). La crítica de Teitelboim es feroz y parece tener certeza de que Huidobro escribió esto.

3   David Bary en "Vicente Huidobro y la literatura social" revisa algunos textos que revelan el compromiso social y político de Huidobro. Entre otros: "En *Vientos contrarios*, ya lo vimos, elogia al comunista como tipo humano; pero el libro no es más que un tejido de aforismos a la cual más anticolectivista y antisocial (...). Huidobro no llega a identificarse plenamente ni con el comunismo ni con la literatura proletaria, como lo demuestra su poesía poscreacionista..." (1962, 322, 325). Concluye su ensayo subrayando que los poemas sociales de Huidobro son más numerosos en sus últimos libros, a pesar de que representan una minoría dentro de su obra, son demasiado retóricos para ser valiosos estéticamente [*Cuadernos Americanos* (México) CXXIV (5 de septiembre-octubre de 1962)] [*Vicente Huidobro y el creacionismo*, ed. René de Costa (Madrid: Taurus, El escritor y la crítica, 1975)]. Es llamativo lo olvidados y difíciles de encontrar que eran los textos de Huidobro ante la guerra civil español, los cuales Bary no menciona

ya que hace solo unos años que se publicaron en la edición de José Alberto de la Fuente, de *Vicente Huidobro. Textos inéditos y dispersos*. (Santiago: Editorial Universitaria, Dirección de Bibliotecas, Archivos y Museos, 1993).

4   Según Yurkiévich, quería revolucionar la poesía moderna a través de una poética de la libertad: "Huidobro practica una libertad de asociación hasta entonces no alcanzada por la poesía en lengua castellana" (1997, 137).

5   Entre sus muchos ensayos, Gerardo Diego escribió "Vicente Huidobro (1893-1948)", *Revista de Indias* VII, 33-34 (julio-diciembre 1948), y Juan Larrea escribió "Vicente Huidobro en Vanguardia", *Revista Iberoamericana* 106-107 (1979): 213-273.

6   No puedo mencionar todos los artículo o *crónicas* de Huidobro pero en "Es necesario crear una gran movilización del pensamiento democrático en favor de España", recalca su petición a los latinoamericanos, en especial los chilenos, a seguir el ejemplo de México y a que apoyen a los republicanos: "El pueblo chileno, al dar su voto al Frente Popular, pensará no sólo en sus hijos, pensará también en España, en el pueblo que sangra hoy por su libertad y por su pan, en ese magno pueblo que no quiere ser esclavo y sabe dar su vida para no serlo. Y también pensará en el pueblo mexicano que por haber sabido elegir sus hombres puede darse la mano con el pueblo español (...). Por Chile, por España, por México con el Frente Popular, con los partidos del pueblo"; véase Vicente Huidobro, *Onda Corta*, Año 1, nº 6 (Santiago, primera quincena de marzo de 1937): 12 (en *Vicente Huidobro. Textos inéditos y dispersos*). Claramente, Huidobro conecta la política nacional chilena y las elecciones con la Guerra Civil, y la necesidad de ser consecuente y valiente ante la llamada a luchar.

7   Para un estudio detallado de las conexiones entre la Guerra de Marruecos y al Guerra Civil Española, y cómo se abusó y usó a los mercenarios marroquíes, consulten: Sebastian Balfour, *Deadly Embrace: Morocco and the Road to the Spanish Civil War* (Oxford: Oxford University Press, 2002).

8   "Fuera de aquí" está en *Obra poética*, edición crítica, ed. Cedomil Goic (Francia: Colección Archivos, Pontificia Universidad Católica del Perú, 2003), 1216-1219. Una nota al calce aclara que este es título entero: "¡Fuera de aquí! Imprecación a los aviadores italianos en paseo comercial por Sud América" publicado en *La Opinión* (Santiago, 14 de octubre de 1937), p. 3, poema-panfleto, al margen izquierdo dice: "Cuatro de los aviadores italianos que están en Chile y van en gira por Sud América han combatido en España" (Goic 2003, 1216).

9   Escribir con sangre y por sangre también se vuelve parte de la estética de Neruda, como sugiere Federico García Lorca cuando lo presenta en una conferencia en Madrid como "un poeta (...) más cerca de la sangre que de la tinta". Federico García Lorca, *Presentación de Pablo Neruda en Madrid 1934*. reproducido en *Obras completas* (Madrid: Aguilar, 1960).

En 1934, cuando García Lorca describe a Neruda como un poeta más cerca de la sangre que de la tinta, más cerca de la muerte que de la filosofía, comentaba en la estética de la poesía "impura", en la que Neruda privilegia la representación de lo concreto en *Residencia en la Tierra*. En su poesía sobre la Guerra Civil, Neruda usa la sangre como imagen gráfica de la destrucción, por ejemplo con su verso final "Venid a ver la sangre por las calles" en el famoso poema "Explico algunas cosas". "Fuera de aquí", "Está sangrando España" y "Gloria y sangre" de Huidobro evocan las imágenes sangrientas, presente en el poema de Neruda y en "Oda a los niños de Madrid muertos por la metralla" de Vicente Aleixandre.

10 "Está sangrando España" se encuentra en *Obra poética*, edición crítica, ed. Cedomil Goic (Francia: Colección Archivos, Pontificia Universidad Católica del Perú, 2003), 1204-1208. En una nota al calce, Cedomil Goic explica que originalmente se publicó en "Escritores y Artistas a la España Popular" (Santiago, Imprenta y Encuadernación Marión, 1936), 2-5.

11 Se publicó en la revista *Mono Azul*, 20 (Madrid 1937): 3.

12 Carrasco Muñoz sostiene que: "El léxico, la métrica, la retórica, la semántica, son convencionales, lo cual permite afirmar que éste ["Canto al Primero de Mayo"] no es un poema vanguardista, como tampoco "España", "La dulzura de vivir" y "Policías y soldados", poemas irónicos con un alto grado de prosaísmo...". Su argumento es convincente y claro cuando se trata de un poema como "Policías y soldados", pero no estoy de acuerdo con su lectura de "España", un poema cuya hipérbole no es resultado de la ironía si no una forma de exacerbar la amenaza política real de la situación y los destrozos de la guerra. El contexto de estos dos poemas a los que alude, "La dulzura de vivir" (enero 1936) y "Policías y soldados" (1935), es muy diferente del de "España" (1937; véase Iván Carrasco Muñoz, "Últimos poemas: la voz que no decrece", en *Obra poética*, edición crítica, ed. Cedomil Goic (Francia: Colección Archivos, Pontificia Universidad Católica del Perú, 2003), 1553.

Bibliografía

Alberti, Rafael. 1998. *La arboleda perdida*, 2. Tercero y Cuarto libros, (1931–1987). Madrid: Alianza Editorial, Biblioteca Alberti.
Balfour, Sebastian. 2002. *Deadly Embrace: Morocco and the Road to the Spanish Civil War*. Oxford: Oxford University Press.
Bary, David. 1975. "Vicente Huidobro y la literatura social". En *Vicente Huidobro y el creacionismo*. Ed. René de Costa. Madrid: Taurus.
Benjamin, Walter. 1968. *Illuminations*. Ed. e Intro. Hannah Arendt. Trad. Harry Zohn. New York: Schocken Books.
Carrasco Muñoz, Iván. 2003. "Últimos poemas: la voz que no decrece". *Obra Poética*. Ed. Cedomil Goic. Francia: Colección Archivos, Pontificia Universidad Católica del Perú.
Diego, Gerardo. julio- diciembre 1948. "Vicente Huidobro (1893–1948)". *Revista de Indias* (Madrid) VII: 33–34.
Fuente, José Alberto de la. 1993. *Vicente Huidobro: textos inéditos y dispersos*. Santiago: Editorial Universitaria, Dirección de Bibliotecas, Archivos y Museos.
García Lorca, Federico. 1960. "Presentación de Pablo Neruda en Madrid 1934". *Obras completas*. Madrid: Aguilar.
García Montero, Luis. 2006. *Los dueños del vacío: la conciencia política, entre la identidad y los vínculos*. Barcelona: Tusquets.
Garro, Elena. 1992. *Memorias: España 1937*. México: Siglo XXI.
Huidobro, Vicente. 1976. "La España de la esperanza". En *Obras Completas de Vicente Huidobro*. Tomo I. Prólogo de Hugo Montes. Santiago: Editorial Andrés Bello.
—. *Obra Poética*. 2003. Ed. Cedomil Goic. Francia: Colección Archivos, Pontificia Universidad Católica del Perú.
Labanyi, Jo. Spring 2007. "Memory and Modernity in Democratic Spain: The Difficulty of Coming to Terms with the Spanish Civil War". *Poetics Today* 28, n° 1: 89–116.
Larrea, Juan. 1979. "Vicente Huidobro en Vanguardia". *Revista Iberoamericana* 106–107: 213–273.

Machado, Antonio. 2000. *Poesías completas*. Ed. Manuel Alvar. Madrid: Espasa Calpe.
Machado, Manuel. 1994. *Poesía de guerra y posguerra*. Ed. Miguel D'Ors. Granada: Universidad de Granada.
Neruda, Pablo. 1974. *Confieso que he vivido. Memorias*. Barcelona: Editorial Seix Barral.
Osuna, Rafael. 1987. *Pablo Neruda y Nancy Cunard (Les poètes du monde défendent le peuple espagnol)*. Madrid: Editorial Orígenes.
Paz, Octavio. 2007. *Octavio Paz en España, 1937*. Ed. Danubio Torres Fierro. México: Fondo de Cultural Económica.
Teitelboim, Volodia. 1993. *Huidobro: la marcha infinita*. Santiago de Chile: Ediciones BAT.
Valis, Noël. 2007. "Introduction". *Teaching Representations of the Spanish Civil War*. Ed. Noël Valis. New York: The Modern Languages Association of America.
Yurkievich, Saúl. 1997. "Vicente Huidobro: una lengua llamando a sus adentros". En *Suma Crítica*. México: Fondo de Cultura Económica.
Zerán, Faride. 1992. *La guerrilla literaria: Huidobro, de Rokha, Neruda*. Santiago: Ediciones BAT.

En busca de la autonomía del objeto en *Salle 14* de
Vicente Huidobro*

Rosa Sarabia
University of Toronto

Salle 14 es un conjunto de trece poemas pintados que se expusieron en París en 1922, durante la primera y más larga residencia de Vicente Huidobro en esta ciudad. Dentro de la totalidad de su obra, representa una aventura única e irrepetible, un lugar tangencial como lo es el de toda poesía visual dentro de la tradición literaria. Al mismo tiempo, son cuadros cuyo *status* ontológico de obra de arte los religa a los de su condición y, por tanto, a las implicancias de los valores del mercado, de los derechos de reproducción, de la autenticidad de la firma, del extravío, de la dispersión, de los efectos del tiempo en la coloración y el soporte, etcétera.

El *foyer* del teatro parisino Edouard VII se transformó de antesala en galería de una muestra artística de la que Huidobro hubiera querido hacerse eco de aquel "Et moi aussi je suis peintre!", título a la vez que Guillaume Apollinaire propuso dar a su colección de caligramas. De este lugar menor, la serie *Salle 14* volvió a exponerse ochenta años más tarde, en una muestra itineraria que se inició en el Centro de Arte Reina Sofía de Madrid y finalizó en Santiago de Chile en 2001.

De los trece poemas pintados expuestos en 1922, siete son los originales que han sobrevivido. Dos existen sólo en forma de

* Este artículo es una versión revisada y abreviada del capítulo 2 de *La poética visual de Vicente Huidobro.*

Figura 1. Catálogo-invitación, París 1922.

caligramas: "Paysage" y "Moulin", el primero, impreso dentro del catálogo-invitación de la exposición, el segundo, encartado en el mismo. "Tour Eiffel", del cual se tiene una maqueta o boceto esquemático, es uno de los siete existentes que fueron caligrafiados por Robert Delaunay, con indicaciones cromáticas y con la frase final "Poème de V. Huidobro" en algunos de ellos[1].

No obstante, los existentes permiten acercarnos a ellos como fenómeno de un interarte complejo en el que se debaten la problemática de la representación, la originalidad, la materialidad de la escritura vis-à-vis la imagen plástica y las implicancias de la tecnología, entre otras cuestiones.

Desde una semiótica cultural se puede leer el catálogo-invitación de 1922 (Figura 1) como una muestra del tejido intelectual que logró fabricar Huidobro a un lustro escaso de su arribo a París. En él se anuncia el *vernissage* de la exposición individual de los poemas para el martes 16 de mayo de 1922 que duraría hasta el 2 de junio. El retrato del poeta por Picasso es la imagen elocuente por antonomasia. Se trata del mismo que se incluyó en el poemario *Saisons choisies* de 1921 y que luego se reciclaría diez años más tarde para la edición príncipe de *Altazor*. Ya en 1917 había dedicado al pintor español el poema caligramático "Paysage" de *Horizon Carré*, el cual con algunas pocas variantes se imprimió en el catálogo-invitación de 1922. Y en 1918, su largo poema-libro *Ecuatorial*, impreso durante su estancia madrileña, también lleva la dedicatoria a Picasso, siendo todas ellas sobradas muestras de admiración hacia el más exitoso exponente del cubismo.

La autoridad de la firma del artista español en el extremo izquierdo del retrato le otorga, en especial tratándose de una exposición artística, un auspicio en el doble sentido de la palabra. La inscripción que acompaña al retrato: "Vincent Huidobro, *par Pablo Picasso*" da cuenta de un tipo de identificación al que Huidobro aspiraba, es decir, a un diálogo entre pares/padres de movimientos artísticos a partir de la yuxtaposición de los nombres. Sin embargo, la factura del retrato, una ilustración a lápiz de simples líneas impresionistas, está lejos de constituir una composición cubista. Por lo tanto, la convocatoria del cubismo se da por el nombre propio, en cuya escritura la mano rubrica aquello que no logra hacer con el diseño.

El catálogo en su interior corrobora y amplía las autoridades en el deseo de crear un perfil artístico por parte del chileno. Además, es medida del internacionalismo cosmopolita con que suele caracterizarse a la vanguardia en París, en la que militaban más extranjeros que franceses en esos años. Las reseñas en francés de críticos de arte como Maurice Raynal y Waldemar George, del poeta polaco Tadeuz Peiper y de los españoles Juan Larrea y Gerardo Diego, en ruso del artista y crítico Serge Romoff o Sergi Romov, y en inglés de Matthew Josephson y del *New York Times* presentan una variedad discursiva que va de prologar *Salle 14* a elogiar a Huidobro por su poesía creacionista. Interesante notar que la lengua castellana está ausente en estas reseñas como así también en el propio nombre del poeta, quien empezó a firmar "Vincent" en publicaciones de poemas en francés[2]. En este sentido, los poemas pintados de *Salle 14* son prueba de una asociación lingüística a la que aspiraba Huidobro en plena integración en el centro mismo de la cultura europea de mayor prestigio.

Volviendo a la exposición, poca es la documentación que se tiene respecto al cierre inminente de la misma a un día o día y medio de su apertura. Sólo existe un breve anuncio periodístico y una carta de Huidobro a su amigo Juan Larrea a quien le describe el "gran éxito" de la exposición de poemas pintados por parte de la élite pero ante la protesta del "gran público", y luego de armarse una "verdadera batalla", el teatro retiró sus poemas. Huidobro se adhiere así —al menos en su percepción del evento— a otra práctica de la época: la del choque, postura radical dadaísta por excelencia en que toda instalación o exposición artística se convierte en sorprendente espectáculo y lugar de confrontación. Peter Bürger analiza esta experiencia de *shock* como una reacción sin especificidad por parte del público y destaca que siendo por naturaleza una experiencia única, el *shock* pierde muy rápido su efectividad (1984, 80-81). Aunque, agrega el teórico alemán, el *shock* también se "consume" cuando se lo espera, cuando la prensa se encarga de anticipar y preparar al público (1984, 81). Ya Walter Benjamin en sus *Discursos interrumpidos* (I) había mostrado los efectos negativos del elemento *shock* como fenómeno cultural, en el carácter automático, inconsciente e irreflexivo de la percepción y experiencia estéticas. De hecho, George reproduce prácticamente la misma reseña del catálogo-invitación en una de corte periodístico para la *Ere Nouvelle* con fecha 19 de mayo, a la que agrega una postdata con noticias de último momento sobre el retiro de los poemas del *foyer* del teatro por su carácter "avanzado". De este modo, al dejar constancia impresa del *shock*, aun cuando el crítico lo hiciera *a posteriori* de los hechos, crea un valor de anticipación que queda adherido a cualquier evento futuro que Huidobro llevara a cabo. Como parte de ese *épater les bourgeois*, está la cuestión del público al que Huidobro claramente divide en sus líneas epistolares a Larrea: "la élite" y "el gran público", que respectivamente acepta y rechaza su arte.

La obra de arte autónoma de inserción en la praxis de la vida diaria y su consumo constituyeron una evidente paradoja en esas primeras décadas de vanguardia. De acuerdo con Roland Barthes, las revueltas contra la burguesía fueron socialmente limitadas; se trataba de una minoría de intelectuales y artistas pertenecientes a esa misma burguesía sin otro público que aquél al que contestaban y del que dependían económicamente para expresarse (1983, 139). Por otro lado, para Matei Calinescu, este arte lleva en sí mismo una cultura de crisis, de ahí la aparente contradicción que no está reñida con otras características como la travesura intelectual, el gesto iconoclasta, la mistificación, etc. En este sentido, el crítico rumano aclara que si bien la noción de élite estaba implicada en el concepto de vanguardia, aquella se hallaba "comprometida con la destrucción de toda élite, incluyéndose a sí misma" (1991, 143). Visto de este modo, entonces, se podría entender el fracaso del cierre de *Salle 14* como un éxito. Ahora bien, esta restringida recepción pondría en jaque la integración completa del arte como fenómeno estético independiente, llamado a competir con el inventario del mundo objetivo de un automóvil, una planta, un gramófono, un pájaro, un fruto, y del que tanto insisten los manifiestos de Huidobro. Es difícil, no obstante lo dicho, medir el grado del escándalo o la protesta a la que alude Huidobro ante la retina de un público ciudadano, el cual ya en la segunda década del siglo, había perdido cierta capacidad de asombro ante la cuadratura de un horizonte o la de un círculo.

El año 2001 marcó un hito en el itinerante deambular de los poemas pintados al ser recogidos bajo una nueva mirada: la del museo posmoderno. La modernidad digerida con su novedad trasuntada en nostalgia, pudiera verse como reaccionaria. Sin embargo, demasiado tiempo ha pasado para que la conformidad, mercantilización y domesticación que el arte experimental de esa época sufriera a partir de la Segunda Guerra Mundial, signifique en el umbral del siglo XXI una perentoria reflexión crítica. El Centro de Arte Reina Sofía organizó la muestra de *Salle XIV. Vicente Huidobro y las artes plásticas*, recogiendo la disjunta y fragmentada serie de poemas pintados para escenificarla dentro de un espacio de mayor complejidad.

Fue una muestra de gabinete que ocupó dos salas. En éstas fue interesante notar cierta clasificación distintiva en cuanto a la distribución de los poemas pintados originales y de los serigrafiados que conforman hoy el álbum *Salle XIV*. Una cierta inversión, irónica si se quiere, se dio al colgar las copias serigrafiadas en una especie de antesala a la que el público estaba obligado a cruzar para llegar a la "verdadera", donde residían los originales. Ese espacio liminar del "foyer" del teatro que habían tenido los poemas pintados en 1922 tuvo su equivalente en esa especie de *hall* —o antesala— en el que se hallaban colgadas sus reproducciones en 2001, límite intransferible de toda colección museística de obras auténticas.

Si bien los originales ocuparon un cuarto propio con el aura intacta y compartida por aquella perteneciente a artefactos originales como las esculturas y los retratos de Huidobro por otros artistas —Hans Arp, Pablo Picasso, Lajos Tihanyi y Juan Gris— así como la de los manuscritos autógrafos, el museo de este nuevo siglo se permite disolver, sin escandalizar, la frontera que dista entre la pieza genuina y su reproducción. Reproducción que en este caso no es copia fotoduplicada, sino procedimiento de estampado de mayor inversión y recreación humana que es la serigrafía, impresión en la que los colores se filtran a través de una pantalla fina de seda, que posee las partes que no deben filtrar impermeabilizadas con una emulsión. Así, la serie incompleta de 1922 pasó por el bisturí cosmético del simulacro. Rejuvenecida y modificada se editó como álbum, proyecto que Huidobro anunció en 1922 pero nunca llevó a cabo. Ahora el conjunto serigrafiado incluye una reconstrucción de "Tour Eiffel" que sustituye el original extraviado y los dos coloreados por Sara Camino Malvar, artista chilena amiga del poeta, que han sido homogeneizados en tamaño al resto, fundiendo nombres y colaboración entre artistas. Una muestra itinerante como ésta tuvo un perfil arqueológico y de peritación al ensamblar los originales dispersos del objeto cultural —o sea, la serie— que la inclemencia del tiempo dejó incompleto, pero lo temporario de este espectáculo volvió a redistribuir los fragmentos de *Salle 14* a sus propietarios y en ese acto quedó disuelta la memoria huésped del museo al mismo tiempo que se fabricó una nueva serie a expensas de otra memoria —o aura— contenida en los originales. Cabe destacar, asimismo, un significativo revés en el preciso lugar donde yace la autenticidad de la obra: la firma del artista. El álbum estandarizado del museo optó por borrar el nombre de Huidobro en aquellos poemas pintados cuyos originales sí lo llevan. De este modo, las serigrafías son simulacro total según el concepto baudrillariano, para el cual no hay un referente real. De ahí que se podría leer como sintomático el cambio numeral (y visual) que optó el Reina Sofía al llamar *Salle XIV* en números romanos a la muestra.

 A partir de su lectura sobre las ideas de Theodor Adorno y en diálogo con Walter Benjamin, Eduardo Grüner señala que la autonomía del arte se puede conquistar al precio de tener que transformarse paradójicamente en completa mercancía, bajo las condiciones capitalistas de producción. Se genera así ante la mirada del receptor una contradicción insoluble entre su carácter de mercancía-fetiche y su promesa de redención social. Esto supondría, y cito de Grüner que "sólo viviendo hasta el fondo la condición de mercancía puede la obra *mostrar* su Otro, *señalar* el camino de la autonomía" (2001, 204). Esta condición está estrechamente vinculada al mecenazgo artístico y despersonalizado de la corporación financiera o de servicios públicos, liberando al Estado de su papel de protector/promotor de las artes. Telefónica S.A. fue la empresa patrocinadora de la exposición en Madrid y Santiago de Chile[3]. De hecho, el consumo del arte dentro del museo actual está íntimamente unido a la comercialización de sus productos derivados. Néstor García Canclini reflexiona sobre el pasaje del liderazgo de las vanguardias cosmopolitas a instituciones y empresarios *localizados* y expresa,

> hay que decir que las artes visuales —también la literatura y la música— están cambiando al participar de la industrialización de la cultura. Museos, fundaciones y bienales, esas instituciones en las que antes prevalecía la valoración estética y simbólica, adoptan cada vez más las reglas del autofinanciamiento, rentabilidad y expansión comercial propio de las industrias comerciales (…). Las exposiciones y su publicidad, las tiendas y las actividades pa-

raestéticas realizadas por muchos museos, galerías y bienales, se asemejan a la lógica de producción y comercialización de imágenes y sonidos en las industrias comunicacionales. (2001, 149)

En el caso particular de *Salle XIV* habría una gradación del espacio y del consumo museístico, siendo la muestra del conjunto serigrafiado una especie de puente entre los originales y la librería/tienda. Para dicha ocasión, además del catálogo y del álbum serigrafiado, se reprodujeron facsímiles del catálogo-invitación de 1922 y de los tres números de *Creación/Création* que Huidobro fundara y publicara entre 1921 y 1924.

En las páginas que siguen, me concentraré en los poemas pintados (o en la reproducción fotográfica de los originales) para considerar brevemente algunas de las propuestas vanguardistas que Huidobro problematizó en estas obras: 1) la materialidad y 2) la originalidad y la autonomía del objeto artístico.

Parto de la concepción de la poesía visual como un encuentro de dos entidades: la palabra y la imagen en una zona de cruce en que cada una busca la especificidad ausente en su sistema: la escritura figura mientras que la imagen se hace legible, literal y metafóricamente hablando. Al excederse en sus límites trabajarían con aquello que no les es específico, o dicho de otro modo, se hace visible el proceso de suplementariedad. Siguiendo el concepto de liminalidad de Mijai Spariosu—un espacio que cancela toda oposición y crea las condiciones favorables para un arte alternativo — sugiero que *Salle 14* propone un arte cuyo marco de referencia es constantemente cuestionado al superar la tradicional dicotomía palabra *versus* imagen.

La materialidad

Junto a la disolución de los signos heredados y el desmantelamiento de los modos miméticos de reproducción de la realidad, muchas de las prácticas vanguardistas cuestionaron viejas epistemologías a partir de enfatizar el aspecto figural de la escritura como la abstracción de la imagen plástica. En este sentido, tanto la estética visual como la poética se superpusieron, llamando la atención hacia la materialidad del significante y borrando las fronteras entre ambas disciplinas.

Al reforzar la visibilidad de la letra, la serie *Salle 14* acude a aquella carnalidad que el cristianismo en sus orígenes vio como propia de la imagen visual, cuya materialidad la hizo competir con el llamado "espíritu" de la letra, según nota Facundo Tomás (1998, 123). Las palabras residen en la materialidad sensual del significante y muestran esa "espesura" del lenguaje a la que se refiere Norman Bryson (1981, 3), y a las que Stéphane Mallarmé llamó "huesos y tendones" del lenguaje (1951, 962). Al mismo tiempo, el caligrama crea un lugar de resistencia a la linealidad que se impuso a partir de la fonetización. Se da así una dimensión espacio-temporal múltiple, a modo del pictograma, que a su vez cuestiona el concepto ontológico del pensamiento occidental —en el sometimiento a la sucesividad, al orden del tiempo lógico o a la temporalidad irreversible del sonido— de acuerdo con los conceptos de Jacques Derrida (1978, 113)[4].

Por su lado, Joanna Drucker complementa las ideas de Derrida al proponer un modelo teórico híbrido de materialidad que combina tanto la presencia de la substancia como la ausencia de la diferencia. La tipografía como la escritura, prosigue Drucker, evidencia atributos claramente físicos cuya especificidad sólo puede ser entendida en relación a las condiciones históricas de su producción. La forma material del trazo, el aspecto corporal visual de las letras, palabras, inscripciones, son evidencia de reglas de uso lingüístico y medios mecánicos que una cultura tiene a su disposición y dicha forma tiene la capacidad de significar siempre y cuando sea parte de un código cultural (1994, 44).

Consideraré como ejemplo y propósito de mi análisis al poema pintado "Minuit" (Figura 2). Su caligrafía en letras de molde se comporta como tipografía sin la mediación de la tecnología. Huidobro estaría aquí fusionando dos temporalidades, aquella del manuscrito medieval y la racionalidad de la imprenta, la cual, de hecho, sufriría una renovación en las primeras décadas del siglo XX

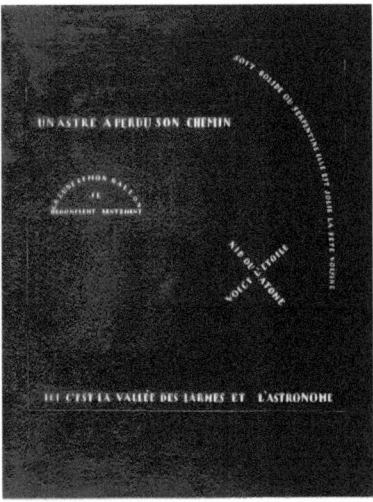

Figura 2. "Minuit", gouache/papel, 66 x 53 cm. 1920-22, París, 1922.

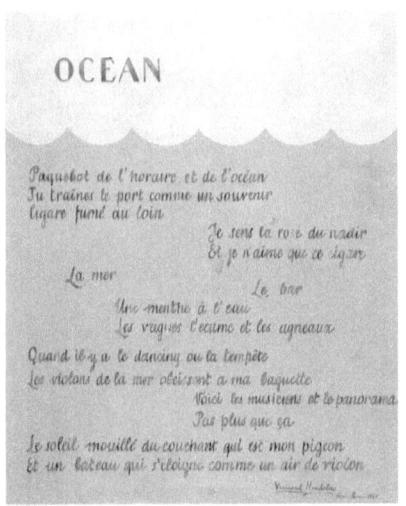

Figura 3. "Océan I", collage, gouache/papel, 65,5 x 51 cm, 1921, París, 1922.

Figura 4. "Marine", collage, gouache/papel, 63,5 x 49cm, 1921, París, 1922.

Figura 5. "Piano". Collage, gouache/papel, 61,5 x 47 cm, París, 1922.

con los experimentos tipográficos de Marinetti, Schwitters, Tzara, Zdanevich y Heartfield, entre otros. La letra de molde corresponde a la "de palo seco", también conocida como *sans serif*. Aunque de origen griego monumentalista y con precedentes en el *textus sine pedibus* de la Edad Media, su popularidad está relacionada con la publicidad comercial del *boom* de la máquina vapor en 1825, mayormente porque era más económica y fácil de adaptar al diseño del modelo industrial y de masas. Por otro lado, dentro del ambiente artístico, la letra "de palo seco" tuvo una rápida bienvenida por los diseñadores y arquitectos del Bauhaus. Tanto Walter Gropius como Jan Tschichold —tipógrafo y teórico que prefería llamarla "letras de esqueleto" (1998, 73)— la vieron en consonancia con el espíritu de los nuevos métodos y materiales de construcción en la arquitectura. Dicho argumento enfatiza una vez más la red de relaciones entre las artes y el entorno urbano. En cuanto a sus dimensiones y explotación de estilos tipográficos, los poemas pintados de Huidobro usufructúan de las técnicas del cartel publicitario.

Otro componente que suma una substancia material son los *papiers collés* en tres poemas —"Océan", "Marine" y "Piano" (Figura 3, Figura 4 y Figura 5)— presentes en las olas de las primeras dos y en las teclas en el último. Este elemento estructural a la vez que problematiza la cualidad ilusionista del arte refuerza el aspecto artesanal de los poemas pintados. Según Rosalind Krauss, el *collage* se abre al campo de la representación desde el momento en que se literaliza la profundidad, lo que implica trabajar con dos planos que se superponen. El plano que obra de soporte se oscurece al pegársele encima otro plano, cuyo elemento *collage* constituye la figura de representación; y ésta, al erradicar la superficie original y al reconstituirla mediante la figura de su propia ausencia, establece su condición de sistema de significantes (1996, 37). Es la ilusión visual de una presencia espacial. Al "escribir" esta presencia, el *collage* garantiza su ausencia y logra ser un metalenguaje de lo visual (1996, 37). Huidobro trabaja simultáneamente con la representación del signo en dos planos diferentes. Si al pintar los versos Huidobro refuerza el significante del signo en su aspecto sensual, al hacer uso de los *papiers collés* enfatiza la materialidad espacial en un sistema de significantes plásticos. En ambos casos, se trata de presencias cuyos referentes están ausentes, aunque la imagen visual —olas, teclas— mantenga su condición de signo motivado *vis-à-vis* el carácter arbitrario de la imagen verbal.

La originalidad y la autonomía del objeto

La fascinación por lo original/originario produce la paradoja que supone lo muy antiguo, aquel tiempo anterior a todo tiempo de la experiencia que contiene los misterios del proceso creativo[5]. La vanguardia efectuó, en este sentido, un doble itinerario: al proyectarse hacia adelante (ínsito en el prefijo "*avant*"), hacia una utopía donde la experiencia artística se uniera en un *continuum* con el cotidiano vivir, realiza un camino de regreso, hacia la raíces de un pensamiento multisensorial, sea pre-alfabético o medieval, a la exhumación de ritos primitivos, a una conquista del pasado[6].

Pero dicha vuelta no supuso una simple regresión sino una exposición de la racionalidad a las que se vieron sometidas las artes en los siglos anteriores. Crear como lo hace la naturaleza —lema creacionista ya anticipado por Huidobro en su prefacio a *Adán* (1916)— significaba sumar al mundo, otro mundo. Crear y no imitar era el signo de su tiempo. Para el chileno, un poema creado es aquel "en el que cada parte constitutiva y todo el conjunto presentan un hecho nuevo, independiente del mundo externo, desligado de toda otra realidad que él mismo, pues toma lugar en el mundo como un fenómeno nuevo (…) hace real lo que no existe, es decir, se hace él mismo realidad" ("El creacionismo" 2003, 1339). Esta idea de "presentar un hecho nuevo" no sólo cancela toda mediación (re-presentación) sino que se relaciona con la noción del presente como una experiencia inmediata en la cual el "ahora" es la pre-condición en la búsqueda de lo nuevo (Drucker 1994, 87-88).

Me centraré en "Minuit" para analizar el modo en que Huidobro fusiona el origen/primitivo en el presente, y propone en éste presentar la independencia del poema pintado como un objeto autónomo. Sobre el fondo negro —la noche—, las letras blancas configuran un mínimo paisaje astral: una estrella, un desprendimiento de meteoro, una luna. Traduzco los versos en un orden arbitrario ya que "Minuit" no posee un centro que compela al ojo y, por lo tanto, éste elige dónde quiere empezar a mirar/leer como si fuera una pintura cubista: "Un astro ha perdido su camino / La luna y mi globo se desinflan lentamente / He aquí la estrella / Nido o átomo / Sea bólido o serpentina es bonita la fiesta vecina / Aquí está el valle de lágrimas y el astrónomo". La escena nocturna obliga la inversión de lo que sería la página en blanco del poema impreso en tipos negros. Sin embargo, esta inversión, más allá de la mera representación de una noche estrellada, apuntaría a una disimulación: la de un negativo de foto. En este sentido, estaríamos ante el original que facilita la copia, la serie, la multiplicación. Se nos estaría revelando el proceso —o el proceso del revelado— de la reproducción mecánica de la que dependía el propio poema para su publicación[7]. Doble y simultánea información cromática: el momento único, el principio u origen que posee el negativo de foto, pero también el de la oscuridad de la noche. En todo nivel cósmico, señala Mircea Eliade, el período de oscuridad precede al de la luz, puro y regenerado; la noche universal posee un valor positivo y, en ella, la luna, modelo de perpetuo retorno, muestra al ser su verdadera condición humana: muerte, renacimiento, *pathos* y consolación (1958, 184).

"Minuit" muestra una luna "creacionista" en su invertida posición de fase menguante, y en su lectura, el "yo" poético, quien posee un globo, se ve en ella al asociarla con su actividad humana, lúdica aunque dramática en su lenta desaparición. El verso "Aquí está el valle de lágrimas y el astrónomo", yuxtapone dos cosmovisiones en un mismo nivel sintagmático de plano horizontal, que a su vez responden a teorías genesíacas del universo incompatibles entre sí. Por un lado, la metáfora cristiana evoca el idealismo en el salve a la virgen María, en el que los "hijos de Eva" claman su sufrimiento "aquí" en la tierra; por otro, el materialismo en el conocimiento científico del "homo sapiens" alude a las nuevas teorías que habrían de revolucionar el modo de percibir y concebir la realidad, el origen del mundo, y que la vanguardia absorbiera como mito, de acuerdo con Poggioli (1968, 178). En definitiva, una obra de arte, según Huidobro, "es una nueva realidad cósmica que el artista añade a la naturaleza y que debe tener como los astros una atmósfera propia…" ("La creación pura" 2003, 1313). Leído a través de estos conceptos, "Minuit", pues, responde a una duplicación: crea en su interior esa dimensión universal de creación y evolución que lo define, a su vez, como objeto-poema creado. A estos predicados universales, dos versos en equis: VOICI L'ETOILE / NID OU ATOME ("HE AQUÍ LA ESTRELLA / NIDO O ÁTOMO") apuntan a un encuentro entre otros principios también generales. Huidobro, como otros poetas innovadores, incorpora un léxico a tono con las invenciones y descubrimientos de la modernidad. El átomo, unidad indivisible y constitución primaria de toda materia, fue objeto de estudio y especulación desde la filosofía antigua —el atomismo— a la física y ciencias contemporáneas a la vanguardia. Huidobro nos da la opción de calificar —la falta de artículo da a "nido" y "átomo" una función adjetiva— a la estrella caligramada en su mínima composición de materia o en analogía con una imagen primigenia. Gaston Bachelard, en su poética del espacio, analiza el nido en analogía con la casa y por extensión, con el universo: es una imagen positiva y primordial que nos remueve lo primitivo que hay en nosotros (1969, 91). La conformidad entre los elementos del universo, consonantes en un mismo espacio-tiempo, apunta, a su vez, hacia la preocupación del poeta por el origen, por la creación artística. Pero lejos de un ideal de belleza pasiva de ser contemplada, que a su vez provendría de una relación mimética del artista respecto a una verdad preexistente, "Minuit" revela en su legibilidad que la problemática de la creación se extiende al agente receptor, necesario en la conformación del sentido. De hecho, "Minuit" elabora una *poiesis* en que el observador/lector participa del acto creativo y por tal motivo, la dimensión estética de la obra depende de él y no del objeto artístico en sí, retomando las ideas de Hans Robert Jauss (1982, 57-58).

El lente del astrónomo/fotógrafo recorta una parcela del universo y en ella nos vemos incluidos. El uso de las deixis de lugar en "ICI" ("aquí está el valle...") como en "VOICI" ("he aquí la estrella") es estrategia para el ojo del espectador/lector que asume la conciencia de su propia posición frente a la imagen. Además, este uso pronominal convoca un presente que se actualiza *ad infinitum* en cada acto de la mirada, marcando una inminencia que quiebra la ilusión y toda referencialidad con el afuera. En este sentido, la representación —una noche estrellada— se ve sacudida a partir de reforzar la noción de presencia por cuanto se niega la relación arte-realidad y da cuenta de su condición de objeto autónomo.

El grafema, en su doble comportamiento de grafo y grama, funde nuevas y viejas tecnologías, ciencia y religión, juego, arte y poesía. Habría aquí, como en los otros poemas caligramáticos, un proceso de "des-sedimentar" la milenaria historia de linealidad escritural a la que ya hice referencia. A esto cabría agregar que Huidobro eligió el *gouache*, la acuarela opaca, técnica de los iluminadores de manuscritos durante la Edad Media resurgida en estas primeras décadas del siglo XX. Si bien fue común a todas las tendencias vanguardistas de estos primeros años, el creacionismo entre ellas, el formular un *status* ontológico del arte que estaba ligado al aspecto material y a la aseveración de un objeto auto-suficiente e independiente del dominio referencial, Huidobro supo entender muy temprano sus limitaciones cuando hizo imprimir en la contratapa de su revista *Création* de 1924 que: LES POETES SONT AUSSI [PEU] INDEPENDANTS QUE LES PEINTRES (LOS POETAS SON TAN [POCO] INDEPENDIENTES COMO LOS PINTORES). Humor gráfico de inversión irónica, si se quiere, que hace que el *superscriptum* de "peu", cuya pequeñez queda suspendida entre las mayúsculas en letra de molde, cargue con la intensidad mayor del significado y anuncie los linderos del arte y de la lengua en relación a una independencia/originalidad total respecto de la realidad. Complementario a esto, la autonomía del objeto fue para el poeta una búsqueda infructuosa ya que diez años más tarde y de vuelta en Santiago de Chile, se preguntaba: "¿ (...) por qué razón a las formas creadas por el arte no se les concede carta de ciudadanía en la realidad?" (*Pro. Revista de arte* 1934). Se podría conjeturar entonces que la autonomía del arte por la que bregaron Huidobro y sus contemporáneos tuvo su realización plena en el intrincado tejido cultural de la posmodernidad.

Notas

1   Estos siete bocetos pertenecen a un coleccionista privado en Santiago de Chile.
2   Su francofilia le costó algunas chanzas, como la de Alberto Rojas Jiménez, un periodista de *El Mercurio* de Chile (1924), quien una vez lo presentara como "Vicente Huidobro, poeta francés nacido en Santiago de Chile" (García-Huidobro McA 2000), 36.
3   Si bien la colaboración privada en la cultura española tiene en la Institución Libre de Enseñanza y la "Fundación Del Amo", un antecedente del aporte privado en la cultura nacional, esta presencia se hará cada vez más dominante con el transcurso de los años. La "Ley de mecenazgo" por ejemplo, bajo el gobierno socialista de Felipe González, fue una clara dirección del papel del Estado en delegar al ámbito privado parte de las actividades culturales. No obstante, existe un cambio substancial que va de la aportación de lo privado a lo público a la apropiación de lo público por lo privado, situación en que se renuncia a la categoría de la cultura como bien público. Este último paso fue parte de la agenda cultural del Partido Popular bajo la presidencia de José María Aznar, en que tuvo lugar la exposición del Centro Reina Sofía en 2001.
4   Edward Said acertó en llamar "tesis visual" a la noción de *écriture* de Derrida (1983, 196).
5   De acuerdo con Krauss, el concepto de originalidad para la vanguardia se transformó en una metáfora organicista que se refiere no tanto a la invención formal sino a la fuente de vida (1996, 157).
6   En los años sesenta, Harold Rosenberg señala que bajo el eslogan "un arte nuevo para una nueva realidad" se exhuman antiguas supersticiones y se actualizan los ritos más primitivos (1962, 12). Poggioli, a su vez, destaca —via Bontempelli— que esta búsqueda de parte de la vanguardia por el principio se caracteriza por una "nostalgia perturbante por un nuevo primitivismo" (1968, 76). En esta misma vena, Octavio Paz aporta lo suyo cuando puntualiza que toda "búsqueda de un futuro termina siempre en la reconquista de un pasado" (1997, 5).

7   Tschichold confirmó que los caligramas manuscritos por Apollinaire fueron publicados gracias a la nueva tecnología de la fotoduplicación (1998, 218).

Obras citadas

Bachelard, Gaston. 1969. *The Poetics of Space*. Boston: Beacon Press.
Barthes, Roland. 1983. *Mythologies*. Trad. Annette Lavers. New York: Hill and Wang, 1983.
Baudrillard, Jean. 1981. *Simulacre et Simulation*. Paris: Galiée.
Benjamin, Walter. 1973. *Discursos interrumpidos I*. Madrid: Taurus.
Bryson, Norman. 1981. *Word and Image: French Painting of the Ancien Régime*. Cambridge: Cambridge University Press.
Bürger, Peter. 1984. *Theory of the Avant-Garde*. Minneapolis: University of Minnesota Press.
Calinescu, Matei. 1991. *Cinco caras de la modernidad*. Madrid: Tecnos.
Costa, René de. 1984. *Vicente Huidobro: The Careers of a Poet*. Oxford: Clarendon Press.
Derrida, Jacques. 1978. *De la gramatología*. México: Siglo XXI.
Drucker, Johanna. 1994. *The Visible Word: Experimental Typography and Modern Art, 1909–1923*. Chicago: University of Chicago Press.
Eliade, Mircea. 1958. *Patterns in Comparative Religion*. Cleveland: Meridian Books.
García Canclini, Néstor. 2001. *La globalización imaginada*. Buenos Aires: Paidós.
García-Huidobro McA, Cecilia. 2000. *Vicente Huidobro a la intemperie: entrevistas (1915–1946)*. Santiago de Chile: Sudamericana.
Grüner, Eduardo. 2001. *El sitio de la mirada*. Buenos Aires: Grupo Editorial Norma.
Huidobro, Vicente. Septiembre 1934. "Carlos Sotomayor". *Pro. Revista de arte* 1, s/n.
— Février 1924. *Création* 4, s/n.

— 1922. *Une exposition de poèmes de Vincent Huidobro*. Catalogue-invitation: Paris.
— 2001. *Salle XIV: álbum serigrafiado*. Madrid: Museo Nacional Centro de Arte Reina Sofía.
— 2001. *Salle XIV: Vicente Huidobro y las artes plásticas*. Catálogo. Madrid: Museo Nacional Centro de Arte Reina Sofía.
— 2003. *Vicente Huidobro: obra poética*. Ed. Cedomil Goic. Madrid: Colección Archivos, ALLCA XX.
Jauss, Hans Robert. 1982. "Poiesis: The Productive Side of Aesthetic Experience (construire et connaître)". En *Aesthetic Experience and Literary Hermeneutics*. Minneapolis: University of Minnesota Press.
Krauss, Rosalind. 1996. *The Originality of the Avant-Garde and Other Modernist Myths*. Cambridge: MIT Press.
Mallarmé, Stéphane. 1951. *Oeuvres complètes*. Paris: Gallimard.
Paz, Octavio. 1977. *Poesía en movimiento*. México: Siglo XXI.
Poggioli, Renato. 1968. *The Theory of the Avant-Garde*. Cambridge: Harvard University Press.
Rosenberg, Harold. 1962. *The Tradition of the New*. London: Thames & Hudson.
Said, Edward W. 1983. *The World, the Text, and the Critic*. Cambridge, MA: Harvard University Press.
Sarabia, Rosa. 2007. *La poética visual de Vicente Huidobro*. Madrid: Iberoamericana/Vervuert.
Spariosu, Mihai I. 1997. *The Wreath of Wild Olive: Play, Liminality, and the Study of Literature*. New York: State University of New York Press.
Tomás, Facundo. 1998. *Escrito, pintado (Dialéctica entre pintura e imágenes en la conformación del pensamiento europeo)*. Madrid: Visor.
Tschichold, Jan. 1998. *The New Typography*. Berkeley: University of California Press.

ALTAZOR Y EL 'INDIVIDUALISMO ESTÉTICO' DE HUIDOBRO

Greg Dawes
NORTH CAROLINA STATE UNIVERSITY

Aparte de un puñado de poemas —concretamente "Despertar de octubre de 1917", "Elegía a la muerte de Lenin", "URSS", y "España"— y unos pocos versos en *Altazor*, es difícil sino prácticamente imposible evitar la sospecha de que Vicente Huidobro fue un esteticista y vanguardista por antonomasia. Sus incursiones aberrantes en la política parecieran ser "ideas fuera de lugar" —al decir de Roberto Schwarz— porque no parecen calzar con sus metas tanto formales como temáticas. Sería erróneo darle demasiada importancia a estos versos políticos, como bien señala Jaime Concha, pero pasarlos por alto también sería malaventurado:

> Sería falso extremar la comprensión que Huidobro tiene, en esa ocasión, de la importancia histórica de los sucesos rusos. Su origen de clase, su formación mental, el proyecto unilateralmente artístico que lo guía constituyen una barrera, en gran medida infranqueable. Pero, al revés, tampoco sería exacto considerar su interés por la revolución bolchevique como exento absolutamente de significación. (1975, 70-71)

La destrucción del viejo sistema político, sostiene Concha, y la creación de una nueva síntesis estética al comienzo del siglo XX llegan a su apogeo y entonces se van por su propio camino (1975, 70-71). Como han observado estudiosos de la vanguardia, afirmar lo novedoso, el potencial de la juventud, la libertad desmesurada en el ámbito artístico, la creación de nuevos mundos artísticos, así como el acto de escandalizar a la burguesía y querer tomar por asalto el aparato artístico y político en la sociedad, era algo natural y estaba en el aire hasta por lo menos el comienzo de la Guerra Civil Española. Así, se podría sostener que hasta una figura improbable y privilegiada como Huidobro se dejó convencer por la celebración de lo nuevo en la esfera artística y aun en el ámbito político. En efecto, como la gran mayoría de los vanguardistas, Huidobro dio por sentado, desde por lo menos 1930 hasta 1940, que la Revolución Estética iba a ir de la mano de la revolución social.

Aun si reconociéramos que la dedicación huidobriana a escribir versos comprometidos y sus afiliaciones tenues con el Partido Comunista y después con el trotskismo duraron relativamente poco, habría que conceder la incongruencia aparente entre sus posturas políticas y estéticas. Es decir, nos enfrentamos con un individuo quien en sus muchos manifiestos y obra poética defendió el esteticismo a capa y espada y, sin embargo, como el Rubén Darío de *Cantos de vida y esperanza* (1905), se vio obligado a participar de la política progresista y a componer unos poemas al respecto.

¿Cómo explicar esta inconmensurabilidad ideológica? La respuesta resulta ser más compleja de lo que pareciera sugerirse. Analizar la postura estética de Huidobro es examinar la vanguardia como tal y las suposiciones filosóficas y políticas por las que abogó. Asimismo, supone hacer una valoración del momento sociohistórico en Chile (y en Europa) que dio lugar al vanguardismo y su contraparte política, el anarquismo, como soluciones políticas y artísticas al comienzo del siglo XX.

El anarquismo llegó a ser una fuerza política a fines del siglo XIX en Chile (y a mediados del siglo XIX en Europa) como respuesta ante el dominio político y económico de la oligarquía y, como tal, sirvió de elemento catalizador para sindicatos, grupos estudiantiles, artistas desarraigados y bohemios[1]. Y sin embargo, como apunta Ángel Cappalletti, con el triunfo de la revolución rusa en 1917, la influencia política ácrata empezó a disminuir y, a la larga, fue desplazada por el rol de vanguardia que asumió el Partido Comunista en las luchas laborales en Chile (1990, LXXXIX). No obstante, como sucedió en Europa, las ideas estéticas de los anarquistas sobrevivieron y proporcionaron el impulso para la vanguardia cultural (Egbert 1967, 339-66; Szabolscsi 1971, 4-17). El vanguardismo, entonces, se volvió la política cultural del anarquismo y, como tal, destacó las características que se asocian convencionalmente con el vanguardismo: la libertad desatada del artista, la búsqueda de lo desconocido, el artista como profeta o genio dotado quien trata de retratar el futuro, el joven rebelde, la necesidad de destruir lo viejo y crear un nuevo lenguaje espiritual, el artista como héroe y víctima, y la dependencia de inspiración neorromántica.

Como sabe todo lector de Huidobro, muchas sino todas estas características se hallan en *Altazor*. Eso quiere decir que después de una gestación de doce años y su publicación en 1931, la obra huidobriana más conmovedora y significativa representa la culminación de la influencia política de corte libertario, por un lado, y la coronación de la estética anarquista en el contexto latinoamericano[2]. Las referencias pasajeras a esa "única esperanza" que brinda la revolución rusa al mundo en un momento de la funesta crisis socioeconómica —la depresión de 1929— da paso a un proyecto artístico que, en efecto, subsume la doctrina anarquista para luego despojarla de su significado político. Es decir, lo que triunfa a fin de cuentas es la cosmovisión esteticista del poeta. Sólo el arte, pareciera sostener, puede salvar a la humanidad de sí misma.

La estética anarquista en Chile a comienzos del siglo XX

Se sabe que el anarquismo fue el movimiento político de más peso en Chile desde fines del siglo XIX hasta aproximadamente 1933. Según Cappelletti, la influencia de los ácratas y de los anarcosindicalistas disminuyó después de la revolución rusa (1917) debido, en gran medida, al éxito que tuvieron los bolcheviques como vanguardia coherente y a la oposición anarquista a las organizaciones laborales y políticas. Fundado en 1921, el Partido Comunista llegó a ser, desde este momento en adelante, la fuerza galvanizante en los movimientos obreros (1990, LXXXVIII-XC). Sin embargo, como lo han señalado Cappelletti y Víctor Alba, el libertarismo de izquierdas siguió teniendo un impacto en el pensamiento sociopolítico y cultural hasta comienzos de los años 30[3]. Si bien es cierto que gran parte de las huelgas encabezadas por los anarquistas —por los International Workers of the World (I.W.W.) después de 1919— tuvieron lugar en las primeras décadas del siglo XX, también es cierto que publicaron periódicos y libros anarquistas que dejaron una huella profunda en artesanos, las capas medias, estudiantes universitarios y obreros semi-proletarios, según Hernán Ramírez Necochea (1965, 48). Los anarquistas en Chile, entonces, tuvieron una primera marca al organizar paros y huelgas, entre ellas la "Semana Roja de Santiago" en 1905, en que se asesinaron a doscientos obreros; la huelga general en Antofagasta en 1906; y la famosa huelga de 1907 en Iquique, en que fueron asesinados dos mil obreros a sangre fría en la Plaza Santa María (Cappelletti 1990, LXXXVII). Sin embargo, después de que se fundara la FOCH (Federación Obrera Chilena) en 1909 y llegara a ser una organización laboral indispensable bajo el liderazgo de Luis Emilio Recabarren en 1919, las ideas libertarias seguían siendo influyentes pero no representaban ya una fuerza impulsora del movimiento obrero (Alba 1964, 379). En 1918 y 1919 hubo, eso sí, huelgas de hambre que coincidieron con la formación de un movimiento pluralista y anti-oligárquica de singular importancia que presionó al gobierno de Arturo Alessandri Palma y, muy en particular, al régimen dictatorial de Carlos Ibáñez. Ya que esa oposición política contaba con estudiantes universitarios y los sectores medios, no sorprende que hayan circulado periódicos y libros anarquistas aun en estos años. Tampoco sorprende que Huidobro, a menudo rebelde contra su propia formación oligárquica, haya encontrado cierta inspiración en la literatura y sus respectivas organizaciones.

El encanto de las ideas anarquistas

> ¿Y Huidobro? Él fue la libertad: el que sembró más hondo.
> En mí y en tantos: en la medida de nuestra propia medida.

Una libertad que nos hizo hombres: poetas responsables, con utopismo y todo, con anarquismo. Pero sin servidumbre.
—Gonzalo Rojas (de Costa 1980, 273)

Según cuenta Henry Alfred Holmes, el primer contacto que toma Huidobro con las ideas anarquistas tuvo lugar en reuniones en la escuela secundaria, donde los jóvenes hablaban ávidamente del anarquismo y de la revolución rusa (Goic 1975, 29). Para 1912, el poeta era editor de *Musa Joven*, una revista inspirada por el modernismo que le permitió a Huidobro trabar vínculos con la Federación de Estudiantes de la Universidad de Chile (la FECH)[4] —que tenía sus propias publicaciones (*Juventud*), en que el joven Pablo Neruda, entre otros, publicaba— y los I.W.W (Dawes 2000, 319-336; Subercaseaux 1998, 116). Los textos anarquistas y revolucionarios así como los discursos sobre el tema, como el que pronunció Alejandro Quezada, presidente de la Federación, en 1911, tienen que haber influido a Huidobro. En su discurso, Quezada hacía un llamado a resistir la "desaparición de la espontaneidad del alma", el "culto del éxito" y "la aprobación ciega de todo lo que triunfe" (Subercaseaux 1998, 47). Respondiendo a las advertencias de que la juventud debería ser realista y abandonar sus sueños utópicos, dijo: "¡No señores, el hombre es un ser que crea y produce, que fecunda y elabora y que al sentirse presionado en las estrecheces de la tierra quiere remontarse y llegar a las alturas!" (Subercaseaux 1998, 47). Sin lugar a dudas, éste y otros discursos y escritos ácratas le proporcionaron a Huidobro, si no el léxico del creacionismo, al menos algunas de las pautas para su teoría estética y su poesía. Y aunque su asociación con la Federación haya sido indirecta, su presencia política en Chile en los años 1911-1912 tiene que haberlo afectado. "La bohemia estudiantil antioligárquica y el anarquismo (con participación de obreros y artesanos)", señala Bernardo Subercaseaux, "fue una marea ascendente, convirtiéndose en un destacado actor político y social junto al movimiento obrero en formación". "Era", agrega Subercaseaux, un movimiento estudiantil y social multifacético y plural en lo ideológico, un movimiento con un fuerte contenido contestatario de cuño ético, y que jugó un rol decisivo en la caída del régimen oligárquico y en las características que asumió el triunfo de Arturo Alessandri Palma, sobre todo en su perfil de candidatura mesocrática, antioligárquica, populista y reformista. (1998, 48)

Por muy cierto que sea esta aseveración, se podría sostener como los historiadores Gabriel Salazar, Arturo Mancilla y Carlos Durán que el movimiento puso a prueba a Alessandri porque a fin de cuentas él también llegó a representar los intereses oligárquicos (1999, 44)[5].

Huidobro tiene que haber sentido afinidad por la Federación porque *Juventud* y *Claridad* publicaban lo último sobre el arte nuevo y la vanguardia, así como artículos de los anarquistas más destacados (Kroptokin, Bakunin, Proudhon), confirmando así el lazo estrecho entre la política libertaria y el vanguardismo. En efecto, como Pedro Prado y Neruda, Huidobro publicó en ellas. La Federación, como apunta Subercaseaux, se consideraba la "vanguardia política pero también vanguardia artística" (1998, 50). Por lo tanto, no cabe duda de que Huidobro se expuso a la 'estética anarquista' desde muy temprano, aun durante su época protomodernista.

Y los lazos entre el vate y las actividades culturales y políticas de la Federación se volvieron más estrechos al volver a Chile después de una ausencia de nueve años. Al llegar en 1925, fundó Acción, con ese título evocativo del vanguardismo y se presentó como candidato a la presidencia apoyado por la Federación. Derrotado, hizo planes para volver a Francia. Antes de partir, escribió *Vientos contrarios* (1926), que, a juicio de Cedomil Goic, demuestra que Huidobro llegó a ser "decididamente anárquico o más bien autárquico" (1975, 51).

Pero ¿y qué del intervalo en Francia? Estos años refuerzan las ideas libertarias de las que se había empapado en Chile. En poco tiempo se hizo amigo de las figuras culturales más sobresalientes en París: Guillaume Apollinaire, Tristan Tzara, Max Jacob, André Breton, Juan Gris, Joan Miró, Hans Arp y Pablo Picasso. Todos ellos estaban envueltos en la vanguardia y habían sido anarquistas o compañeros de ruta del pensamiento ácrata de jóvenes. De todos ellos, Apollinaire fue el que más dominio decisivo tuvo sobre las ideas estéticas y políticas de Huidobro. En efecto, fue la noción de crear "nuevos mundos" de Apollinaire —a la cual se refiere el chileno en "Arte poética" y en sus manifiestos— que se emparejó con los esfuerzos de Huidobro de crear un ámbito estético autónomo que se igualara con los grandes logros tecnológicos y científicos de la revolución industrial[6]. Al igual que Apollinaire, Huidobro era un pensador ecléctico que exploraba los innumerables estilos vanguardistas, y que se basaba en "la realidad interna de la imaginación, el instinto, los sueños y la intuición" para forjar su postura anti-burguesa y sin embargo individualista del arte (Bates 1989, 69)[7]. Como ha sostenido Patricia Leighton

> Para Apollinaire, como para Jarry y Picasso, ser escandaloso bastaba en sí para llevar el arte al límite del desconocido —pero indudablemente mejor— futuro concebido por los profetas anarquistas. El camino que iba a seguir, ideado por Kropotkin, y —cosa que no se veía como contradictoria— por Nietzsche, les era familiar a Picasso, Apollinaire y Jarry en los 1890s. Era adorar el estatus de genio, confiar en que la inspiración habla con una voz verdadera, rechazar y superar la mediocridad de la sociedad burguesa, que es la muerte del arte y, sobre todo, abrazar la libertad artística, moral y políticamente. (1989, 59)

Las características que anota Leighton con respecto de Apollinaire, Jarry y Picasso se aplican a Huidobro, pero cada uno de ellos se vio obligado a llevar esta misión artística a su límite individualista o romper definitivamente con el anarquismo. Picasso, por ejemplo, abandonó el movimiento libertario en el ámbito político cuando se afilió al Partido Comunista Francés y, sin embargo, siguió creyendo en la estética anarquista. Tristan Tzara, Louis Aragon, Paul Eluard, y hasta el mismo André Breton siguieron un camino parecido pero, para los tres primeros, este cambio supuso una transformación paralela en la estética también. No obstante, salvo los poemas políticos que nombré al comienzo del ensayo, el Canto I de

Altazor, y unas que otras referencias en su narrativa en los años 30, Huidobro, a mi juicio, nunca vaciló en cuanto a su postura cultural anarquista.

Altazor: una política cultural anarquista

Altazor, naturalmente, que se considera un tour de force vanguardista, es también la elaboración de la estética libertaria huidobriana. Es así porque la composición del libro se extendió desde 1919 hasta 1931, haciendo de ella la obra más destacada en cuanto a praxis vanguardista. Al responder a los efectos nocivos de la Primera Guerra Mundial —y muy en particular en Francia, donde vivía en esa época—, la crisis económica de 1929, las dramáticas invenciones tecnológicas a fines del siglo XIX y comienzos del XX, y la crisis religiosa que padece, *Altazor* se hace un lugar separado de redención secular para la poesía luego de desplazar las crisis con las cuales se enfrenta el yo poético y, significativamente, la política radical que se insinúa en el Canto I.

En el Prefacio no hay dilemas que enfrentar, más bien cumple con su rol arquetípico de presentar al sujeto poético, quien es poeta, mago y profeta —siguiendo al pie de la letra la tradición vanguardista— y quien, como tal, llega a ser "un pequeño Dios" que crea su propio mundo poético y búsqueda ideal (2000, 55-60). "Un poema", comenta el hablante, "es una cosa que nunca ha sido, que nunca podrá ser" (2000, 57). Siguiendo la tradición neorromántica de la vanguardia, el sujeto se retrata como héroe que tiene como deber proporcionar un apoyo espiritual —en una época desprovista de él— por medio de un ideal platónico[8] inalcanzable. Para lograrlo, tiene que andar en busca de la Virgen, la musa, que lo pueda inspirar a imaginar "mundos nuevos". Gracias a ella, *Altazor* —el alter ego de Huidobro— puede llegar a ser un "gran poeta" y "profeta" (2000, 58). La vida, le señala al lector, es caerse en paracaídas precaria e inexorablemente hasta el deceso (2000, 59). Nadie salvo el poeta/mago/profeta puede elevar el espíritu y hacer que el ser humano goce de la antitética "rosa de la muerte" (2000, 60). Los cantos que siguen a continuación trazan esta misión para salvar la humanidad de su destino inminente con que se encara existencial, política y económicamente.

El más significativo de los cantos es el primero, porque es el único que presenta al lector con las catástrofes asociadas —aunque sea indirectamente— con la Primera Guerra Mundial, la deshumanización durante la revolución industrial, la revolución rusa, la depresión económica y, finalmente, la alienación que resulta de todo esto. Es decir, retrata el atolladero existencial en que el sujeto poético se haya para de ahí pasar en los cantos a continuación a la exploración del lenguaje poético en un entorno celestial y sublime (Concha 1975, 285-86). Reminiscentes de un soliloquio, en los primeros versos el sujeto poético se dirige a sí mismo y aborda el infortunio que ha tenido que confrontar. Ha perdido su "primera serenidad" —cuando era creyente, se supone— y la pérdida de fe lo ha sometido a la "angustia", "el terror de ser", los "vientos de dolor", y la soledad. Peor aún: percibe que vive pero no está viviendo plenamente ("vives y no te ves vivir" 2000, 61). De esa manera, el yo atormentado se encara con el vasto universo y el mundo donde no "hay bien no hay mal ni verdad ni orden ni belleza" y sabe a ciencia cierta que "morirás / Se secará tu voz y serás / invisible / La Tierra seguirá girando sobre su órbita precisa" (2000, 62). Enajenado de los demás seres humanos y de sí mismo, ¿qué queda salvo escribir sobre la misma crisis que lo está destruyendo? Así, 'caer' es la única alternativa que le permite aceptar la falta de fe ("limpia tu cabeza de prejuicio y moral" 2000, 62) y vivir a la altura de ese lema desgastado pero fiable del carpe diem.

Caer entonces le brinda la oportunidad de despojarse de la angustia e impotencia que siente y enfrentarse con la sucesión de acontecimientos en la vida, pero la agonía y la ansiedad lo abruman:

> Abrí los ojos en el siglo
> En que se moría el cristianismo
> Retorcido en su cruz agonizante
> Ya va a dar el último suspiro
> ¿Y mañana qué pondremos en el sitio vacío? (2000, 64)

Frente a la devastación social que queda después de la revolución industrial y más aun luego de la Primera Guerra Mundial y la depresión, la mentalidad de Huidobro recuerda de varias maneras la de Walter Benjamin en las "Tesis sobre la filosofía de la historia". La "tormenta" del progreso deja atrás montañas de escombros, pero el "Angelus Novus" de Paul Klee se encara con el futuro (1985, 257-8).

Para Huidobro este punto de vista agravado se debe a la desaparición de la ética y la pérdida de fe. El verso que resuena y sienta las bases para la propensión esteticista del resto del poemario es, sin lugar a dudas, el último: "¿Y mañana qué pondremos en el sitio vacío?" En efecto, el cristianismo no ha logrado frenar la carnicería de la primera de las guerras mundiales y, como tal, parece sugerir el poeta, Cristo ha muerto en vano y la fe de la humanidad también ("El Cristo quiere morir acompañado de millones de almas" 2000, 64). En su lugar viene el desarrollo y la glorificación de la tecnología —la modernidad secular— pero resulta ser incapaz de llenar el vacío existencial dejado por el cristianismo: "Mil aeroplanos saludan la nueva era / Ellos son los oráculos y las banderas" 2000, 65). Por el momento, Huidobro deja al lector con la incertidumbre. ¿Eso es todo lo que hay en la vida entonces?

Sin embargo, en la siguiente estrofa algo improbable, parte de la cual se escribió en 1919 seguramente, el hablante aborda el tema de la enorme tragedia de la Primera Guerra Mundial y ofrece una solución sucinta:

> Soy yo que estoy hablando en este año de 1919
> Es el invierno
> Ya la Europa enterró todos sus muertos
> Y un millar de lágrimas hacen una sola cruz de
>   nieve
> Mirad esas estepas que sacuden las manos
> Millones de obreros han comprendido al fin
> Y levantan al cielo sus banderas de aurora
> Venid venid os esperamos porque sois la
>   esperanza

La única esperanza
La última esperanza. (2000, 65)

Yuxtapuestos de manera dramática y efectiva con el entorno desesperante después de la Gran Guerra, la evocación de la revolución rusa como el enfoque de posibles revoluciones en todo el mundo propone llenar el abismo espiritual y moral que había inmovilizado al yo lírico hasta este momento en el canto. Además, parece confirmar las ideas libertarias o posiblemente anarcocomunistas de Huidobro y, dado el lugar prominente en el texto, sugerir que bien puede llegar a ser un tema central que se vaya elaborando a lo largo del libro. No obstante, como bien saben los lectores de *Altazor*, vuelve a tocar el tema de la ubicua alienación en la "Época de la Guerra Total" —como lo acuña Eric Hobsbawm— de los seres humanos en un momento dado en el Canto I (2000, 76), pero después, la solución que iba a saciar las almas de los seres humanos desaparece de lo que resta del poemario.

¿Cómo explicar esta paradoja? Como la evidencia es poca, sólo puedo conjeturar que los versos citados arriba se escribieron en efecto en 1919, pero el resto del texto se escribió posteriormente, cerca de la fecha de publicación (1931). Como he señalado ya, si bien es cierto que Huidobro se vio influido por el anarquismo y se interesó en la revolución rusa desde adolescente, no fue sino hasta 1930, aproximadamente, que empezó a considerarse comunista y alegó al menos que era miembro[9]. Y fue justo en ese momento que se esperaría que abogara por una revolución socialista. Aunque es concebible que como anarquista en, digamos, 1919, haya apoyado un cambio revolucionario, sus artículos en los periódicos y las revistas no muestran huella alguna de ese tipo de postura política. El caso es que la gran solución encarnada en la revolución bolchevique —o algo por el estilo— no se registra más en *Altazor*. Desde este momento en adelante en el texto, una vez superadas la angustia y la desesperación, la revolución se vuelve poética.

Se podría sostener que el resto del Canto I abarca, de manera bloomiana o eliotiana, la lucha del poeta con sus propias capacidades creativas, la Tradición poética, sus precursores, y, como lo acuñó Octavio Paz, su "otra voz". La respuesta de *Altazor* ante la crisis es: "Canta el caos al caos por todo el universo", vale decir, siguiendo un patrón arquetípicamente vanguardista, reflejar el desorden desatado por el fin de la Primera Guerra Mundial y la industrialización en la forma, en el lenguaje. Como experimentalista consumado, Huidobro procede con su meta de desarmar la estructura poética y el lenguaje del todo, cosa que logra en el Canto VII. A medida que lo va haciendo, puede valerse de prototípicas técnicas vanguardistas, como son las asociaciones arbitrarias, la exaltación de la metáfora, la simultaneidad, las dislocaciones sintácticas, la asociación sorpresiva e ilógica entre imágenes, y los neologismos[10]. Mientras tanto hay que consumar "el placer / Agotemos la vida en la vida" (2000, 67). Intento de cuestionar los límites entre la vida y el arte de manera netamente vanguardista sin duda[11], este carpe diem resuena muy bien con el "individualismo estético" de los anarquistas. Al seguir este patrón estético y político, Huidobro crea otra esfera artística que no se verá sobrecargada de las pesadillas que enfrentó el yo poético en el Canto I:

> Liberación, ¡Oh! sí liberación de todo
> De la propia memoria que nos posee
> De las profundas vísceras que saben lo que saben
> A causa de estas heridas que nos atan al fondo
> Y nos quiebran los gritos de las alas. (2000, 71)

La búsqueda de una liberación inagotable lleva a *Altazor* a formular su propia respuesta a la angustia y el ennui tan presente en ese momento histórico:

> Desafiaré al vacío
> Sacudiré la nada con blasfemias y gritos
> Hasta que caiga un rayo de castigo ansiado
> Trayendo a mis tinieblas el clima del paraíso. (2000, 71)

Poeta y antipoeta, su desafío será grabar el caos y 'sacudirlo", pero no por medio de la crítica social, ni mucho menos, una revolución social. Los obreros venerados en la sección sobre la revolución rusa vuelven ahora pero con otros deshumanizados quienes sufren bajo la explotación de las máquinas de la modernidad y quienes no pueden emanciparse salvo en la poesía:

> Las palabras con fiebre y vértigo interno
> Las palabras del poeta dan un marco celeste
> Dan una enfermedad de nubes
> Contagioso infinito de planetas errantes
> Epidemia de rosas en la eternidad. (2000, 79)

Por un lado, entonces, el sujeto poético busca recrear la "sed de cielo" de Rubén Darío, reafirmando así la afinidad filosófica e idealista entre el modernismo y el creacionismo[12]. Por otro lado, es un vanguardista por excelencia que escudriña, altera y desconfía del lenguaje (2000, 80), quien sólo quiere obsequiarle al lector la "música del espíritu" (2000, 81). Ambas posturas se funden cuando se expresan —de forma netamente huidobroiana— en los dos últimos versos en el desenlace del Canto I: "La palabra electrizada de sangre y corazón / Es el gran paracaídas y el pararrayos de Dios" (2000, 83). La invocación moderna de la tecnología se enlaza con su objetivo poético y espiritual que es, en el fondo, neorromántico. Es decir, se resucita la poesía y la espiritualidad para llenar el gran vacío que dejaron las calamidades al comienzo del canto.

Fundar una poética creacionista

Para dar cuerpo a la nueva poética vanguardista, a *Altazor* le hace falta una musa que pueda representar las aspiraciones celestiales en su obra pero, asimismo, las referencias terrenales para arraigarse. El Canto II, para mi gusto uno de los mejores de *Altazor*, cumple con ambas necesidades (2000, 85-91). El Canto corona a Ximena Amunátegui —la colegiala y futura pareja de Huidobro que causó tanto escándalo entre los miembros de las capas altas en Chile— como su musa. Aunque es algo efímera por las referencias que hace el sujeto poético a su trascendencia —se asocia con lo infinito e inmortal a lo largo del canto— y parece hacer eco de los deseos etéreos y darles sustancia, también refleja los indispensables atributos terrenales y físicos. Su presencia corporal —su belleza hipnotizante:

"Eres una lámpara de carne en la tormenta" (2000, 89)— así como su gracia seductora y su manera de hacer el amor le permiten a *Altazor* descubrir la cumbre de la expresión poética. Por ello, como escribe Huidobro en la primera estrofa, "Se hace más alto el cielo en tu presencia / La tierra se prolonga de rosa en rosa / Y el aire se prolonga de paloma en paloma" (2000, 85). Debido a la presencia de la musa, el viajero en paracaídas puede aprehender —visceralmente— lo mundano. Aunque los dos están "cosidos / A la misma estrella" (2000, 87) y ocupan así los cielos juntos, cosa que parecería alejarlo aún más de lo terrenal; si ella estuviera ausente caería precipitadamente. En efecto, su palpable presencia le concede la oportunidad de comunicarse con lo abstracto ("un imperio en el espacio," "el infinito," "el murmullo en la eternidad," "las centellas del éter" (2000, 90). Al igual que la nueva poesía y la espiritualidad, Ximena tapa el abismo al comienzo del Canto I.

De hecho, gracias a ella, *Altazor* puede romper con las tradiciones poéticas para llevar a cabo el experimentalismo en los Cantos que restan, en los cuales me enfocaré en breve a continuación. El tercer canto pide prestado referencias de la ciudad moderna para despertar en el lector posibles asociaciones entre las imágenes. Pongamos como ejemplo el siguiente verso: "El mar es un tejado de botellas" (2000, 93). En este verso, Huidobro confía en la serie de vínculos que el lector tal vez haga. Dado el contexto chileno, es muy probable que las botellas sean verdes y vacías, pero en un momento dado contenían vino. También sugiere que el sujeto poético está gozando plenamente de la vista del mar con otra persona, así como compartiría una botella de vino con alguien. Por añadidura, las botellas imitan las relucientes olas verdes del Océano Pacífico. En este y otros muchos ejemplos, Huidobro emplea lo que George Lakoff y Mark Johnson llaman una "idiosincrática metáfora conceptual" para crear un "nuevo mundo" sin duda, pero también para obligar al lector a percibir las cosas de una manera no convencional (1989, 50). Para Huidobro, este empeño, como lo comenta en el Canto III, llega a ser "deporte" o "juego" (2000, 97) que se juega, una vez más, en la esfera celestial: "Combate singular entre el pecho y el cielo / Total desprendimiento al fin de voz de carne / Eco de luz que sangra aire sobre el aire" (2000, 98). Y esto lleva al silencio, a la nada.

De allí la necesidad urgente de retirarse con su musa en el Canto IV para poder combatir el vacío armado de palabras. Empleando metáforas más tradicionales porque, inferimos, no puede más con la experimentación, Ximena viene a ser la enfermera que lo recibe "de sombras y distancias / Yo vuelvo a ti huyendo del reino incalculable / De ángeles prohibidos por el amanecer" (2000, 99). *Altazor* busca refugio de los varios ángeles que lo persiguen en el Canto I y que lo acorralan en su estado de miseria. El metafórico ojo del huracán, la estabilidad rodeada del caos, o los ojos de la musa (símbolos proverbiales del alma y del amor) le brindan la motivación necesaria para seguir con el juego creativo (comenzando en la página 101). Como sabe todo lector de Huidobro, de allí pasa a la encrucijada entre el arte y la poesía de manera análoga a los poèmes dessins o "lírica visible" de Apollinaire para crear un paisaje con los sufijos de las palabras luego de haber transpuesto los sufijos y prefijos en versos anteriores (2000, 105). Al remitir a las "oscuras golondrinas" de Gustavo Adolfo Bécquer, conocida referencia romántica, y al añadir sufijos a *golon-*, Huidobro retrata una escena en que, de día, una niña en el Oriente hace piruetas y canta rodeada de pájaros, celebrando así la sintonía entre la música, las artes visuales y la innovación lingüística[13]. Este experimento verbal y musical, unido a otro que ensaya poco después con la escala musical colocada entre los prefijos y los sufijos (2000, 106), se destacan por ser las transformaciones más inusuales en el Canto IV y apuntan hacia el trayecto y la unidad relativa —una unidad de los fragmentos, digamos— de este proyecto estético en este momento dado: "Darse prisa darse prisa / Están prontas las semillas / Esperando una orden para florecer" (2000, 107).

Después de estos versos, *Altazor* juega con la rima interna y la aliteración a medida que describe a individuos que fallecieron y, a la par, anuncia su propia desaparición: "Aquí yace Altazor azor fulminado por la altura / Aquí yace Vicente Huidobro antipoeta y mago" (2000, 108). Como el mítico Ícaro, entonces, *Altazor* pareciera haber cumplido con su destino por haber osado alcanzar los cielos, pero aguarda su resurrección para así seguir con su batalla verbal contra el olvido (2000, 108-109). En efecto, parece haber intuido una salida hacia el fin del poema: debe buscar el mínimo común denominador que pueda proporcionar ritmo y musicalidad, las piedras angulares de la poesía (2000, 110).

El Canto V se enlaza con las últimas reflexiones en el canto anterior y empieza a armar su poética: "Aquí comienza el campo inexplorado" (2000, 111). La parte más conocida y significante en esta sección del poema es la generación de palabras por medio de la imagen del molino. Aunque este tropo se presta a muchas lecturas, que dependen de información extratextual —el referente más destacado es, sin duda, el molino en *Don Quijote de la Mancha*— para Huidobro el esteticista, el molino se transforma en metáfora o símil. Anclado en la tierra pero con los ojos alzados al cielo, como el molino personificado, el poeta se vuelve "charlador" y "cantador" quien hipnotiza con la creación de palabras y su misión profética (2000, 124). Y, siguiendo la imagen prototípica del vanguardista, es el héroe/víctima, mártir que se dedica a este deber angustiante y creativo (2000, 124 y 129). En resumidas cuentas, su trabajo proviene de la inspiración que la tradición literaria brinda —el ejemplo de Don Quijote— así como de su continuación y renovación, encarnada en el avión que aparece al final del Canto V: "El cielo está esperando un aeroplano" (2000, 129). Basándose en la metáfora de Apollinaire y las imágenes futuristas de Marinetti, este verso resume en sí su vocación: el vate moderno debe crear 'mundos nuevos' de manera no mimética.

Y los Cantos VI y VII se dedican justamente a este tipo de descubrimiento. Bastan unos pocos comentarios sobre ellos. En su experimentación más aventurada hasta ahora, el Canto VI emplea palabras que son imágenes que parecerían diapositivas, otorgándole al lector una suerte de collage lírico que mantiene su unidad gracias a cadenas de metáforas (*la flor* = poesía, salvación; y *la noche* = la muerte inevitable). El Canto VI, entonces, funciona como un momento catártico en que el poeta encuentra y asume su papel en la vida: "Cristal sueño / Cristal viaje / Flor y noche / Con su estatua / Cristal muerte" (2000, 135). Lo que parecen ser en un principio antítesis, se sintetizan y reflejan su aceptación de la coexistencia de trabajo y vida frente a su muerte venidera.

El Canto VII arranca con la perspicacia proporcionada por los últimos versos en el Canto IV: que el poeta (y el antipoeta) debe desarmar el lenguaje hasta llegar a sus elementos más básicos y empezar a crear nuevamente. *Altazor* inicia el proceso creativo con vocales e inventa palabras con fragmentos de palabras o palabras que existen en español o francés con el fin de conjurar un mundo lingüístico con referentes parciales, para así terminar, de forma anticlimática, donde se empezó, vale decir, con los fragmentos (2000, 137-138).

Podemos llegar a dos conclusiones con respecto del Canto VII y, por tanto, *Altazor* como tal. O el objetivo huidobriano ha sido destruir para entonces crear (o recrear) o ha alcanzado una suerte de nirvana por medio de la musicalidad de las vocales y ha accedido a este nivel metafísico al depender en parte, como es de esperar, de lo físico. Al pronunciar las vocales al comienzo, nos acordamos de dos amantes entregados al acto de hacer el amor que llegan al clímax justo al final del Canto VII, confirmando así el tema de *Temblor de cielo*, también publicado en 1931, que establece el sexo y la sexualidad como metas en la vida de los seres humanos[14]. *Altazor* no concluye, en realidad, porque el desenlace consiste en la labor constante de la regeneración y la re-creación del lenguaje. La liberación del lenguaje, entonces, va de la mano de la liberación sexual, y la idea del cambio social y de las revoluciones se esfuman del texto. Nos queda entonces el juego lúdico que, se supone, llena el abismo producido por las crisis sociohistóricas, políticas, económicas y personales. En otras palabras, frente a las calamidades sociales, en un gesto que no vacilaríamos en calificar de micropolítica, sólo los terrenos de la exploración lingüística y la sexualidad pueden rescatarse de un mundo en que, al parecer, no "hay bien no hay mal ni verdad ni orden ni / belleza" (2000, 61).

En resumidas cuentas, el lector se queda con el "esteticismo individual" o la "estética anarquista" que ha logrado borrar las huellas de sus referentes sociales, políticos y económicos. "El experimentalismo así concebido", sostiene Renato Poggioli en su obra magna sobre el vanguardismo, "es simultáneamente un trampolín para llegar más allá o es algo arbitrario; bien mirado, es dañino, inútil o superfluo para el arte en sí" (1968, 135). Y, sin embargo, la búsqueda sin fin de lo nuevo, lo moderno y la liberación completa del individuo es, en realidad, como ha observado astutamente Gene Bell-Villada "una dinámica sorpresivamente análoga al lado individualista y libertario de la vida burguesa". "La estética de la utopía de la libertad artística absoluta", agrega el crítico, "comparte la misma lógica y configuración que la utopía del mercado y de la libertad absoluta del comercio, generadas por el capitalismo en el siglo diecinueve y por sus sobrevivencias y resucitaciones a fines del veinte" (1996, 145). Aunque esta "utopía estética" arranca del anarquismo, como he querido demostrar en este ensayo, la política vinculada con este movimiento se ve desplazada, y en su lugar yace el liberalismo, la quintaesencia de la ideología individualista en el capitalismo.

Pero ¿y qué entonces de aquellos poemas —"España," "URSS," "Policías y soldados" y "Elegía a la muerte de Lenin"— escritos en los años 30 que parecieran señalar una ruptura definitiva con el esteticismo? Sin ser insignificantes, dos cosas son las que se destacan. En primer lugar, no son representativas de la obra de Huidobro, sino anomalías que aparecen en agrupaciones mínimas en su narrativa y poesía[15]. En segundo lugar, y más aún, la cosmovisión sigue siendo esteticista. En la elegía a Lenin, por ejemplo, Huidobro alaba al líder ruso como un individuo heroico que inició la "nueva era", ha representado el "canto de las multitudes," y ha iluminado a los seres humanos gracias a sus "palabras" y su "lenguaje"[16]. Difícil no ver en esto, al decir de Enrique Lihn, "su fervor romántico por los grandes destinos humanos individuales" y ya, o bien, una interpretación esteticista de Lenin y su rol en la revolución rusa (1975, 378). Por consiguiente, aun en estos poemas comprometidos, la disposición vanguardista huidobriana predomina y los acontecimientos sociopolíticos que lo inspiraron se desvanecen, confirmando así la primacía de su visión estética.

Notas

1   Bernardo Subercaseaux, *Genealogía de la vanguardia en Chile* (Santiago: CONYCUT, 1998), 47-49, y Nelson Osorio, "Para una caracterización histórica del vanguardismo literario hispanoamericano", *Revista iberoamericana*, 47, 114-115 (Jan.-June 1981): 227-254.
2   Ver Egbert, y en particular, *La estética anarquista* (México: Fondo de Cultura Económica, 1974), de André Reszler.
3   Cappelletti sostiene que el impacto del anarquismo se siente hasta 1933. En cambio, Alba cree que termina en 1931.
4   En cuanto al vínculo entre los I.W.W. y la Federación, véase Cappelletti (1990), LXXXVIII-LXXXIX.
5   Ver Gabriel Salazar, Arturo Mancilla, Carlos Durán, *Historia contemporánea de Chile: estado, legitimidad, ciudadanía*, volumen I (Santiago: LOM Ediciones, 1999), 40-41, 65, 71, y Nelson Osorio, "Literatura de postguerra: renovación y vanguardia," *Texto crítico*, 24-25 (enero-dic., 1982): 121-123. La "Reforma Universitaria" en 1918 (en Córdoba) gatilló la oposición a la oligarquía en Chile.
6   Sobre la influencia de Apollinaire en Huidobro véase Teitelboim (1996, 58-64 y 72-74).
7   Ver también Jerod Siegel, *Bohemian Paris: Culture, Politics, and the Boundaries of Bourgeois Life, 1830-1930* (New York: Penguin, 1987), 348, y Patricia Leighton, *Re-ordering the Universe: Picasso and Anarchism, 1897-1914* (Princeton: Princeton University Press, 1989), 53.
8   Sobre el heroísmo y la vanguardia, consultar Poggioli (1968, 66).
9   La afiliación con el Partido Comunista Francés y con el Partido Comunista Chileno es algo que no se ha resuelto. René de Costa dice que es probable que se haya hecho miembro o al menos alegó ser miembro entre 1929 y 1931 (1984, 108); Jaime Concha alega que asumió "*poses de comunista*" y que su auto afirmación de comunista fue "el colmo de su individualismo" (1975, 13 y 80); y Volodia Teitelboim, ex Secretario General del partido chileno y biógrafo de Huidobro asevera que el poeta se hizo miembro del partido francés en 1930, como otros tantos intelectuales de la época (1996, 156). Ver también mi artículo sobre el pensamiento estético y político de Huidobro: "Huidobro: entre el esteticismo vanguardista y la izquierda," *Casa de las Américas*, 240 (julio-septiembre 2005): 41-56.

10 Ver Hugo Verani, "Las vanguardias literarias en Hispanoamérica" en Verani ed., *Las vanguardias literarias en Hispanoamérica (manifiestos, proclamas y otros escritos)*, cuarta edición (México: Fondo de Cultura Económica, 2003); Federico Schopf, "El vanguardismo poético en Hispanoamérica" en *Del vanguardismo a la antipoesía: ensayos sobre la poesía en Chile* (Santiago: LOM Ediciones, 2000); y, sobre la vanguardia en general, *The Theory of the Avant-Garde* de Renato Poggioli (Cambridge: Harvard University Press, 1968).

11 Como bien señala Peter Bürger, esto sucede cuando el arte—comenzando con el arte por el arte—reclama independencia de su deber de reproducir los acontecimientos en la vida cotidiana y de la institución de arte como tal. Consultar "The Avant-garde as the Self-Criticism of Art in Bourgeios Society" en *Theory of the Avant-Garde* (Minneapolis: University of Minnesota Press, 1992), 20-27.

12 René de Costa arguye con acierto que Huidobro no rompe a secas con el modernismo, sino que elabora el creacionismo basándose en parte en los preceptos estéticos de éste. Ver "Del modernismo a la vanguardia: el creacionismo pre-polémico," *Hispanic Review*, 43 (1975): 261-274. La "sed de cielo" aparece en "Yo soy aquel" en *Azul... Cantos de vida y esperanza*, edición de José María Martínez (Madrid: Ediciones Cátedra, 1995), 339-43.

13 La famosa rima "LIII" de Bécquer en *Rimas y leyendas*, trigésima octava edición (Madrid: Colección Austral, 1980), 39-40.

14 Les agradezco a dos estudiantes de posgrado, David Young and Dalton Moss, por haber señalado este aspecto del texto. René de Costa sostiene que *Temblor de cielo* versa fundamentalmente sobre el sexo. Ver sus comentarios en *Vicente Huidobro: poesía y política (1911-1948)*, antología comentada por René de Costa (Madrid: Alianza Editorial, 1996), 165-166.

15 En "Vicente Huidobro y la literatura social", David Bary alega que en la narrativa y la poesía de Huidobro hay un giro hacia el compromiso político desde los años 30 en adelante, pero reconoce, sin embargo, que la cosmovisión del poeta consistía en el "anarquismo personal y aristocrático" (1975, 322). Además, admite que los poemas sociales son pocos si se comparan con la obra poética completa.

16 *Literatura chilena en el exilio*, vol. 2, no. 1 (Invierno 1978): 19. Disponible en internet: http://www.memoriachilena.cl/archivos2/pdfs/MC0005287.pdf.

Obras citadas

Alba, Victor. 1964. *Historia del movimiento obrero en América Latina*. México: Libreros Mexicanos Unidos.

Bary, David. 1984. *Nuevos estudios sobre Huidobro y Larrea*. Valencia: Pre-Textos.

Bates, Scott. 1989. *Guillaume Apollinaire*. Boston: Twayne Series.

Bécquer, Gustavo Adolfo. 1980. *Rimas y leyendas*. Madrid: Colección Austral.

Bell-Villada, Gene H. 1996. *Art for Art's Sake and Literary Life: How Politics and Markets Helped Shape the Ideology & Culture of Aestheticism, 1790-1990*. Lincoln & London: University of Nebraska Press.

Benjamin, Walter. 1985. *Illuminations: Essay and Reflections*. New York: Schocken Press.

Bloom, Harold. 1975. *The Anxiety of Influence: a Theory of Poetry*. Oxford: Oxford University Press.

Bürger, Peter. 1992. *Theory of the Avant-Garde*. Minneapolis: University of Minnesota Press.

Concha, Jaime. 1975. "'*Altazor*', de Vicente Huidobro." *Vicente Huidobro y el creacionismo*, ed. René de Costa. Madrid: Taurus.

Costa, René de. 1975. "Del modernismo a la vanguardia: el creacionismo pre-polémico." *Hispanic Review* 43: 261-74.

— 1984. *Huidobro: Careers of a Poet*. Cambridge: Harvard University Press.

— 1980. *Vicente Huidobro*. Madrid: Júcar Ediciones.

— 1975. "Vicente Huidobro y la literatura social." *Vicente Huidobro y el creacionismo*, René de Costa, ed. Madrid: Taurus.

— ed. 1996. *Vicente Huidobro: poesía y política (1911-1948)*. Madrid: Alianza Editorial.

Darío, Rubén. 1995. *Azul... Cantos de vida y esperanza*, José María Martínez, ed. Madrid: Ediciones Cátedra.

Dawes, Greg. julio-sept. 2005. "Huidobro: entre el esteticismo vanguardista y la izquierda." *Casa de las Américas* 240: 41-56.

— 2009. *Poetas ante la modernidad: las ideas estéticas y políticas de Vallejo, Huidobro, Neruda y Paz.* Madrid: Editorial Fundamentos.

Egbert, Donald G. December 1967. "The Idea of 'Avant-garde' in Art and Politics." *The American Historical Review* vol. LXXIII, n° 2: 339-66.

Eliot, Thomas S. 1950. "Tradition and the Individual Talent." *The Sacred Wood: Essays on Poetry and Criticism.* London: Menthuen.

Goiç, Cedomil. 1975. "Vicente Huidobro: datos biográficos." *Vicente Huidobro y el creacionismo*, ed. René de Costa. Madrid: Taurus.

Huidobro, Vicente. 2000. *Altazor*, René de Costa, ed. Madrid: Ediciones Cátedra.

— Invierno 1978 "Elegía a la muerte de Lenín." *Literatura chilena en el exilio* 2.1: 19. Consultado 14 diciembre 2009. Internet. http://www.memoriachilena.cl/archivos2/pdfs/MC0005287.pdf.

Lakoff, George and Mark Johnson. 1989. *More Than Cool Reason: A Field Guide to Poetic Metaphor.* Chicago: University of Chicago Press.

Leighton, Patricia. 1989. *Re-ordering the Universe: Picasso and Anarchism, 1897-1914.* Princeton: Princeton University Press.

Lihn, Enrique. 1975. "El lugar de Huidobro." *Vicente Huidobro y el creacionismo*, René de Costa ed. Madrid: Taurus.

Osorio, Nelson. enero-dic. 1982. "Literatura de postguerra: renovación y vanguardia." *Texto crítico* 24-25: 121-23.

— Jan.-June 1981. "Para una caracterización histórica del vanguardismo literario hispanoamericano." *Revista iberoamericana* 47, 114-115: 227-54.

Paz, Octavio. 1990. *La otra voz: poesía y fin de siglo.* Barcelona: Seix Barral.

Poggioli, Renato. 1968. *The Theory of the Avant-Garde.* Cambridge: Harvard University Press.

Rama, Carlos M. and Angel J. Cappelletti, eds. 1990. *El anarquismo en América Latina*. Caracas: Biblioteca Ayacucho.
Ramírez Necochea, Hernán. 1965. *Origen y formación del Partido Comunista de Chile: ensayo de historia del Partido*. Santiago: Editora Austral.
Reszler, André. 1974. *La estética anarquista*. México: Fondo de Cultura Económica.
Salazar, Gabriel, Arturo Mancilla, and Carlos Durán. 1999. *Historia contemporánea de Chile: estado, legitimidad, ciudadanía*. Vol. I. Santiago: LOM Ediciones.
Schwarz, Roberto. 1992. "Misplaced Ideas: Literature and Society in Late-Nineteenth-Century Brazil." *Misplaced Ideas: Essays on Brazilian Culture*. London: Verso.
Schopf, Federico. 2000. "El vanguardismo poético en Hispanoamérica." *Del vanguardismo a la antipoesía: ensayos sobre la poesía en Chile*. Santiago: LOM Ediciones.
Siegel, Jerod. 1987. *Bohemian Paris: Culture, Politics, and the Boundaries of Bourgeois Life, 1830-1930*. New York: Penguin.
Subercaseaux, Bernardo. 1998. *Genealogía de la vanguardia en Chile*. Santiago: CONYCUT.
Szabolcsi, Miklós. Autumn 1971. "Avant-garde, Neo-avant-garde, Modernism: Questions and Suggestions." *New Literary History*: 56.
— Sept-Oct 1972. "La 'vanguardia' literaria y artística como fenómeno internacional." *Casa de las Américas* 74: 4-17.
Teitelboim, Volodia. 1996. *Huidobro: la marcha infinita*. Santiago: Editorial Sudamericana.
Verani, Hugo. 2003. "Las vanguardias literarias en Hispanoamérica." *Las vanguardias literarias en Hispanoamérica (manifiestos, proclamas y otros escritos)*, Hugo Verani, ed. México: Fondo de Cultura Económica.

Parte II. Huidobro: (des)personificado, cuantificado, musicalmente inclinado y *AU NATUREL*

Altazor: otros arreglos

Bruce Dean Willis
THE UNIVERSITY OF TULSA, OKLAHOMA

> La voz que quita el orden lingüístico por el lingual
> materializa la inscripción de un cuerpo carnal.
> —Saúl Yurkievich
>
> el último gorgoteo del músico,
> su trombón anegado por el mar.
> —Juan Manuel Roca

Al decir que la obra maestra de Huidobro, *Altazor* (1931), es "el fracaso de la Vanguardia," "el poema del fracaso," a "dead end" (callejón sin salida), una "ill-fated odyssey" (odisea de mal sino), o un "attempt failed" (intento fracasado), nos enfocamos en la paulatina pérdida semántica a través del prefacio y los siete cantos del largo poema, la cual deviene en la incapacidad del lector, siquiera antes de alcanzar el último canto, de participar en la construcción del significado poético[1]. Esta interpretación del fracaso, que ya tiene sus buenas décadas de ortodoxia crítica, sin duda se queda vigente en cuanto al sentido literal de la ruptura, en el poema, entre los actos de escribir y leer como partes complementarias del acto compartido de descifrar los significantes cuya contextualización, al menos ostensiblemente, provee una base para la construcción de significados. De ahí que la historia de esta crítica del fracaso semántico, con frecuencia amalgamada a la acusación de otro fracaso percibido en la tenue unión temática entre los cantos de *Altazor*, ha dominado toda aquella atención crítica dedicada a la transformación lingüística efectuada en el poema. Según los principios del creacionismo, la transformación lingüística logra: (1) desarrollar una nueva expresión poética enfocada en la palabra como esencia y como base de la creación, y (2) luego crear mundos únicos que no sean meros reflejos de la naturaleza (Wood 1978, 13-15). René de Costa identifica esta búsqueda de la expresión original como el único elemento que une los cantos del poema[2]. Guillermo Sucre ha elucidado el "vértigo" lingüístico del estilo de Huidobro, antes ascendente y seguro, ahora lúdico e introspectivo, un "metalenguaje, magia verbal," mientras que de Costa, Lee Dowling, Cecil Wood, y Federico Schopf, entre otros, se han dedicado a especificar las maneras en que los juegos huidobrianos quiebran los sistemas de gramática y semántica tanto en el idioma castellano como en el francés. Muchos críticos han estudiado las imágenes y metáforas del poema[3]; sin embargo, pocos se han concentrado en el despliegue de una serie de metáforas corporales para ilustrar una descomposición que acompaña y acentúa la transformación lingüística. En *Altazor*, la imagen del cuerpo humano mortal, que tanto puede frustrar la manifestación del alma eterna, refleja el antagonismo de las palabras en contra de la expresión poética. Huidobro construye un espejo entre cuerpo e idioma, que le concientiza no sólo de la flexibilidad entre estas dos entidades, sino también de sus degeneraciones complementarias. Tales correspondencias le recuerdan al lector la calidad imaginativa del texto, así como el léxico corpóreo de *Altazor* recuerda los límites de la expresión textual[4].

A través de la voz de *Altazor*, Huidobro explora fronteras existenciales: las fronteras ontológicas de *Altazor* son iguales a las limitaciones semánticas y gráficas de *Altazor*[5]. Al emprender la búsqueda de su alma, *Altazor* no se escapa de sus confines físicos, o sea, el cuerpo del poema y las palabras mismas. *Altazor*, el azor que vuela alto, tiene paracaídas en vez de alas y por eso no puede controlar su descenso. Él incorpora la expresión poética, encerrada en su jaula lingüística; es el alma de la poesía cercado por su cuerpo de palabras en la página.

Si *Altazor* no puede escaparse de los límites léxicos, al menos puede jugar a construirles nuevos arreglos. Como a muchos de sus contemporáneos, a Huidobro probablemente le fascinaron las circunstancias del naufragio del Titanic en 1912. Además de que Huidobro mismo había hecho numerosas travesías transatlánticas, el poeta cultivaba un entusiasmo por las exploraciones polares que sin duda se vio espoleado por el notorio iceberg. En *Altazor* se cuentan media docena de instancias de la palabra iceberg; hay también una docena de referencias a naufragios, y más de dos docenas de alusiones a varios tipos de barcos y lanchas. El siguiente trecho ejemplifica la ambivalencia de la contextualización poética de los naufragios: "O dadme un bello naufragio verde / Un milagro que ilumine el fondo de nuestros mares íntimos / Como el barco que se hunde sin apagar sus luces" (1988, 30). La base de mis conjeturas acerca de las alusiones a naufragios es la expresión en inglés, "rearranging the deck chairs on the Titanic" (cambiando de lugar las sillas del crucero), una frase común para indicar un ejercicio de la futilidad. La pregunta que surge es que si interpretamos los juegos de mago de *Altazor* como otro ejercicio más de la futilidad (semántica), o si más bien los interpretamos de otra forma distinta, como algo que, tal vez, podría llevar a la construcción de una balsa salvavidas de esas mismas sillas. Sin disputar la importancia de la tradicional interpretación crítica del poema como fracaso —y recuerdo con esto la evaluación que hizo Octavio Paz de la exaltación icónica de Faetón en el Primero Sueño de Sor Juana— propongo aquí una interpretación más participativa de *Altazor*[6]. Mi objetivo es destacar aspectos musicales, anagramáticos, y corporales del texto, relativos al término "arreglo," para enfatizar que, sin siquiera pensar en las obsesiones cronológicas de nuestro poeta, Huidobro iba bastante adelantado para su tiempo.

En el ambiente parisino radicalmente experimental de la vanguardia, Huidobro se encaraba con los dogmas y las doctrinas de sus contemporáneos mientras delimitaba su propio y precario territorio de creacionismo. Sabemos, por sus manifiestos, que condenó las prácticas de ciertos otros "-ismos" sólo después de haberlas probado él mismo: escribir lo primero que viene a la mente; escribir versos colectivos, sucesivos, sin haber visto el verso anterior escrito por el compañero; arreglar poesía al azar de recortados del periódico. Lo que faltaba de todas estas técnicas, según Huidobro, era la voz de la razón —suficiente razón, cuando menos, para equilibrar o contrapesar la pura imaginación. De hecho, a lo largo de sus manifiestos, expresa el deseo de un equilibrio ideal entre intelecto y emoción, o entre voluntad e imaginación, para mejor lograr el estilo innovador de poesía que tanto anhelaba[7]. Pero nunca dejó de fascinarse por la imagen original, esa yuxtaposición sorprendente de las "palabras enemigas": era el equivalente poético de alzar la bandera en la Tierra de Nadie, o de crear algo totalmente nuevo de los materiales más ordinarios. Su concepción fundamental del poeta como vidente, ejemplificado en "La poesía" y "Las siete palabras del poeta" entre otros manifiestos, no se desvió de la conceptualización romántica de los poderes especiales y las emociones enaltecidas del artista. Pero si el medio del poeta es el mero idioma, entonces tiene la obligación, según Huidobro, de jugar con las palabras no sólo en yuxtaposición sino también en descomposición. De manera esencial, el poeta debe reorganizar, buscar el nuevo arreglo, empeñarse en la imagen original y el nuevo tratamiento de un tema milenario, sí, pero también físicamente manipular los fonemas y las sílabas para así jugar a la creación de significados nuevos, el abracadabra de un hechizo desconocido. "La operación poética no es diversa del conjuro, el hechizo y otros procedimientos de la magia" (Paz 1972, 53).

El lema más conocido del creacionismo huidobriano aparece como el último verso de su poema "Arte poética" (1916): "El poeta es un pequeño Dios". El poeta/dios destruye para crear de nuevo; como Zeus, Shiva, Tezcatlipoca, y un sinfín de deidades mitológicas, el artista desencadena la violencia caótica, purgante, que preparará el terreno de renacimiento. Publio Octavio Romero especifica: "Pero antes de crear hay que destruir, y *Altazor* lo [logra] con las armas de la ironía, de la blasfemia, y, en suma, con los recursos del lenguaje. Su crítica tendrá como blanco la cultura de la cual proviene: creencias religiosas, ideologías y posturas estéticas" (2002, 148). La creación del poeta no puede ser un verdadero biogénesis ontológico; sin embargo, el poeta quiere ultrapasar el mero nombramiento que efectúa Adán para llegar a algo más parecido a la creación reciclada, re-arreglada, que logra el Dr. Frankenstein. Así, como el famoso científico literario, el poeta perderá el control de su creación, sólo que en el caso del poeta esa pérdida se anticipa como parte de una estrategia lúdica que atrae la participación del lector. Por otra parte, el poeta no anhela la re-creación del fénix. En lugar de la réplica exacta que surge de las cenizas de su propia destrucción, lo que tiene que lograr el poeta creacionista es una forma, una expresión original. En el contexto de *Altazor*, esta dicotomía de destrucción y creación se observa, tanto en el nivel lingüístico como el nivel corpóreo, en tres etapas. Primero, es invocada la ira de la aniquilación, al comienzo del poema, como un remedio catártico contra la rigidez expresiva que tanto ha demarcado la poesía anterior (Prefacio, Cantos I-III). Después, el poeta juega con el idioma en el cuerpo del poema mismo, de manera que socava los sistemas gramaticales y semánticos de la lengua materna (Cantos IV y V). Finalmente, acaba por desmontar el idioma por completo, con el resultado paradójico de una expresión liberada y desinhibida pero también ininteligible (Cantos VI y VII). Las tres etapas son reforzadas por metáforas de descomposición musical y también corporal.

El llamado para la renovación

El comienzo del poema (en el Prefacio) coincide con el nacimiento de *Altazor*: "Nací a los treinta y tres años, el día de la muerte de Cristo; nací en el Equinoccio, bajo las hortensias y los aeroplanos del calor" (1988, 2). Inmediatamente es nombrada la antítesis del nacimiento: "Y ahora mi paracaídas cae de sueño en sueño por los espacios de la muerte" (1988, 2). La caída de *Altazor* lo lleva a la muerte a través de la paulatina descomposición del idioma; en el principio, el lenguaje está "cargado de contenido, de información, de ideología" pero al final del poema se ha convertido en "una mera armonización sonora" (Yurkievich 1989, 84).

Desde el comienzo, el poeta condena la comunicación lingüística por no ser, según esto, natural. Dice el Creador: "Creé la lengua de la boca que los hombres desviaron de su rol, haciéndola aprender a hablar (…) a ella, ella, la bella nadadora, desviada para siempre de su rol acuático y puramente acariciador" (1988, 4). La paradoja del poema, sin embargo, es que no existiría como texto sin el idioma; de esta contradicción viene el deseo de destruir el idioma formal para crear una versión más sencilla, más primitiva, para la expresión del alma. Además de la lengua, otras partes de la anatomía incorporan el sistema disfuncional del idioma: "Anda en mi cerebro una gramática dolorosa y brutal / (…) / Lo que se esconde en las frías regiones de lo invisible / O en la ardiente tempestad de nuestro cráneo" (1988, 28). Aun reconociendo el poder de algunas palabras "que tienen sombra de árbol," "vocablos que tienen fuego de rayos," "palabras con imanes que atraen los tesoros del abismo," el poeta advierte: "Altazor desconfía de las palabras / Desconfía del ardid ceremonioso / Y de la poesía / Trampas" (1988, 46). Esta crítica incluye, sin poder evitarlo, el mismo poema que la expresa.

El poeta todavía no se ha escapado de su jaula: "Soy yo Altazor / Altazor / Encerrado en la jaula de su destino" (1988, 16). Esta "jaula" compone su propio cuerpo humano, o sea la entidad física que contiene su alma, tanto como el texto de las palabras del poema. El cuerpo decadente controla la expresión de su alma, del mismo modo que las palabras restringen la expresión poética: "Voy pegado a mi muerte / Voy por la vida pegado a mi muerte / Apoyado en el bastón de mi esqueleto" (1988, 34). Aquí la voz poética demuestra la antítesis entre la vida y la muerte: el alma, que crece y expande con el paso del tiempo, es apoyado por el esqueleto como andamio del cuerpo, que pierde, de manera gradual, su vitalidad. Su corporealidad es también una cueva hueca: "El viento que se enreda en tu voz / Y la noche que tiene frío en su gruta de huesos" (1988, 14).

La frustración corporal se manifiesta en enfermedades y dolores: "Se me cae el dolor de la lengua y las alas marchitas / Se me caen los dedos muertos uno a uno / (…) / Me duelen los pies como ríos de piedra" (1988, 24 y 26). La repetición de variantes de la palabra "herida" caracteriza el primer canto: "El hombre herido por quién sabe quién / Por una flecha perdida del caos" (1988, 32), "Cuando veas como una herida profetiza / Y reconozcas la carne desgraciada" (1988, 46). Resuelto, *Altazor* propone la destrucción del cuerpo para liberar el alma: "Quememos nuestra carne en los ojos del alba / Bebamos la tímida lucidez de la muerte / La lucidez polar de la muerte" (1988, 22). Asimismo sugiere "Que se rompa el andamio de los huesos / Que se derrumben las vigas del cerebro" (1988, 26) y "Romper las ligaduras de las venas" (1988, 66).

La preparación para este acto de romper los modelos existentes viene implícita en referencias a la higiene y al orden; con el baño de *Altazor* se llevan las añejas asociaciones lingüísticas y semánticas, dejándolo fresco y renovado. Es el primer paso en la creación de su nuevo contexto poético:

> Tengo tanta necesidad de ternura, besa mis cabellos, los he lavado esta mañana en las nubes del alba y ahora quiero dormirme sobre el colchón de la neblina intermitente. (1988, 6)
> Lava sus manos en la mirada de Dios, y peina su cabellera como la luz y la cosecha de esas flacas espigas de la lluvia satisfecha. (1988, 8)

Lavarse las manos, como se sabe, es una manera tradicional de desasociarse de algo no deseado; así, el poeta rompe lazos con la gramática de antaño[8]. *Altazor* invita al lector a crear un mundo nuevo, pero primero hay que olvidarse del mundo viejo: "A la hora en que las flores se lavan la cara / Y los últimos sueños huyen por las ventanas" (1998, 48).

Sin embargo, antes de seguir adelante, *Altazor* se detiene y coquetea con el lenguaje anterior, con el cuerpo anterior, en el segundo canto, una oda a la mujer. Aquí la voz poética alaba las partes de su cuerpo, lo que, aunque por un lado no dista de los encomios a la belleza femenina que existen desde hace siglos, por otro lado es mucho más cósmico, reflejando un alejamiento del estilo romántico renovado. Además, esta sección ejemplifica la perspectiva poética de una esencia particular como una colección de partes separadas: una sinécdoque corporal. La mujer simboliza de manera cósmica todo el poder transformador de la poesía (y del idioma) así como la conocemos:

> Tu voz hace un imperio en el espacio
> Y esa mano que se levanta en ti como si fuera a colgar soles en el aire
> Y ese mirar que escribe mundos en el infinito
> Y esa cabeza que se dobla para escuchar un murmullo en la eternidad
> Y ese pie que es la fiesta de los caminos encadenados
> Y esos párpados donde vienen a vararse las centellas del éter
> Y ese beso que hincha la proa de tus labios
> Y esa sonrisa como un estandarte al frente de tu vida
> Y ese secreto que dirige las mareas de tu pecho
> Dormido a la sombra de tus senos (1998, 62 y 64)

Aun así el poeta no está del todo convencido. Según Wood, "since she was not eternal, she could not give eternity. It was therefore impossible for her to provide a solution to man's problems. The poet sees her and himself as sharing the same destiny" [como no era eterna, no podía otorgar la eternidad. Era, entonces, imposible que ella proveyera una solución a los problemas del hombre. El poeta la ve compartiendo con él el mismo destino] (1978, 202). Por eso dictamina el poeta: "Sin embargo te advierto que estamos cosidos / A la misma estrella / Estamos cosidos por la misma música tendida / De uno a otro / Por la misma sombra gigante agitada como árbol" (1988, 56). Siguiendo a Wood, el papel de la mujer no se ve como "solution, but only as a solace or companion in the search for it" [solución, sino consuelo o acompañante en la búsqueda de la solución] (1978, 202). Es la musa poética: "Y al fondo de ti misma recuerdas que eras tú / El pájaro de antaño en la clave del poeta" (1988, 60). Poeta y poesía van juntos por el mismo camino; todavía no llegan a lo que sería una expresión eterna. Tienen que unirse, espiritual y físicamente, para lograr ese objetivo. Mandlove observa que las identidades masculina y femenina se atraen, en el canto, a través del acto de la creación; sólo juntos pueden engendrar una poesía nueva. La unión sexual, tan sólo implícita aquí, no deja de ser otra referencia corporal que fortalece el concepto de la creación textual en el cuerpo del poema mismo.

En el Canto III, *Altazor* se burla del poeta tradicional como "Manicura de la lengua" (68), el título no de alguien que crea sino de alguien que sólo pule lo ya existente (Wood 1978, 205). En esta instancia, la asociación entre idioma y cuerpo vuelve a hacer alusión al desengaño que siente el poeta para los estilos poéticos anteriores. Aunque sea cierto que el poeta puede embellecer el idioma, tal belleza resulta artificial y peyorativa. Huidobro contrasta de manera explícita el pulido sutil del manicura, con los verbos violentos para describir lo que tiene que realizar el poeta creacionista en su trato del idioma, i.e. "romper," "cortar," y "sangrar"[9]. El poeta pide el remate: "Matemos al poeta que nos tiene saturados / (…) / Poesía / Demasiada poesía / Desde el arco-iris hasta el culo pianista de la vecina / Basta señora poesía bambina" (1988, 70). La poesía ha llegado a ser exhaustiva y vulgar, tal como la referencia corporal, de registro grosero, que se emplea aquí para asociar lengua con cuerpo: el culo de la vecina. Sigue inmediatamente un símil extendido que retrata de manera literal el hastío, un símil sinfín elaborado por el poeta para demostrar y socavar los límites de las posibilidades poéticas (Wood 1978, 205).

> Sabemos posar un beso como una mirada
> Plantar miradas como árboles
> Enjaular árboles como pájaros
> Regar pájaros como heliotropos (1988, 70)

La cadena continúa por treinta y seis versos, una parodia redundante del control enjaulado ("enjaular") del estilo metafórico modernista. Es, pues, una orgía de emparejamientos y palabrerías en la que el poeta crea imágenes innovadoras al estirar o violentar los límites semánticos.

Violaciones estructurales

Con el lema "Mientras vivamos juguemos / El simple sport de los vocablos" (1988, 74) comienza la lúdica manipulación de las palabras en el Canto IV. Los cuerpos de las palabras se están transformando, y de la misma manera empiezan a cambiar los cuerpos que las palabras-imágenes designan. "El nuevo atleta" reemplaza "el ultimo poeta" —vemos al atleta "Jugando con magnéticas palabras / aldeadas como la tierra cuando va a salir un volcán / Lanzando sortilegios de sus frases pájaro" (1988, 72). La imagen del atleta, de cuerpo fuerte, bien entrenado, simboliza un idioma nuevo que se empeñará, como el atleta, en la perfección de su forma y consecuentemente su expresión. Además, el poeta ha declarado que "Todas las lenguas están muertas" y "Hay que resucitar las lenguas" con

> Fuegos de risa para el lenguaje tiritando de frío
> Gimnasia astral para las lenguas entumecidas
> Levántate y anda
> Vive vive como un balón de fútbol (1988, 74)

El idioma es aquí un cuerpo que siente los efectos del frío. El tercer verso del trecho citado arriba - la frase que pronunció Jesús al resucitar a Lázaro —encapsula la idea de una resurrección tanto lingüística como corporal[10].

Al nombre "Lázaro" le falta una sola letra para ser anagrama perfecto de "altazor". Los anagramas permiten un tipo de reasignación semántica de una manera que sugiere que un significado yace inherente en el otro, así como se enlazan mutuamente las dos (o más) ortografías. También representan los anagramas una suposición arcaica, supersticiosa, de que las letras barajadas pueden cambiar el significado a la vez que, de alguna manera, circunscriben el significado dentro de los anagramas del significante. Muchos escritores se aprovechan de las asociaciones anagramáticas[11]; en el caso de *Altazor*, el anagrama de Lázaro hace hincapié en la insistencia huidobriana de resucitar el idioma a través del poema.

En una reconstrucción de la escena bíblica, esta frase tan conocida de "Levántate y anda" es repetida por el protagonista de la novela-film *Cagliostro* (1927), un texto que Huidobro escribía durante el mismo periodo en que compuso *Altazor*.

> —Levántate y anda. Levántate y anda, nuevo Lázaro, mi Lázaro.
> La voz de Cagliostro es enérgica y a su llamado una bandada de ecos milenarios parece animarse y venir de algún punto lejano perdido en los fondos de la historia y de la geografía.
> El joven enfermo se anima, trata de encontrarse adentro de su cuerpo, sus movimientos se hacen más precisos.
> —Levántate y anda… Te ordeno que te levantes.
> El aire de la sala vibra y brilla cargado de electricidad como un diamante. El milagro suspende su estrella sobre las cabezas.
> —Levántate. Ya. Ya. Levántate.
> (…) El enfermo da algunos pasos temblorosos y cae sobre el pecho del mago, que lo estrecha tiernamente, mientras la madre se arroja de rodillas a sus pies besando el borde de sus vestidos. (1997, 57)

"Altazor" es también un anagrama un tanto imperfecto (falta un fonema) de "Althotas," el nombre del mago maestro de Cagliostro, revelado en la ceremonia clandestina de la primera escena. Como resultado tenemos un arreglo onomástico de mudanzas minuciosas, ALTHOTAS – ALTAZOR – LAZARO, una serie semántica cabalística que sugiere la alquimia, la magia, y la resurrección. Tales son los objetivos de *Altazor*: hacer de la vulgar escoria el oro literario, crear de las palabras una nueva realidad, e infundir en los morfemas moribundos el aliento de una vida nueva[12]. Le designación de una serie cabalística de nombres, viene del propio interés declarado de Huidobro en temas semejantes. En *Vientos contrarios* (1926), entre otros textos, describe sus horas de estudio relegadas a "la Astrología, a la Alquimia, a la Cábala antigua y al ocultismo en general" (1976, 794).

Asimismo, la frase icónica "Levántate y anda" introduce un movimiento de subida dentro de la caída prolongada que es *Altazor*, o "El viaje en paracaídas". Con esta frase, y algunas parecidas, Huidobro logra esquivar un poco la ley de la gravedad, aunque momentáneamente, así equilibrando la descomposición lingüística con una germinación lingüística. En los trechos donde presenta un riff como "La montaña y el montaño / Con su luno y con su luna" (1988, 106), un acto de destrucción lingüística (en este caso, del género) puede ser detenido por las posibilidades sugestivas de creación que de ella nace. El lector todavía cae por la página junto a *Altazor*, sin embargo, de repente flota en una corriente ascendente, admirando el panorama desde las alturas —lugar privilegiado que Huidobro tanto asociaba con el poder poético en sus Manifiestos[13]. De manera semejante, la caída del lector se desacelera mientras se atora en las páginas llenas de innovadoras rimas semánticas que componen los brazos giratorios del molino-metamorfosis (ver adelante).

La siguiente sección del canto se enfoca en el ojo, "precioso regalo del cerebro" (1988, 80), e incluye trece versos con la palabra "ojo" al lado de varios sustantivos: "Ojo árbol / Ojo pájaro / Ojo río / Ojo montaña / Ojo mar / (...)" (1988, 80). Con esta secuencia de emparejamientos originales, se crea una función alternativa para el término-concepto "ojo". Esta función, en su contexto inmediato, tiene que considerarse en cuanto a su significado tanto como su apariencia. Primero, no sólo la palabra "ojo", sino también su órgano significado, adquieren una nueva definición dentro del contexto semántico en aumento del poema. Estas nuevas definiciones no se pueden extraer fácilmente de su contexto; es mejor reconocer múltiples posibilidades como "mira", "cuidado", "ve", "percepción," "visión", etc., posibilidades que permean el poema entero más allá de estos versos específicos. Las palabras emparejadas con "ojo" también asumen nuevos significados en el contexto, creando algo así como un paisaje que tanto ve como es visto. Segundo, la repetición en la página de la palabra "ojo" refuerza la forma física del término, que se asemeja visualmente a un par de ojos con nariz. No se debe subestimar la importancia de la apariencia física de las palabras, puesto que esa manifestación física es una función con la que Huidobro había experimentado antes, por ejemplo en el poema "Nipona" (1913). La rapidez de estos versos, además, sugiere, como en muchos otros aspectos del poema, el impacto del cine en las artes en general y en Huidobro mismo, quien ganó un premio en Nueva York de parte de la League for Better Pictures por su novela-film del cine mudo de *Cagliostro* (nunca filmado).

En dos trechos que comienzan respectivamente "Vaya por los globos y los cocodrilos mojados" (1988, 82) y "Noche, préstame tu mujer con pantorrillas de florero de amapolas jóvenes" (1988, 84), el poeta revuelve las palabras de la primera sección para crear la segunda, ignorando así casi por completo las limitaciones semánticas (Dowling 1982, 256-8). Justo en medio de los dos trechos revueltos, el poeta da un guiño, indicando lo que ocurre en su mezcla semántica: "Rosa al revés rosa otra vez y rosa rosa / Aunque no quiera el carcelero / Río revuelto para la pesca milagrosa" (1988, 84). De esta manera, Huidobro desarrolla el motivo de la "jaula" —el "carcelero" de estos versos es la definición o el significado, o sea, lo que restringe las palabras semánticamente.

Periódicamente la voz poética juega contra la trayectoria descendente al componer interludios musicales, composiciones diminutas que detienen un poco la gran descomposición. La más conocida de éstas es la escala del ruiseñor o rosiñol, aquella secuencia de "rodoñol, rorreñol" (1988, 90; énfasis mío), siguiendo por mi, fa, sol, la, y si. Como el más atesorado de los pájaros cantores, el ruiseñor como significante se transforma aquí en un ejercicio de siete tonos que sugiere la canción de su significado[14]. Abundan varias imágenes musicales en el poema —violonchelos, violines, pianos, arpegios— apoyando aún más una lectura del texto como arreglo en el sentido musical: una nueva versión de una melodía ya establecida. En la serie del ruiseñor, Huidobro sigue la escala ascendente para cumplir su propósito, pero al hacerlo, infiere que los fonemas o las sílabas —"sílabas que son sonajas que son semillas" (Paz 1985, 12)— pueden ser arreglados o secuenciados del mismo modo que las notas musicales. De hecho, esta práctica se observa en los cantos posteriores donde los arreglos silábicos son acompañados por la experimentación visual, aproximando aún más las dos funciones de las notas escritas en el pentagrama (posición y duración). Esta relación poético-musical debe llevarnos a considerar también el gran anhelo, jamás cumplido, de los escritores a través de la historia y la geografía, especialmente los vanguardistas: un idioma verdaderamente universal, lo que Vicky Unruh ha descrito como un idioma que antecede el tiempo, libre de las connotaciones históricas que dan forma a los idiomas reales (1994, 221). Éste sería el mítico ur-idioma que provocara, entre escritores, la envidia ante la trascendencia de la música, arte rítmico sin necesidad de traducción[15]. Conforme vayamos descendiendo vertiginosamente por los cantos, especialmente los últimos dos, comenzamos a ver letras agrupadas como palabras pero reconocibles tan sólo como vocalizaciones. Estos ruidos sin sentido —"i i i o / Ai a i ai a i i i i o ia" (1988, 150-151)— podrían derivar tanto de la cuna como del lecho de muerte, o tal vez de las maniobras fútiles del músico de Roca, aborde el Titanic, "su trombón anegado por el mar" (epígrafe). Para llegar a ese idioma netamente universal, parece que el escritor tiene que sacrificar por completo el significado, lanzándose a la deriva en el territorio musical y, por último, disolviéndose en el mar / el útero / la chora semiótica de los misterios prelingüísticos[16].

Asemejándose a las "jitanjáforas" de Mariano Brull, los juegos de palabras en el poema continúan con sílabas o sufijos intercambiables (Dowling 1982, 253; Unruh 1994, 217). En trechos como el da la "golondrina / golonfina / golontrina / goloncima" (1988, 88) o del "meteoro / meteplata / metecobre / meteópalos" (1988, 94), hay sólo una parte de la palabra que se transforma. El próximo paso se ve en la frase "horitaña de la montazonte" (1988, 88), en la que las palabras intercambian sus terminaciones, aprovechándose del hecho de que, en un mundo ficticio, la descripción de un objeto, aun el mero nombramiento de ese objeto, le otorga existencia (Waugh 1984, 93). No hace falta saber exactamente qué es una "golontrina" o qué significa el palíndromo "eterfinifrete" (1988, 98); su presencia impresa en la página basta para confirmar su existencia. En el contexto del poema, estas palabras no prescinden de definiciones concretas; por su sonido y apariencia el lector puede inferir algún significado al reconocer su calidad de términos híbridos. La yuxtaposición de "golondrina" y "trinar," o bien "eterno" e "infinito," constituye una quimera lingüística, una fusión de partes de otras palabras, fusión que se reflejará en la imagen culminante de "la medusa irreparable" (1988, 146), la revoltura de partes, piezas, pedazos de cuerpos distintos.

La voz poética altera la formación de términos familiares: "Entonces yo sólo digo / Que no compro estrellas de la nochería / Y tampoco olas nuevas en la marería" (1988, 90). Al encajar este mosaico de palabras inventadas o combinadas en un contexto semántico normal, Huidobro muestra tanto el control del autor sobre su propia creación (el poema), como también la arbitrariedad de las palabras mismas. Esta esencia arbitraria se destaca, sobre todo, en los nombres.

> Aquí yace Rosario río de rosas hasta el infinito
> Aquí yace Raimundo raíces del mundo son sus venas
> Aquí yace Clarisa clara risa enclaustrada en la luz
> Aquí yace Alejandro antro alejado ala adentro (1988, 94)

En este trecho, en lo que va quebrando los nombres para revelar sus componentes, el poeta forénsico ("Aquí yace Altazor azor fulminado por la altura / Aquí yace Vicente antipoeta y mago") deshumaniza a las personas representadas por estos nombres al enumerarlos, de manera aliterativa, como muertos; no son más que sus meros nombres. Estas pseudo-etimologías onomásticas evocan el anagrama de Lázaro mientras ejemplifican tanto el re-arreglo como la re-inscripción semántica. Asimismo, la ruptura de cada nombre imita, en un sentido corporal, la descomposición de un cadáver.

La adquisición de nuevas funciones para las palabras se ve en lo que llama Dowling una innovación sintáctica (1982, 261): "La cascada que cabellera sobre la noche / Mientras la noche se cama a descansar / Con su luna que almohada el cielo / Yo ojo el paisaje cansado" (1988, 128). Términos que normalmente funcionan como sustantivos operan aquí como verbos. Cabe notar que dos de estos cuatro versos representan partes del cuerpo actuando como verbos, mientras que los otros dos versos contienen sustantivos relacionados al cuerpo —"cama" y "almohada"— como verbos; estructura y función se emparejan en el contexto cambiante del cuerpo tanto como del idioma. Además, la creación de contrapartes masculinas para palabras gramaticalmente femeninas les presta a estos términos una connotación corporal andrógina: "La montaña y el montaño / Con su luno y con su luna" (1988, 106). Dowling afirma que Huidobro altera el género de los sustantivos (1982, 260); no es exageración decir que un objetivo eventual del poeta es destruir completamente el concepto del género gramatical, así robándole de la lengua materna otro sistema semántico más.

En el Canto V, con una recapitulación del llamado a la higiene, Huidobro inicia la sustitución directa de un cuerpo por otro, una palabra por otra. Primero marca los paralelos, y luego sustituye:

> Nos frotamos las manos y reímos
> Nos lavamos los ojos y jugamos
> El horizonte es un rinoceronte
> El mar un azar
> El cielo un pañuelo
> La llaga una plaga
> Un horizonte jugando a todo mar se soñaba con el cielo después de las siete llagas de Egipto (1988, 112)

Nos muestra también la evolución, o cambio continuo, de un solo cuerpo - un molino de viento - en otros cuerpos. El molino mismo simboliza el cambio porque siempre está girando como la rueda de la fortuna, y porque se le asocia con el gigante fantástico de Don Quijote quien, como se debe recordar, fue convertido en molino por un mago maligno según la interpretación del ingenioso caballero. El "Molino de viento" de Huidobro se convierte en "Molino de aumento (...) del lamento (...) con amordazamiento" etc. (1988, 114-120). Con la repetición de las palabras por sus sonidos mucho más que por sus significados, el poeta ostenta de nuevo su control arbitrario. Las seis páginas de la metamorfosis del molino, con sus largas columnas de versos ininterrumpidas, se parecen físicamente a los brazos del molino al girar y por eso, una vez más, enfatizan la apariencia visual de las palabras como un aspecto único de su composición[17].

Al acercarse a la muerte, *Altazor* empieza a fragmentarse: "Y he aquí que ahora me diluyo en múltiples cosas / Soy luciérnaga y voy iluminando las ramas de la selva / (…) / Y luego soy árbol / (…) / Y ahora soy mar / Pero guardo algo de mis modos de volcán / De mis modos de árbol de mis modos de luciérnaga / De mis modos de pájaro de hombre y de rosal" (1988, 128-30). Como los anagramas que se conservan sus mutuos significados, una ortografía abarcando a la otra sin dejar de ofrecer su propia definición, la voz poética aquí puede asumir ontologías concéntricas que nacen de una identidad lingüística asumida. La consecuente disolución existencial de *Altazor* coincide con la semejante descomposición del idioma, la que ya ocurre dentro del contexto de las palabras recién creadas: "Empiece ya / La faranmandó mandó liná / Con su musiquí con su musicá" (1988, 126).[18] Esta ruptura se halla también en el desorden y el cansancio del cuerpo del antipoeta: "El viento norte despeina tus cabellos" (1988, 124) y "los brazos / (…) / fatigados por el huracán" (1988, 126); quiere reírse "antes que venga la fatiga" (1988, 128). Los síntomas corporales de *Altazor* presagian el colapso inminente del idioma.

La muerte semántica

En el Canto VI todo cae en confusión, mezclándose. El pronóstico de "el clarín de la Babel" (1988, 140) evoca el caos cacofónico del Antiguo Testamento, a la vez que "la medusa irreparable" (1988, 146) alude a la clásica revoltura horrible de mujer y culebra. Los componentes de la Medusa, ensamblados al azar y de manera "irreparable," se desintegran: "Olvidando la serpiente / Olvidando sus dos piernas / Sus dos ojos / Sus dos manos / Sus orejas" (1988, 146). De hecho los versos mismos del Canto VI parecen desintegrarse por el espacio de la página, imitando así el descenso de una pluma, o de una piedra rebotándose contra las paredes de un acantilado, o tal vez de un naufragio:

> En su oreja
> viento norte
> Cristal mío
> Baño eterno

el nudo noche
El gloria trino
sin desmayo (1988, 146)

En el último canto, *Altazor* canta en un balbuceo que ya no es inteligible: "Olamina olasica lalilá / Isonauta / Olandera uruaru / Ia ia campanuso compasedo" (1988, 148). Este léxico nuevo parece fundamentarse en el castellano, y por eso todavía tiene un contexto dentro de la paulatina desintegración del poema; sin embargo, la muerte semántica ya ha ocurrido: la palabra es sólo su resonancia y su apariencia.

Alcanzar el final del poema es llegar al fondo del abismo en el que se ha caído *Altazor*. La "jaula" ya no existe, ni de carne y hueso ni de sujeto y verbo. Los versos, que en el Prefacio eran oraciones completas y extendidas, se han ido disminuyendo, reduciéndose a frases cortas en los Cantos IV y V, pequeñas agrupaciones de palabras en el Canto VI y finalmente, en el Canto VII, sílabas agrupadas, primero con consonantes y después sólo vocales. El poeta ha llegado "al borde del lenguaje", una zona esencial de la existencia, según Paz, repleta de vida y muerte (1972, 147-148). Es una existencia pura; las palabras no traicionan sus connotaciones.

Resultado neto: *Altazor* ha muerto y se ha resucitado. Ha completado la metamorfosis de su alma en un idioma/cuerpo sencillo y expresivo, y ha ganado el desafío que él mismo se propuso de "el simple sport de los vocablos" (1988, 74). Pero al ganar, se ha caído al silencio que es la ausencia semántica; la "medusa irreparable" advierte que las posibilidades anormales —las quimeras confusas— se han agotado. El diálogo esencial de cualquier obra de arte —la participación con el lector o público— ha sido obstruido. Con la ausencia del significado inherente en la libertad de expresión alcanzada, el lector ya no tiene base de comprensión. Es la prueba culminante de la paradoja; al intentar la expresión absoluta del alma, el poeta pierde la condición de que esa expresión sea compartida y evaluada. Ha manifestado aquí Huidobro lo que describió Paz: "La experiencia de la caída en el caos es indecible" (1972, 150). Descender al caos equivale volver al principio, cuando, en el sentido bíblico, sólo existía la Palabra. La Palabra es la ausencia misma de las palabras; es el silencio.

Como conclusión, vuelvo a indagar en la casi unánime opinión tradicional de la crítica que elaboré al comienzo de este ensayo. Aullón de Haro proclama que *Altazor* es un poema "cuyo proyecto, finalmente fracasado, no es más que el fracaso de la Vanguardia, de una vanguardia huidobriana empeñada en el ideal de la transcendencia más allá del propio lenguaje" (1988, 58). Sucre clarifica:

> *Altazor* no es un poema fracasado, sino, lo que es muy distinto, el poema del fracaso. Insisto: no sobre sino del fracaso; no es un comentario alrededor del fracaso, sino su presencia misma. Uno de sus valores (y de sus riesgos, por supuesto) reside en este hecho: haber ilustrado con su escritura misma la desmesura y la imposibilidad de una aspiración de absoluto. (1985, 122)

De manera semejante, René de Costa elucida que, poco antes de la publicación de *Altazor*, una opinión difundida que calificaba a la búsqueda de Rimbaud de un nuevo lenguaje poético como un "fracaso" le inspiró a Huidobro a responder a un colega: "'Respecto a lo de artista fracasado es posible que tenga Ud. razón [pero] en mi fracaso voy junto con Rimbaud y Lautréamont'" (1984, 24).

Estos juicios vienen enlazados inevitablemente al objetivo del creacionismo; en su búsqueda de una expresión original, Huidobro intentó combinar forma artística con contenido artístico en una unión perfecta. No obstante, al luchar por este fin, tanto la forma como el contenido se redujeron a tal grado que ya no son reconocibles; casi ya ni existen. *Altazor* ha alcanzado la muerte al final de su caída; su cuerpo, como la forma artística, ha muerto, y su alma, como el contenido, se ha escapado a algún lugar más allá de la percepción. La participación, como el más básico eslabón de la expresión artística, se ha colapsado al abismo, dejándole al lector tan sólo el silencio y la página en blanco.

Es en este silencio, sin embargo, que se implica una creación nueva. Huidobro alude a este tipo de silencio en el Canto I: "Silencio la tierra va a dar a luz un árbol" (1988, 50). El árbol simboliza la creación y el silencio, la Palabra bíblica. Considerar el poema como "fracaso" es negar que la finalidad de la muerte ofrece una doble perspectiva: podría ser que la muerte del cuerpo le roba al alma su expresión, o, podría ser el caso que la muerte del cuerpo le otorga al alma una gama infinita de expresión, prestándole así la novedad de una creación liberada por la violenta destrucción de su hogar anterior, el cuerpo. Esa ambigüedad de resultado es precisamente lo que deja que se interprete la expresión frustrada de *Altazor* no como fracaso sino como lo que es en esencia: una frustración, un callejón sin salida.

El meta-idioma de *Altazor*, compuesto a través de unos doce años durante el auge de la vanguardia, es el proceso del creacionismo. La orquestación original y lúdica de pedazos de palabras con pedazos de cuerpos, en un juego de composición y descomposición, fija la atención del lector en los límites de la expresión y la existencia; la palabra luego se reduce a sus calidades más esenciales - sonido y apariencia - para crear un mundo nuevo que es un nuevo cuerpo de expresión. La disipación eventual del sonido poético en el silencio, y también la desaparición del cuerpo poético en el espacio en blanco, muestran la frustración inherente en el proceso de lograr una expresión poética original deseada como objetivo del creacionismo. La paradoja de la poesía, que depende de la lengua y sin embargo quiere escaparse de sus limitaciones, expand para representar el arte en general como la expresión de lo humano, de lo que es sentir el desequilibrio del espíritu anhelando la libertad mientras se alberga en un cuerpo imperfecto que se desploma en la caída perpetua hacia la muerte.

El presente ensayo no abarca las numerosas maneras en las que la visión poética de Huidobro en *Altazor* se adelantó de su época. No obstante, cabe notar aquí sólo algunas de sus influencias: Mireya Camurati identifica a Huidobro como precursor del grupo brasileño de Noigandres, los poetas concretistas; ya en 1957, Haroldo de Campos había escrito un ensayo sobre *Altazor* (1980, 193-204). Algunos de estos artistas brasileños, cincuenta años después del comienzo de su movimiento concretista, mantienen ahora sitios de la Red con poesía interactiva en la que se pueden arreglar y re-arreglar las palabras, algo así como el popular juego de *Magnetic Poetry*™ (palabras individuales magnéticas que se arreglan en una superficie como la puerta del refrigerador): un legado virtual de la experimentación huidobriana en *Altazor* con sustantivos, géneros y fonemas intercambiables.[19] Otro sitio de Red lúdico lo mantiene el que de Huidobro tomó el título de antipoeta, Nicanor Parra; en el sitio interactivo hay "paRRafraseos" entre la búsqueda de una llave que abre el "paracaídas"[20]. El conocido traductor de *Altazor* en inglés, Eliot Weinberger, para le re-edición de la obra en 2003 optó por traducirla de nuevo, afirmando que el poema, como un juego, siempre rinde resultados distintos[21]. Aunque Huidobro mismo rechazó la composición poética al azar y la "escritura automática" de los surrealistas, le encantaba barajar, re-arreglar, cambiar las sillas de lugar en pos de nuevas combinaciones. Al final, estos arreglos son la lección de *Altazor*: buscar una vida nueva en el idioma, aunque sea durante un naufragio lingüístico; alzar con valor el trombón para improvisar más allá de la partitura empapada, aunque las lanchas salvavidas ya se hayan ido. El cuerpo idiomático de *Altazor*, compuesto por pedazos para ser armados, barajados, y arreglados de nuevo, es el legado más grande de Huidobro.

Notas

1   Estas descripciones son de Aullón de Haro (1988, 58), Sucre (1985, 122), de Costa (1984, 157), Unruh (1994, 218) y Shaw (2008, 3), respectivamente.
2   Véase su capítulo sobre *Altazor* en *Vicente Huidobro. The Careers of a Poet* (de Costa 1984, 137-161). Allí de Costa elucida las diferencias en composición entre cada canto.
3   Ver especialmente Bary, Benko, Camurati, de Costa, Larrea, Mitre, Moscoso de Cordero, y Perdigó.
4   El concepto se acerca a la técnica metalingüística que utiliza un novelista al escribir, por ejemplo, prólogos, notas marginales, y cartas al editor con el objetivo de revelar el andamiaje físico del texto (Waugh 1984, 97).
5   Pedro Aullón de Haro describe la relación ambigua entre la voz poética de Huidobro y el protagonista del poema: "Altazor, que al estilo

romántico es el doble de Huidobro y, ambivalentemente, sujeto narrador y sujeto narrativo de segunda persona, es el enviado, el mago, el poeta, pero como antipoeta negador del concepto de poeta existente para crear el poeta del futuro, lo cual, como otros varios puntos, se especifica de diversa forma a lo largo del texto" (Aullón de Haro 1998, 54).

6   En *Sor Juana, o Las trampas de la fe*, Octavio Paz considera que lo que a Sor Juana le atrajo de Faetón —una alusión clave en *Primero Sueño* tanto como su soneto "Si los riesgos del mar considerara"— es el hecho de que el hijo de Apolo murió precisamente en el intento de lograr algo nuevo. Asimismo, afirma Paz que el tipo de indagación intelectual que inscribe Sor Juana en *Primero Sueño*, lo retoma Huidobro siglos después en *Altazor* (Paz 1988, 380-86).

7   Para un análisis detallado de los manifiestos de Huidobro, véase *Aesthetics of Equilibrium*.

8   Poncio Pilato se lava las manos en el Evangelio de San Mateo 27:24.

9   El contraste aparece con efecto semejante en el poema "Vulgívaga" (1919) por el brasileño Manuel Bandeira.

10 *Evangelio de San Juan* 11:1-44.

11 Por ejemplo, cuando nos enteramos de que el nombre de la protagonista epónima de la novela decimonónica del brasileño José de Alencar, *Iracema*, es anagrama de "América," el hecho sirve para destacar una lectura telúrica de las cualidades que ella representa.

12 Se sabe que una versión anterior del nombre, en un fragmento textual publicado en francés en la década de los 1920, fue "Altazur". La "o" en "Altazor" después se hizo definitiva, concretizando las numerosas asociaciones posibles con el significado del "alto azor." Es, también con la "o", que se hace evidente el anagrama con Lázaro. Weinberger conjetura una relación anagramática con *Alastor*, un poema extendido de Shelley (Huidobro 2003, xi).

13 Véase Willis (2006, 96). Según la lectura de Weinberger, *Altazor* cae hacia afuera —hacia el espacio, no hacia la tierra (Huidobro 2003, x).

14 Véase Romero (2002, 153-156), para una interpretación mística del ruiseñor.

15 Quiroga especifica que en Latinoamérica, "the desire for this perfect symbiosis [of sound and sense] is related to the longing for an original language, the repository of all perfect meaning, somehow grafted onto or under Spanish" [el deseo de esta perfecta simbiosis de sonido y significado se relaciona al anhelo del idioma original, el repositorio de todo significado perfecto, de alguna manera injertado al castellano] (2002, 165).

16 *Temblor de cielo*, también publicado en 1931 aunque de un periodo de composición mucho más compacto, es un texto en prosa menos exuberante que *Altazor*, en el que la voz narrativa puede preguntar, "¿Por qué nos empeñamos en resucitar nuestros muertos? Ellos nos impiden ver la idea que nace" (144). En esta obra con base en *Tristan und Isolde*, el enfoque se ha trasladado de la creación como acto dependiente de una anterior destrucción, a la creación como acto dependiente de un enlace de amor. Como señala de Costa (1988, 42), los temas de *Temblor de cielo* parecen derivar parcialmente del Canto II de *Altazor*.

17 Identificado por Dowling (1982, 262).

18 Hahn provee una comparación de estos y otros versos con las características del tradicional verso británico del *nonsense*.

19 Por ejemplo, el sitio de Augusto de Campos en www2.uol.com.br/augustodecampos/clippoemas.htm.

20 Véase www.antiweb.cl.

21 Weinberger (Huidobro 2003, xii).

Obras citadas

Aullón de Haro, Pedro. 1988. "La transcendencia de la poesía y el pensamiento poético de Vicente Huidobro". *Revista de Occidente* 86-87: 41-58.

Bandeira, Manuel. 1993. *Estrela da vida inteira*. Nova Edição. Rio de Janeiro: Nova Fronteira.

Bary, David. 1963. *Huidobro o la vocación poética*. Granada: Universidad de Granada.

— 1984. *Nuevos estudios sobre Huidobro y Larrea*. Valencia: Pre-Textos.

Benko, Susana. 1993. *Vicente Huidobro y el cubismo*. Caracas: Banco Provincial.

Camurati, Mireya. 1980. *Poesía y poética de Vicente Huidobro*. Buenos Aires: García Cambeiro.

de Costa, René. 1984. *Vicente Huidobro. The Careers of a Poet*. Oxford: Clarendon.

— 1988. "Introducción". En *Altazor* por Vicente Huidobro. Madrid: Cátedra. 9-44.

Dowling, Lee H. 1982. "Metalanguage in Huidobro's *Altazor*." *Language and Style* 15, n° 4: 253-266.

Hahn, Oscar. 1998. "Vicente Huidobro: el sentido del sinsentido." *Inti* 46-47: 3-11.
Huidobro, Vicente. 2003. *Altazor or A Voyage in Parachute*. Trad. Eliot Weinberger. Middletown: Wesleyan University Press.
— 1988. *Altazor. Temblor de cielo*. Ed. René de Costa. Madrid: Cátedra.
— 1997. *Cagliostro*. Santiago: Universitaria.
— 1976. *Obras completas*. Ed. Hugo Montes. Santiago: Andrés Bello.
Larrea, Juan. 1979. "Vicente Huidobro en vanguardia". *Revista Iberoamericana* 45: 213-273.
Mandlove, Nancy B. 1984. "At the Outer Limits of Language: Mallarme's Un Coup de des and Huidobro's *Altazor*". *Studies in Twentieth-Century Literature* 8.2 (1984).
Mitre, Eduardo. 1976. "La imagen en Vicente Huidobro." *Revista Iberoamericana* 42, n° 94: 79-85.
Moscoso de Cordero, María Eugenia. 1987. *La metáfora en Altazor*. Cuenca: Universidad de Cuenca.
Paz, Octavio. 1972. *El arco y la lira*. México: Fondo de Cultura Económica.
— 1985. "Decir sin decir." *Vuelta* 9:107: 12-13.
— 1988. *Sor Juana, or The Traps of Faith*. Trad. Margaret Sayers Peden. Cambridge: Harvard University Press.
Perdigó, Luisa Marina. 1994. *The Origins of Vicente Huidobro's "Creacionismo" (1911-1916) and its Evolution (1917-1947)*. Lewiston: Mellen University Press.
Quiroga, José. 2002. "Translating Vowels, or, The Defeat of Sounds: The Case of Huidobro". En *Voice-Overs: Translation and Latin American Literature*, eds. Daniel Balderston y Marcy E. Schwartz. Albany: State University of New York Press. 164-69.
Roca, Juan Manuel. 1999. "Diciembre". En *Nueva poesía latinoamericana*, ed. Miguel Ángel Zapata. México: Universidad Nacional Autónoma de México. 320.

Romero, Publio Octavio. 2002. "La modernidad de *Altazor*: Tradición y creacionismo". *La Palabra y el Hombre* 121: 143-58.

Schopf, Federico. 2001. "Poesía y lenguaje en *Altazor*". *Revista Chilena de Literatura* 58: 5-18.

Shaw, Donald. 2008. *Spanish American Poetry after 1950: Beyond the Vanguard*. Londres: Támesis.

Sucre, Guillermo. 1985. *La máscara y la transparencia*. México: Fondo de Cultura Económica.

Unruh, Vicky. 1994. *Latin American Vanguards: The Art of Contentious Encounters*. Berkeley: University of California Press.

Waugh, Patricia. 1984. *Metafiction*. Londres: Methuen.

Weinberger, Eliot. 2003. "Introduction". En *Altazor* por Vicente Huidobro. Trad. Weinberger. Middletown, Wesleyan University Press. i-xiii.

Willis, Bruce Dean. 2006. *Aesthetics of Equilibrium. The Vanguard Poetics of Vicente Huidobro and Mário de Andrade*. Lafayette: Purdue Studies in Romance Literatures.

Wood, Cecil G. 1978. *The Creacionismo of Vicente Huidobro*. Fredericton: York Press.

Yurkievich, Saúl. 1989. *Nueva poesía latinoamericana*. Barcelona: Ariel.

— 2002. *Fundadores de la nueva poesía latinoamericana*. Barcelona: Edhasa.

La rosa de Huidobro: la dialéctica ambiental del creacionismo*

Christopher M. Travis
ELMHURST COLLEGE

> ...si aceptáis las representaciones que un hombre hace de la Naturaleza, ello prueba que no amáis ni la Naturaleza ni el Arte
> —Vicente Huidobro "Creacionismo" (1976, 739)
>
> La ecopoética reaviva la magia pre-científica de nombrar
> —Jonathan Bate, *The Song of the Earth* (175)

El siglo veintiuno ha sido testigo ya de un crecimiento rápido, pero consciente y en constante evolución, de una aproximación no-antropocéntrica a la teoría literaria y sensible al rol del mundo no-humano en la literatura contemporánea. Al estudiar el tratamiento de la naturaleza en la poesía, tanto como un sujeto como un objeto, la crítica ambiental (en la ecocrítica) demuestra que se ha movido mucho más allá de una apreciación descriptiva de la naturaleza como algo estática, una metáfora limitada para la belleza, la paz, o el equilibrio.

Ciertamente, la escala universal de la estética creacionista de Vicente Huidobro incluye un diálogo poético poderoso con la fuerza de la naturaleza, lo cual se presta a una re-lectura rigurosa de acuerdo con los principios de la crítica ambiental. El "Arte

---
* Todas las traducciones en este artículo son del autor.

poética" de 1916, junto con otros manifiestos y poemas, marcan un alejamiento bien estudiado del modernismo latinoamericano y el avenamiento de la vanguardia, desafiando la objetivación de la naturaleza como un fetiche estético y proponiendo un diálogo más activo con el mundo más que humano: "Por qué cantáis la rosa, ¡oh Poetas! / Hacedla florecer en el poema" (1981, 219). En *Altazor* y otras obras de este autoproclamado "creacionista", el proceso poético de búsqueda y de aspiración, acompañado por la consciencia del fracaso, la degeneración y la regeneración, presenta una forma de investigación dialéctica que reconoce activamente las fuerzas de la naturaleza. Sin embargo, Huidobro también mantiene la famosa idea que "El Poeta es un pequeño Dios" (1976, 219).

Esta aparente apoteosis del poeta ha pre-condicionado las lecturas críticas de la obra del chileno a ser puramente antropocéntricas, así limitando la recepción del creacionismo[1]. Tal reclamo nos podría caer *egocéntrico* en vez de *ecocéntrico*, y hasta blasfemo e ilusorio, y así el subsiguiente fracaso en *Altazor* sería nada más que indicativo del fin de una empresa destinada a fallar. Sin embargo, el modificador "un pequeño" nos recuerda que el deseo huidobriano de crear se concentra primeramente en el reino de la poesía, y en el potencial creativo de la expresión poética innovadora. En su texto leído en el Ateneo de Madrid en 1921 ("La poesía"), él desea ver que la poesía alcance "más allá del último horizonte…allá del espíritu y la materia" (1976, 717). Pero hemos de notar que el poeta sólo puede contemplar ese nuevo espacio poético desde las ramas de un árbol plantado: "Allí ha plantado el árbol de sus ojos y desde allí contempla el mundo, desde allí os habla y os descubre los secretos del mundo" (717).

Su poesía desafía esa jerarquía tradicional que concibe a un Dios supremo, el creador del hombre; ese hombre luego mantiene el privilegio de haber sido creado en la imagen de Dios, y por eso reina sobre la naturaleza, el objeto estático de la contemplación modernista. Huidobro sí se niega a servir como un apóstol de la naturaleza (*Non Serviam*), pero una lectura cuidadosa de su obra revela el rol esencial del mundo no-humano en una dialéctica de búsqueda, de pérdida, y de renovar la búsqueda del significado. Vamos a basar nuestro análisis en ciertos poemas que marcan la evolución de su obra desde una partida inicial del modernismo hasta las encarnaciones más conscientes y teoréticamente desarrolladas de su creacionismo. Escrito a lo largo de la producción poética de Huidobro, su famoso *Altazor* (1919-1931) anclará nuestras reflexiones ecocríticas sobre la manera en que el mundo no-humano sirve como un componente esencial a, e integrado en, su proyecto poético. Este proyecto, el epítome de la vanguardia, implica un compromiso activo e incesante con el mundo natural en un proceso dialéctico que desafía el significado, de-construyendo las formas mismas de la expresión poética y burlándose de las representaciones miméticas para acercarnos a la "creación", en una conjunción directa con su ambiente natural, de un mundo poético nuevo.

La crítica ambiental ha ganado importancia a través de una revista especializada, de una asociación, de un sitio web en donde se encuentran varios artículos en torno al tema, y el *Ecocriticism Reader* (1996), editado por Cheryll Glotfelty y Harold Fromm. Glotfelty ofrece definiciones generales y preguntas esenciales para inspirar las lecturas ecocríticas, afirmando que "en términos sencillos, la ecocrítica estudia la relación entre la literatura y el ambiente físico (…) emplea una aproximación centrada en la tierra a los estudios literarios" (1996, xviii). Los mayores principios piden que la crítica literaria se reconecte con el concepto de lugar, que se centre en la tierra (ecocéntrica) y que desafíe las delineaciones tradicionales de los textos de acuerdo al género, sexo, o disciplina. Así, el enfoque interdisciplinario ha complementado y se ha adaptado a otras aproximaciones, tales como el marxismo, feminismo, neo-indigenismo, y hasta ciertos aspectos del posestructuralismo, por subvertir las jerarquías sociales y textuales antiguas, cuestionar el concepto de "centro", y rechazar cualquier base antropocéntrica para la producción creativa humana. Aun en las etapas incipientes, los críticos urgieron que los estudios del significado, la transmisión del significado, la representación, el lenguaje y la literatura, se vincularan al mundo natural.

La ecocrítica también está preocupada por la política contemporánea, la crisis ambiental, la justicia racial, étnica y ambiental, y cómo un acercamiento más consciente a la cultura podrá alterar las acciones y visiones de profesores, estudiantes, artistas y críticos. Por lo tanto, sirve perfectamente para comentar la obra de escritores ecológicos latinoamericanos bien conocidos como Homero Aridjis, José Emilio Pacheco, Eduardo Galeano, Nicanor Parra, Pablo Antonio Cuadra, Elicura Chihuailaf, y varios otros. En sus libros y varios artículos, dos de los investigadores destacados en estos esfuerzos han sido Steven White y Niall Binns. Mientras reconocemos el trabajo experto de White en la poesía nicaragüense, ambos se han interesado de manera particular en Chile, estudiando no sólo la presencia del mundo más que humano, sino también la ética ambientalista de los sujetos poéticos. Mientras sus estudios dialogan de manera aguda con las corrientes ecocríticas internacionales, no dejan de reconocer, a la vez, la autonomía y rica herencia de la literatura y la crítica latinoamericana, y, además, que un aparato crítico no se exporte, digamos, que no se imponga en una región desde afuera. Al contrario, se valen del aparato simplemente como otro acercamiento más hacia el aprecio y estudio del tema, afirmando siempre que el proceso mismo es orgánico y autóctono, naciendo directamente de la región misma[2]. Debido a tal sensibilidad a la dimensión ética y política de lo que se puede denominar un "texto ecológico", sin embargo, estos investigadores y otros han pasado de largo el lado ecológico de Huidobro, viendo su trabajo abiertamente antropocéntrico y futurista, el esfuerzo de un tecnófilo para dominar el mundo[3]. Niall Binns sí reconoce la manera en que la poesía temprana de Huidobro llega a "recrear la naturaleza, recrearse con ella en el hallazgo de combinaciones nuevas, ingeniosas y a veces geniales" (2004, 46). No obstante, a Binns le preocupa una "mutilación" huidobriana de la naturaleza (por ejemplo, de los pájaros), concluyendo que el creacionismo no es más que esfuerzos vanos de una "criatura del desarraigo" (2004, 47). Lo que es, para Binns, el maltratamiento del ruiseñor en *Altazar*, por ejemplo y los varios manifiestos huidobrianos donde pretende convertirse en un dios se ofrecen como apoyo para tal clasificación. Sin embargo, éste es el mismo ruiseñor estudiado y clasificado por Oscar Hahn como imprescindible en el proceso de desmantelar conscientemente el mundo natural y darle vida nueva expresiva. Lo mismo ocurre con el agua turbia y estancada del estanque, montañas que se desintegran, y los árboles en que el poeta mismo se disuelve, con los varios pájaros y animales, con el mar al cual el poeta compone su famoso *monumento,* y desde luego, con Altazor. Altazor, un ser híbrido, el azor del vuelo alto y acrobático y de la caída repentina, cuyo fracaso para transcender hace posible, dialécticamente, una nueva búsqueda de significado.

¿Representa esta poesía de Huidobro una anti-ecología egocéntrica y hasta luciferina o es que Huidobro se ubica a sí mismo como un "pequeño" dios específicamente para poder colaborar con la naturaleza para otorgarle una vida nueva, así tratando de compartir algo de su poder creador y subvertir cualquier jerarquía divina judeo-cristiana? Reconociendo el trabajo atinado de varios críticos sobre el desafío emersoniano a la divinidad por parte del chileno, nosotros emprenderemos un estudio de ciertos textos y manifiestos representativos para sugerir que tal "integración con la naturaleza" es exactamente lo que está en juego y en riesgo en estos poemas.

Mientras avanza el movimiento ecocrítico, ha llegado evidentemente a historizar su propio crecimiento significativo, y estudiosos como Lawrence Buell, activamente involucrados desde las primeras etapas, reflexionan ya en su propio trabajo como representativo de la evolución del campo. Buell busca legitimar el potencial ecocrítico de cualquier texto según la aproximación empleada por el crítico, y ciertamente cualquier texto donde el ambiente no-humano esté involucrado activamente en la importancia del aporte contribuido por la obra literaria, es decir el proceso, o la lucha que esa literatura entabla. Buell vuelve a considerar:

> Una vez yo lo consideraba útil tratar de identificar una sub-especie de "texto ambiental" con la primera estipulación que el ambiente no-humano se imaginara no sólo como herramienta para retratar, sino también como una presencia activa (…) ahora me

parece más productivo inclusive como propiedad de cualquier texto. (2005, 25)

Al continuar, cita un ensayo de Robert Kern sobre las aplicaciones amplias de la ecocrítica: "La ecocrítica se pone más interesante y útil cuando se usa para recuperar el carácter u orientación ambiental de obras cuyos intereses conscientes o más destacados parecen ser ajenos" (citado en Buell 2005, 26). El ecocrítico marxista, Lance Newman, apoya esta misma "recuperación" al sostener que ninguna producción cultural es posible independiente de los procesos fundamentales de la vida. La dinámica sujeto/objeto del marxismo occidental, que el significado afecta, y es afectado por el ambiente social y material, no llega a excluir el mundo natural[4].

Y por último, el estudio innovador de Sueellen Campbell, "The Land and Language of Desire: Where Deep Ecology and Post-Structuralism Meet", hace muy clara la conexión ecocrítica a lo que la teoría posestructuralista valora tanto de la metapoética: una poesía que considere los términos de su propia existencia: "Somos parte de la naturaleza, y cuando consideramos la naturaleza, no hay manera de evitar que, de hecho, se realiza un autoestudio. Siempre afectamos cualquier sistema que toquemos" (1996, 129). Esbozando dónde, exactamente, cabe la ecología dentro del empeño posestructuralista de buscar significado por descomponer la representación textual en sí, ella escribe que: "La teoría tiene razón, me parece, que lo que somos depende de todo tipo de influencias fuera de nosotros, somos componentes de redes vastas, textos escritos por fuerzas más grandes y fuertes. Pero, sin duda, una de estas fuerzas más importantes es el resto del mundo natural" (134)[5].

Nuestra discusión de la recepción de Huidobro debe empezar con su manifiesto más famoso, *Non Serviam* (1914), y el poema temprano "Arte poética", de *El espejo de agua* (1916). El lenguaje de aquél parece declarar una dominación sobre la naturaleza. Las líneas "No he de ser tu esclavo, madre Natura; seré tu amo. Te servirás de mí; está bien", y luego "Yo tendré mis árboles que no serán como los tuyos, tendré mis montañas, tendré mis ríos y mis mares, tendré mi cielo y mis estrellas" son las mismas citadas por Binns para demostrar el desarraigo huidobriano de la naturaleza (Huidobro 1976, 715). Sin embargo, Binns deja de citar una sección entre las dos líneas que sugiere una relación más bien recíproca: "No quiero y no puedo evitarlo; pero yo también me serviré de ti" (1976, 715). El mismo documento no sólo personifica la naturaleza sino que también mantiene su poder creativo del pasado *y del presente*: "Hemos cantado a la Naturaleza (cosa que a ella bien poco le importa). Nunca hemos creado realidades propias, como ella lo hace o lo hizo en tiempos pasados, cuando era joven y llena de impulsos creadores" (1976, 715). La implicación, entonces, es que la naturaleza es digna de re-inventarse, cobrar vida nueva y significado. El estudio seminal de Huidobro, realizado por Cedomic Goic sigue siendo, después de 53 años, uno de los más detallados y citados. En torno a *Non serviam*, ya anticipa Goic la supuesta "ruptura" con la naturaleza que se atribuye a su paisano:

> Lo que interesa señalar en este momento de la génesis de la teoría creacionista de Huidobro, en primer término, es la violencia con que se pone de manifiesto la ruptura con la naturaleza, en un momento donde Huidobro no podía todavía vislumbrar sus posibilidades. Por otra parte, ninguno de los teóricos posteriores europeos que se plantearon idéntico problema lo hicieron en términos de Poesía y Naturaleza, sino en términos de poesía y realismo. (1955, 66)

Así, la fuerza agresiva del poeta, entendida por Goic dentro de su contexto de desarrollo, antedata lo que después será un reconocimiento interactivo con la naturaleza, y ya sugiere un nuevo diálogo teórico.

Pocos años después, Huidobro expone en voz alta las rebeliones anteriores en "Creación pura" (de *Saison Choisies*, 1921). Obviamente logra percibir que:

> El hombre sacude su esclavitud, se rebela contra la naturaleza como otrora Lucifer contra Dios: pero tal rebelión es sólo aparente: *pues nunca el hombre ha estado más cerca de la naturaleza que ahora, en que no trata ya de imitarla en sus apariencias, sino de*

> *proceder como ella, imitándola en el fondo de sus leyes constructivas*, en la realización de un todo, en su mecanismo de producción de formas nuevas. En seguida veremos cómo el hombre, producto de la naturaleza, sigue en sus producciones independientes el mismo orden y las mismas leyes que la naturaleza…ya que el hombre pertenece a la naturaleza y no puede evadirse de ella, él debe tomar de ella la esencia de sus creaciones. (1976, 718; cursivas de Huidobro)

Este credo, el mismo, efectivamente, que se oye palabra-por-palabra en la ecocrítica actual, llegaría a definir los siguientes veinte años de la producción huidobriana.

Stan Tag, en su ensayo "Four Ways of Looking at Ecocriticism", cita a Walt Whitman: "No puede haber ninguna teoría de valor sobre la narrativa (o cualquier forma de recontar), a menos que corrobore la teoría de la tierra / Ninguna política, canto, religión, acción cualquiera es de valor si no se compara con la amplitud de la tierra / a menos que encare la exactitud, vitalidad, imparcialidad, rectitud, de la tierra" (citado en Tag 1994). Tag comenta que "El lenguaje no es separado, inherentemente, del mundo, como algunas teorías sugieren, sino que evoluciona por los mismos procesos evolucionarios que la tierra misma" (Tag 1994)[6]. Irónicamente, los comentarios de Tag en 1994 reflejan los vestigios de un idealismo romántico rechazado por Huidobro cuando superó el modernismo del fin de siglo. Incluso rechaza a Whitman específicamente en el prefacio de *Altazor*[7]. A pesar de cómo se interprete la idea de Tag de "encarar", seguramente Huidobro no expresa la misma fe en la poesía para poder medir, reflejar, ni siquiera comprender el mundo natural así como la fe de un Walt Whitman. Sin embargo, eso no le disuadió de vincular su creacionismo poético a los "procesos evolucionarios de la tierra".

Tales procesos, que nos llevan directamente y de nuevo a Sueellen Campbell y Lance Newman, y la dialéctica generativa de la ecocrítica marxista y posestructuralista, sólo se puede tematizar honestamente como el fracaso del lenguaje, la muerte, y la fertilización tras un ciclo significador renovado, mejor modelado a base del ecosistema de la tierra misma. En "Creacionismo", Huidobro parafrasea sus propios comentarios de la charla famosa que se dio en el Ateneo de Madrid en 1921: "El Arte es una cosa y la Naturaleza otra. Yo amo mucho el Arte y mucho la Naturaleza. Y si aceptáis las representaciones que un hombre hace de la Naturaleza, ello prueba que no amáis ni la Naturaleza ni el Arte" (1976, 739). En este momento si ya no hubiera varios estudios exhaustivos y comprensivos que ya cumplen tal propósito, nos sería imprescindible documentar cuidadosamente el paso huidobriano *más allá* del modernismo como una imitación estática y fetichización de la naturaleza, hacia un entendimiento mucho más dinámico de la vitalidad de ella. En una evaluación apasionada del impacto que tuvo su amigo en los escritores chilenos jóvenes tan temprano como el año 1918, Rafael Cansino-Assens se enfoca en la diferencia entre la imitación estática de la naturaleza —"reproducir fielmente sus obras naturales"— y una refracción creativa: "el poeta hace de la naturaleza un símbolo, se la apropia, la desfigura, le infunde de dolor o de júbilo de su semblante, la suplanta, nos promete la naturaleza, pero nos da su alma" (1975, 122 y 123). Braulio Arenas añade que "El poema, pensaba Huidobro, debe ser una realidad en sí, no la copia de una realidad exterior. Debe oponer su realidad interna a la realidad circundante" (1975, 179).

Según la mayoría de los críticos, el texto temprano de *Adán* aún no encarna completamente los principios fundamentales del creacionismo literario[8]. Sí logra, no obstante, demostrar la vuelta por parte del poeta a la naturaleza como una fuerza potente creadora, al asociar la fertilidad significante del mundo natural con la del poeta en términos iguales y colaborativos. En el prefacio al proyecto, Huidobro introduce un sentido de trascendentalismo autodependiente que desplaza el rol de un sólo creador todopoderoso, dentro de una traducción parafraseada del norteamericano: "El poema no lo hacen los ritmos, sino el pensamiento creador del ritmo: un pensamiento tan apasionado, tan vivo, que, como el espíritu de una planta o un animal, *tiene una arquitectura propia*, adorna la Naturaleza con una cosa nueva" (1976, 189).

La invocación de Emerson originalmente fue estudiada por Goic con referencia a *Adán* y obras posteriores, como la declaración famosa que el poeta es un "pequeño Dios". Más recientemente el tema ha surgido en el libro de Mireya Camurati, en una sección titulada "Relación Hombre-Naturaleza". Comparando la vanguardia al concepto romántico de Víctor Hugo del arte como una copia devota del mundo natural (un siglo antes), Camurati comenta el rechazo, al contrario, huidobriano: "Rechaza el consejo [Hugo] de copiar la naturaleza y declara que esta doctrina es enemiga del arte" (1980, 131). El estudio de Camurati vuelve a los múltiples manifiestos y declaraciones públicas, principalmente *Non Serviam*. Al resumir, Camurati compara directamente a los dos librepensadores:

> podemos inferir las ideas básicas de Huidobro acerca del tema de la relación Hombre-Naturaleza. Establece un enfrentamiento del Hombre rebelde contra la Naturaleza. La rebelión consiste en negarse a imitar los elementos u objetos de la Naturaleza. Es decir, que está en contra de la regla tradicional de la mimesis. (1980, 134)
>
> (...) La doctrina trascendentalista propone una aproximación atenta a una Naturaleza que no es extraña al hombre y de la cual éste puede aprender las leyes de la creación orgánica y que le permitirán a su vez ser creador. No hay enfrentamiento sino comunión. (1980, 135)

Sin embargo, distingue claramente que la propuesta de Emerson es "armonioso" mientras la de Huidobro es más polémica. Se han expresado preocupaciones similares con la declaración agresiva del chileno que "yo seré tu amo", como ya mencionamos. Sin embargo, el contexto de *Non Serviam* incluye la historia literaria —"Hasta ahora no hemos hecho otra cosa que imitar al mundo en sus aspectos, no hemos creado nada"— y el idealismo: "hemos aceptado, sin mayor reflexión, el hecho de que no puede haber otras realidades que las que nos rodean, y no hemos pensado que nosotros también podemos crear realidades en un mundo nuestro" (1976, 715). Concluye con un voto colaborativo: "Una nueva era comienza. Al abrir sus puertas de jaspe, hinco una rodilla en tierra y te saludo muy respetuosamente" (1976, 715). Así, Camurati traza la conexión hombre-naturaleza pero no llega a explorar el proyecto huidobriano, la integración colaborativa con la naturaleza a lo largo de los siguientes veinticinco años.

Tal como el Adán bíblico inicia el contacto humano con el mundo más que humano, la versión alternativa de Huidobro se inspira poéticamente con cada elemento del mundo natural. En "El himno del sol", el poeta/Adán proclama la atracción: "Si de todas las cosas de la tierra / Pudierais hallar la quintaesencia / Me hallaríais a mí en todas ellas" (1976, 191). En "Adán", se persigue una incorporación directa de la naturaleza: "Entrad en mí, Naturaleza, / Entrad en mí ¡oh cosas de la tierra! / Dejad que yo os adquiera, / Dadme la suprema alegría / De haceros substancia mía / Todo esto que nace en el suelo / Quiero sentirlo adentro" (1976, 196).

Una vez que el poeta se ha integrado con el mundo natural, pretende cultivar sus poderes nutritivos para, a su turno, fertilizar una vida nueva y expresión correspondiente para ese mismo mundo. El interés crítico en el deseo de "dominar" se debe reemplazar, ecocríticamente, con el reconocimiento de que siempre cuando el poeta disfruta de una mera onza de potencial creativo prestado del mundo natural, rinde homenaje a ese mismo ambiente, así para devolverle vida nueva de la manera más respetuosa. En 1916 (*Espejo de agua*) Huidobro gime sus famosas líneas: "Por qué cantáis la rosa, ¡oh Poetas! / Hacedla florecer en el poema / (…) El Poeta es un pequeño Dios" (1976, 219). Pero no es que busque dominar el mundo no humano, sino dejar que florezca. La apoteosis aparente del poeta no es el antropocentrismo tan destacado que parece ser. Escribe, específicamente "un pequeño" (y no solamente "Dios") porque, según el trascendentalismo emersoniano, otra vez, el poeta reclama su lugar como *un creador* y no el *Creador*. Goic describe esta distinción significativa:

> Acepta una diferencia de grado, en relación al Creador Absoluto, que crea de la nada, por eso nos habla de un "pequeño Dios". No olvidemos que Tomás de Aquinas rechazaba el nombre de creador para el poeta porque la forma preexiste en la materia en

potencia, en la creación humana. Pero en este "pequeño Dios", o como diría Gerardo Diego, "niño Dios", está el acento más significativo de toda la teoría huidobriana. (1955, 74)[9]

Tomemos esto en cuenta, por lo tanto, mientras seguimos en el estudio del papel íntegro del ambiente en la búsqueda huidobriana del significado en la expresión poética. Hemos de recordar, no obstante, que la búsqueda, en sus momento más sinceros, tematiza el fracaso de la poesía, una reflexión metapoética sobre una trascendencia nunca lograda, la caída rápida de *Altazor* que sigue, inevitablemente, las aspiraciones más altas. El poeta pretende lograr una refracción en vez de una reflexión de la naturaleza, y la desintegración del mundo más que humano paraleliza la desintegración de cualquier capacidad humana de capturar y producir una imagen mimética de ello. El proceso cuidadoso y consciente de la destrucción (a menudo descrito como una fragmentación "cubista") lleva a la muerte (de los seres naturales y el lenguaje) y de esa muerte, la tierra fértil del renacimiento. Los académicos han estudiado este concepto desde varias perspectivas, y normalmente en torno a *Altazor*. Goic y René de Costa comentan la pérdida necesaria de una fe en la poesía ya para el tercer canto del poema, para que un proceso nuevo de creación pueda comenzar en el cuarto (Goic 1955, 233; de Costa 1989, 34). Federico Schopf reduce su tesis a lo siguiente: "para el sujeto (anti)poético de *Altazor*, la destrucción de la lengua —no sólo su deconstrucción, que es razonada— conduce a la nueva poesía: el acto de destrucción permite el surgimiento de los significantes de la poesía intentada en el poema" (2001, 5). Schopf no se enfoca en la naturaleza, sino en el significante mismo y la "demolición intencional del lenguaje", pero las víctimas de esta destrucción suelen ser las palabras que representan la golondrina, el ruiseñor, los estanques, las montañas, los árboles, el mar y otros tipos de flora y fauna.

Oscar Hahn y Cecil Wood estudian los estanques, cuya agua negra estancada ondea y refracta el mundo. Su deterioro es parte del proceso poético en poemas como "Espejo de agua" o "Los estanques nocturnos", más temprano en *Las pagodas ocultas* (1914). Para Wood, los estanques poseen un poder "evocativo" y potencial escondido para ser despertados por el poeta (1978a, 43). Hahn nos advierte del riesgo de malinterpretar el "espejo": "El espejo representa exactamente lo contrario de la estética creacionista y de ello Huidobro está muy consciente...pero no hay contradicción...no se trata de un espejo de agua de esos que adornan los parques de la realidad sino de un espejo en movimiento" (1998, 100). El poema dice:

> Mi espejo, corriente por las noches,
> Se hace arroyo y se aleja de mi cuarto.
>
> Mi espejo, más profundo que el orbe
> Donde todos los cisnes se ahogaron.
>
> Es un estanque verde en la muralla
> Y en medio duerme tu desnudez anclada.
>
> Sobre sus olas, bajo cielos sonámbulos,
> Mis ensueños se alejan como barcos.
>
> De pie en la popa siempre me veréis cantando.
> Una rosa secreta se hincha en mi pecho
> Y un ruiseñor ebrio aletea en mi dedo. (1976, 219-220).

Hahn glosa de forma muy astuta el aspecto dinámico de estas aguas, destacando la crítica inherente al "cisne modernista" que ahora se ahoga en el estanque verde. Luego comenta el ruiseñor ebrio. Aunque parezca ser una falta de respeto para el mundo natural, mejor se puede entender, según Hahn, cómo el mismo pájaro clásico de la inspiración poética, es ya convertido en un modo alterado. Ya no representa el automatismo psíquico del surrealismo, sino un "estado de superconsciencia", según la amplia prueba textual e intertextual ofrecida por Hahn (1998, 101). Al lado del ruiseñor inebriado, deformado y deteriorado, pero dispuesto y listo para asumir un significado nuevo, encontramos la rosa. La esencia absoluta del creacionismo, la rosa es personal, secreta, y no brota, ni crece, ni siquiera se cultiva. Simplemente se hincha. Huidobro no la canta, ni la romantiza, sino que simplemente la concibe poéticamente, en una forma nueva.

La rosa aparece otra vez en "Marino", uno de los poemas más significativos de *Poemas árticos* (1918). Mientras la voz poética es la de un marino que se envejece, también es la de un poeta que imagina su sendero poético como ya bien trazado. Habiendo viajado mucho, así como el marino, el poeta ahora desea reconstruir los fragmentos del horizonte, fracturado el año anterior al publicar el libro cubista *Horizon carré* (1917). Después de unos diez libros de poesía, Huidobro reflexiona intertextualmente sobre obras anteriores mientras anticipa, a la vez, su papel de marino poético: "Yo inventé juegos de agua / en la cima de los árboles /…Hice correr ríos / que nunca han existido / de un grito elevé una montaña /… Corté todas las rosas / de las nubes del este / y enseñé a cantar un pájaro" (1976, 308)[10]. Otra vez, las rosas cosechadas, como jamás se ha logrado antes, cobran un potencial generativo. Aunque el poeta las controle, se convierten en la fuente de su poder imaginado.

Se limita nuestra descripción a un poder "imaginado" porque conocemos la narrativa compleja de aspiraciones metafísicas y poéticas, acabando en la caída/derrota que se encuentra en la obra maestra huidobriana, *Altazor* (1919-1931), donde la rosa no asume nunca un papel literario tradicional. Como indica de Costa en varias ocasiones, la obra se puede estudiar episódicamente como la historia de múltiples etapas del deterioro lingüístico, y el esfuerzo fracasado de reconstruir el lenguaje: "entre las etapas de *Altazor* hay varios y variados comienzos con un final común: el fracaso" (1989, 25). El primer canto mantiene una "fe redentor en la poesía" pero "a partir del Canto III los versos de *Altazor* asumen una dirección clara de movimiento hacia una progresiva desarticulación que culmina en el grito prístino que cierra el Canto VII y el libro" (1989, 32). El método descrito por de Costa es el que usa y abusa de cada posibilidad lingüística hasta que cada morfema se agota, se borra cualquier significado que jamás ha tenido, y el morfema queda preparado para adoptar un significado nuevo. Mientras de Costa se refiere a cualquier tipo de significante, la descomposición consciente del mundo natural nos interesa, aquí, de manera particular.

La rosa, por ejemplo, aparece primero de manera engañosa como un símbolo de la amistad entre el poeta y lo divino, fuente de inspiración poética divina. Así se presenta en la obra el tropo clásico del poeta como un agente privilegiado de un ser sobrenatural (tal como se ve en *La Araucana* de Ercilla y *La Eneida* de Virgilio) que le tiene fe particular y especial en él como un poeta superior y digno. En el prefacio del poema, el poeta se encuentra con una aparición de la Virgen, sentada sobre una rosa, y quien le habla directamente, declarándose: "la capitana de las otras once mil" e invitando una declaración mutua de devoción: "Ámame, hijo mío, pues adoro tu poesía y te enseñaré proezas aéreas" (1989, 382). Esta unión aparentemente blasfema (luego se acuesta con la virgen) parodia la divinidad cristiana y desplaza a Dios para que haya una nueva creación. El prefacio es visionario y optimista como el Canto I y la rosa se convierte en un símbolo de la poesía tal como el paracaídas que lleva el poeta en su aventura. Él depende del paracaídas para ascender y descender como la misma poesía y los dos se comparan en las últimas líneas del poema: "Ah mi paracaídas, la única rosa perfumada de la atmósfera, la rosa de la muerte, despeñada entre los astros de la muerte" (1989, 384).

En el Canto I el viaje continúa al dialogar el poeta con Altazor, un tipo de alter-ego ("Soy yo Altazor el doble de mí mismo") y un neologismo obvio, alto + azor, un halcón ya comprometido lingüísticamente como significante y que ahora se aspirará a cumplir un destino de fracaso. En su momento más alto de poder, el poeta/Altazor pretende desplazar a Dios ("Dios diluido en la nada y el todo… Dios pútrido") y anima a todos: "Cambiemos nuestra suerte" (1989, 387-388). El Canto I es un microcosmos del poema entero, y hasta la obra entera huidobriana. Pronostica la trayectoria entera de Altazor que va a desintegrarse, enfrentarse a sí mismo y a su creador directamente, y por fin espabilarse una vez más para subir de nuevo. La caída es colectiva y universal, como todos contribuimos al crecimiento del caos, y Altazor correctamente le echa la culpa a Huidobro:

> Yo tú él nosotros vosotros ellos
> Ayer hoy mañana
> Pasto en las fauces del insaciable olvido
> Pasto para la rumia eterna del caos incansable
> Justicia ¿qué has hecho de mí Vicente Huidobro?
> Se me cae el dolor de la lengua y las alas marchitas
> Se me caen los dedos muertos uno a uno
> ¿Qué has hecho de mi voz cargada de pájaros en el atardecer
> La voz que me dolía como sangre? (1989, 389)

Altazor y Huidobro, entonces, cobran fuerza en colaboración, jugando con las palabras, disecándolas y reconstruyéndolas para forjar significados nuevos. Según David Bary, esto marca el comienzo de la "Parodia Divina" para el poeta, y donde, para de Costa, el poeta empieza a "ridiculizar la inmensidad" (1989, 389).

> No acepto vuestras sillas de seguridades cómodas
> Soy el ángel salvaje que cayó una mañana
> En vuestras plantaciones de preceptor
> Poeta
> Antipoeta
> Culto
> Anticulto
> Animal metafísico cargado de congojas
> Animal espontáneo directo sangrando sus problemas
> Solitario como una paradoja
> Paradoja fatal
> Flor de contradicciones bailando un fox-trot
> Sobre el sepulcro de Dios (1989, 393)

Definido más por lo que *no es* que por lo que *es* (*no es* humano, ni animal, antipoeta, paradoja, con y sin voz, una flor de contradicciones), Altazor desempeña su búsqueda lingüística, y el lector se encuentra saturado de significantes hasta que cualquier significado se pierde. Altazor luego parece cobrar fuerza de nuevo, desplazando a Dios completamente y haciéndose Ministro de lo ridículo, en diálogo equilibrado con la naturaleza:

> Soy desmesurado cósmico
> Las piedras las plantas las montañas
> Me saludan Las abejas las ratas
> Los leones y las águilas
> Los astros los crepúsculos las albas
> Los ríos y las selvas me preguntan
> ¿Qué tal cómo está usted?
> Y mientras los astros y las olas tengan algo que decir
> Será por mi boca que hablarán a los hombres
> Que Dios sea Dios
> … Señor Dios si tú existes es a mí a quien lo debes (1989, 394)

Si la rosa sigue representado la poesía, es una poesía que nos enferma, palabras prestadas de la naturaleza que ya no se pueden digerir, aunque se nos exige aceptarlas, tomarlas como una comunión sagrada del Ministro del Creacionismo:

> Las palabras con fiebre y vértigo interno
> Las palabras del poeta dan un mareo celeste
> Dan una enfermedad de nubes
> Contagioso infinito de planetas errantes
> Epidemia de rosas en la eternidad
> Abrid la boca para recibir la hostia de la palabra herida
> La hostia angustiada y ardiente que me nace no se sabe dónde
> (1989, 397)

Ahora el poeta puede comulgar directamente con la naturaleza —"el mundo se me entra por los ojos"—, y repite tres veces, con énfasis, "Silencio la tierra va a dar a luz un árbol" (1989, 399). La relación con los pájaros, los ríos, los árboles, las flores y el mar, sigue desarrollándose mientras el poeta depende cada vez más de esta colaboración con el mundo más que humano para crear y crear de nuevo (1989, 399-401).

Debemos recordar que el empeño poético aquí es más que nada una metapoética honesta sobre los límites mismos de la poesía. El lenguaje y así el orden natural se subvierten metódicamente desde las primeras líneas del Canto III, cuando "la flor se comerá a la abeja", "el arco-iris se hará pájaro", "Las miradas serán ríos", y "Conducirá el rebaño a su pastor" (1989, 405-406):

> Matemos al poeta que nos tiene saturados
> Poesía aún y poesía poesía
> Poética poesía poesía
> Poesía poética de poético poeta
> Poesía
> Demasiada poesía (1989, 406)

Lo que sigue es una serie de malas aplicaciones del modificador al modificado, lo que culmina en el entierro de la poesía misma y la conclusión: "todas las lenguas están muertas" (1989, 408). Mientras esta sección marca los momentos más dramáticos del fracaso y la deconstrucción, es la misma que ha atraído atención crítica por ser la más productiva[11].

No esperamos mucho (hasta el Canto IV) cuando la rosa se incluye entre tantos otros componentes del mundo natural en una sección que llamó la atención de Cedomil Goic (1955, 288). Animado una y otra vez —"no hay tiempo que perder"—, el poeta se apura a edificar un mundo nuevo tan rápido como demuele otro: "No hay tiempo que perder" / ...Rosa al revés rosa otra vez y rosa y rosa / Aunque no quiera el carcelero / Rio revuelto para la pesca milagrosa" (1989, 411). Al jugar con la rima interior, la repetición, y hasta sugerir una división nueva de la palabra "milag-rosa", el poeta coloca la rosa, etimológica y ontológicamente, en la misma piedra sacrificial que todo lo demás. Unos 56 versos después, el poeta ha llegado a su bien estudiado ataque en contra de la golondrina (golondrina, golonfina, golontrina, golonchina, golonrisa, etc.) y en contra del ruiseñor (ruiseñor, rodoñol, rorreñol, romiñol, etc.). Sin embargo, lo clave es que no haya ningún ataque en contra de los pájaros mismos, sino en las palabras arbitrarias que se emplean para representarlas. Empleando la palabra francesa para ruiseñor (*rossignol*), Huidobro ha insertado seis notas de la escala musical (do, re, mi, fa, so, la) dentro de cada uno de los neologismos. Niall Binns ha enumerado las varias deformaciones del ruiseñor como prueba del desarraigo de Huidobro; sugiere que está separado de, y desinteresado frente al ambiente natural. Parece, además, resentir que el pájaro ejemplar ni siquiera sea uno que se encuentra naturalmente en las Américas. Clasificando el interés de Huidobro en el pájaro como aún más prueba de una "alienación galófila", Binns acusa al chileno, generalmente, de un "ecocidio" (2004, 47). Nosotros, al contrario, responderíamos que no hay mejor representativo de la naturaleza que este símbolo del esteticismo europeo, para sufrir la reprogramación creacionista que aquí se realiza. Muchos de estos poemas tempranos se escribieron en francés simplemente porque el poeta estaba en Francia trabajando con Pierre Reverdy sobre la revista *Nord-Sud* y se ha documentado claramente que *Altazor* continúa algunos proyectos previos[12]. Además, el gran plan fracasa y Altazor cae a la muerte al lado de un tal Vicente Huidobro, los pájaros, y todo lo demás. El respeto y reconocimiento del mundo natural se expresa cuando el poeta se integra profundamente con cada aspecto del medioambiente, nunca logrando convertirse en ningún dios, pero siempre participando como socio y cómplice de la naturaleza.

Lo no-humano es inseparable de lo humano (integrado, por ejemplo, con los mismos nombres que nos llamamos) y todos hemos de caernos para luego poder reconstruirnos con un significado renovado. Como se ve en uno de los epígrafes con los cuales se inicia este artículo, el acto de marcar o nombrar el mundo más que humano - haciendo un registro nuevo y personal de la naturaleza - se ve como una esencia fundamental de la vida creativa humana, según los críticos que se consideran "ecocríticos"[13]. Así como la "rosa al revés" y los pájaros desplumados y deformados de otras maneras, humanos y no-humanos, Altazor y el mismo Vicente Huidobro, todos se llevan al reposo en el Canto IV:

> Aquí yace Marcelo mar y cielo en el mismo violoncelo
> Aquí yace Susana cansada de pelear contra el olvido
> Aquí yace Teresa ésa es la tierra que araron sus ojos hoy ocupada por su cuerpo
> Aquí yace Angélica anclada en el puerto de sus brazos
> Aquí yace Rosario río de rosas hasta el infinito
> Aquí yace Raimundo raíces del mundo son sus venas

> Aquí yace Clarisa clara risa enclaustrada en la luz
> Aquí yace Alejandro antro alejado ala adentro
> Aquí yace Gabriela rotos los diques sube en las savias hasta el sueño
> esperando la resurrección
> Aquí yace Altazor azor fulminado por la altura
> Aquí yace Vicente antipoeta y mago (1989, 415)

Y tal como el significante Altazor es una combinación de múltiples conceptos, sugiriendo un destino (volar como halcón) que nunca se realiza, así son los nombres como "Rosario", río de rosas.

Habiendo destacado de nuevo que estamos vinculados inevitablemente al mundo natural, Huidobro dedica el Canto V a la realización de esta reintegración física y lingüística. Los primeros versos de las primeras dos estrofas proclaman las últimas maniobras poéticas presentadas en los cantos VI y VII, para llegar a la creación pura: "Aquí comienza el campo inexplorado... Hay un espacio despoblado / Que es preciso poblar" (1989, 417). Luego describe una tal "rosa del mar", escurridiza y misteriosa, una rosa del mar que sólo el poeta puede encontrar (1989, 418). Nos seduce, el mar naufraga las naves de nuestro viaje, todos los enlaces se rompen, y de manera re-creativa, "La rosa rompe sus lazos y florece al reverso de la muerte" (1989, 419). La palabras se muelen, literalmente: "Molino del conocimiento / Molino del descendimiento / Molino del desollamiento / Molino del elevamiento" y el poeta se une con la naturaleza y con la rosa en sus formas de nueva evolución (1989, 424). Es luciérnaga, aire, pájaros. Y es rosa, hablando la lengua de la rosa sin perder los varios otros elementos de su evolución: "Ahora soy rosal y hablo con lenguaje de rosal / Y digo / Sal rosa rorosalía / Sal rosa al día / Salía al sol rosa sario / Fueguisa mía sonrodería rososoro oro" (1989, 429).

Como ya sabemos, los dos últimos cantos se culminan con la noción de un lenguaje nuevo y la creación nueva, productos de este largo empeño poético y hasta épico: "Lalalí / lo ia / i i i o / Ai a a i ai a i i i io ia" (437). Pero tenemos que reconocer, como lo hizo Huidobro, que no hay ninguna declaración final de victoria.

El poema es una creación nueva, encarnando el creacionismo, y su mensaje principal es que el vuelo de Altazor, como cualquier empeño poético, está destinado a fracasar. Mientras se ha venerado el proceso mismo de tal empeño imposible desde hace muchos años, desde Platón y Aristóteles y hasta el Primero Sueños de Sor Juana, los críticos han debatido los méritos del proyecto huidobriano[14]. Pero el significado y razón del creacionismo poético y, por cierto, toda la poesía, es iniciar y emprender el viaje. Como los mismos elementos de la naturaleza, la vida de cada poema termina, se degenera, y llega a fertilizar los cultivos futuros.

Unos diez años más tarde, Huidobro publicaría *Ver y palpar* (1941), cuyo título en sí sugiere una conexión corpórea con el objeto de estudio, el cual resulta ser nada menos que el mundo natural. *Últimos poemas* (1948) se publicó el mismo año de su muerte. Los estudiosos seguirán debatiendo el papel de Huidobro como el "primer" poeta significativo de la vanguardia en Latinoamérica y lo que se logró o no con sus varios manifiestos[15]. Lo que nosotros sacamos de su obra temprana y de *Altazor*, es que obviamente no le interesaba comprometerse ni limitar el alcance de sus aspiraciones. Sin embargo, comunica claramente que el proceso de "creación" se define como una muerte y renacimiento constante y cíclico del significado, en un diálogo íntimo y una conjunción dialéctica con el mundo natural. Los poemas tardíos demuestran que Huidobro —ya más maduro, enfrentando la llegada de lo inevitable, y con mayor consciencia reflexiva de lo que sus obras más tempranas pueden haber logrado o no— comunica un concepto poético del mundo de manera más sincera y conciliatoria. Su "Poema para hacer crecer los árboles" presenta literalmente una construcción, pieza por pieza, de unos árboles en vez de cultivarlos: "Cinco ramas siete ramas doce ramas / Doce hojas veinte hojas y cien hojas / Sube y sube y sube /…Ama la rama ama" (1976, 501). Sin embargo, el poema también presenta un mensaje de fondo sombrío que juega con las asociaciones fonéticas de "rama" con "rema", para evocar un viaje alegórico contracorriente en el río subterráneo de la muerte: "Rema la rama / Rema la vida por sus dolientes / …y los remeros remando / ...Remando vida arriba" (1976, 501). El árbol se empareja con el poeta para defenderse contra la muerte, remando contra la corriente con sus ramas para obstruirla: "Un árbol que se yergue y cierra el paso a la muerte" (1976, 501). Otro poema, de *Ver y palpar* (1941), "Naturaleza viva", también presenta el tema de la muerte. Mientras un acordeón señala el "fin del mundo" y un lobo de boca azul amenaza con "devorar a la abuela naturaleza", las voces se unen y nace el árbol más magnífico que el mismo árbol de la creación creado por el Dios cristiano: "Allí donde las voces se juntan nace un enorme cedro / ...Más grande que el árbol de la creación / Más hermoso que una corriente de aire entre los astros" (1976, 479). En este poema la voz poética se dirige a un tal "Señor Cielo" y a una "Señora Nube" en vez de Dios, y nos hace recordar su creación temprana de la golondrina nueva: "Una golondrina me dice papá" (1976, 480). Una vez más, las teorías emersonianas se mantienen, como el poeta y la naturaleza están al mismo nivel de valor mutuamente nutritivo, y son más significativos en sus creaciones divinas que un sólo Dios.

Los poemas que se publicaron en vísperas de la muerte del poeta, continúan la trayectoria que hemos estudiado en este artículo, expresando en la manera más sincera de toda la poética huidobriana una integración completa con el mundo natural. En "Monumento al mar", se habla directamente al mar en términos conciliatorios y hasta apologéticos, rogando: "Olvida mis maldiciones y cantemos juntos esta noche / Hazte hombre como a veces me hago mar / Hagamos las paces te digo / Tú eres el más poderoso / Que yo estreche tus manos en las mías" (1976, 591). Mientras el acto en sí de hacer las paces con el mar presupone un antagonismo anterior, es natural que el conflicto acompaña la paz, y que no hay unión sin división. La tensión de esta lucha es real, pero solamente porque Huidobro decidió entrar en interacción dialéctica con la naturaleza, definiendo y siendo definido por ellos a lo largo de su vida poética.

El broche final para este concepto y para su poesía en general, tiene que ser, entonces, el bien estudiado "Poesía es un atentado celeste", una especie de memorial poético de su relación, como poeta y ser vivo, con el mundo natural. Reflexionando sobre su vida como parte de un ciclo regenerativo, el poeta literalmente se disuelve y se erosiona como parte de su medioambiente, sacrificando su propia vida para las piedras y los árboles: "Ando en viaje dando un poco de mi vida / A ciertos árboles y a ciertas piedras" (1976, 582). Su propio estado físico se pone impreciso, indefinido, transitorio: "Yo no estoy y estoy / Estoy ausente y estoy presente" (1976, 582). Como siempre, este proceso no puede existir independiente de la lucha con y por el lenguaje, y el poema cuenta la misma historia que hemos trazado en nuestro estudio: "Ellos querían mi lenguaje para expresarse / Y yo quería el de ellos para expresarlos" (1976, 582). La relación es, y siempre ha sido mutua, definida por elementos codependientes de un solo ecosistema: "Me voy adentrando en estas plantas / Voy dejando mis ropas / Se me van cayendo las carnes / Y mi esqueleto se va revistiendo de cortezas / Me estoy haciendo árbol" (1976, 583). Esto, desde luego, no regresa a la sensibilidad reciente que tienen los ecocríticos en torno a los ciclos de la creación. Cualquier proceso, sea poético, humano, o más que humano, es parte de un ciclo de creación, descomposición, integración en el ambiente generativo, y regeneración. Tal vez sea hora ya que los lectores y poetas contemporáneos vuelvan a inspirarse en los poderes nutritivos de la obra de Vicente Huidobro.

Notas

1   En la introducción de *Vicente Huidobro y la motivación del lenguaje*, George Yúdice da un resumen excelente de la bibliografía más significativa de 1978. Comenta las aproximaciones de varios críticos incluyendo a Goic, de Costa, Concha, Carraciolo-Trejo, Wood, Pizarro, y Bary, entre otros, y las clasifica según seis categorías: relaciones interpersonales, análisis de la teoría del creacionismo, la relación entre el creacionismo y la vanguardia, interpretaciones y acercamientos sociológicos, la vida y obra de Vicente Huidobro y, finalmente, los que analizan principalmente la prosa. El trabajo de Yúdice, Wood, y hasta cierto punto Mireya Camurati es el único comentario que empieza a comentar el papel de la naturaleza y el mundo más que humano.
    David Bary, en estudios tales como "Vicente Huidobro: agente viajero de la poesía (1957)", discute las dificultades sociales e interpersonales,

denominando su contacto con el mundo literario como un "egoísmo infantil". Desafortunadamente, la preocupación de Bary sobre la ambición de Huidobro limita cualquiera valoración del proyecto poético en sí, independiente de la personalidad del poeta.

2   Steven White enfrenta esto, por ejemplo, desde las primeras páginas de su estudio ecocrítico de Pablo Antonio Cuadra, *El mundo más que humano en la poesía de Pablo Antonio Cuadra: Un estudio ecocrítico* (2003). Insiste White en que "el aparato crítico no se considere aún como otro modelo teórico importado de la academia norteamericana y europea" (2003, 9).

3   Steven White, por ejemplo, al considerar el río en la poesía chilena en "Los ríos en la poesía chilena: nuevas definiciones ecocéntricas de la poesía épica y lírica" concuerda con (y cita a) Niall Binns y la conclusión de éste de que el mensaje del dominio sobre la naturaleza es lo que resalta más en la obra de Huidobro: "Lo que predomina en la poesía huidobriana es una tecnofilia, tal como se aprecia en la poesía futurista de Marinetti (…) o sea un nuevo intento de conquistar y controlar la naturaleza" (2003, 129).

4   Newman busca establecer que (y cómo) la ecocrítica se puede valer de ciertos principios marxistas, pero para los que puedan ser un poco reacios a meterse completamente en la ecocrítica, les recuerda que el marxismo siempre ha valorado, primero que nada, la idea de un proceso integrado: "Los procesos fundamentales de la vida incluyen no solamente la producción material y la reproducción, sino también el lenguaje, el pensamiento, las ideas, el rango total de prácticas de significar que estudiamos bajo la rúbrica de la cultura. La Cultura no es ni mera reflexión ni estructura determinante, sino parte inextricable —constituyente y constituido— del proceso material entero". Newman sigue: "la analogía más eficaz para este proceso viene de la ecología: las ideas son determinadas, formadas por el proceso material social de la misma manera que las formas de vida en un ecosistema son determinadas por su base inorgánica" (2002, 15).

5   Tanto el posestructuralismo como la ecología profunda toman una postura crítica, buscando cuestionar los conceptos sobre los cuales se construyen las jerarquías hegemónicas y ambos se resisten a cualquier concepto de centro. Campbell escribe que "La premisa compartida más importante entre la teoría posestructuralista y ecológica es que ambas critican la idea tradicional de cualquier centro de valor o significado como algo separado, independiente y autoritativo; sustituyen, en su lugar, la idea de *redes* (…) no existe cosa tal como propiedad privada autónoma, ni ciervo, ni persona, ni texto, ni pedazo

de tierra (…) los seres humanos ya no son el centro del valor ni de significado" (131, 133). Adicionalmente, Newman y Campbell han contribuido mucho a la idea de considerar una gran variedad de obras dentro de una definición cada vez más abierta y extendida de la ecocrítica. La conexión clara al marxismo y posestructuralismo podría animarles a los críticos de literatura latinoamericana a que reconozcan que la ecocrítica sugiere un concepto único, aunque compatible, de "consciencia". A su vez, cuando la conexión fuerte con el mundo más que humano representa un rasgo significativo de una obra, debe reconocerse y registrarse.

6   Los comentarios de Tag continúan: "Los argumentos sobre si el lenguaje representa el mundo o si nos aleja del mundo nos distraen de las cosas más importantes sobre la manera en que el lenguaje ya funciona dentro de nuestras experiencias del mundo. Cuando estudiamos la relación entre el lenguaje y el paisaje, texto y terreno, palabras y bosques, no es que estemos estudiando dos cosas separadas (como si viviéramos en un tipo de universo dualístico), sino interdependencias, manifestaciones particulares (hasta procesos) de esta cosa que se llama vida" (2009).

7   Proclamándose (aún optimista) él que se enfrenta poéticamente al mundo, el poeta / criatura Altazor es "aquel que todo lo ha visto, que conoce todos los secretos sin ser Walt Whitman, / pues jamás he tenido una barba blanca como las bellas enfermeras y los / arroyos helados" (1976, 383).

8   Esenciales para comprender la transición huidobriana de la estética del modernismo hacia la innovación más dinámica de la vanguardia, tenemos los estudios seminales de Goic 1955, de Costa 1975 (ver también 1978, 1984 y la Introducción de *Altazor*, 1989), Cecil Wood 1978, Braulio Arenas 1964 y Cansino-Assens 1919. En cada caso, los investigadores han trazado una evolución y no una ruptura dramática, destacando rasgos de la obra temprana que luego evolucionarían a ser su creacionismo devoto y claramente articulado. Los varios estudios de de Costa son los que más insisten en este hecho. Por su parte, Cansino-Assens comentó ya en 1919 que "En nuestra lírica no hay nada que pueda comparárseles [a los primeros cinco libros de Huidobro] ni siquiera las últimas modulaciones llanas de Juan Ramón Jiménez, ni las silvas diversiformes de los modernos versilibristas. Todas esas formas Vicente Huidobro las cultivó y superó ya en sus últimos libros anteriores —*Canciones en la noche, La gruta del silencio, El espejo de agua* y *Adán*. En esos libros practicaba todas las variedades del verso,

tal que se le modelaba hasta en las vísperas de su evolución última" (1975, 121).

9   Como Huidobro, Gerardo Diego no tiene interés en la idea de que el poeta debe ni deponer a, ni convertirse en Dios. Su artículo "Poesía y creacionismo de Vicente Huidobro (1968)" empieza por reconocer la estrecha relación profesional que mantenía con el chileno, como compañero creacionista: "Vicente Huidobro y su poesía es, continúa siendo, en mi vida y en mi pasión por la poesía, algo especial, algo que forma parte de mí mismo" (1975, 209). Luego insiste, humildemente, en que el poema creacionista depende directamente de la naturaleza: "Una invención, un invento, no es nada más que un hallazgo. Este es el verdadero sentido de la palabra. Todo está ya en la Naturaleza y el hombre no hace más que descubrirlo, encontrarlo" (1975, 221).

10 El tema de la desintegración del lenguaje en este poema es discutido por Gerardo Diego al relatar el momento cuando Juan Ramón Jiménez animó al español que dejara de incluir a Huidobro en una antología muy importante. Diego destaca "Marino" y "Altazor" en su respuesta, escribiendo que "lo que sí pretendió la poesía creacionista fue y sigue siendo crear o inventar un sentido nuevo y una técnica nueva, aprendida en parte en la naturaleza misma" (1975, 221).

11 En el análisis que realiza David Bary de la parodia divina, el enlace establecido entre una línea y otra crea una intensidad creativa creciente (1963, 288): "Plantar miradas como árboles / Enjaular árboles como pájaros / Regar pájaros como heliotropos / tocar un heliotropo como música" (1989, 406). El análisis de Goic de la misma sección y la idea de "demasiada poesía" se refiere otra vez a la diferencia entre la imitación y la creación, un comentador y un mago: "Como se ve, el poeta condenado a muerte es el tradicionalmente llamado así, ese *comentador de las cosas*, como dirá despreciativamente Huidobro, quien proclamará, en su reemplazo, al *mago*" (1955, 232).

12 Véanse de Costa, Schweitzer, Perdigó y Goic.

13 La obra ecocrítica pionera de Jonathan Bate, *The Song of the Earth* (2002), explora la relación mágica y nutritiva entre los humanos y el mundo más que humano. Mientras se enfoca en el romanticismo, su noción de "ecopoesis" celebra la cohabitación creativa y activa del poeta con el mundo en vez de una imitación pastoril estática.

14 Se encuentran, por ejemplo, dos acercamientos opuestos a la poética de derrumbe (*collapse*, en inglés), o el derrumbe de la poesía, según las investigaciones de Federico Schopf y David Bary. Como mencionamos anteriormente, la tesis entera de Schopf gira en torno al concepto de la demolición intencionada del lenguaje. Empieza: "La tesis que

sostengo es que, para el sujeto (anti)poético de *Altazor*, la destrucción de la lengua - no sólo su deconstrucción, que es razonada - conduce a la nueva poesía: el acto de destrucción permite el surgimiento de los significantes de la poesía intentada en el poema" (2001, 5). Luego arma una "recopilación de materiales para la Nueva Poesía". Entre los cuatro elementos principales de la poesía de Huidobro, Schopf enfatiza "La utilización paródica (carnavalesca, sarcástica) de formas poéticas anteriores, incluidas algunas formas rupturistas del vanguardismo" y la "La demolición intencional del lenguaje" (2001, 10).

David Bary, por otro lado, ha emprendido varios estudios de Huidobro y sus aportes en torno a la parodia de lo divino en Huidobro son excelentes. En otro estudio basado más en la personalidad pública de Huidobro, Bary ataca a Huidobro por demostrar un "egoísmo infantil", como citamos antes. Bary cita las cartas de Juan Larrea a Vicente Huidobro, donde Larra critica la presencia pública del chileno, pero luego basa sus acusaciones subsiguientes en una teoría que el supuesto egoísmo de Huidobro refleja, de alguna manera, alguna esencia del ser hispano. Comentando varios conceptos dispersos, desde los místicos españoles a los autobuses mexicanos, Bary implica que la manera en que Huidobro "anhela expresar directamente la realidad" demuestra una ambición hiperbólica típica de su herencia cultural (si no racial). Como se considera dentro de este estudio, la metapoesía misma, narrando constantemente su propia demolición, apoya claramente la tesis de Schopf (y las de Yúdice, Camurati, Diego, Concha y otros).

15 Enrique Anderson-Imbert, por ejemplo, en su famosa *Historia de la Literatura Hispanoamericana*, menciona la cuestión de la autoreclamación huidobriana de ser "Padre del creacionismo", y concede que Huidobro sí fue "uno de los primeros poetas de nuestra lengua que se puso en la vanguardia de la literatura europea" (1989, 54).

Obras citadas

Anderson-Imbert, Enrique. 1976. *Historia de la Literatura Hispanoamericana II: Época contemporánea*. México: Fondo de Cultura Económica.

Arenas, Braulio. 1975. "Vicente Huidobro y el Creacionismo (1964)". En *Vicente Huidobro y el creacionismo*, ed. R. De Costa. Madrid: Taurus. 177-209.

Bary, David. 1963. *Huidobro y la vocación poética*. Granada: Universidad de Granada.
— 1984. *Nuevos estudios sobre Huidobro y Larrea*. Valencia: Pre-Textos.
— 1975. "Vicente Huidobro: Agente Viajero de la Poesía (1957)". En *Vicente Huidobro y el creacionismo*, ed. R. de Costa. Madrid: Taurus. 355-362.
Bate, Jonathan. 2000. *Song of the Earth*. Cambridge: Harvard University Press.
Binns, Niall. 2004. *¿Callejón sin salida?: la crisis ecológica en la poesía hispanoamericana*. Zaragoza: Prensas Universitarias de Zaragoza.
Buell, Lawrence. 2005. *The Future of Environmental Criticism*. Boston: Blackwell.
Campbell, Sueellen. 1996. "The Land and Language of Desire: Where Deep Ecology and Post-Structuralism Meet". En Glotfelty y Fromm, s/n, 124-137.
Camurati, Mireya. 1980. *Poesía y poética de Vicente Huidobro*. Buenos Aires: Colecciones Estudios Latinoamericanos.
Cansino-Assens, Rafael. 1975. "Un gran poeta chileno: Vicente Huidobro y el creacionismo (1919)". En *Vicente Huidobro y el creacionismo*, ed. R. de Costa. Madrid: Taurus. 119-125.
Caracciolo-Trejo, Enrique. 1974. *La poesía de Vicente Huidobro y la vanguardia*. Madrid: Gredos.
Concha, Jaime. 1975. "*Altazor* de Vicente Huidobro". En *Vicente Huidobro y el creacionismo*, ed. R. de Costa. Madrid: Taurus. 283-303.
Costa, René de. 1975. "Del Modernismo a la Vanguardia": el Creacionismo Pre-Polémico". *Hispanic Review*, 43: 261-274.
— 1978. *En Pos de Huidobro: Siete Ensayos de Aproximación*. Santiago de Chile: Editorial Universitaria, 1978.
— 1980. *Vicente Huidobro*. Madrid: Ediciones Juícar,.
— 1984. *Vicente Huidobro: The Careers of a Poet*. New York: Clarendon Press, 1984.

— 1975. *Vicente Huidobro y el creacionismo.* Madrid: Taurus, 1975.
Diego, Gerardo. 1975. "Poesía y creacionismo de Vicente Huidobro". En *Vicente Huidobro y el creacionismo*, ed. R. de Costa. Madrid: Taurus. 209-228.
Glotfelty, Cheryll y Harold Fromm, eds. 1996. *The Ecocriticism Reader: Landmarks in Literary Ecology.* Athens y Londres: University of Georgia Press.
Goic, Cedomil. 1955. *La poesía de Vicente Huidobro.* Santiago: Ediciones de los anales de la Universidad de Chile.
Hahn, Oscar. 1998. *Vicente Huidobro, o el atentado celeste.* Santiago: LOM.
Huidobro, Vicente. 1989. *Altazor, temblor de cielo*, ed. René de Costa. Madrid: Cátedra, 1989.
— 1976. *Obras completas.* Santiago de Chile: Andres Bello.
Newman, Lance. Verano 2002. "Marxism and Ecocritism". *ISLE: Interdisciplinary Studies in Literature and the Environment* 9, nº 2: 1-25.
Perdigó, Luisa Marina. 1994. *The Origins of Vicente Huidobro's "Creacionismo" and its Evolution.* New York: Mellen University Press.
Pizarro, Ana. 1969. "El creacionismo de Vicente Huidobro y sus orígenes". *Universidad de Chile.* Sitio activo 30 May 2009. Web. http://www.vicentehuidobro.uchile.cl/ensayos_ana_pizarro.htm.
Schopf, Federico. Abril 2001. "Poesía y lenguaje en *Altazor*". *Revista Chilena de Literatura*, 58: 5-18.
Schweitzer, Alan. Septiembre 1974. "Cosmovisión y Mito en *Altazor* de Huidobro". *Hispania*, 57: 413-421.
Tag, Stan. 1994. "Four Ways of Looking at Ecocriticism". *Association for Studies of Literature and the Environment.* Sitio activo 30 May 2009. Web. http://www.asle.org/site/resources/ecocritical-library/intro/defining/tag/.
White, Steven. 2002. *El mundo más que humano en la poesía de Pablo Antonio Cuadra: un estudio ecocrítico.* Managua: Asociación Pablo Antonio Cuadra.

— 2006. "Los ríos en la poesía Chilena: nuevas definiciones eco-céntricas de la poesía épica y lírica". *Crítica Hispánica*, 28: 1: 125-153.
Wood, Cecil G. 1978. *The Creacionismo of Vicente Huidobro*. Fredericton: York Press.
— Marzo 1978. "The Development of 'Creacionismo:' A Study of Four Early Poems of Vicente Huidobro". *Hispania*, 61: 5-13.
Yúdice, George. 1978. *Vicente Huidobro y la motivación del lenguaje*. Buenos Aires: Editorial Galerna.

Berne – Copenhague – Madrid – París – Santiago:
interpolaciones relativistas, variaciones cuánticas e
impactos cósmicos en *Altazor* (1919-1931)*

Scott Weintraub
University of New Hampshire

El poema largo *Altazor* de Vicente Huidobro es una exploración vanguardista del lenguaje, la cual busca narrar una serie de caídas lingüísticas, críticas, alegóricas y gravitacionales para mapear la trayectoria del "viaje en paracaídas" del protagonista. Se podría situar o localizar el impacto de un evento significativo, desde el punto de vista referencial y discursivo, en las configuraciones teóricas de la caída y la gravedad, en medio de la poética celestial huidobriana íntimamente vinculada al espacio cósmico y los flujos lingüísticos que lo delimitan. A la luz de las deconstrucciones extra-territoriales altazorianas, varios estudiosos han descrito la reconfiguración poética de una caída "desde" la referencialidad del signo lingüístico como función de la caída material del lenguaje mismo. Una indagación crítica de dicha argumentación, partiendo del campo de las investigaciones cosmológicas, podría dirigirse a las estructuras referenciales fantasmáticas del poema para luego examinar cómo las múltiples, desarticuladas cadenas de significantes registran un evento celestial y cuántico sin posibilidad de ser previsto ni esperado, manifestado

---

* Este artículo apareció en primera versión en la *Revista Chilena de Literatura* 76 (abril 2010):129-149. Se publica con el permiso de los editores de la revista.

en el espacio textual de *Altazor* y particularmente en la radicalidad de los famosos gritos finales del poema.

Este ensayo retoma el hilo de los posibles impactos de un evento lingüístico en el campo de la gravitación de *Altazor* primero al explorar varias aproximaciones críticas a la cuestión de la conclusión "ilegible" del poema, como función del imaginario científico que el texto comparte con ciertos descubrimientos importantes en la física teórica y experimental durante las primeras décadas del siglo XX. Al escudriñar el contexto histórico del cambio de paradigma en la física cuántica/relativista, contemporánea al momento de composición del poema, propongo examinar cómo *Altazor qua* texto marca y delimita el paso histórico y discursivo entre las cosmovisiones newtonianas y cuánticas. El momento de significación altazoriana, leído con respecto a las aportaciones de la física cuántica y la cosmología de la época, demuestra cómo el poema largo de Huidobro traza y toma la forma de una caída lingüística y cósmica que, no obstante, falta horizonte de expectativa y se constituye mediante procesos radicalmente heterogéneos —un rasgo del poema que llama la atención a las variaciones y los flujos cuánticos cuyas características no se pueden fijar ni predecir con certidumbre. Así, el itinerario crítico que sigue el presente ensayo no necesariamente mimetiza el "viaje en paracaídas" al que alude el título de *Altazor*. Al contrario, he intentado "cuantificar" y "observar" las textualidades heterogéneas y cuánticas que estructuran y al mismo tiempo desestabilizan las exploraciones poético-cosmológicas de Huidobro. La trayectoria crítica aquí emprendida parte de reflexiones sobre el análisis explícitamente lingüístico que caracteriza varios estudios críticos clave del poema, luego pasando por las estructuras cósmicas leídas a través del movimiento de la caída propuesta por el texto, por sus radicales aberraciones referenciales, y finalmente calculando el impacto de un evento traumático en las tradiciones poéticas de América Latina y de las vanguardias transatlánticas.

La cuestión del lenguaje y su colapso progresivo en *Altazor* no es un tema nuevo —es una idea profundamente indagada por estudiosos como Guillermo Sucre, Saúl Yurkievich, Octavio Paz,

George Yúdice, Cedomil Goic, y René de Costa, entre otros. Así, las posibilidades de leer la(s) caída(s) "dentro" del lenguaje de *Altazor* como una fuerza mediada por una dialéctica de fracaso y triunfo es, por ende, una tendencia crítica bien evidenciada por la bibliografía amplia sobre el poema de Huidobro. Sucre, por ejemplo, no considera *Altazor* precisamente un poema fracasado; lo lee en términos de una voz que habla desde la misma presencia del fracaso para luego demostrar la imposibilidad de cualquier postura absoluta:

> *Altazor* no es un poema fracasado, sino, lo que es muy distinto, el poema del fracaso. Insisto: no *sobre* sino *del* fracaso; no un comentario alrededor del fracaso, sino su presencia misma. Uno de sus valores (y de sus riesgos, por supuesto) reside en este hecho: haber ilustrado con su escritura misma la desmesura y la imposibilidad de una aspiración de absoluto. (1985, 107)

Cabe añadir que Yúdice sugiere que el nuevo lenguaje que nace de las cenizas del final del canto séptimo representa el triunfo de la polivalente palabra "caída" en su simultánea muerte y resurrección del lenguaje:

> El final de *Altazor*, no carece de sentido; tampoco tiene solamente un sentido unívoco. En este poema se pretende resumir y superar la historia de la poesía tal como la mistifica Huidobro. De ahí las citas de código de la trascendencia vacua, del código de la ruptura y de los muchos códigos intertextuales. Al final del poema se llega al punto crítico de la creación poética; toda poesía anterior a *Altazor* es una aproximación asintótica a la palabra absoluta, pero este nunca llegar al absoluto es, en efecto, un fracaso. Huidobro transforma este fracaso en un triunfo; la palabra altazoriana es a la vez muerte y resurrección del lenguaje. (1978, 211)

Paz también considera *Altazor* fracaso y triunfo simultáneo, rasgo constitutivo del momento en que "el poeta despoja paulatinamente al lenguaje de su carga de significaciones y en los últimos cantos las palabras aspiran no a significar sino a ser: sílabas que son sonajas que son semillas (…). El viaje por el *unipacio* y el *espaverso* de Huidobro es la historia de la ascensión del sentido al ser [que] termina en triunfo" (1985, 12).

Por supuesto, esta lectura de Altazor está tan fundamenta en la crítica altazoriana que no habría que matizarla más, así (se espera) evitando la gota que colma el vaso. Pero en el contexto del presente ensayo, preferiría pensar las múltiples perspectivas críticas sobre las sílabas desarticuladas finales de *Altazor* como función de la "finalización" del poema, en vez de una posible "conclusión"[1], para luego tratar las últimas enunciaciones en términos de un evento cósmico y traumático. Se puede argüir, desde una postura crítica, que hay un deseo latente de orientar la experimentación poética de *Altazor* de acuerdo con las configuraciones temporales del alto vanguardismo, dada la fecha de composición (quizás antedatada) del texto por parte de Huidobro (1919-1931). La historiografía literaria, hasta cierto punto, demuestra la manera en que la radicalidad del proyecto poético altazoriano cierra la época de la llamada experimentación radical en las vanguardias poéticas latinoamericanas (Quiroga 1996, 314), marcando, como consecuencia, un evento poético cuyo impacto claramente se sintió en el canon latinoamericano. Sin embargo, esta observación de tipo historiográfico, por ende, revela cómo este gesto (meta)textual se estructura, en parte, como alegoría del viaje de Altazor —dada, en particular, la manera en que numerosos análisis textuales conectan la caída *en* el lenguaje de Altazor con la progresiva destrucción *del* idioma, consecuentemente orientando de manera teleológica "su" descenso como función de la progresión del Prefacio al Canto VII. Teniendo eso en cuenta, se puede sospechar de ciertas resonancias críticas de la terminología metafísica empleada por algunos estudiosos en anticipación de lo que leo como la llegada de algo completamente "otro" en el lenguaje. Ahora bien, para tomar unos ejemplos de lo que se podría considerar unas aproximaciones "metafísicas" —que no obstante constituyen aportaciones sumamente valiosas a la bibliografía sobre Huidobro— Paz sugiere que "[e]l lenguaje del canto final de *Altazor* ha alcanzado la dignidad suprema: la del pleno ser" (1985, 13); Yúdice describe el mito básico de Altazor en términos del milagro de "ese lenguaje antipoético y autorreferencial del último canto, lenguaje nuevo nacido de las cenizas del lenguaje destruido. Así, el contexto de la literatura de ruptura no deja de tener significancia para la lectura de la obra; en efecto, *Altazor* pretende resumir toda esa literatura y superarla llevando el proceso de ruptura a su máxima conclusión" (1978, 184).

Un acercamiento que pensara (y hablara desde la posición de) la radicalidad de los espacios textuales de *Altazor*, por otro lado, se podría elaborar a través de un escrutinio de la naturaleza de lo que *viene*, de un evento sin horizonte de expectativa. En una discusión acertada de la futuridad "no-temporal" de lo "por venir", Jacques Derrida sugiere que:

> Whenever a *telos* or teleology comes to orient, order, and make possible a historicity, it annuls that historicity by the same token and neutralizes the unforeseeable and incalculable irruption, the singular and exceptional alterity of *what* [*ce qui*] comes, or indeed of *who* [*qui*] comes, that without which, or the one without whom, nothing happens or arrives. (2005, 128)[2]

A pesar de la orientación de las lecturas teleológicas de *Altazor*, la cual subleva la caída "del" poema a una narrativa de ruina o de busca de utopía, me parece que las poéticas cosmológicas del poema quizás plantean otro escenario que sea capaz de dar cuenta de las incertidumbres lingüísticas y cuánticas presentes en el texto de Huidobro. Me refiero, más específicamente, a las múltiples "caídas" referencialmente aberrantes —lingüísticas, alegóricas, y gravitacionales— que ubican a *Altazor* en la frontera o en el límite del paso entre la física clásica y nuestra cosmovisión cuántica actual.

Me gustaría enfocarme por el momento en el tropo de la caída y de su relación con el evento de la radical experimentación poética de *Altazor*. El movimiento de la caída en *Altazor* se inicia discursiva y temáticamente en el Prefacio, donde el protagonista toma su paracaídas y se lanza al vuelo, cayendo "de sueño en sueño por los espacios de la muerte" (2000, 55). El vínculo irreducible entre la muerte y la caída, claro, tiene resonancias bíblicas, pero también invita analogías nietzschianas-zaratustrianas, además de evocaciones de las observaciones de Heidegger acerca de la ontología fundamental del Ser-para-la-muerte del *Dasein* —todas lecturas bien fundamentas y establecidas en la bibliografía sobre Huidobro[3]. Sin embargo, en un encuentro con el Creador (justo después de comenzar el viaje), Altazor oye cómo el Creador "'[creyó] la lengua de la boca que los hombres desviaron de su rol, haciéndola aprender a hablar (…) a ella, ella, la bella nadadora, desviada para siempre de su rol acuático y puramente acariciador'" (2000, 56). Esta descripción de la desviación del lenguaje por parte de los hombres —una desviación del papel de lo que la fluidez oceánica supuestamente "debía" realizar— es interesante en sí, desde varias posiciones críticas, y de esta manera apoya y confirma los acercamientos críticos que tratan la desmitificación del lenguaje como función de varias rupturas lingüísticas que buscan la correspondencia perfecta y absoluta entre la palabra y la cosa-en-sí, entre significado y significante, etc. Aun así, lo que me parece más llamativo es que la cuestión de la relación tramposa del hombre con el lenguaje *inmediatamente* inaugure la caída de Altazor, en tanto que declare el Creador:

> 'creé la lengua de la boca que los hombres desviaron de su rol, haciéndola aprender a hablar (…) a ella, ella, la bella nadadora, desviada para siempre de su rol acuático y puramente acariciador.'
> Mi paracaídas empezó a caer vertiginosamente. Tal es la fuerza de atracción de la muerte y del sepulcro abierto. (2000, 56)

Esta caída vertiginosa subraya las poderosas fuerzas gravitacionales que estructuran los espacios cósmicos de *Altazor*, así anticipando la clasificación jerárquico-evolucionaria de suma importancia que viene al final del Prefacio:

> Hombre, he ahí tu paracaídas maravilloso como el vértigo.
> Poeta, he ahí tu paracaídas, maravilloso como el imán del abismo.
> Mago, he ahí tu paracaídas que una palabra tuya puede convertir en un parasubidas maravilloso como el relámpago que quisiera cegar al creador. (2000, 60)

El paracaídas del Hombre, "maravilloso como el vértigo", enfatiza la atracción de masas que resulta de la fuerza de la gravitación, mientras la potencia magnetizada del abismo que atrae el paracaídas del Poeta desarrolla aún más las propiedades físicas de la exploración extraplanetaria. En cambio, es a través de las habilidades aparentemente creacionistas del Mago que se puede aproximar a la problemática relación entre la realidad empírica de las masas en caída y el sistema lingüístico que pretende describirlas —que claramente es una preocupación central de *Altazor*[4]. Las operaciones verbales/anti-gravitacionales del Mago son capaces de transformar "paracaídas" en "parasubidas" (2000, 60) —de tal manera que sea posible invertir los efectos de la gravedad terrestre o de otros cuerpos celestes, y también la trayectoria tropológica de su caída "en" o "por" el lenguaje. Por consiguiente, Altazor, doblado significativamente en el Canto IV como "Vicente antipoeta y mago" (2000, 108), lanza su cuerpo vía de caerse hacia la profundidad del espacio celeste en una trayectoria que niega lo más fundamental de las fuerzas gravitacionales y lingüísticas.

  Una posible aproximación a la confluencia de incertidumbres cosmológicas y lingüísticas en *Altazor* se encuentra en una serie de reflexiones teóricas acerca de la gravedad —todas observaciones e innovaciones más o menos contemporáneas al momento de la composición del poema. En términos de la diseminación de descubrimientos científicos clave con respecto a la gravedad y la relatividad en América Latina en la primera parte del siglo XX, Albert Einstein, en sus visitas a Argentina, Uruguay y Brasil en 1925, apuntó en sus diarios de viaje que no le impresionaron mucho las comunidades científicas en estos países; comentó, por lo menos, que en el ámbito argentino encontró unos cuantos físicos receptivos a sus descubrimientos (Glick 1995, 878-886)[5]. En el caso chileno, una visita del físico francés Paul Langevin precipitó una curiosidad profunda acerca de las investigaciones contemporáneas en la física cuántica y la relatividad, lo cual acompañó una serie de conferencias por los físicos chilenos Ramón Salas Edwards y Pablo Krassa sobre la teoría cuántica, la relatividad, y la física experimental[6]. Por una parte, mientras se puede señalar que Huidobro viajaba extensivamente en Chile, Argentina, España, Francia, y Estados Unidos entre 1916 y 1931 (instalándose en varios momentos en Madrid, París, Barcelona, y Nueva York, entre otras ciudades[7]), una lectura científico-filológica de *Altazor* a la luz de la relatividad einsteiniana produce unos resultados interesantes. En el primer canto, el sujeto poético en vía de caerse describe cómo su soledad se afecta por "el paso de las estrellas que se alejan" (63), un movimiento que temáticamente evoca el aislamiento creciente de Altazor en el firmamento que retrocede, pero también sugiere algún conocimiento de la expansión del universo. La noción de la expansión y la inflación cósmica —basándose en unas soluciones particulares a las ecuaciones de campo de la relatividad desarrolladas por Einstein (1915), matemáticamente aprobadas por Alexander Friedman (1922), y confirmadas en los experimentos de Edwin Hubble (1929)— cuenta con la flexibilidad del espacio y el tiempo para explicar que es el espacio mismo (curvado por la presencia de masas gravitacionales) lo que está en expansión (Greene 1995, 229-233). Este cambio radical a nuestra cosmovisión es significativo, desde que utiliza la teoría general de la relatividad para explicar la simultánea expansión del tiempo y del espacio (como espacio-tiempo) para enfatizar la imposibilidad de cualquier centro fijo o eje que originara la expansión (Greene 1995, 232). Siguiendo este hilo de pensamiento, se puede pensar la urgente y repetida insistencia del "No hay tiempo que perder" en el Canto IV como un fenómeno cósmico que situara la caída de *Altazor* justo en el medio del cambio de paradigma del auge de la relatividad einsteiniana en los años veinte. De esta manera, el poema atestigua la noción de la dilación del tiempo para los objetos en moción relativa, lo cual demuestra, ya que "no hay tiempo que perder", la necesidad de "[jugar] fuera del tiempo" (2000, 118); es decir, "fuera" del tiempo ya que el tiempo mismo forma parte del destiempo (a)temporal del flujo de nuestra cosmovisión/consciencia pos-relativista. En suma, *Altazor* trata la cuestión de la relatividad al subrayar la imposibilidad de una noción absoluta del tiempo y del espacio compartida por todo observador, escenario en que no puede existir ninguna medida incondicional de la temporalidad a escala universal.

Otro componente clave de esta "revolución científica", como la clasifica el filósofo de la ciencia Thomas Kuhn, se puede encontrar en otros aportes y debates en la física teórica y experimental en la primera parte del siglo XX[8]. Hay que notar que estos descubrimientos no precipitaron sólo un cambio en el pensamiento contemporáneo en un contexto científico-académico; por el contrario, como sugiere Alicia Rivero, "Einstein's relativity and the Copenhagen interpretation of quantum mechanics presented a new world-view, which reconceptualised time, space and other aspects of classical physics, while metamorphosing the art, literature and philosophy of the twentieth century" (2005, 137) [La relatividad einsteiniana y la interpretación de Copenhague de la mecánica cuántica presentaron una nueva cosmovisión que reconceptualizó el tiempo, el espacio, y otros aspectos de la física clásica, al mismo tiempo que metamorfoseó el arte, la literatura, y la filosofía del siglo XX][9]. En términos más dramáticos, Wassily Kandinsky, fundador del arte abstracto, sostuvo que en el contexto del derrocamiento del modelo clásico del universo, "[t]he collapse of the atom model was equivalent, in my soul, to the collapse of the whole world. Suddenly the thickest walls fell. I would not have been amazed if a stone appeared before my eye in the air, melted, and became invisible"[10] (Cit. en Randall 2005, 117). Los comentarios de Kandinsky acerca de la física cuántica son un poco hiperbólicos, pero es verdad que hubo unos aportes extraños (que Einstein llamaba "spooky") durante la época. En particular, la interpretación generalmente aceptada de la mecánica cuántica —llamada la Copenhague y basada en el principio de incertidumbre de Werner Heisenberg, el cual sugiere que hay límites a la exactitud con que la posición y el momento de una partícula pueden medirse— junto con las investigaciones de Niels Bohr sobre la dualidad ola-partícula de la luz, pusieron en tela de juicio la certeza que ostensiblemente garantizaba la cosmovisión clásica.

En el universo newtoniano —cuyas leyes de la moción todavía describen de manera muy adecuada el movimiento de objetos no-masivos y de baja velocidad— se habría podido describir la trayectoria de la caída de Altazor, por ejemplo, dada suficiente información sobre todo cuerpo extraplanetario y partícula involucrados. En el contexto de este cambio de paradigma, una de las cuestiones fundamentales en juego en el sistema de partículas en interacción en el flujo celeste altazoriano está vinculada a la incertidumbre al nivel molecular, descrita por el llamado "efecto-mariposa" en la teoría del caos[11]. Esta es una perspectiva que examina la suposición que las condiciones iniciales de un sistema (e.g. un cambio minúsculo en el viento como efecto del batir de alas de una mariposa) puedan radicalmente influir patrones del tiempo (así causando, por ejemplo, un torbellino en el otro lado del mundo). El físico Brian Greene subraya una analogía meteorológica bastante parecida en la cosmovisión newtoniana, dado que según el universo clásico, "if we knew in complete detail the state of the environment (the positions and velocities of every one of its particulate ingredients), we would be able to predict (given sufficient calculational prowess) with certainty whether it will rain at 4:07 p.m. tomorrow" (2005, 91)[12]. Me parece que esta reflexión teórica comparte cierto imaginario científico con las exploraciones sobre las correspondencias cósmicas en el Canto IV de *Altazor*, con respecto a la manera en que el texto examina los límites epistemológicos, poéticos, y probabilísticos de la certeza en un mundo cuántico. Escribe Huidobro:

> Qué hace la golondrina que vi esta mañana
> ¿Firmando cartas en el vacío?
> Cuando muevo el pie izquierdo
> ¿Qué hace con su pie el gran mandarín chino?
> Cuando enciendo un cigarro
> ¿Qué hacen los otros cigarros que vienen en el barco?
> ¿En dónde está la planta del fuego futuro?
> Y si yo levanto los ojos ahora mismo
> ¿Qué hace con sus ojos el explorador de pie en el polo?
> Yo estoy aquí
> ¿En dónde están los otros?
> Eco de gesto en gesto
> Cadena electrizada o sin correspondencias

Interrumpido el ritmo solitario
¿Quiénes se están muriendo y quiénes nacen
Mientras mi pluma corre en el papel? (2000, 101)

Esta indagación trágico-cómica (o por lo menos idiosincrática) de causa y efecto interroga la certeza del mundo clásico, pero al mismo tiempo intercambia la vinculada "cadena electrizada" por un mundo "sin correspondencias". Este gesto desplaza la atención crítica del lector a la manera en que dicho ritmo solitario se interrumpe, en vez de constituirse como ritmo en sí, de modo que parodie poemas como el soneto famoso "Correspondences" del poeta francés Charles Baudelaire, además del énfasis temático y discursivo en la armonía en la obra de poetas latinoamericanos modernistas como José Martí y, en particular, Rubén Darío. Es decir, esta noción no sólo denota una cosmovisión en que la posición y el momento de cierta partícula pueden expresarse exclusivamente en términos de una ola de probabilidad —y no unas coordenadas específicas— sino también la especie de entrelazamiento cuántico tan odiado por Einstein[13]. El físico alemán protestaba repetidamente contra lo que él llamaba "acción fantasmal a distancia" ("spooky action at a distance"), fenómeno previsto por la física cuántica que postula la existencia de partículas entrelazadas a pesar de las grandes distancias que las separan. Decir que dos partículas están "entrelazadas" describe una manifestación en la que dos entidades sub-atómicas inicialmente idénticas (como, por ejemplo, electrones o fotones), al separarlas a grandes distancias, las dos *todavía* inevitablemente demuestran las mismas propiedades al actuar solamente sobre una de ellas —a pesar del límite "último" de la velocidad de la luz para transmitir información. Este principio contra-intuitivo influye el tipo de correspondencias irónicas exploradas en este Canto IV, en estos actos miméticos que sin embargo están simultáneamente desconectados el uno del otro.

La caída multifacética de Altazor, pues, subraya los lacunae que separan las cosmovisiones newtonianas y cuánticas. Las raíces pos-clásicas de *Altazor* recalcan las estructuras cosmológicas y matemáticas necesariamente "fantasmales" en el espacio celeste del poema, destacando la naturaleza no-anticipada e incierta de la caída materializada en el viaje textual de siete cantos. Mi insistencia en lo que no se puede anticipar, en lo que *viene* sin horizonte de expectativa, es un producto de mi convicción de que las lecturas que intentan dar cuenta del evento textual de *Altazor,* al construir un edifico teleológico en donde basarse, no necesariamente consideran los flujos cuánticos y radicalmente singulares que *llegan* al final del poema. Inscribir la caída de Altazor en el contexto de las incertidumbres de una poética cuántica, sin embargo, trata la naturaleza radical del evento en términos de su propia llegada no-anticipada, así razonando el movimiento fundamentalmente imprevisible de la caída sin necesidad de unirse a una posicionalidad "clásica" ni teleológica. De esta forma, me parece que una lectura "newtoniana" de *Altazor* se constituiría como producto de las raíces teleológicas que borraran la singularidad de lo *por venir*, de lo que *llega* en las sílabas desarticuladas de la "conclusión" del poema. Mi lectura "cuantizada" de la trayectoria de la caída de Altazor, por otro lado, señala dónde el poema "acaba" en sus múltiples incertidumbres atómicas, cosmológicas, y lingüísticas.

Una "muestra" o "medida" específica del impacto metalingüístico, discursivo, y cosmológico de *Altazor* se puede calcular en la descomposición verbal y química que registra el evento de la trayectoria celeste del meteoro en el Canto IV:

> Aquí yace Carlota ojos marítimos
> Se le rompió un satélite
> Aquí yace Matías en su corazón dos escualos se batían
> Aquí yace Marcelo mar y cielo en el mismo violoncelo
> Aquí yace Susana cansada de pelear contra el olvido
> Aquí yace Teresa esa es la tierra que araron sus ojos hoy ocupada
>   por su cuerpo
> Aquí yace Angélica anclada en el puerto de sus brazos
> Aquí yace Rosario río de rosas hasta el infinito
> Aquí yace Raimundo raíces del mundo son sus venas
> Aquí yace Clarisa clara risa enclaustrada en la luz
> Aquí yace Alejandro antro alejado ala adentro

Aquí yace Gabriela rotos los diques sube en las savias
hasta el sueño esperando la resurrección
Aquí yace Altazor azor fulminado por la altura
Aquí yace Vicente antipoeta y mago
Ciego sería el que llorara
Ciego como el cometa que va con su bastón
Y su neblina de ánimas que lo siguen obediente al instinto de sus sentidos
Sin hacer caso de los meteoros que apedrean desde lejos
Y viven en colonias según la temporada
El meteoro insolente cruza por el cielo
El meteplata el metecobre
El metepiedras en el infinito
Meteópalos en la mirada (2000, 108-109)

Esta serie cosmológica surge como resultado de unas deconstrucciones lingüísticas, seguidas por la fragmentación progresiva de unos nombres propios —de Marcelo a "mar" y "cielo", de Clarisa a "clara" y "risa", además de Alejandro a "antro" y "alejado", entre otros— y también revela los orígenes del nombre de Altazor como función de lo celeste y lo aviario, de "altura" y "azor". Ahora bien, es interesante notar que mientras la descomposición de los nombres inicia ecos aurales y tartamudeos visuales a través de una operación paranomasística, el único nombre no deconstruido es el de "Vicente", una clara invocación del mismo Huidobro, antipoeta cuyo verso creacionista no deja ni huella ni eco. Al vincular su propia destreza poética con la del mago (así como en el Prefacio), se puede ver cómo la mirada antipoética intenta resistir el tipo de operaciones deconstructivas a las que los otros nombres son sujetos. No obstante, la progresión desde lo propio a lo común en este pasaje —de "Marcelo" a "meteoro", por ejemplo— sólo logra dramatizar la manera en que el nombre propio en sí necesariamente funciona con respecto al mismo sistema de diferenciales que estructura y también desestabiliza la lengua. Como sugiere Geoffrey Bennington en el contexto del trabajo crítico de Jacques Derrida,

> [The proper name] is the keystone of logocentrism (…).What is called by the generic common noun 'proper name' must function, it too, in a system of differences: this or that proper name rather than another designates this or that individual rather than another and thus is marked by the trace of these others, in a classification (GL, 86b, 137a), if only a two-term classification (…). For there to be a truly proper name, there would have to be only one proper name, which would then not even be a name, but pure appellation of the pure other, absolute vocative (cf. EO, 107-8; GR, 110-1; WD, 105), which would not even call, for calling implies distance and *différance*, but would be proffered in the presence of the other, who would in that case not even be other… (1993, 105)[14]

Este acto (im)propio de nombrar manifiesta el descenso paralelo del nombre y los objetos celestes tales como cometas, estrellas, y posiblemente más significativamente en este caso, meteoros. En tanto que los juegos lingüísticos lúdicos de *Altazor* permitan el tratamiento material de "meteoro" como si fuera una combinación de "mete" (del verbo "meter") y "oro", lo que "se produce" aquí representa una serie de reacciones químico-verbales que añaden "plata", "cobre", "piedras" más genéricas, y finalmente, "ópalos". René de Costa comenta esta trasposición en términos de su efecto cómico —"[b]ut effects are not causes, and here humor functions to point up the polyvalent nature of language, its potential for generating meanings according to context" (1984, 156)[15]— pero en realidad su efecto *cósmico* demuestra cómo lo lingüístico y lo cosmológico no convergen según las leyes naturales. Es decir, estos mismos "meteoros/meteplata/metecobre/metepiedras/meteópalos" están cayendo, pero no necesariamente *hacia* la tierra como función de la atracción gravitacional entre cuerpos, sino *en* el lenguaje.

Desde el punto de vista referencial, este ejemplo del "meteoro" revela una serie de convergencias muy llamativas entre la fantasmalidad cuántico-cosmológica de *Altazor* y la cuestión de la "literariedad" constitutiva del poema[16]. El cambio de paradigma que denominó el cambio desde lo que se podría llamar la escritura "clásica" al tipo de poética cosmológico-cuántica en juego en *Altazor* refleja la manera en que el lenguaje en sí ya siempre estrena y ensaya estas incertidumbres. Desde la perspectiva de la teoría literaria, Paul de Man, en un tratamiento particularmente sugerente de la incertidumbre lingüística, describe la relación tensa entre la realidad empírica del mundo material y la materialidad del lenguaje al enfatizar la manera en que

> [l]iterature is fiction not because it somehow refuses to acknowledge 'reality,' but because it is not *a priori* certain that language functions according to principles which are those, or which are *like* those, of the phenomenal world. It is therefore not *a priori* certain that literature is a reliable source of information about anything but its own language... (1986, 11)[17]

De Man nos avisa sobre los peligros inherentes en confundir "the materiality of the signifier with the materiality of what it signifies" [la materialidad del significante con la materialidad de lo que significa] desde que "no one in his right mind will try to grow grapes by the luminosity of the word 'day'" (1986, 11) [ninguna persona cuerda intentaría cultivar uvas utilizando la luminosidad de la palabra 'día']. La distinción que establece De Man entre la realidad empírica del mundo físico y la materialidad del lenguaje está expresada, claro, de manera un poco cómica, pero sin embargo señala cómo la aproximación al mundo a través del lenguaje— su "medida", digamos —es indicativa de la imprecisión de dicho "cálculo". Hasta cierto punto, las múltiples "caídas" que (metafóricamente) abarcan los intersticios y los deslizamientos propios al lenguaje así pueden leerse a la luz de los vínculos entre lo cuántico y lo lingüístico en *Altazor*. Al mismo tiempo, no quiero sugerir que hubo alguna vez un momento de correspondencia edénica y perfecta entre la palabra y la cosa-en-sí —lo cual sí forma parte del imaginario de la caída alegórica que ha sido leída en el contexto de *Altazor*, en cuanto a la búsqueda posible de un lenguaje puro. Aun así, creo que una aproximación útil a las caídas multifacéticas presentes en las exploraciones cuánticas de *Altazor* se puede encontrar en una lectura detenida del impacto traumático de múltiples eventos lingüísticos y gravitacionales en el poema de Huidobro.

En un ensayo sobre los tropos de la caída en los escritos de Paul de Man, Cathy Caruth nos ofrece un marco teórico para evaluar cómo la relación entre el mundo fenomenal y el lenguaje en la cosmovisión newtoniana se hizo problemática —un punto de vista que, como hemos visto, daría lugar a crisis de significación posteriores a la luz de la relatividad y la física cuántica. Caruth describe cómo la lectura demaniana de las marionetas antigravitacionales de Heinrich von Kliest en el "Über das Marionettentheater" estrena una disyunción clave que distingue las propiedades referenciales del lenguaje de la materialidad fenomenal que pertenece a las representaciones matemáticas de la ley de la gravedad en las ecuaciones de Newton: "with the introduction of gravitation, the only thing that was adequate to the world was, paradoxically, that which didn't refer (mathematics); and what did refer, language, could no longer describe the world. In a world of falling, reference could not adequately describe the world" (1996, 76)[18]. Las marionetas de Kleist bailan de tal modo que son capaces de eludir el problema de la referencialidad "in a formal, quantified system that is as predictable, and ultimately nonspecific —or nonreferential— as a mathematics" (1996, 81) [en un sistema formal y cuantificado que es tan predecible, y últimamente no-específico —o no referencial— como una matemática]. Donde Caruth lee la lectura demaniana en términos de la fuerza performativa de la manifestación del lenguaje como materialidad, ella observa que

> philosophy must, and yet cannot, fully integrate a dimension of language that not only shows, or represents, but acts (...). It is paradoxically in this deathlike break, or resistance to phenomenal knowledge, that the system will encounter the resistance, de Man suggests, of reference. (1996, 87)[19]

Las rupturas y "discontinuidades" en la referencia, en realidad, son lo que permite el desarrollo del sentido cuando "force disarticulates the system as it attempts to distinguish and unify empirical and conceptual discourse, that is, to know itself as independent of empirical referents" (1996, 88) [la fuerza desarticula el sistema al mismo tiempo que intenta distinguir y unificar discurso empírico y conceptual, es decir, conocerse como independiente de referentes empíricos]. Estas caídas, representadas lingüísticamente de manera inadecuada, muestran cómo la teoría y la lectura así son el movimiento de la caída *en sí*, propagada por esta fuerza que materializa la resistencia a, o de, la referencia.

La disyunción entre las ecuaciones que buscan describir el movimiento de objetos que caen y los elementos lingüísticos que los describen, subraya la incongruencia alegórica que "rige" la manera en que el lenguaje funciona. Pero tal como atestiguan los descubrimientos en la teoría cuántica de la primera parte del siglo XX —sin mencionar el trabajo científico actual en varios campos de investigación, como, por ejemplo, la teoría de (super)cuerdas, la teoría M, la gravedad cuántica de lazos, la teoría de twistores, etcétera— la fuerza atractiva de la gravedad, tal como la describió Newton, no explica de manera exacta lo que pasa a los cuerpos en movimiento. El mero peso discursivo de descubrimientos como la teoría de relatividad de Einstein, el principio de incertidumbre de Heisenberg, y la dualidad ola-partícula de la luz, entre otros, señalan el cambio de paradigma del universo clásico a la cosmovisión cuántica/posrelativista que, como hemos visto, se registra como evento en la radical textualidad poética de *Altazor*. Parte esencial del evento traumático de *Altazor* —cuyo impacto resonó estruendosamente en el canon poético latinoamericano— es la llegada famosa (infame) de las sílabas desarticuladas y últimas en el Canto VII, en donde *Altazor* registra sus caídas y flujos "finales", sus gritos sofocados y sus agonías, sus anhelos de la resurrección y su imaginario-fénix (siguiendo a Paz, a Yúdice, et al.). A la luz de nuestra lectura cuántico-cosmológica, podríamos (volver a) considerar *cómo* "acaba" el poema en sus articulaciones quizás no-referenciales —y no necesariamente *lo que* "significa" ni lo que "concluye" aquí (en el sentido etimológico de la palabra):

    Semperiva
        ivarisa tarirá

Campanudio lalalí
                Auriciento auronida
Lalalí
    io ia
i i i o
Ai a i ai a i i i i o ia (2000, 138)

En vez de poner fin a la significación a través de un proceso hermenéutico que descifrara fragmentos de palabras en este pasaje —el cual nos llevaría a topografías y textualidades áureas (dada la repetición del prefijo "aur-"), cómicas ("-risa"), y la eternidad ("semper"), para señalar sólo tres ejemplos— podríamos decir que la organización visual de estos versos se parece a la prosodia en español, y también "termina" con una cadena de vocales que se aproxima a cierto tipo de articulación gutural y vocalizada. Pero en el contexto de las incertidumbres cuánticas de *Altazor*, estos versos finales pueden leerse como una "muestra" observada de los flujos cuánticos del poema —es decir, una selección entre posibles combinaciones de elementos lingüísticos (letras, vocales acentuadas y espacios, desplegados en un arreglo visual particular en la página) que registran cambios de "energía" en el sistema lingüístico cuyas probabilidades pueden calcularse con respecto al principio de incertidumbre de Heisenberg[20]. Así, en el contexto de la cuantización de la palabra poética en *Altazor* (ahora "medida" y "observada"), estos mismos puntos "finales" son representativos del tipo de límites y bordes que desestabilizan las fronteras discursivas del mismo poema, desde que es un texto que anhela, paradójicamente, "[medir] paso a paso el infinito" (2000, 99) y ver "[m]ás allá del último horizonte" (2000, 100), así cuestionando la experiencia-límite de la frontera en sí. Estos bordes sólo son bordes, hasta cierto punto, si ya siempre se transgreden sin horizonte de expectativa[21] —y de ahí surge lo fantasmal-cuántico de la poética textual-cósmica de *Altazor* y lo que *viene* sin horizonte en el canto "terminal". Despojado de una metafísica de la presencia que negara la radicalidad de este evento lingüístico no-comunicativo, la medida cuántica del espacio textual de *Altazor* así alude al impacto traumático de este "final" problemático, este momento no-referencial —textual y (meta)crítico, y también en el escenario de las vanguardias mundiales y el cambio radical en la cosmovisión que resultó de los nuevos descubrimientos en la física y la cosmología. Y, últimamente, lo que facilita nuestra lectura cuántica de la poesía de Huidobro es un acercamiento a lo que *llega* en los flujos finales e inciertos de *Altazor*: cierto mapeo de un "camino" particular, esencialmente una compleja función de onda verbal que "opta" por cierta "finalidad" específica entre una miríada de posibilidades.

Notas

1   Del latín "con-cludere": "abarcar, ceñir, contener". Véase "Concluir", en *Breve diccionario etimológico de la lengua española*, ed. Guido Gómez de Silva (Ciudad de México, D. F.: Fondo de Cultura Económica, 2001).
2   En español: "Siempre que un telos o una teleología llegue a orientar, ordenar, y hacer posible una historicidad, anula al mismo tiempo esa historicidad y neutraliza la no previsible e incalculable irrupción, la alteridad singular y excepcional de lo que viene, o en efecto de *quien* viene, aquello sin que o sin quien no ocurra ni llegue nada". (A menos que se indique lo contrario, todas las traducciones son mías.)
3   Véanse de Costa, Dussuel, Goiç, Quiroga, Sucre y Yúdice, entre otros.
4   El *creacionismo* de Huidobro, movimiento estético vanguardista de poca trascendencia en los años 10 y 20, glorificó la actividad poética como acto de creación pura frente a las tendencias imitativas de toda tradición artística, especialmente en el contexto de la mimetización de la naturaleza. Véanse los varios manifiestos de Huidobro para las autovaloraciones del movimiento creacionista efectuadas por el mismo poeta, además de los excelentes tratamientos críticos en *Vicente Huidobro y el Creacionismo*, ed. René de Costa (Madrid: Taurus, 1975).
5   Eduardo L. Ortíz ha explorado la recepción de la teoría de la relatividad en Argentina —véanse sus artículos "The Transmission of Science From Europe to Argentina and its Impact on Literature: from Lugones to Borges", en *Borges and Europe Revisited*, ed. Evelyn Fishburn (London: Institute of Latin American Studies, 1998) y "A Convergence of Interests: Einstein's Visit to Argentina in 1925" (*Ibero-Amerkanisches Archiv* 21, n° 1-2 (1995): 67-126.)

6   Aunque no he podido calcular la profundidad del conocimiento de Huidobro acerca de estas revoluciones teóricas en las ciencias, hay bastante evidencia de una comunidad científica activa en Chile que se interesaba mucho por estos nuevos descubrimientos. Ver Gutiérrez y Gutiérrez para una discusión de la historia del desarrollo de la física en Chile desde el comienzo de la República hasta 1960.

7   Sobre la recepción de la relatividad en Europa, véase Michel Biezunski, "Einstein's Reception in Paris in 1922", en *The Comparative Reception of Relativity*, ed. Thomas F. Glick. Dordrecht (Holland: D. Reidel Publishing Company, 1987); y Thomas F. Glick, *Einstein in Spain: Relativity and the Recovery of Science* (Princeton: Princeton University Press, 1998).

8   Para una discusión de la naturaleza de cambios de paradigma en el pensamiento científico, ver las obras seminales de Kuhn: *The Copernican Revolution: Planetary Astronomy in the Development of Western Thought* (Cambridge: Harvard University Press, 1957) y *The Structure of Scientific Revolutions* (Chicago: University of Chicago Press, 1962).

9   N. Katherine Hayles data el momento clave del desarrollo de la mecánica cuántica al año 1927, cuando Werner Heisenberg formalizó el principio de incertidumbre (1984, 43).

10 En español: "El colapso del modelo del átomo era equivalente, en mi alma, al colapso del mundo entero. De repente todo muro impasible fue derrumbado. No habría estado asombrado si una piedra hubiera aparecido en el aire delante de mis ojos, se hubiera derretido, y luego se hubiera convertido en algo invisible".

11 Véase N. Katherine Hayles para una discusión acertada y clara de la dinámica no-linear de la meteorología, en tanto que los cambios pequeños y los flujos en sistemas no-lineares puedan tener grandes efectos (1990, 12).

12 En español: "Si supiéramos completamente toda información posible sobre el ambiente (las posiciones y las velocidades de cada una de sus partículas), podríamos predecir (dada suficiente sofisticación en los cálculos) con certeza si llueve mañana a las 16:07".

13 El famoso experimento "EPR" (Einstein-Podalsky-Rosen, 1935), sobre la posible incompatibilidad de la incertidumbre cuántica con la concepción clásico-newtoniana del universo, es el momento histórico clave en este debate. No obstante, su estudio revolucionario resultó contribuir al desarrollo de la misma mecánica cuántica que intentaba criticar —de formas complejas y variadas que eventualmente contradirían a Einstein frente al debate cuántico. En este contexto, es relevante la teoría de John S. Bell (1964), la que puso fin a las formula-

ciones posiblemente incompletas de la mecánica cuántica propuestas por EPR.
14 En español: "[El nombre propio] es la piedra clave del logocentrismo (...). Lo que se denomina 'nombre propio' (a través del empleo de un sustantivo genérico y común) también tiene que participar en un sistema de diferencias: este o aquel nombre propio en vez de otro así marcado por la huella de estos otros, en una clasificación (GL, 86b, 137a), si sólo una clasificación a base de dos términos (...). La existencia de un nombre propio digno de su nombre requeriría la existencia de sólo un nombre propio, el que entonces no sería ni siquiera nombre sino apelación pura a lo puramente otro, vocativo absoluto (cf. EO, 107-108; GR, 110-111; WD, 105), el que no apelaría, desde que el apelar implica distancia y *différance*, sino que sería ofrecido en la presencia del otro, quien en ese caso aún no sería otro...".
15 En español: "[p]ero efectos no son causas, y aquí el humor sirve para señalar la naturaleza polivalente del lenguaje, su potencia de generar sentidos según el contexto".
16 Alicia Rivero describe algunas de las cuestiones que vinculan la incertidumbre cuántica con lo que ella llama "la ficción cuántica" en "Heisenberg's Uncertainty Principle in Contemporary Spanish American Fiction", en *Science and the Creative Imagination in Latin America*, eds. Evelyn Fishburn y Eduardo L. Ortiz (London: Institute for the Study of the Americas, 2005).
17 En español: "la literatura es ficción no porque de algún modo se niega a reconocer 'la realidad', sino porque no está *a priori* segura que el lenguaje funciona según los principios del mundo fenomenal o algunos principios que son como ellos. Así no está segura *a priori* que la literatura sea una fuente fiable de información sobre algo más que su propio lenguaje...".
18 En español: "con la introducción de las leyes de la gravitación, lo único que describía el mundo era, paradójicamente, algo que no refería (las matemáticas); y lo que sí refería, el lenguaje, ya no pudo describir el mundo. En un mundo de caídas, la referencia no pudo describir el mundo adecuadamente".
19 En español: "la filosofía necesita, pero no puede, completamente integrar una dimensión del lenguaje que no sólo demuestra o representa, sino que actúa (...). Es paradójicamente esta ruptura mortal, o la resistencia al conocimiento fenomenal, donde el sistema encontrará, sugiere de Man, la resistencia de la referencia".
20 Estos flujos cuánticos, hasta cierto punto, anticipan el contenido de la biblioteca infinita del cuento archi-conocido de Borges, "La bibliote-

ca de Babel" (entre otros textos fantásticos y metafísicos del maestro argentino).

21 Este argumento derrideano se encuentra en varios escritos del filósofo francés; véanse en particular *Positions* y *Rogues*, entre otros textos.

Obras citadas

Bary, David. 1963. *Huidobro o la vocación poética*. Granada: Universidad de Granada.

Bennington, Geoffrey y Jacques Derrida. 1993. *Jacques Derrida*. Chicago, University of Chicago Press.

Biezunski, Michel. 1987. "Einstein's Reception in Paris in 1922". En *The Comparative Reception of Relativity*, ed. Thomas F. Glick. Dordrecht. Holland: D. Reidel Publishing Company.

"Concluir". 2001. *Breve diccionario etimológico de la lengua española*. Ed. Guido Gómez de Silva. Ciudad de México, D. F.: Fondo de Cultura Económica.

Caruth, Cathy. 1996. *Unclaimed Experience: Trauma, Narrative, and History*. Baltimore: Johns Hopkins University Press.

Costa, René de. 1978. *En pos de Huidobro. Siete ensayos de aproximación*. Santiago de Chile: Editorial Universitaria.

— 1984. *Vicente Huidobro: The Careers of a Poet*. London: Oxford University Press.

—, ed. 1975. *Vicente Huidobro y el Creacionismo*. Madrid: Taurus.

De Man, Paul. 1986. *The Resistance to Theory*. Minneapolis: University of Minnesota Press.

Derrida, Jacques. 1981. *Positions*. Trad. Alan Bass. Chicago: University of Chicago Press.

— 2005. *Rogues: Two Essays on Reason*. Trad. Pascale-Anne Brault and Michael Naas. Stanford: Stanford University Press.

Dussuel, S. J. Francisco. Enero-Febrero-Marzo, 1958. "El creacionismo y la inquietud de lo infinito", *Atenea*, 130, n° 379, 92-131.

Glick, Thomas F. 1993. *Einstein in Spain: Relativity and the Recovery of Science*. Princeton: Princeton University Press.

— 1995. "Science in Twentieth-Century Latin America". En *The Cambridge History of Latin America*, vol XI, ed. Leslie Bethell. Cambridge: Cambridge University Press. 878-886.

Goiç, Cedomil. 1974. *La poesía de Vicente Huidobro*. Santiago: Ediciones Nueva Universidad, Instituto de Letras de la Universidad Católica de Chile.

Greene, Brian. 2005. *The Fabric of the Cosmos: Space, Time, and the Texture of Reality*. New York: Vintage Books.

Gutiérrez, Claudio and Flavio Gutiérrez. jul/dic 2006. "Physics: Trajectory in Chile". Trad. Cristina Labarca. *Historia (Santiago)* 39, n° 2: 477-496. Internet. http://socialsciences.scielo.org/scielo.php?script=sci_arttext&pid=S0717-71942006000200001&lng=en&nrm=iso.

Hayles, N. Katherine. 1990. *Chaos Bound: Orderly Disorder in Contemporary Literature and Science*. Ithaca: Cornell University Press.

— 1984. *The Cosmic Web: Scientific Field Models and Literary Strategies in the Twentieth Century*. Ithaca: Cornell University Press.

Huidobro, Vicente. 2000. *Altazor. Temblor de cielo*. Ed. René de Costa. Madrid: Cátedra.

Kuhn, Thomas S. 1957. *The Copernican Revolution: Planetary Astronomy in the Development of Western Thought*. Cambridge, MA: Harvard University Press, 1992.

— 1962. *The Structure of Scientific Revolutions*. Chicago: University of Chicago Press.

Ortiz, Eduardo. 1995. "A Convergence of Interests: Einstein's Visit to Argentina in 1925". *Ibero-Amerkanisches Archiv* 21, n° 1-2: 67-126.

— 1998. "The Transmission of Science from Europe to Argentina and its Impact in Latin America: From Lugones to Borges". En *Borges and Europe Revisited*, ed. Evelyn Fishburn. London: Institute of Latin American Studies. 108-123.

Paz, Octavio. Octubre 1985. "Decir sin decir." *Vuelta* 107: 12-13.

Quiroga, José. Marzo 1992. "El entierro de la poesía: Huidobro, Nietzsche, y Altazor". *MLN* 107, n° 2: 342-362.

— 1996. "Spanish-American Poetry from 1922-1975". En *The Cambridge History of Latin American Literature*, ed. Roberto González-Echevarría and Enrique Pupo-Walker. Vol. 2. Cambridge: Cambridge UP. 303-364.

Randall, Lisa. 2005. *Warped Passages: Unraveling the Mysteries of the Universe's Hidden Dimensions*. New York: Harper Collins.

Rivero, Alicia. 2005. "Heisenberg's Uncertainty Principle in Contemporary Spanish American Fiction". En *Science and the Creative Imagination in Latin America*, ed. Evelyn Fishburn y Eduardo L. Ortiz. London: Institute for the Study of the Americas. 129-150.

Sucre, Guillermo. 1985. *La máscara, la transparencia. Ensayos sobre poesía hispanoamericana*. México: Tierra Firme.

Yúdice, George. 1978. *Vicente Huidobro y la motivación del lenguaje*. Buenos Aires: Editorial Galerna.

Yurkievich, Saúl. 1973. *Fundadores de la nueva poesía latinoamericana*. Barcelona: Barral.

Canto VII de *Altazor*: lecturas críticas a través del sonido*

Felipe Cussen
Instituto de Estudios Avanzados, Universidad de Santiago

Al revisar la minuciosa "Bibliografía de y sobre Vicente Huidobro" publicada por Cedomil Goic en 2003, llama la atención un curioso error: dentro de la lista de artículos que comparan a Huidobro con otros poetas, aparece mencionada "Offrandes", que en realidad no es un texto crítico sino una composición musical de Edgar Varèse que incluye la "Chanson de la-haut" (2003, 314). Se trata, por supuesto, de un simple traspapelamiento en medio de esa infinidad de referencias, pero ese detalle resulta sintomático de la desidia con que la crítica de Huidobro ha considerado las nu-

* Publicado originalmente en *Confluencia* 29, n° 2 (Spring 2014): 81-91. Se cuenta con el permiso de la revista para su aparición en este libro. Una primera versión de este ensayo fue presentada el 10 de junio de 2011 en el I Congreso Chileno de Estudios en Música Popular organizado por la Asociación Chilena de Estudios en Música Popular y la Universidad Alberto Hurtado, e incluida en las actas de dicho congreso. Corresponde a una investigación en el marco del programa interdisciplinario "El sonido y el sentido: aproximaciones desde la música, literatura e historia" de la Facultad de Filosofía y Humanidades de la Universidad Alberto Hurtado, y también forma parte de mi proyecto "Mística, poesía y música", incluido en Proyecto Inserción de Capital Humano Avanzado en la Academia: "Fortalecimiento de las Humanidades en el Instituto de Estudios Avanzados y el Doctorado en Estudios Americanos de la Universidad de Santiago de Chile (CSA-USACH) (79100004)". Agradezco la colaboración de Jimena Castro en la búsqueda bibliográfica. Este ensayo está dedicado a la memoria de Felipe Camiroaga.

merosas versiones sonoras de su obra, que abarcan desde la música contemporánea y la poesía fonética a la fusión latinoamericana y la salsa. En esa misma bibliografía, de hecho, se recoge un número bastante escueto de "Grabaciones, versiones musicales, teatrales y videos" (2003, 227-228). Esa recopilación se amplía bastante en "Re(Writing) Huidobro's Bibliography", de Laura D. Shedenhelm, quien dedica una sección especial a "Huidobro's Poetry in Music" (2010, 244-245), pero todavía resulta insuficiente, omitiendo algunos trabajos relevantes[1]. Más allá de estos pormenores, quisiera proponer, por un momento, que nos tomáramos en serio la confusión que mencioné inicialmente y la consideráramos como una provocación: ¿por qué no incluir una musicalización en una lista de referencias, por qué no considerarla como una lectura crítica tanto o más compleja que un análisis filológico o una interpretación cargada de teoría literaria?

Ezra Pound ya lo propuso. Dentro de las posibles categorías de la crítica, señaló que una de las más intensas era "[l]a crítica por vía musical, que significa sencillamente ponerle música a las palabras de un poeta" (1970, 112). Tomemos una definición sencilla de "crítica": "la función de la crítica se cumple cuando el lector descubre, al interior de la obra literaria, los diferentes elementos que la integran y el modo en que interactúan entre sí" (Blume y Franken 2006, 13). En rigor, cuando un compositor se enfrenta a un texto que le atrae, actúa del mismo modo: seleccionando, analizando, eliminando, realzando o incluso reordenando sus componentes para dar curso a un nuevo sentido. El problema es que para la mayoría de los críticos literarios estas versiones sólo suenan como una canción divertida y no algo más "serio", quizás porque no tienen abstract, ni referencias ni notas al pie... Esa desatención es la que me motiva a demostrar que una sonorización o musicalización no es solamente una operación estética o un ejemplo de traducción intersemiótica, sino también otra forma de lectura crítica, que es necesario confrontar con aquellas que ya conocemos para descubrir nuevas dimensiones de una obra literaria.

A modo de ejercicio, he escogido el Canto VII de *Altazor* (1991, 109-111; en la edición facsimilar), que representa el punto más radical de la aventura experimental de Huidobro. En esta sección, tras una progresiva fragmentación y disolución del discurso de su protagonista, se nos presenta un nuevo lenguaje, prácticamente ininteligible. Sólo se escuchan algunas interjecciones o aullidos ("Ai aia", "Ululayu"), algunas palabras con referencia musical ("Lalí lalá", "tralalí"), y muchos trozos verbales soldados ("infimento", "monluztrella", "redontella"). A pesar de ello, se adivina por momentos una posible sintaxis, o al menos ciertos mecanismos constructivos ("Laribamba / Laribambamplanerella / Laribambamositerella / Leiramombaririlanla / lirilam"). Eso es todo lo que hay.

Dada la importancia histórica de este libro, existe una enorme cantidad de lecturas y debates en torno a esta última sección tan sugestiva. Para algunos, el caótico final confirma el fracaso de la empresa, una claudicación ante la imposibilidad de seguir jugando de este modo con el lenguaje. Enrique Lihn, por ejemplo, es particularmente tajante: "este poema babélico (…) es hoy en día una ruina inservible, en parte una cantera o bien un ejemplo de lo que no debe hacerse por ningún modo de manera análoga" (1996, 90); "veo en *Altazor* el total de la aventura poética de Huidobro, con sus altos y bajos y hasta con su perdidizo o desventurado o problemático final" (1996, 92-93). Para Guillermo Sucre, "*Altazor* no es un poema fracasado, sino, lo que es muy distinto, el poema del fracaso… [que ilustra] con su escritura misma la desmesura y la imposibilidad de una aspiración de absoluto" (1985, 107). Y Óscar Hahn indica: "[Altazor] agoniza en este canto, y pronuncia sonidos dispersos que tratan de aferrarse, de aferrarlo, a algún orden real, a algún punto de apoyo en el mundo objetivo, mediante pequeñísimas notas, que remiten en su mayoría a referentes acústicos (…) pero fracasa: las últimas vocales ya no denotan nada; sólo connotan dolor y estertores de muerte" (1998, 50-51). Para otros, como Saúl Yurkievich, representa la conquista de la autonomía definitiva de la poesía y de la omnipotencia creativa del poeta: "Ningún otro escritor hasta ahora consiguió sobrepasar los confines de lo concebible y de lo comunicable alcanzados por *Altazor*, texto limítrofe (…). Huidobro se convierte en el individuo absoluto capaz de cortar todo vínculo externo al poeta y de volver así efectivas la omnipotencia y omniposibilidad poéticas" (Huidobro, *Obra poética* 2003, xvi). Estas pocas citas dan cuenta de un rango de interpretaciones mucho más amplio, pero quisiera destacar que todas ellas, como es esperable, leen este canto sin separarlo de las partes precedentes². Tal como señala el diácono Hugo Montes, el desenlace del Canto VI y el Canto VII es "imposible de apreciar sin una explicación que tenga en cuenta los cinco primeros Cantos del poema", y no cabe "antologar fragmento alguno de estos dos cantos postreros" (1981, 44). Como veremos a continuación, los responsables de las dos versiones que he seleccionado para analizar en detalle no cumplieron con esta premisa, y seleccionaron únicamente el Canto VII. Con ese gesto, además, han recontextualizado esta pieza, lo que nos permitirá salir por un momento de los debates más recorridos en torno a *Altazor*, y, aún mejor, dejar de visualizarlo exclusivamente dentro de las coordenadas de la modernidad latinoamericana, para leerlo desde una perspectiva más global.

    Es interesante constatar, de hecho, la importante presencia que tiene Huidobro dentro de las antologías de poesía sonora de otras latitudes. En una de las recopilaciones más relevantes, *Poésie sonore internationale* de Henri Chopin, Huidobro es incluido al inicio de la sección "panorama du poème phonétique (ou la révolution fertile avant 1950)", y se le compara con Paul Scheerbart y Christian Morgenstern (1979, 54-55). Aunque no se cita específicamente el Canto VII de *Altazor*, se incluye el fragmento del canto IV donde se realizan las variaciones de la "golondrina" y el "ruiseñor" que anuncian los "tralalí" de la parte final. El mismo fragmento es incluido en la sección "Sound effects" de la antología *Imagining Language* de Jed Rasula y Steve McCaffery (1998, 114). También en el artículo "Arte Sonoro en América Latina", de Manual Rocha Iturbide, se destaca que en *Altazor* hay "poemas de carácter sonoro". Más específicamente, el Canto VII es incluido en el CD que acompaña la gran antología *Escrituras en libertad. Poesía experimental española e hispanoamericana del siglo XX* de José Antonio Sarmiento, donde se le valora como uno de los pocos casos de poesía fonética en las vanguardias hispanoamericanas (2009).

A pesar de que incluso en la entrada "Sound Poetry" de Wikipedia se indica que en este libro Huidobro "explores phonetic mutations of words", pareciera que la mayoría de los críticos hispanoamericanos aún no han evaluado la posibilidad de relacionar el Canto VII como parte de la explosión de la poesía fonética de inicios del siglo XX. Sólo Eduardo Espina (2008, 78) y Angélica J. Huizar (2008, 57), quienes estudian en detalles sus aspectos sonoros, lo vinculan puntualmente a los futuristas rusos y a Dada. Por otra parte, el poeta sonoro Martín Gubbins lo toma en cuenta para llamar la atención sobre la escasa tradición de las prácticas sonoras en nuestro país: "Esa falta de presencia en Chile es muy paradojal, considerando que un chileno hizo una obra tan importante como *Altazor*, en cuya última parte se contiene un ejercicio sonoro clave en nuestra literatura nacional. Quizá ese mismo trabajo nos dejó perplejos demasiado tiempo, y muy pocos artistas tuvieron interés en avanzar más con el ejercicio". Desde la perspectiva del arte sonoro, Ana María Estrada y Felipe Lagos profundizan en esta valoración en su libro *Sonidos Visibles. Antecedentes y desarrollo del Arte Sonoro en Chile*: "es de sobra conocido que el *Altazor* de Vicente Huidobro constituye una referencia central entre los ejercicios fonéticos llevados a cabo por las vanguardias literarias de comienzos del siglo XX; incluso algunos comentaristas señalan que *Altazor* es el poema fonético de habla hispana más conocido hasta ahora" (2010, 53). En el caso de Felipe Lagos, este interés es aún más concreto, ya que junto al compositor Claudio Pérez creó una pieza a partir de los tres últimos cantos de *Altazor*, donde a través de una selección se intenta referir la totalidad del libro, marcando su "dirección deconstructiva" (2010)[3]. Esta pieza forma parte del proyecto *Ruidos y susurros de las vanguardias. Reconstrucción de obras pioneras del Arte Sonoro (1909-1945)*, y en ella la voz recita con algún grado de flexibilidad y dramatismo sobre un piano, flauta y cuerdas. A mi parecer, sin embargo, esta versión está más cerca de un lenguaje musical contemporáneo que de la sonoridad propia de la poesía fonética a la que recién aludía.

Quien sí lleva a la práctica esta posibilidad es el holandés Jaap Blonk (véase Apéndice), el que prefiere autodefinirse como "a musician using the voice rather than a sound poet" (Interview of Bryan Sentes). Blonk grabó una versión del Canto VII a capella y sin efectos electrónicos, en su disco *Vocalor*, de 1998, que es justamente aquella incluida en la antología de Sarmiento[4]. En las notas del CD destaca que este poema es probablemente "the earliest published example of South American sound poetry" (2011). Dentro del mismo disco combina composiciones propias (una de ellas dedicada a Antonin Artaud, quien también realizó importantes incursiones sonoras) junto con versiones de otros pioneros de la poesía sonora, como el futurista ruso Khlebnikov, e incluso se atreve con "Lautgedicht" de Man Ray, un poema visual compuesto sólo por líneas tachadas. Es claro, pues, que para este intérprete resulta absolutamente pertinente considerar el Canto VII dentro de este contexto, y ello nos permite reevaluar los vínculos de Huidobro con movimientos como el dadaísmo. De hecho, a pesar del constante reclamo de originalidad y singularidad de nuestro poeta, no debemos olvidar su colaboración en algunas de las revistas dadaístas, y el hecho de que en el *Almanaque Dada* de Richard Huelsenbeck podamos encontrarlo en la lista de "Algunos presidentes y presidentas del movimiento Dadá".

Con todo esto en mente, al escuchar esta versión podríamos imaginarnos una performance dadaísta, lo que nos confirma la posibilidad de considerarla como un excelente ejemplo de la poesía fonética de comienzos de siglo XX. La voz de Jaap Blonk suena exasperada, acelerada y salvaje, muchas veces cercana al grito, y quizás con un porcentaje importante de improvisación en la interpretación. Lejos de las lecturas metafísicas de *Altazor*, nos permite descubrir una rabia y una carga de absurdo que no calza con la cara más luminosa o lúdica que usualmente muestra Huidobro. Como el propio Blonk señala, su lectura representaría "the last words of a parachutist rapidly falling down because his parachute didn't open…", y en ese sentido podríamos ligarlo con la interpretación "agónica" que hace Óscar Hahn.

Curiosamente, la otra versión que deseo comentar también fue imaginada desde Holanda. En 1987, Patricio Wang (véase Apéndice), del grupo Quilapayún, compuso una obra llamada "Dialecto de pájaros", por encargo del Stagedoor Festival, en Amsterdam[5]. La última parte de esta obra, con algunos cambios, fue grabada para el disco *Survarío*, y constituye una musicalización del Canto VII de *Altazor*. A partir del título global de esa obra, y de la obvia relación con el "Alto Azor", mencioné hace algún tiempo que esta versión nos permitía desarrollar una lectura vinculada al tópico del lenguaje del paraíso o lenguaje de los pájaros, en consonancia con otros poetas sonoros del siglo XX (2009, 96-97). Esta línea de lectura se vincula con la que ha desarrollado la académica Jimena Castro, quien lo compara con *La conferencia de los pájaros* de Farid ud-Din Attar. Al comentarlo con Patricio Wang, éste me indicó que en esa época no sólo trabajó con Huidobro, sino también "sobre textos de aborígenes australianos, indios navajos, esquimales y otros, toda poesía sin significado semántico" (2011), en un momento en que estaba particularmente interesado por el chamanismo. De hecho, otro fragmento de "Dialecto de pájaros" aparece en un disco posterior de Quilapayún, *Latitudes* (1992)[6], con el título "Invocación a la lluvia", y en él se combinan los textos australianos con algunas líneas del Canto VII.

Como indica Wang, David M. Guss incluye un fragmento traducido del Canto V, y el Canto VII (tal cual aparece en su versión original) en su fascinante antología *The Language of the Birds*, de 1985 (que recoge tanto textos tradicionales como de poetas contemporáneos). Allí señala que tanto el poema como su subtítulo sugieren que se trata de "a shamanic voyage into the seven heavens in quest of this new language" (1985, 88). El simple hecho de incluir el Canto VII dentro de este marco de lectura resulta poco frecuente[7] dentro de las discusiones más habituales dentro de los estudios literarios, pues nos alejamos de aquella pretensión moderna y cosmopolita característica de la poesía de Huidobro, particularmente durante sus primeros años en Europa. La mirada más desprejuiciada y flexible de Wang (apoyada en la propuesta de Guss), le permitirá ofrecer un nuevo tratamiento a este poema.

Su musicalización del Canto VII es bastante compleja, y consigue crear efectivamente una sensación de unidad a lo largo de su desarrollo. Se forman distintas secciones con caracteres muy marcados, y se juega en un amplio rango dinámico, desde el suave inicio hasta algunos clímax de tensión en el medio y antes del final, que termina diluyéndose en la sonoridad del comienzo. En este proceso se escuchan inicialmente un piano y una marimba, y luego una voz sola, pero luego se suman más voces, bajo y percusiones, con un ritmo muy marcado, que nos remite claramente a una danza tribal. Dentro de su composición, las palabras inventadas suenan absolutamente naturales, convincentes, lo que posibilita un cambio en nuestra recepción: si al enfrentarnos con el texto desnudo, o también con la versión de Jaap Blonk, podríamos haber pensado que se trataba de un lenguaje en ruinas, destrozado, que ni siquiera valdría la pena intentar entender, ahora nos parece una lengua primitiva que, si nos esforzáramos, podríamos volver a aprender.

La opción "chamánica" de Wang resulta convincente en varios aspectos. Hay algunos puntos más obvios: además de la ya aludida vinculación al vuelo chamánico, podemos sumar que la indumentaria preferida de muchos chamanes es la de un ave (Eliade 2003, 137), e incluso muchas veces como un águila, pues "se supone que el águila es el padre del primer chamán" (Eliade 2003, 138). También es suficientemente conocido que el uso de tambores es predominante en las ceremonias chamánicas, y que en diversas culturas es considerado "como mediador entre el cielo y la tierra" (Schneider 1946, 176). Pero más importante que estas referencias, es el intento por crear (aunque sea dentro de los límites de una pieza de concierto) un ambiente cercano al de una ceremonia. Holger Kalweit comenta el carácter envolvente de un ritual chamánico: "A nuestro alrededor se forma un torbellino de sonidos e imágenes del que somos incapaces de salir…se sienten las ondas del sonido y nuestro propio tímpano vibrar en sintonía" (Narby y Huxley 2005,

175), y creo que en la versión de Quilapayún esas voces que, debido a los súbitos crescendos y diminuendos, parecieran acercarse y alejarse, nos permiten sentirnos en el medio de una escena giratoria.

Existe, además, un último punto muy relevante, que es la posibilidad de conectar dos concepciones sobre el lenguaje. El canto de los chamanes, abstruso, hecho de circunloquios metafóricos, suele ser incomprensible. Pero esa estructura tiene una justificación: el lenguaje alambicado le permite al chamán acercarse a las cosas, pero no demasiado, para poder verlas más claramente. De acuerdo al relato de Graham Townsley, las metáforas, el "ver como", "genera un espacio en el que pueden surgir intensas experiencias visionarias, en las que se cree que yace el efecto mágico de la canción" (Narby y Huxley 2005, 248).

Algo muy parecido decía Huidobro en su conferencia "La poesía" de 1921:

> Aparte de la significación gramatical del lenguaje, hay otra, una significación mágica que es la única que nos interesa. Uno es el lenguaje objetivo que sirve para nombrar las cosas del mundo sin sacarlas fuera de su calidad de inventario; el otro rompe con la norma convencional y en él las palabras pierden su representación estricta para adquirir otra más profunda y como rodeada de un aura luminosa que debe elevar al lector del plano habitual y envolverlo en una atmósfera encantada (…).
> Las palabras tienen un genio recóndito, un pasado mágico que sólo el poeta sabe descubrir, porque él siempre vuelve a la fuente. El lenguaje se convierte en un ceremonial de conjuro y se presenta en la luminosidad de su desnudez inicial ajena a todo vestuario convencional fijado de antemano. (*Obra poética* 2003, 1297-1298)

La posibilidad de establecer este vínculo entre este poeta vanguardista y el lenguaje primitivo ya había sido apuntada por Octavio Paz: "el poeta despoja paulatinamente al lenguaje de su carga de significaciones, y en los últimos cantos las palabras aspiran no a significar sino a ser: sílabas que son sonajas que semillas…" (39). Y, a nivel más amplio, éste es el mismo empeño que ha caracterizado la labor de Jerome Rothenberg en su antología *Technicians of the Sacred*:

> N.B. How different is Ball's dada-show from the Kirzig-Tatar poet (shaman) who "runs around the tent, springing, roaring, leaping; he barks like a dog, sniffs at the audience, lows like an ox, bellows, cries, bleats like lamb, grunts like pig, whinnies, coos, imitating with remarkable accuracy the cries of animals, the song of birds, the sound of their flight, and so on, all of which greatly impresses the audience" (M. Eliade, *Shamanism*, p. 97)? (1985, 445)

Desde esta perspectiva, la potencialidad rupturista que nos descubrió Jaap Blonk no está lejos de la fuerza mágica develada por Patricio Wang. Lo interesante, desde un punto de vista hermenéutico, es que han sido las opciones sonoras que ambos desarrollaron las que han permitido avanzar en estas rutas de lectura.

Este ejercicio, por cierto, podría continuar ampliándose a las demás versiones del Canto VII. Si tomamos, por ejemplo, la versión más reciente del compositor colombiano Óscar Chaves[8] descubriremos matices muy distintos. En esta versión, basada en samples vocales y efectos de sonido, no se escucha el texto completo, sino que se mezcla con trozos de otras procedencias, como si fuera una radio sintonizada a tontas y a locas cuyo mensaje se torna fantasmal. El resultado es mucho más caótico, y por momentos es posible imaginarnos a Altazor como un marciano cayendo del espacio exterior. Y, paralelamente, esta versión nos permite descubrir en la fragmentación de las palabras de Huidobro una técnica que prefigura el uso contemporáneo de errores tecnológicos con un fin estético, el *glitch*.

El desafío, entonces, es muy claro: los poetas sonoros y los compositores nos están enseñando a escuchar de otra manera. El problema es que los críticos literarios somos sordos.

Apéndice

En el curso de esta investigación, me contacté con Jaap Blonk y Patricio Wang para conocer un poco más acerca de sus versiones del Canto VII. A continuación transcribo sus respuestas:

Respuestas de Jaap Blonk (16 de junio de 2011):

Do you remember your reaction the first time you read Altazor's *Canto VII?*
What I remember is that I was surprised to find such early sound poetry by a Latin American poet, and I quite liked the text.

Vicente Huidobro is not usually considered as a sound poet; why did you choose to take his poem for a vocal interpretation?
I usually do not recite semantic poetry in other languages than my own, with a few exceptions. Besides, when I found Canto VII I did not yet know Spanish. And as I already had quite a repertoire of early sound poetry it was a very nice addition with a different flavour. In addition, in those years (1997-99) I was doing a lot of performances in Latin America so it was a way to connect a bit more to audiences.

What kind of connection or differences do you see between him and other avant-garde sound poets as Kurt Schwitters, Hugo Ball, etc.?
There are some aspects that are alike in the construction of new words. Also some differences, it seems like Huidobro's text has more connections with folk songs and everyday life exclamations.

Which kind of decissions did you take in your version of this poem? Did you record it the first time, or you had tried it previously in performances?
I tried several different interpretations of the poem, also quite slow and gentle. At last my interpretation as recorded was inspired by the description of it being the last words of a parachutist rapidly falling down because his parachute didn't open… also, in the context of my 'Vocalor' CD a rather fast and forceful rendition was more fitting.

Respuestas de Patricio Wang (13 de junio de 2011):

¿Recuerdas el efecto que te provocó la primera vez que leíste el Canto VII de Altazor*? ¿Pensaste de inmediato en su potencial para ser musicalizado?*

Huidobro es el primer poeta que me impresionó profundamente cuando yo era muy joven. Creo que fueron los "Poemas árticos" mi primera lectura de su poesía cuando tenía unos 14 años. Después de eso no leí mucho más de él, hasta que en los años 80 busqué sus obras completas para volver a encontrarme con esos poemas que tanto me habían impresionado de adolescente, sin poder explicar bien por qué y tal vez justamente por eso, para confrontar mi recuerdo adolescente con mi visión de adulto. En esos mismos años Eduardo Carrasco, el entonces director del Quilapayún, me pasó el Canto VII porque pensaba que yo podía musicalizarlo, idea que de inmediato me encantó. Justamente me pareció un desafío interesante porque su potencial para ser musicalizado no me pareció en absoluto evidente. El año anterior yo había compuesto una ópera a capella en holandés y todo mi trabajo de composición, en lo que a música vocal se refiere, estaba enfocada en el trabajo de la palabra hablada como base rítmica. Para el Quilapayún había ya compuesto el "Oficio de tinieblas por Galileo Galilei" donde el texto de Desiderio Arenas aportaba curiosidades tales como un texto circular, donde la última sílaba de cada palabra era la primera de la siguiente, y en general estaba escrito en prosa. Es decir, ningún tipo de texto me parecía imposible de musicalizar.

Muchos han interpretado que Altazor*, y en particular el Canto VII, representa el fracaso de las vanguardias y del lenguaje poético. Quisiera saber por qué tú lo interpretaste en un sentido distinto, quizás como un lenguaje del paraíso, o, según me decías, como un lenguaje chamánico.*

Cuando comencé a trabajar en la musicalización del Canto VII había recibido hacía poco la proposición de escribir una pieza para el Stagedoor Festival de Amsterdam, en el cuadro del año de "Amsterdam capital cultural de Europa" (1987) y leía mucho sobre el chamanismo, tema que había escogido para escribir una obra, para la cual había decidido profundizar en el tema de voces y percusión, característico de la manera como los chamanes entran en comunicación con otros mundos. Al mismo tiempo, buscaba en antologías de poesía primitiva poemas sin significado semántico, en paralelo a lo que había leído sobre las fórmulas mágicas de los chamanes, lo que de alguna manera veía en el Canto VII de Huidobro. Durante los meses de estudio previo que hacía sobre el tema, llegué hasta el antropólogo y escritor chileno Edmundo Magaña del CEDLA, Centro de Estudios Latinoamericanos de Amsterdam, que me había sido recomendado como una autoridad sobre el tema. Conversando con él me recomendó un libro del antropólogo norteamericano David Guss, conocido suyo que, gran coincidencia, acababa de enviarle su nuevo libro, el que no me podía prestar en ese momento porque debía leerlo para escribir una crítica para una revista especializada. Pero sí podía dejármelo por un par de horas para que yo pudiera fotocopiarlo, cosa que hice de inmediato. El libro se llamaba "The Language of the Birds: Tales, Texts, & Poems of Interspecies Communication" y era una recopilación extraordinaria de todo tipo de textos poéticos que de alguna manera tenían que ver con esta relación entre dos mundos, cuyo intermediario era el chamán. Ahí leí también que los chamanes llamaban "el lenguaje de los pájaros" a esta manera de inventar palabras para comunicarse con el "más allá". Cuál no sería mi sorpresa al encontrarme en esta recopilación de textos con el Canto VII del *Altazor* de Huidobro, acompañado de una cita del propio Huidobro donde hace alusión a los chamanes. Esa fue la pieza que me faltaba en el rompecabezas y todo iba cayendo en su lugar. Ese libro me proporcionó varios textos para mi obra, la que decidí llamar entonces "Dialecto de pájaros". Quedó claro también que presentaría el proyecto para el Festival con la participación de Quilapayún por las voces, pero que el aspecto relativo a la percusión debía tener más relevancia, para lo que propuse incluir 3 percusionistas invitados más un pianista, porque, además de la percusión, el bajo y el piano tendrían partes importantes y complicadas. El bajo lo tocaría yo y para el piano invité a Gerard Bouwhuis, con el que participábamos juntos en el hoy legendario grupo Hoketus, y uno de los grandes pianistas de música contemporánea.

¿Qué posibilidades musicales encontraste en ese lenguaje asémico (tanto el de Altazor *como de los textos australianos, navajos y esquimales)? ¿Hubo alguna diferencia respecto a la musicalización de poemas más convencionales?*

En mi trabajo con textos nunca pienso en las posibilidades musicales que estos me dan sino más bien comienzo a trabajar en relaciones que voy creando entre mis notas y las palabras (o fonemas, en este caso), relaciones que me van sugiriendo a su vez nuevas relaciones, armonías, conflictos, coincidencias, etc. Es decir, hay un diálogo que comienzo a crear y descubrir entre las ideas que veo o intuyo en el texto y lo que van evocando en mi imaginación, hasta que empiezo a sentir que empieza a emerger un cuerpo de ideas coherente, que nace de mí pero que de alguna manera comienza a tener una lógica propia que debo seguir, como si a partir de un momento la obra empezara a vivir una vida propia.

No puedo hablar mucho de poemas convencionales porque la gran parte de mi trabajo con textos no ha sido a partir de poemas convencionales, pero en todo caso encuentro de todas maneras difícil hablar de "poemas convencionales", puesto que la poesía, y la creación en general, siempre es un desafío a las convenciones. Pero me imagino que te refieres al uso de un lenguaje menos imaginario que el de los chamanes y no asémico. Respecto de eso te puedo decir que no hay una diferencia esencial, siempre es un descubrimiento de una relación y una confrontación entre palabras y música, dos mundos unidos por la idea de sonido y tiempo, en las cuales el músico es un intermediario, como un chamán, siempre creando un "Dialecto de pájaros".

Notas

1   Shedenhelm no incluye algunos que sí aparecían en la bibliografía de Goic, como las lecturas grabadas por Teófilo Cid y Jorge Álvarez, y el disco *Vicente Huidobro. Besando el abismo* de Andreas Bodenhofer, pero además ni ella ni Goic mencionan algunos casos que me parecen

importantes, como las numerosas musicalizaciones en la década de los '90 a cargo del grupo chileno *Transiente*, y "Pasión Pasión y muerte", de Juan Azúa, en el disco *La salsa y los poetas*. De los ejemplos que citaré a continuación en este ensayo, sólo Shedenhelm menciona el disco *Quilapayún canta a Pablo Neruda, Vicente Huidobro, García Lorca y grandes poetas* (sin especificar los poemas musicalizados, y además en la sección "Miscellaneous Art and Audio-Visual Materials"), y ninguno menciona las versiones de Jaap Blonk, Claudio Pérez y Felipe Lagos, ni Óscar Chaves y Julio Shalom (aunque estas dos últimas fueron publicadas con posterioridad a la bibliografía de Goic, del 2003). Angelica Huizar, luego de mencionar que la "Missa Solemnis in tempore discordiae" de Juan Orrego Salas (incluida en las bibliografías de Goic y Shedenhelm), basada en *Altazor*, no incluye los cantos VI y VII (2008, 63), manifiesta su deseo de conocer versiones sonoras de este último canto: "A musical composition or a transliteration of the poem might serve to best illustrate the poem's sound performativity. Unfortunately, to date, a performance or a musical composition of the poem's most sound performative verses is still pending" (2008, 57). Como aquí veremos, sí existen varias versiones del canto VII, por lo que su comentario justamente da cuenta de que este tipo de obras han tenido una mala circulación en el ámbito de la crítica.

2   A partir de las expectativas de unidad de un poema extenso, varios critican la falta de cohesión de sus partes, y el mismo Enrique Lihn opina que "el poema no sufriría una lesión orgánica si se le suprimiera parte de sus miembros: las ramas de un árbol que ganaría con la poda" (1996, 91).

3   "La pregunta que surge, entonces, es cómo hacer expresiva, en una versión del poema, la idea que lo funda. Habiendo identificado, desde una perspectiva particular, los elementos que bajo este análisis estructuran la obra (la dirección deconstructiva), se debe conformar un total expresivo que, si bien fragmentario, no deje de hablar de aquella totalidad que se muestra en ausencia en la obra" (Catálogo 2011, 104). Como se observa, aquí también se pretende dar cuenta de la totalidad de la obra, y no considerarla aisladamente.

4   La otra versión fonética que conozco es la del poeta uruguayo Juan Ángel Italiano, en el disco *Respiropatías* del trío Todavía tristes tigres (2011). Se puede escuchar en YouTube: http://www.youtube.com/watch?v=OzCXE1Op0Kg.

5   Otra musicalización reciente es *Altazor. Obra poético-musical* del grupo Interludio (publicado en 2009, y que incluye fragmentos del "Preludio" y los demás cantos). Shedenhelm también consigna "*Alta-*

zor: *VII - Canto: recitante y percusiones*" (1956) del compositor León Schidlowsky. Igualmente, Paz Court ha realizado una grabación, aún inédita, pero sólo del Canto III; se puede escuchar un fragmento en el número 5 de la revista *Laboratorio*; véase http://www.revistalaboratorio.cl/2011/12/poesia-sonora-2/.

6   En ese mismo disco se incluye la musicalización de "Fuerzas naturales", poema del libro *Ver y palpar*, que también refleja una misma intención mágica o de hechizo.

7   Aparte de Guss, Michael Tucker también comenta en términos similares a Huidobro en su libro *Dreaming with open eyes* (1992, 190), y tengo noticia de que Jesús Sepúlveda incluía a Huidobro en un curso de "Literatura y chamanismo" dictado el 2008 en la Facultad de Filosofía y Humanidades de la Universidad Austral de Chile.

8   Esta versión está incluida en el disco *...y te gusta Chile?*, que también incluye una versión del Canto VI. Agradezco a Gerardo Figueroa por la referencia.

Obras citadas

Blonk, Jaap. 1998. "Canto VII de Altazor". Vocalor. Amsterdam: Staalplatt Records. CD.

— 5 mayo 2011. "Interview of Bryan Sentes with Jaap Blonk (Montreal, 2000)". Web. www.jaapblonk.com/Talking/BryanSentes_2000.rtf.

Blume, Jaime y Clemens Franken. 2006. *La crítica literaria del siglo XX. 50 modelos y su aplicación*. Santiago: Ediciones Universidad Católica de Chile.

Castro, Jimena. Dic. 2011. "*Altazor* de Vicente Huidobro y *La conferencia de los pájaros* de Farid ud-Din Attar". *Estudios Avanzados*, n° 16: 207-221.

Chaves, Óscar y Julio Shalom. 2008. "Canto VII (2005)". *...y te gusta Chile?* Santiago: Pueblo Nuevo. Web. http://www.pueblonuevo.cl/pn_site/pn_cat_033.htm.

Chopin, Henri. 1979. *Poésie sonore internationale*. Paris: Jean-Michel Place Éditeur.

Cussen, Felipe. II Semestre 2009. "Del pajarístico al lenguaje de los pájaros". *Acta Literaria*, n° 39: 91-103.

Eliade, Mircea. 2003. *El chamanismo y las técnicas arcaicas del éxtasis*. Trad. Ernestina de Champourcin. México D.F.: Fondo de Cultura Económica.

Espina, Eduardo. Junio 2008. "Huidobro: la huida oída". *Anales de Literatura Chilena* 9, n° 9: 67-84.

Estrada Zúñiga, Ana María y Felipe Lagos Rojas. 2010. *Sonidos visibles. Antecedentes y desarrollo del arte sonoro en Chile*. Santiago: Mosquito Comunicaciones.

Goic, Cedomil. Dic. 2003. "Bibliografía de y sobre Vicente Huidobro". *Anales de Literatura Chilena* 4, n° 4: 217-319.

Gubbins, Martín. Septiembre de 2006. "Sobre poesía sonora". *Lanzallamas*. 25 mar. 2011. Web. http://www.lanzallamas.org/blog/2006/09/sobre-poesia-sonora/.

Guss, David M., ed. 1985. *The Language of the Birds*. San Francisco: North Point Press.

Hahn, Óscar. 1998. *Vicente Huidobro o el atentado celeste*. Santiago: LOM Editores.

Huelsenbeck, Richard, ed. 1992. *Almanaque Dadá*. Trad. Anton Dieterich. Madrid: Editorial Tecnos.

Huidobro, Vicente. *Altazor*. 1991 [1931]. Ed. facsimilar. Santiago: Editorial Universitaria.

— *Obra poética*. 2003. Ed. Cedomil Goic. Santiago: Ediciones de la Universidad Católica de Chile/ALLCA XX.

Huizar, Angelica J. 2008. *Beyond the Page. Latin American Poetry from the Calligrame to the Virtual*. Palo Alto: Academica Press.

Laboratorio de Creaciones Intermedia. 2005. *Ruidos y susurros de las vanguardias. Reconstrucción de obras pioneras del Arte Sonoro (1909-1945)*. Valencia: Universidad Politécnica de Valencia. Catálogo y CD.

Lihn, Enrique. 1996. *El circo en llamas*. Ed. Germán Marín. Santiago: LOM Ediciones.

Montes, Hugo. Nov. 1981. "Altazor a la luz de lo religioso". *Revista Chilena de Literatura*, n° 18: 35-46. .

Narby, Jeremy y Francis Huxle, eds. 2005. *Chamanes. A través de los tiempos*. Trad. Ferran Mestanza i Garcia. Barcelona: Editorial Kairós.

Paz, Octavio. 1994. *Obras completas*, tomo II. México D.F.: Fondo de Cultura Económica.

Pound, Ezra. 1970. "Zonas críticas". *El arte de la poesía*. Trad. José Vázquez Amaral. México DF: Joaquín Mortiz. Impreso.

Quilapayún. 1987. "Canto VII (Dialecto de pájaros)". En *Survarío*. Santiago: Alerce. CD.

— 1992. "Invocación a la lluvia". *Latitudes*. Santiago: Alerce. CD.

Rasula, Jed y Steve McCaffery. 1998. *Imagining Language. An Anthology*. Cambridge: The MIT Press.

Rocha Iturbide, Manuel. "El arte sonoro en América Latina". 1 jun. 2011. Web. http://www.artesonoro.net/artesonoroglobal/AmericaLatina.html.

Rothenberg, Jerome, ed. 1985. *Technicians of the Sacred*. 2ª ed. Berkeley: University of California Press.

Sarmiento, José Antonio, ed. 2009. *Escrituras en libertad. Poesia experimental española e hispanoamericana del siglo XX*. Madrid: Instituto Cervantes / Sociedad Estatal de Conmemoraciones Culturales / Agencia Española de Cooperación Internacional para el Desarrollo.

Schneider, Marius. 1946. *El origen musical de los animales-símbolos en la mitología y la escultura antiguas*. Barcelona: Consejo Superior de Investigaciones Científicas.

Shedenhelm, Laura D. Primavera 2010. "(Re)Writing Huidobro's Bibliography". *Hispanic Issues On Line* 6: 210-247.

Sucre, Guillermo. 1985. *La máscara, la transparencia*. México, D.F.: Fondo de Cultura Económica.

Tucker, Michael. 1992. *Dreaming with open eyes. The Shamanic Spirit in Twentieth Century Art and Culture*. Londres: Aquarian / HarperSanFrancisco.

Wikipedia. "Sound poetry". 1 jun. 2011. Web. http://en.wikipedia.org/wiki/Sound_poetry.

Parte III. Huidobro y los otros: poética comparativa

Huidobro y Parra: dos generaciones de antipoetas*

Dave Oliphant
UNIVERSIDAD DE TEXAS, AUSTIN

Con la publicación de *La Araucana* de Alonso de Ercilla en 1569-1589, se inicia la larga y vasta tradición de la poesía en español que surge del Nuevo Mundo. No obstante, después de este gran comienzo pasarían más de tres siglos antes que otra obra poética de tal relevancia emanara del país largo y angosto cuyos aborígenes Ercilla había celebrado en su poema épico, y que el mismo Cervantes ensalzara en su *Don Quijote*[1]. De hecho sólo con la publicación de *El Espejo de agua* en 1916 y de *Altazor* en 1931, libros monumentales de Vicente Huidobro, Chile alcanzó el sitial más alto de Latinoamérica en términos poéticos. Como "Poeta / Anti poeta" y "antipoeta y mago" (1989, 118), Huidobro decretó en sus "Manifiestos" que "EL GRAN PELIGRO AL POEMA ES LOS POÉTICO... No agreguéis poesía a lo que ya la tiene sin necesidad de vosotros. La miel sobre la miel da asco" (1989, 143)[2]. En su "antipoesía" Huidobro reemplaza "lo poético" con su "Gimnasia astral para las lenguas entumecidas" (1989, 134); para este chileno, el antipoeta es "un pequeño Dios" que crea su propio mundo ("todo lo que dice es por él inventado / Cosas que pasan fuera del mundo cotidiano") (1989, 132). Como una "Manicura de la lengua", el antipoeta no emplea demasiadas palabras descriptivas, desde que "el adjetivo, cuando no da vida, mata" (1989, 3). En *Altazor*, Huidobro hace de su teoría del

* Traducción de Irene Rostagno, Universidad Metropolitana de Ciencias de la Educación.

creacionismo un programa para invertir el orden natural del universo, un programa que incluso aparece en "Arte poética" dónde había declarado en 1916 que el poeta verdadero "Inventa mundos nuevos y cuida [su] palabra". En vez de imitar la naturaleza y plagiar a Dios, Huidobro juega "fuera del tiempo" y pone en órbita su propio sistema planetario, en lo cual "el árbol se posará sobre la tórtola" y "la flor se comerá a la abeja", al revés del orden de este mundo[3].

Aunque Huidobro concibió el primer programa para una nueva poesía, en contra de la "Poesía poética de poético poeta", el suyo no es el único aporte al desarrollo de la poesía chilena de la década de 1920 del siglo pasado. Esa época también fue testigo de un vasto y vital reguero de metáforas que fluían de la imaginación del poeta chileno Pablo Neruda. No sorprende que la aparición de Neruda en la escena iniciara una seguidilla de rencillas, envidias y conflictos entre las dos personalidades volcánicas de estos poetas y que más tarde alcanzaría a Pablo de Rokha, otro poeta chileno de la época. Por 1938, irrumpe la voz potente de Nicanor Parra, quien se alínea con Huidobro en contra de Neruda y de Rokha. Diez años después, Parra se denominó un antipoeta y rechazó el elenco nerudiano de mil vertiginosos adjetivos que, como había dicho Huidobro, podía matar la poesía[4]. Para Huidobro ser un antipoeta significaba en un sentido el rechazo a la poesía de todos los otros poetas. Su declaración en *Altazor*, que él fue "el único cantor de este siglo", implica en parte una negación de la cornucopia de imágenes naturales de Neruda (1989, 158). A pesar de la aserción de Huidobro, el Adán de la poesía chilena, su muerte prematura en 1948 relegó al olvido su obra antipoética que sucumbió al diluvio de metáforas, innegablemente imaginativas, de Neruda. Sin embargo, el mismo Huidobro ya había creado un sinfín de metáforas propias en su Canto V de *Altazor*, con su caleidoscopio de imágenes transformadas del molino, del arcoíris, de la tumba, del mar, de la aviación y del cielo, entre tantas otras. Además, en 1954, con la publicación de *Poemas y antipoemas* de Parra, que evita la verborrea de Neruda, este segundo antipoeta rescata el lugar de Huidobro en el canon poético chileno[5].

Las opiniones de Parra con respecto a Huidobro y los conceptos del antipoeta y de la antipoesía son complejas e incluso algo contradictorias[6]. Una vez Parra confesó que "Fue Vicente Huidobro el que me colgó ese sambenito del antipoemista"[7]. Por otro lado, en la sección LXI de "Also Sprach Altazor" de sus *Discursos de sobremesa*, Parra confiesa que percatarse que Huidobro fue un antipoeta fue sorprendente para él: "Yo tenía entendido / Que el inventor de la antipoesía / Había sido otro" (2006a, 169), sugiriendo que él mismo la había inventado. Con ironía, esta sección concluye con la advertencia al lector que en cuanto a la antipoesía no se debe creer al periódico *El Mercurio*, que "miente", ni a Parra, ni al crítico literario, Ignacio Valente. En el día 10 de enero de 1993, el centenario del nacimiento de Huidobro y casi 40 años después de la publicación de *Poemas y antipoemas*, Parra reconoció ampliamente la influencia del gran Creacionista en su propia antipoesía. En esta ocasión Parra dio un discurso-antipoema de 84 secciones, con el título de "Also Sprach Altazor", un juego de palabras con el título del libro de Nietzsche, *Also Sprach Zarathustra*. Este discurso-antipoema evalúa la contribución de Huidobro a las letras chilenas y a la expresividad, y revela la presencia permanente del primer gran escritor moderno de Chile en la obra de su "discípulo", el término que Parra emplea para describir su relación con "el antipoeta y mago" de la época entre las dos guerras mundiales:

> Que sin el maestro no hubiera sido posible el discípulo
> Prácticamente todo lo aprendí de Huidobro
> Gracias
> Incluidas algunas malas costumbres
> Ésa es la verdad de las cosas
> Las fallas del discípulo no se explican
> Sin las genialidades del maestro (2006a, 109).

En el año 1840, Alexis de Tocqueville, el perspicaz observador francés, usó la palabra "antipoético" para referirse a la vida mezquina e insípida de los Estados Unidos. A pesar de las connotaciones del término "antipoético", de Tocqueville pudo detectar "algo" en la vida de Estados Unidos que está lleno de poesía y que constituye el nervio escondido que da vigor al armazón[8]. Asimismo de Toqueville predijo que "Jamás debe esperarse que en los pueblos democráticos la poesía viva de leyendas, que se alimente con tradiciones y antiguos recuerdos, que pretenda volver á poblar el universo de seres sobrenaturales, en que ni los poetas ni los lectores creen..." (1961, 152). Sin embargo, temió

> Que la poesía de los pueblos democráticos se muestre tímida, ni que se humille en extremo; pues más bien recelo que se perderá a cada instante en las nubes, acabando por pintar regiones enteramente imaginarias. Temo sí, que las de los poetas democráticos ofrezcan frecuentemente imágenes inmensas e incoherentes, pinturas sobrecargadas, conjuntos extravagantes, y que los seres fantásticos salidos de su espíritu hagan recordar algunas veces con sentimiento el mundo real (1961, 157).

Mientras Huidobro creó un poema con extrañas creaciones —que según él "no es realista sino humano. No es realista, pero se hace realidad" (1989, 304)— y Neruda y de Rokha crearon "conjuntos extravagantes", Parra permaneció más apegado a la vida cotidiana en su sátira de nuestras debilidades e hipocresías. Aunque hay bastantes diferencias entre los conceptos antipoéticos y sus prácticas en las obras de Huidobro y Parra, existen varios puntos de intersección donde comparten perspectivas y formas de expresión muy similares.

Estudiar los antipoemas de Parra es volver a visitar necesariamente la obra de Huidobro y entender el impacto del "maestro" en el "discípulo". Como partidario de la obra de Huidobro, Parra aprecia su buen sentido del humor y da un ejemplo sacado de un poema de su precursor: "Hay que resucitar las lenguas / Con sonoras risas" (1989, 134). En "Also Sprach Altazor", Parra sugiere que concuerda con Huidobro y declara que "Es un error muy grande / Tomar el mundo en serio / La verdadera seriedad es cómica" (2006a, 117). Pero en su antipoesía Parra, el discípulo, es fiel a su concepción original. En vez de invertir, como Huidobro, la naturaleza y el orden de las palabras y las imágenes (por ejemplo, "Rotundo como el unipacio y el espaverso") (1989, 144), Parra, más a menudo, retrata y satiriza los absurdos de la vida que le ha tocado ver y escuchar:

> Tumbas que parecéis fuentes de soda...
> Dícese que el cadáver es sagrado
> Pero todos se burlan de los muertos.
> ¡Con qué objeto los ponen en hileras
> Como si fueran latas de sardinas! (2006b, 137)

Parra deja, asimismo, en claro en la primera sección de "Also Sprach Altazor" que sin Huidobro la poesía chilena se habría reducido a los sonetos y las odas elementales de Pablo Neruda y los gemidos de Pablo de Rokha. El aporte de estos dos, agrega, no puede compararse con las inversiones de la realidad objetiva de Huidobro. Como físico, Parra disfruta de las paradojas. Más que por la imitación del mundo natural de Neruda y de Rokha, se siente atraído por la imagen de "Un caballo que se va agrandando a medida que se aleja" (1989, 141) de Huidobro, como señala en la sección LVIII de "Also Sprach Altazor" donde dice: "Recuerda a ese caballo / Que se agranda a medida que se aleja" (2006a, 165). Es probable que, como físico, Parra también se haya interesado por las imágenes creacionistas en *Altazor* y en un poema como "Relatividad de la primavera" con su conjunto de tres imágenes: "Primavera relativa arco de triunfo sobre mis pestañas" (1989, 84-85). Las paradojas y la relatividad en Huidobro reflejan la influencia de la ciencia del siglo veinte en el creacionismo y en la práctica de la antipoesía de Parra, que de hecho frecuentemente observa el mundo real desde una perspectiva paradojal y relativa.

En una entrevista de 1938, Huidobro declaró que "la poesía contemporánea empieza conmigo"[9]. En 1962, Parra replicó a Huidobro con su propia declaración en *Versos de salón* que señala "la poesía terminó conmigo" (2006b, 108). Si Huidobro podía ser juguetón en *Altazor*, donde, por ejemplo, los ríos y las selvas le preguntan "¿Qué tal cómo está Ud.?" Parra entrega respuestas chistosas como en la "Test", donde a la pregunta "Qué es un antipoeta?" responde con una pregunta: "Un poeta que duerme en una silla?" (2006b, 196). Además, en "Cartas del poeta que duerme en una silla" da otro ejemplo del sentido del humor cuando el hablante dice: "Me da sueño leer mis poesías / Y sin embargo fueron escritas con sangre" (2006b, 236). En "Homenaje a Huidobro", Parra evoca otro ejemplo del sentido del humor de su predecesor y alude a su Prefacio a *Altazor*, donde el hablante señala: "Los cuatro puntos cardinales son tres: el sur y el norte" (1989, 105). La ingeniosa versión de Parra se traslada a la poesía chilena: "Los cuatro grandes poetas de Chile / Son tres", y como los puntos cardinales de Huidobro, Parra menciona sólo dos poetas: Rubén Darío, el nicaragüense que vivió brevemente en Chile, donde en 1888 publicó *Azul*, su primer libro, y la obra principal del modernismo latinoamericano; y Alonso de Ercilla, el poeta-conquistador que estuvo en Chile en el siglo dieciséis[10].

Si bien Huidobro estaba convencido de que el poeta es un pequeño dios y que la poesía había comenzado con él, Parra goza burlándose y desarticulando el concepto del poeta como una figura olímpica, como lo ilustra del poema "Autorretrato":

¿Qué os parece mi cara abofeteada?
¡Verdad que inspira lástima mirarme! ...
Observad estas manos
    Y estas mejillas blancas de cadáver,
    Estos escasos pelos que me quedan.
    ¡Estas negras arrugas infernales!
    Sin embargo yo fui tal como ustedes,
    Joven, lleno de bellos ideales... (2006b, 24-5)

Es posible que Parra aluda a Huidobro cuando afirma que "Los poetas bajaron del Olimpo", y que en vez de los poetas, "los gusanos son dioses" (2006b, 133 y 235). Contrariamente a lo que dice Huidobro en *Altazor*, Parra insiste en su visión, en el poema titulado "Manifiesto", del poeta como "un hombre como todos / Un albañil que construye su muro: / Un constructor de puertas y ventanas" y no "un alquimista" (o un mago). Sostiene que "El deber del poeta / Consiste en superar la página en blanco / Dudo que eso sea posible" (2006b, 235). Parra nunca es tan optimista como Huidobro. Mientras este último crea su propio mundo y un lenguaje nuevo (como en el Canto VII de *Altazor*), Parra trata de reformar el mundo ya creado, advirtiendo nuestras ilusiones e imprudencias con un lenguaje cotidiano que llama al "pan, pan y al vino, vino".

En "Also Sprach Altazor", Parra revela que ha leído cuidadosamente la obra del maestro y que conoce tanto su biografía como las dimensiones legendarias y míticas de su persona. Como lo sugiere en la sección II de su antipoema-discurso, Parra no solo conoce al Huidobro verdadero, sino también sus figuras ficticias: "En particular ese náufrago / Que nos sonríe desde su paracaídas" (2006a, 108)[11]. Probablemente Parra alude a estos siguientes versos de *Altazor*:

> Soy yo Altazor el doble de mí mismo
> El que se mira obrar y se ríe del otro frente a frente
> El que cayó de las alturas de su estrella
> Y viajó veinticinco años
> Colgado al paracaídas de sus propios prejuicios (1989, 111)

Aunque "Also Sprach Altazor" propone ser un panegírico a Huidobro y su obra, el antipoema de Parra lleva una nota preliminar que dice "Título del original en inglés", seguido por un título que aparece solamente en español: "HAY QUE CAGAR A HUIDOBRO". En "Also Sprach Altazor", como en casi toda la antipoesía de Parra, la alabanza convive con la parodia. En la sección II de este antipoema, Parra compara a su paisano con el Teniente Bello, el personaje más famoso en la historia aeronáutica de Chile. Altazor, según el antipoema de Parra, fue uno de las "cantidades" de Huidobros ("Tantos como géneros literarios"), y "un precursor" del Teniente Bello, un aviador que se extravió en la niebla y cuyo cuerpo nunca fue encontrado[12]. En sección IV de "Also Sprach Altazor", Parra ofrece en sorna una lista de las cualidades y hazañas sobresalientes de Huidobro: esposo, confidente, raptor, antinovio, galán absoluto, "El mejor cocinero del planeta / El campeón de los 100 metros planos / El primer metafísico del Mapocho / El que dejó callado a Pablo de Rokha / Hazaña mayor imposible", y luego de un espacio termina con otra alusión al Teniente Bello y añade el último logro: "El aviador extraviado en la niebla" (2006a, 110).

Fiel a su procedimiento antipoético de abordar las dos aristas de cualquier tema —sea social, político, religioso, filosófico o literario— Parra puede dar con una mano y tomar con la otra. En la sección III de "Also Sprach Altazor", como ya señalé, Parra confiesa que como poeta él aprendió prácticamente todo de Huidobro, "incluidas algunas malas costumbres" (2006a, 109). Una costumbre que Parra adquirió de Huidobro y, no necesariamente mala, es su inclinación a escribir sobre los ataúdes. En su libro *Vientos contrarios* de 1926, Huidobro comenta que los ataúdes "debieran tener remos: como que son las barcas del Leteo" (1976, 847). Entre los incontables "artefactos" de Parra —los objetos encontrados que ha alterado levemente al situarlos en contextos contradictorios o irónicos y añadir textos antipoéticos— están los tres ataúdes en *Obras públicas* (2006c, s/p). A un ataúd de madera pintado café marrón y con una cruz en la tapa, que reposa en una camilla con ruedas, Parra agrega una hélice "como si fuera una barca de motor"; a otro exhibido de pie y abierto se le colocó "una rueda-manivela en su interior con la siguiente inscripción: 'En caso de resurrección haga girar la tapa del ataúd en sentido contrario a los punteros del reloj. Éste es un ataúd automático'" (2006c, n.p.)[13]. Si bien Parra se apropió de la idea de los ataúdes con remos de Huidobro y la plasmó en sus artefactos-ataúdes, el primero sobrepasó la creación de su maestro en sus antipoemas. Presentados desde varias perspectivas, los antipoemas de Parra que tratan de ataúdes incluyen uno que transforma a un ataúd en hablante lírico. En "Memorias de un ataúd", después de informar al lector que había nacido en "una estupenda carpintería" y que "desde chico fui juguetón / me gustaba reírme de las urnas / me parecían demasiado solemnes", describe como lo mandaron a cambiar

> en un aparato con ruedas
> impulsado por un motor a bencina
> experiencia que no olvidaré jamás
> puesto que de una plumada
> mi vida cambió en 180°
> pasé de la inmovilidad absoluta
> a un estado de movimiento perpetuo

> hasta que llegamos a una casa particular
> donde fui depositado sobre una mesa de comedor

Como ocurre a menudo con Parra, el poema culmina con ironía: después de estar enterrado "con todas las precauciones del caso…bajo una tonelada de flores" el ataúd se encuentra en "espera de nuevos acontecimientos" (2006b, 225-7).

En la sección VI de "Also Sprach Altazor", titulada "Comillas", Parra le da la palabra a Huidobro, quien manifiesta:

> Talento poético nulo
> Mi único mérito consiste
> En saber reconocer mis errores
> En algo sí que soy intransigente:
> La poesía contemporánea comienza conmigo (2006a, 112)

Además, "Huidobro" nos informa que ha publicado

> Múltiples poesías
> En revistas chilenas y extranjeras
> A plena satisfacción de los amigos lectores
> Y a plena satisfacción de la crítica + exigente
> Que la verdad no quede sin ser dicha (2006a, 112)

En la sección VII, titulada "¿Loco? No sé de qué se escandalizan tanto", Parra argumenta que es mejor ser loco que cuerdo, porque "los señores cuerdos y sensatos / Nos amargan la vida con sus guerras / Con sus idilios sus ecuaciones". Concluye este fragmento con una alabanza a Huidobro como "el Santísimo" que fue "Mil veces malo de la cabeza", exclamando "¡qué profesor o padre de la patria!" En la sección VIII, titulada "Nada de transacciones académicas", Parra cuenta con ironía que Huidobro, el único "poeta / Propiamente tal en el mundo", se atrevió a enmendar nada menos que un verso de Homero y cambió "Las nubes se alejan como un rebaño de ovejas" por "Las nubes se alejan balando". Termina esta sección con "paré que tenía razón" (2006a, 114). Si bien en la sección VII la alabanza a Huidobro es justificada y bien merecida, la idea de corregir a Homero deja la impresión que, aunque el discípulo admite que la enmienda del Creacionista sí que mejoró la obra del gran Homero, se burla del maestro presumido. En cada sección de "Also Sprach Altazor" se entrelazan la burla y la alabanza, algo frecuente en la antipoesía parriana que siempre intenta decir la verdad, incluso cuando se trata del maestro.

La sección IX nomina a Huidobro, "dueño de casa" y "ganador" de un supuesto concurso para seleccionar al mejor poeta de Chile. El segundo lugar lo obtiene el "desierto" y el tercero Braulio Apenas, "Un expoeta joven de la época". Arenas, el verdadero apellido del fundador de la revista surrealista *Mandrágora*, ha sido cambiado por Parra de propósito (2006a, 115). Como el desierto está cubierto de Arena, Parra sugiere que Huidobro estaba compitiendo con dos contendores vacíos o sin vida. Para recalcar esta idea juega con la palabra "apenas", lo que puede significar que Braulio casi no alcanza al último lugar. Si el concurso era para definir al mejor poeta de Chile, ni Neruda ni de Rokha tuvieron esperanzas de ganar o, por lo menos, ninguno figuró entre los finalistas.

De nuevo, en la sección X, titulada "Altazor," el discípulo parodia al maestro cuando dice de *Altazor*, su obra principal, que es "Un poema que empieza varias veces / Y no termina nunca de empezar". La sección concluye con las contradictorias opiniones de los críticos que califican al poema como: "Una majestuosa catedral inconclusa / La obra gruesa de una catedral" (2006a, 116).

La sección XII explora el multifacético progresismo de Huidobro y parece aprobar su ductilidad política. El discurso de Parra no toma partido con ninguna ideología y en su crítica de la política siempre convergen la burla y la alabanza. Después de haber honrado a Lenin en un poema, Huidobro cambió radicalmente de opinión y manifestó que con el comunismo "no iba la cosa". Esta media vuelta demuestra su "Lucidez y presencia de ánimo" (2006a, 118)[14]. Centrada nuevamente en el tema del comunismo, el antipoeta en la sección XIII comienza señalando que "Quien haya estudiado a fondo / El mundo actual / No puede dejar de hacerse comunista" para luego contradecirse:

> Quien haya estudiado a fondo
> El partido comunista

No puede dejar de hacerse anarquista
Believe me
No ser idealista a los 20
Es no tener corazón
Seguir siéndolo a los cuarenta
Es no tener cabeza (2006a, 119)

El discípulo defiende el brusco giro de Huidobro y a la vez se mofa de Neruda y de Rokha, dos comunistas acérrimos. Celebra así en esta sección a Huidobro por haber tenido, a diferencia de sus adversarios, corazón y cabeza.

En la sección XX, Parra relata que Huidobro promovió una operación anti Neruda a nivel internacional que el antipoeta sancionará con todo su poder "Que es muy grande / En la cabeza del señor Huidobro!" (2006a, 126) En vez de atacar a Huidobro en la sección XXI, Parra gira en 180° y se ríe de Neruda usando una metáfora relacionada con el boxeo sin guantes que deja entrever que éste no osaba a pelear con Huidobro "a puño limpio" (2006a, 127). La analogía del pugilato continúa en la sección XXIII con una alusión al libro *La guerrilla literaria: Huidobro, de Rokha, Neruda*, en el cual la periodista Faride Zerán describe la rivalidad que carcomió la relación entre estos tres poetas[15]. Aparentemente Parra piensa que Huidobro sacó el mejor partido de ambos contrincantes. Como señala el poema, en una ocasión Huidobro fustigó a sus oponentes con una aguda reacción a la acusación de que descendía de un mercader de esclavos. Replicó que era preferible tener ese linaje en vez de ser, como Neruda y de Rokha, vástago de los esclavos de su abuelo (2006a, 129).

La sección XXIV continúa con la guerra de descalificaciones que marcó la relación Huidobro-Neruda. Cuando Neruda declaró públicamente que no podía entender como un aristócrata como Huidobro pudiera escribir poesía, "el gran Huidobro retrucó" que para él era difícil comprender que para escribir poesía "Se tenga que ser hijo de ferroviario" como Neruda (2006a, 130). En la sección XXVII, titulada "Pseudónimo", Huidobro añade que no tiene "nada que ocultar" en su linaje, que nunca ha cambiado su nombre como "los sospechosos" y que además desciende "directamente del Cid" (2006a, 130)[16]. Cuando Neruda embiste a Huidobro arguyendo que su poesía es demasiado cerebral, Huidobro replica: "No me pidan que escriba con los pies… / El rigor verdadero reside en la cabeza". La sección termina sugiriendo que este pugilato es también un conflicto de clases: "Que Neruda se haga cargo de las empleadas domésticas // Ésta es una poesía para príncipes" (2006a, 135).

Parra evoca luego al Huidobro de la década de 1920, envuelto en la eclosión vanguardista. En la sección XXX, Huidobro, el "Poète français / Né au Chili" (2006a, 138), como se llamará en la sección XXXII, informa a la "Madrenaturaleza" que no es dadaísta, surrealista, futurista, mundonovista, masoquista ni social realista sino

> Creacionista mujer x Dios
> El poeta es un pequeño Dios
> Un pequeño demonio
> c'est la même chose (2006a, 136)

Huidobro explica a la Madrenaturaleza que no tiene "nada contra ti / Eres una viejita encantadora", pero quiere crear sus propios ríos, árboles y volcanes, "Tal como tú pariste los tuyos". Declara que lo siente mucho, que es su hijo y le ruega que ella no se enoje. Parra aborda el creacionismo desde la ironía característica del antipoeta y redefine al poeta. Ya no es un creador, sino un destructor. En las secciones XXXIV y XXXVI intensifica la sátira a la práctica creacionista e incluye una despedida al

> … pasado remoto
> Fin a la mímesis
> A la catarsis
> A la capacidad negativa
> Al espejo que se pasea por el paisaje
> Goodbye to ALL THAT
> Ahora viene el Creacionismo
> O poesía propiamente tal
> Huifa! (2006a, 140)[17]

El título de la sección XXX es "Renunciar a la métrica y a la rima", y en sus versos Parra añade, entre otros aspectos del Creacionismo de Huidobro, "Reemplazar la cámara fotográfica x la caleidoscopio", "Hacer subir una vaca x arco iris" y

> Publicar los poemas
> En rollos de papel higiénico
> Por supuesto sras & sres
> Ediciones biodegradables (2006a, 142)

Después Parra exclama "Sensacional / genial / elefantástico!"; su entusiasmo es irónico y, por cierto, una espada de doble filo, ya que su antipoesía apoya al ecologismo, como se observa en otras secciones de "Alzo Sprach Altazor". Pero esta sección va más al grano cuando plantea derechamente "no nos vengan con que eso es poesía" (2006a, 142).

Parra parece siempre empeñado en afinar la definición de antipoesía. En la sección XXXVII de "Also Sprach Altazor" responde a la pregunta "¿Qué es poesía?" con: "Todo lo que nos une es poesía" y "Sólo la prosa puede separarnos". Después afirma que "Antipoesía eres tú" en alusión irónica al poema XXI de las *Rimas* del poeta español, Gustavo Adolfo Bécquer (1836-1870), cuyo último verso responde a la misma pregunta con la aseveración: "La poesía eres tú". La sección XXXVII se relaciona con la XXXVIII, titulada "Para complicar otro poco las cosas", en tanto que ambas abordan la influencia de la tradición poética en las generaciones posteriores, como revela la apropiación que hace Parra de la pregunta y respuesta de Bécquer para sus propios propósitos. En la sección XXXVIII Parra sostiene que en términos poéticos Huidobro no era tan revolucionario como quería hacernos creer. Había un Huidobro "convencional / Admirador sincero / De un Modernismo de 2° orden". Evidencia de este apego a la tradición es su afán de promover a Pedro Antonio González (1863-1903) como el poeta de Chile, "¡Como si nunca hubieran existidos!" los poetas Manuel Magallanes (1878-1924) y Carlos Pezoa Véliz (1879-1908), autor predilecto del antipoeta.

En la sección XLII, Parra vuelve a referirse al conflicto entre Huidobro y Neruda y Pablo de Rokha. Según Parra, en 1935 de Rokha había perdido "de antemano" simplemente porque "no sabía con qué chicha / se estaba curando". De Rokha nunca entendió que era imposible derrotar a Huidobro. La analogía entre la chicha, bebida alcohólica y un de Rokha ebrio o loco por querer enfrentar a Huidobro es otra de las imágenes derivadas del chileno vernacular que sugiere con sentido del humor lo difícil que es emprenderlas contra un Huidobro que se defiende con astucia. En gran parte de las secciones dedicadas al homenaje a Huidobro, Parra defiende al creacionista de sus enemigos y detractores, sobre todo de Neruda y de Rokha (2006a, 148)[18]. Sin embargo, en la sección XLIII, titulada "Los 3", Parra observa que ninguno de los tres poetas vivió de acuerdo a los principios que sugería su admiración incondicional por Rimbaud: "Cuál de los 3 se hizo el harakiri / Cuál de los tres dejó de escribir a los 20 // Yo comienzo a leer a los 80" (2006a, 149). Nunca pierde Parra la oportunidad de burlarse de los otros poetas.

En la sección L, Parra menciona las posiciones divergentes respecto a quién es el mejor poeta del Mundo Nuevo. Muchos críticos "sitúan" al autor de *Altazor* "x encima de todos"; otros consideran a Pound, Whitman, Vallejo o Drummond de Andrade los más sobresalientes, "Para no mencionar a los nerudianos / Que fueron siempre los más poderosos / El oro de Moscú pues". Gabriela Mistral permanece un "Insondable misterio". En cuanto al modernismo preconizado por los candidatos, Parra observa que "sigue en el poder", aunque "ya se desintegró / Como manera de pensar el mundo" (2006a, 157). Parra deja entrever que sólo la "práctica antipoética" se mantiene vigente y en la sección LI, titulada "1993", declara:

> A pocos metros del Tercer Milenio
> ...
> Una de las pocas cosas
> Que podemos decir a ciencia cierta
> Es que los años pasan a favor de Huidobro
> Se le celebran todas sus humoradas
> Y él nos perdona todas nuestras dudas (2006a, 158)

Una vez más el impacto de Huidobro, precursor de la antipoesía, permanece por lo menos en la obra de Parra.

Otra razón por la cual Huidobro es crucial en el pensamiento de Parra es su preocupación ecológica. No sorprende entonces que en la sección LV el discípulo exija a sus lectores que vuelvan a leer en el Canto I de *Altazor* los "Versículos 469-489". Los versos precisos a que Parra alude revelan la visión profética de Huidobro con respecto a la tecnología: destrucción del planeta ("Y las máquinas mataron el último animal"; "¿Quién se preocupa de tu planeta?"), sobrepoblación ("ciudades grandes como un país") reducción del hombre a una hormiga, "una cifra". En *Altazor*, Huidobro avizora las "gigantescas ciudades del porvenir" y a la humanidad luchando por la supervivencia y sembrando jardines con tomates y repollos, y plantando árboles frutales en los parques y en todos los caminos. Con desazón Huidobro exclama "Ah la hermosa vida que preparan las fábricas" (1989, 120-1). En la sección LVI, Parra ahonda en la temática ecológica arguyendo:

> El error consistió
> En creer que la tierra era nuestra
> Cuando la realidad de las cosas
> Es que nosotros somos
>   de
>   la
>   tierra (2006a, 163)

Además de ser el precursor de la antipoesía, Huidobro también se anticipó al desastre ecológico y la extinción y depredación de especies que hoy afecta al planeta. Según Parra, la obra de Huidobro debe ser leída y estudiada no sólo por sus preocupaciones ambientales, sino que también, como lo afirma en la sección LXXX, porque Huidobro es "un autor imprescindible / En la bibliografía de todo poeta joven / Y de todo lector que se respete" (2006a, 189). Más adelante, en la sección LXXXII, Parra asevera que fue Huidobro quien puso "la primera piedra / Y también la antepenúltima / De ese edificio llamado Poesía Chilena Nueva", sugiriendo que él ha colocado la última piedra. Recalca que Huidobro puso su piedra antes que Neftalí Reyes cambiara su nombre. Huidobro "bajó de su torre marfil" y "dijo nones / A toda forma de tontalitarismo // Que lo diga el teléfono de Hitler" (2006a, 191)[19]. Parra observa con indignación en la sección LVIII que no se ha erigido ni una sola estatua al Creacionista y su obra no es accesible a los lectores en "Ediciones populares". Parra increpa al Sr. Presidente de la Sociedad de Escritores de Chile: "Cómo se explica... Que no le den el Premio Nacional / So pretexto de que está muerto! // Ojalá los amigos sepultureros / Estuvieran tan vivos como él" (2006a, 165). Con sorna, Parra se desahoga ante tanta injusticia recordando a sus lectores que Huidobro nunca recibió el Premio Nobel y ni siquiera el Premio Municipal: "Y todavía hay gente que cree en los premios!" (2006a, 166) En su homenaje a Huidobro, Parra marca claramente su preferencia por el creacionista ante cualquier otro contendor por el título del mejor poeta chileno. En la sección LXXIX, Parra opina que Huidobro es "Uno de los pocos poetas chilenos / Que se deja leer de corrido", mientras que "Con la gran mayoría de los plumíferos... // Hay que leer de atrás para adelante / De lo contrario no sucede mucho" (2006a, 188).

En varias de las últimas secciones de "Also Sprach Altazor", el antipoeta aborda la muerte del maestro con su tradicional tono burlesco. La sección LXXI, alude al relato de Enrique Lafourcade acerca de la muerte de Huidobro causada por un infarto: "Se produjo x no pagar un taxi / De la estación a su casa / Que está en la punta del cerro" (2006a, 179). Siguiendo con este tema, en la sección LXIII, Parra imagina a Huidobro cargado "como burro con sus maletas / A mediodía bajo un sol infernal" en un día de enero de 1948. Expresamente, para mofarse del maestro, añade que caminaba bajo el sol "De cuello y corbata / De terno gris y de sombrero negro" (2006a, 181). En la sección anterior, nos había recordado las edades a las cuales los poetas chilenos habían muerto. Huidobro fue el más joven a los 55, seguido de Enrique Lihn a los 58, Mistral a los 68 y Neruda a los 69. Concluye este recuento con la moraleja: "Los inmortales no llegan a los 70". Termina la sección LXIII preguntándose qué habría sucedido si Huidobro no hubiera muerto tan tempranamente y especulando que "Pólvora le quedaba para rato". Lamenta aludiendo a Caronte, el barquero de Hades en la mitología griega, que "El reloj de Caronte se adelanta + de la cuenta" (2006a, 170). En esta misma sección, Parra rememora a Huidobro como un espíritu vital y observa que desde el balcón de su casa en Las Cruces, a través de la bahía de Cartagena, avizora la tumba del maestro y puede percibir "Las señales eléctricas del poeta // Amanece y se pone con el sol" (2006a, 171). Es posible que Parra esté haciendo una alusión al Canto I de *Altazor*: "El sol nace en mi ojo derecho y se pone en mi ojo izquierdo" (1989, 118). Sin duda el homenaje inequívoco al maestro se despliega en la última sección del poema (LXXXIV) dónde Parra cita los primeros versos de "Monumento al mar", un poema de la colección *Últimos poemas*, obra póstuma de Huidobro publicado en 1948.

Mediante un característico cambio de palabra, Parra concluye su elogio paródico de Huidobro con los primeros versos de "Monumento al mar":

> Paz sobre la constelación de las aguas
> Entrechocadas como los hombros de la multitud
> Paz en el mar a las olas de buena voluntad
> Paz sobre la lápida de los naufragios
> Paz sobre los tambores del orgullo y las pupilas tenebrosas
> Y si yo soy el traductor de las olas
> Paz también sobre mí (2006a, 193; 1989, 223)[20]

Alterando la palabra traductor y tornando la actividad de traducción en traición, Parra termina su homenaje a Huidobro. Quizás el discípulo quiere que no olvidemos que él es el más antipoético de los poetas. Sin embargo, Huidobro en *Altazor* demuestra que también es un maestro del juego e invención de palabras. Refunde horizonte y montaña y crea "horitaña" y "montazonte", o violoncelo y golondrina como "violondrina" y "goloncelo" (1989, 139).

En "Also Sprach Altazor", Nicanor Parra celebra al Nietzsche latinoamericano, al que ha transformado y redefinido los límites de la poesía. Al mismo tiempo que satiriza a su compatriota y precursor de la antipoesía, es evidente que se ha compenetrado de la obra del maestro y encontrado en versos específicos de *Altazor*, fragmentos de su Prefacio, poemas y otros textos en prosa, ejemplos de ingenio, inteligencia y osadía que conciben al poeta como audaz explorador y constructor de mundos nuevos. La teoría parriana del lenguaje poético se ancla en la antipoesía de Huidobro y rechaza de plano la retórica nerudiana con sus extensos catálogos de la flora y fauna, imaginaria terrenal y letanías románticas casi siempre desprovistas de humor. "Also Sprach Altazor" no sólo es un homenaje al precursor irónico e iconoclasta de la poesía, sino un retorno de Parra a las raíces de su propia escritura irreverente, ingeniosa e intencionalmente corrosiva que tanto debe al maestro que puso la primera piedra, para que el discípulo pusiera la última, de la rica y centenaria tradición antipoética chilena que sigue fascinando a lectores en las Américas y otros continentes.

Notas

1   Miguel de Cervantes, *Don Quijote de la Mancha* (1967). En el capítulo 6, el poema épico de Ercilla aparece en el siguiente parlamento: "—'Todos esos tres libros' [*La Araucana, La Austríada, El Monserrate*] —dijo el Cura— 'son los mejores que, en verso heroico, en lengua castellana están escritos, y pueden competir con los más famosos de Italia; guárdense como las más ricas prendas de poesía que tiene España'" (1967, 171).
2   La declaración en letras mayúsculas y el resto de la cita aparecen en "Manifiesto tal vez", p. 303. Originalmente "Manifiesto tal vez" fue publicado en francés en *Création*, n° 3, París, 3 de febrero de 1924.
3   Véase "Manifiesto tal vez" para estas ideas; por ejemplo, "El poeta no debe ser más instrumento de la naturaleza, sino que ha de hacer de la naturaleza su instrumento. Es toda la diferencia que hay con las viejas escuelas" (1989, 303). Antonio Undurraga, en su "Teoría del Creacionismo", considera la oración con respecto al plagio "el verdadero evangelio de la teoría creacionista", en *Vicente Huidobro: Poesía y prosa* (Madrid: Aguilar, 1957), 173. Ejemplos de la inversión de la

naturaleza aparecen en Canto III de *Altazor*; por ejemplo: "El arco íris se hará pájaro / Y volará a su nido cantando" (1989, 131). En "El Creacionismo" Huidobro dice que el poeta debe "Hacer un poema como la naturaleza hace un árbol" pero insiste que "Un poeta debe decir aquellas cosas que nunca se dirían sin él" (1989, 315 y 308).

4 No he podido acordarme si escuché a Parra decir esto en alguna ocasión o leí en algún lugar su crítica de Neruda por el uso excesivo de los adjetivos, pero mi memoria de la idea y de la figura cinemática de un elenco de miles de adjetivos ha permanecido durante muchos años.

5 Nicanor Parra, *Poemas y antipoemas* (Santiago: Nascimento, 1954). Algunos de los subsiguientes volúmenes de Parra, que también desarrollaron el concepto de la antipoesía, son: *Versos de salón* (1962); *Artefactos* (1972); *Sermones y prédicas del Cristo de Elqui* (1977); *Chistes parRa desorientar a la policía* (1983); *Ecopoemas* (1983); y *Discursos de sobremesa* (2006).

6 Rafael Gumucio dice de la contradicción en la obra de Parra que "no es una debilidad sino una fuerza". Vea su "Nicanor Parra o cómo envejecer al revés", en *El País*, 3 septiembre 2014.

7 Esta oración apareció originalmente en "Nicanor Parra nos habla un poco de sus anticosas", una entrevista en *El Día* de 1986; luego fue reimpresa en un número especial de *The Clinic* dedicado a Parra y su antipoesía. Véase *The Clinic* (21 octubre 2004, 55).

8 Alexis de Tocqueville, *De la democracia en America*, traducida al español por Leopoldo Borda (Paris: Librería de D. Vicente Salvá, 1842), vol. 2 (1961, 148). El párrafo citado se lee así: "Nada puede concebirse tan pequeño, tan oscuro, tan lleno de miserables intereses, y tan antipoético, en una palabra, como la vida de un hombre en los Estados-Unidos; pero entre los pensamientos que la dirigen se encuentra uno lleno de poesía y que puede mirarse como el nervio que da vigor á todo el resto".

9 Citado por David M. Guss, en Introduction, *The Selected Poetry of Vicente Huidobro* (New York: New Directions, 1981), x. Guss no identifica su fuente, y tampoco lo hace James Clifford en su artículo "Las culturas del viaje", en *Revista de Occidente*, n° 170-171 (1995): 45-74.

10 "Homenaje a Huidobro", uno de los "artefactos" de Parra, fue exhibido en una exposición montada en Santiago durante agosto de 2001. No se incluye este artefacto ni en las actas de la exposición, *Ciclo Homenaje en torno a la figura y obra de Nicanor Parra: coloquio Internacional de escritores y académicos*, publicadas en 2002 por el Ministerio de Educación de Chile, ni en el catálogo de los artefactos de Parra, *Obras públicas* (Santiago: W.R.S. Ediciones, 2006), y tampoco en sus

Obras completas y algo + (1975-2006), vol. 2 (Barcelona: Círculo de Lectores/Galaxia Gutenberg, 2011), pero lo menciona Roberto Bolaño en su artículo, "El exilio y la literatura: Discurso en Viena", *Revista Ateneo* (Venezuela) 15 (2001): 43.

11 El subtítulo de *Altazor* es *o El viaje en paracaídas*. Naufragios hay varios en el poema; por ejemplo: "A través de todas las almas de todos los anhelos y todos los naufragios", "Dadme la llave del naufragio…O dadme un bello naufragio verde", "Y caí de naufragio de horizonte en horizonte", "Más triste que el mar después de un naufragio?" "A la sombra de un árbol naufragando" y "El mar se abrirá para dejar salir los primeros náufragos" (1989, 109, 116, 145, 146, 157 y 158).

12 La historia del Teniente Bello se encuentra en el libro de Francisco Mouat, *Chilenos de raza* (Santiago: El Mercurio Aguilar, 2004), 103-129. En la página 124, Mouat cuenta que en 1913 el Teniente Bello viajó a Francia, "donde obtuvo licencia de piloto", y luego de su regreso a Chile, "debío validar su curso". Después, en el 9 de marzo de 1914, el Teniente "debió rendir su examen junto a otros tres pilotos… [F]ue un día de mucha niebla, de mucho viento, y que el raid que debían cumplir era Lo Espejo-Culitrín-Cartagena-Lo Espejo. Tenían dos días para terminarlo. Finalmente, en el trayecto entre Culitrín y Cartagena [donde ahora está la tumba de Huidobro] el Teniente Bello se pierde". Mouat recuerda en la página 122 "la chacota" que se había desarrollado después de la desaparición del piloto y que llegaría a ser una expresión muy popular para describir a alguien que andaba perdido: "*está más perdido que el Teniente Bello*". En la tumba de Huidobro en Cartagena destaca un mural con una imagen de un molino, como el del poeta en el Canto V de *Altazor*, que produce palabras, imágenes y emociones. Además del molino, hay una inscripción de este verso del Canto V de *Altazor*: "Se abre la tumba y al fondo se ve el mar" (Huidobro, *Obra selecta*, 148). Referencias a la aviación se difunden a lo largo de *Altazor*; por ejemplo, estos dos versos contienen imágenes y temas claves: "Y el avión trae un lenguaje diferente / Para la boca de los cielos de siempre" (Canto III, 1989, 131).

13 De "La subversión del objeto", una reseña de la exhibición que sirve como prefacio al catálogo, *Obras públicas*, escrito por Juan Antonio Ramírez y originalmente publicado el 12 de mayo de 2001 en *Diario El País* debajo del título "Sombras breves" (30).

14 El poema de Huidobro a que Parra alude es "Elegía a la muerte de Lenin (1924)", recogido en *Antología de poesía chilena nueva*, compilada por Eduardo Anguita y Volodia Teitelboim (Santiago: Zig-Zag, 1935). El poema termina con una idea de que aparentemente preocu-

pó a Huidobro: "Desde hoy nuestro deber es defenderte de ser dios". Otro verso que habla desde punto de vista de Lenin contiene una idea totalmente opuesta a la filosofía de Parra: "Tu clarín no permite que haya disidentes" (Huidobro 1989, 244-247).

15   Faride Zerán, *La guerrilla literaria: Huidobro, de Rokha, Neruda* (Santiago: Ediciones Bat, 1992).

16   En una nota a una carta de Huidobro al actor Douglas Fairbanks, escrita en 1928 e incluida como prefacio a su novela, *Mío Cid Campeador*, el poeta traza su linaje maternal desde Alfonso X el Sabio, "que como todos saben era tataranieto del Cid", hasta su abuelo, Domingo Fernández Concha. Huidobro comenta que "Me sentí nieto del Cid, me vi sentado en sus rodillas y acariciando esa noble barba tan crecida que nadie se atrevió a tocar jamás. Si mi abuelo era o no descendiente de reyes no lo sé ni me importa. Lo que sí puedo afirmar es que nunca he encontrado un hombre con más porte y ademanes de rey que él" (1976, Tomo II, 11).

17   "Capacidad negativa" alude a John Keats, el poeta inglés que llegó a ser lo que él percibió. "Goodbye to ALL THAT" se refiere al título de una memoria del inglés, de la primera guerra mundial John Graves. A pesar que Parra piensa que Huidobro rechazó la capacidad negativa, hay varios ejemplos en *Altazor* donde Huidobro adopta una postura similar a la de Keats, especialmente en el Canto V: "Y tengo una experiencia de mariposa milenaria"; "Y he aquí que ahora me diluyo en múltiples cosas / soy luciérnaga y voy iluminando las ramas de la selva"; Ahora soy rosal y hablo con lenguaje de rosal"; "Y luego soy pájaro / Y me disputo el día en gorjeos" (*Obra selecta*, 156-158). En "La poesía es un atentado celeste", Huidobro dice "Yo estoy en otros objetos"; "Me voy adentrando en estas plantas"; y "Me estoy haciendo árbol. Cuántas veces me he ido convirtiendo en otras cosas... / Es doloroso y lleno de ternura" (1989, 221).

18   En el segundo volúmen de *Obras completas & algo +,* las notas sugieren que de Rokha y Huidobro, "a pesar de sus polémicas, fueron durante gran parte de su vida buenos amigos" (2006b, 1096).

19   Parra recuerda que Huidobro contaba que se había apropiado del teléfono de Hitler.

20   El cambio de "traductor" a "traiductor" no aparece ni en la edición impresa de *Discursos de sobremesa* ni en *Obras completas y algo +,* pero Parra sí mismo añadió la "i" a "traductor" en mi copia personal de los *Discursos*. Es posible que se olvidara del cambio cuando preparó sus *Obras completas y algo +* o que decidiera no hacerlo. Sin embargo, en la sección XVIII del "Discurso del Bío Bío", el antipoeta ha cambiado

la misma palabra "traductor" a "tra(i)ductor" en la frase "traductor de Hamlet" (215). En mi propia copia de *Discursos de sobremesa*, Parra no puso la "i" en paréntesis.

Obras citadas

Anguita, Eduardo y Volodia Teitelboim. 1935. *Antología de poesía chilena nueva*. Santiago: Zig-Zag.

Bolaño, Roberto. 2001. "El exilio y la literatura: Discurso en Viena." *Revista Ateneo* 15: 43.

de Cervantes, Miguel. 1967. *Don Quijote de la Mancha*. Madrid: Espasa-Calpe.

Clifford, James. 1995. "Las culturas del viaje". *Revista de Occidente* 170-1: 45-74.

Guss, David M. 1981. *The Selected Poetry of Vicente Huidobro*. New York: New Directions.

Gumucio, Rafael. 3 sept. 2014. "Nicanor Parra o cómo envejecer al revés". *El País*.

Huidobro, Vicente. 1976. *Obras Completas de Vicente Huidobro*. Prólogo de Hugo Montes. Santiago: Editorial Andrés Bello.

— 1989. *Obra selecta*. Caracas: Biblioteca Ayacucho.

— y Antonio de Undurraga. 1957. *Poesía y prosa*. Madrid: Aguilar.

Mouat, Francisco. 2004. *Chilenos de raza*. Santiago: El Mercurio Aguilar.

Parra, Nicanor. 2006a. *Discursos de sobremesa*. Santiago: Ediciones Diego Portales.

— 2006b. *Obras completas & algo + (1935–1972)*. Barcelona: Galaxia Gutenberg.

— 2006c. *Obra pública*. Santiago: W.R.S. Ediciones.

— 1954. *Poemas y antipoemas*. Santiago: Editorial Nascimento.

— 1952. *Versos de salón*. Santiago: Editorial Nascimento.

The Clinic. 21 octubre 2004: 55. Número especial dedicado a Nicanor Parra.

Tocqueville, Alexis de. 1961. *Democracy in America*. Vol. 2. New York: Schocken Books.

Zerán, Faride. 1992. *La guerrilla literaria: Huidobro, de Rokha, Neruda*. Santiago: Ediciones Bat.

Huidobro desde *La nueva novela* de Juan Luis Martínez

Oscar D. Sarmiento
SUNY Potsdam

> Si no fuera por la contradicción los contrarios dejarían, por decirlo así, de existir, y dicho sea de paso, de contradecirse.
> —Monterroso (1996, 318)

El escueto pero significativo legado poético de Juan Luis Martínez (1942-1993) se reduce a dos libros: *La nueva novela* y *Poemas del otro*[1]. Como Juan Rulfo y Augusto Monterroso, Martínez era sumamente cuidadoso de su producción y sólo publicó en vida *La nueva novela* y un curioso objeto llamado *La poesía chilena*. La publicación póstuma de *Poemas del otro*, libro que incluye poemas y entrevistas, ha sido cuestionada por Raúl Zurita debido a la vigilancia crítica de Martínez sobre su obra: "[Juan Luis Martínez] era de un cuidado, de una obsesión con la estructura, con el control absoluto de sus materiales, como yo no he conocido otro"[2]. Cualquier estudio serio de la obra de Juan Luis Martínez necesita partir de *La nueva novela* y, en este sentido, si se quiere perseguir las probables huellas de Huidobro en la escritura de Martínez —ese entrecruzamiento en la diferencia— la lectura debe concentrarse en este libro y tratar de establecer de qué manera ciertos reflejos se espejean en tal desconcertante dispositivo textual[3]. Es lo que me dispongo a hacer en las páginas que siguen.

Por otro lado, resulta evidente que *La poesía chilena* de Juan Luis Martínez ofrece un punto de entrada interesante a ese haz de enlaces que aquí se persigue. *La poesía chilena* fue para Martínez una manera de explicitar su deuda con aquellos poetas que le dieron una dimensión contemporánea sólida a la poesía chilena en el siglo veinte. Martínez, de acuerdo a Soledad Bianchi, incluyó en este artefacto los certificados de defunción de Gabriela Mistral, Pablo Neruda, Pablo de Rokha y Vicente Huidobro, junto a otros 34 que están en blanco y que vienen unidos a banderas chilenas. Además de un saquito que Martínez describe como tierra central del Valle de Chile, se incluye también un documento que atestigua el deceso del padre del poeta (Daydi-Tolson 1991, 407).

La inclusión de estos nombres claves de la poesía chilena y de otros certificados en blanco es ciertamente una forma de reconocimiento múltiple de los diversos sujetos que hacen posible el proceso de creación y recreación de la escritura poética en Chile. Por otra parte, la inclusión del certificado del padre de Martínez establece un enlace entre la paternidad genética y la poética, siendo Gabriela Mistral la figura que abre otras posibilidades latentes, ciertamente matriarcales. Por medio de *La poesía chilena*, entonces, Martínez reconoce en Huidobro a un claro predecesor de la escritura poética en Chile. Y no plantea esto de manera excluyente, lo cual en su caso sería evidentemente absurdo, sino de manera abierta: una figura paterna al lado de las de De Rokha y Neruda y la imponente de Gabriela Mistral[4].

Pienso que este punto de entrada subraya la fluidez de las hebras que entrelazan prácticas poéticas diversas y afirma un vínculo especulativo entre la escritura de Martínez y la de Huidobro que tiene ciertos puntos de contacto singularmente llamativos. Resalta de tal modo en *La nueva novela* la relación fructífera de base entre creatividad e inteligencia porque resulta imposible soslayar la importancia que para Huidobro tuvo la misma en el momento preciso en que la facultad activa del poeta —su intervención visionaria vigilante— parecía dejarse de lado para ser suplantada por la de, por ejemplo, un médium de impulsos inconscientes. Para Martínez, el libro mismo se propone como un objeto laboriosamente construido, cuya arquitectura depende de una elaboración pormenorizada del poeta, surgida de manera brillante de la sofisticación de su inteligencia visual y literaria, conceptual.

Por otra parte, la insistencia de Huidobro en el valor creacionista de su obra rebasa una simple voluntad individual, centrada en un sujeto ególatra porque vanguardista o viceversa, y adquiere un eco colectivo si se la piensa como afirmación respecto del centro discursivo europeo[5]. Junto con ello, Huidobro exalta el valor activo del creacionismo en un período de entre guerras, cuando contrarrestar un impulso histórico devastador era la tarea del momento. Como en su momento lo hiciera Rubén Darío, aquí el sujeto latinoamericano puede distinguirse con los productos de la imaginación y representar una alternativa impensada y postergada debido a los desniveles de poder. El objeto imaginario o poético autosuficiente valida a su artífice: ese pequeño Dios de sello latinoamericano que quiere y puede aportar con su capacidad inventiva a redefinir el tablero cultural. Huidobro vanguardista es, así, modernista y latinoamericanista de raíz.

Pienso que la práctica poética de Martínez continúa fervientemente este impulso creacionista plural y legitimador desde Latinoamérica. No se trata simplemente de producir un objeto cifrado cuyo receptor privilegiado sea una elite intelectual a la vanguardia de su momento cultural, filosófico, político, sino de ofrecer a la circulación una obra multifacética, partícipe ultra-cosmopolita de la biblioteca globalizada —concepción ampliamente vislumbrada por Ezra Pound— y que entra a la esfera de la circulación del libro como un producto singular y eficiente.

Debido a su obsesión por volver a ciertos textos —Nerval, Mallarmé, Rimbaud— y a insistir en la importancia que ellos tienen al momento de adquirir carta de ciudadanía poética transnacional, tanto Darío como Huidobro y Martínez podrían ser presentados bajo el prisma de un afrancesamiento tenaz, aliado incluso al escapismo que Ana Pizarro postula en su libro de 1971 siguiendo una visión ortodoxa de lo que es nuestro mestizaje cultural. Sería imposible perder de vista el valor paradigmático de la trayectoria de Huidobro: su lectura de "lo nuevo" en las revistas literarias francesas, su inserción en el panorama de la poesía francesa de entre guerras, la importancia que traducir y escribir en francés tuvieron para él, al igual que su atención inteligente a lo que se escribía en lengua francesa en su momento. Es decir, la ruta seguida por Huidobro no se entiende sin su inserción en esa tradición renovada y en su voluntad de disputar un espacio propio y de legitimar una voz poética en francés. Así, su polémica con Pierre Reverdy, por ejemplo, es sinónimo de legitimación cultural: significa ponerse a la par con los que escriben en el primer mundo y afirmar que el espacio cultural y el prestigio que se consigue en el mismo se inicia en la encrucijada productiva de las intersecciones. Por su parte, Martínez, quien sólo realizó un viaje tardío a París, siempre tuvo, como lo demuestra *La nueva novela*, dentro de su horizonte intelectual la producción poética ligada a la producción crítica y filosófica francesa como un punto de referencia desde el cual reflexionar y elaborar el objeto poético. Sin embargo, Martínez amplía profusamente el registro de referencias con las que su obra dialoga y de las que forma parte. Por ejemplo, trabajos de artistas conceptuales del ámbito estadounidense tales como Yoko Ono y Denis Oppenheimer aparecen de manera relevante en *La nueva novela*.

Señalar esta caracterización de "afrancesamiento" es importante para nuestra lectura porque revela no necesariamente, como bien lo exploró Enrique Lihn, la exasperante deficiencia *in situ* respecto de un centro cultural multitudinario y fulminante, sino una fuente productiva de alternativas singulares de producción imaginaria. Si la creación no parte de cero, la responsabilidad primera del poeta es la de hacerse cargo de un haz nutricio inserto en una herencia cultural mayor para levantar una propuesta relevante, alternativa, de perfil diverso. Por ello, y porque prefiere poner el acento en el entramado de voces que es su voz, en vez de silenciar la biblioteca que consulta, Martínez la pone de manifiesto desde la entrada del libro, cuando decide dedicarlo a Roger Caillois (1913-1978) quien, por otra parte, jugó un rol importante en la difusión en francés de la literatura latinoamericana. La dedicatoria es, a mi parecer, un momento significativo de este engarce, porque se asocia tradicionalmente con personas que el autor define como más próximos a sí mismo y nos reenvía como lectores al exterior del libro, a las relaciones, a la vida del sujeto de carne y hueso que es el escritor. En este caso, la relación no es sino de corte intelectual y la dedicatoria se cumple, entonces, como una gran deferencia respecto de Callois para legitimar, al mismo tiempo, la escritura y el tejido mismo del libro de Martínez desde la partida. Si Huidobro no se dejó vencer ni arruinar y, por el contrario, continuó afirmando la posibilidad de crear como latinoamericano emergente, no otra cosa realizó Martínez en condiciones precarias y sin mayores apoyos institucionales. La cita y la referencia sea a Caillois, Mallarmé, Blanchot, o Deleuze puede y necesita leerse como una voluntad de paridad y estímulo al diálogo, a la conversación solidaria, a pesar de y por las mutuas y obvias diferencias. Se trataría, así, de un encuentro desde un sujeto poeta que se piensa a sí mismo imbricado en una tradición si no de la ruptura, como ha señalado Octavio Paz, sí del desconcierto. Tal como en Huidobro, hay aquí una reverencia por el producto desconcertante que nos saca de la trivialidad y nos hace ingresar en el universo de la paradoja y la sorpresa repentina o incertidumbre realizada en la página escrita.

Juan Luis Martínez concibió *La nueva novela* como un microcosmos en perpetuo movimiento tanto centrípeto, porque otros textos confluyen hacia el vórtice del libro, como centrífugo, porque desde el vórtice de su libro se reanudan y adquieren vida otros nudos intertextuales. El título mismo del libro invita al lector con humor a enfrentar un producto desfasado de su etiqueta genérica que pudiera obedecer a desafíos que novelistas —¿poetas?— con sentido del humor y del juego como Julio Cortázar validaron a todo vuelo. El título del libro de Martínez es tan seco, tan conceptual, que se sitúa a una gran distancia del título de *Altazor*, el libro-poema mayor de Huidobro. Y, sin embargo, en el juego de palabras que inaugura el título de Huidobro ya encontramos la idea de una cifra y la sugerencia del humor que produce la combinatoria, ambas características diametrales de *La nueva novela*. Por lo demás, la propuesta de Huidobro se funda en el juego de lenguaje no menos que la de

Martínez. El título del libro de Huidobro nos remite a un héroe, a un ente mítico masculino y su tragedia, pero al mismo tiempo a un sujeto hecho de juegos de lenguaje, que resulta ser esos juegos que lo producen y en los cuales se deconstruye a la velocidad de su caída a través del espacio cada vez que leemos los siete cantos que constituyen el libro. A la afirmación hiperbólica del título de Martínez, la tachadura del nombre del autor y la propuesta de otro nombre posible también tachado para éste, se añade la fotografía de casas removidas de su base en la fotografía que viene en la portada. Aunque no se puedan dejar de lado los rastros de una figura que desea imponer sus procedimientos de lectura como señala Gwen Kirkpatrick, no sólo el nombre del autor se propone de manera deconstruida, entonces, sino también el universo mismo al que se ingresa donde la casa como espacio familiar simbólico se encuentra descentrado, alterado, desraizado[6]. A ese novísimo ente poético de la imaginación vanguardista, producto del juego de lenguaje desatado y desmembrado que es *Altazor*, más allá de la legitimación del valor de los productos fantástico-humorísticos de la imaginación como el Gato de Cheshire de Lewis Carroll o el Nasobema Lyricum de Christian Morgenstern, corresponde en Martínez el libro mismo, como producto afirmado en su otredad productiva, resaltado en su zozobra, en esa suspensión continua de toda su posible formulación asertiva, y en su productividad de ensamblaje, de modelo que se (des)arma.

En realidad, el título de Martínez nos retrotrae al título del libro de Huidobro de una manera más precisa y al mismo tiempo más significativa. *La nueva novela* nos llama a reflexionar no sólo sobre nuestra concepción del autor sino sobre nuestra concepción del libro mismo y los textos que incluye. El ready-made de Duchamp, por ejemplo su famoso inodoro, nos lleva a meditar sobre la incorporación del libro al interior del sistema que lo demarca como un tipo de texto determinado que obedece a ciertas reglas establecidas y que de esta manera —y no de otra— entra en el juego[7]. En este sentido, pensado así, el título del libro de Martínez es singularmente huidobriano porque pone de relieve de manera lúdica y lúcida las operaciones que presionan al texto para que cumpla con una determinada identidad. Así se le arrebata su magia, su incertidumbre, ese carácter antitético (antipoesía, antipoema, antipoeta) que se ofrece como acto de rebeldía frente a frente al sistema de reglas y nomenclaturas y de circulación comercial y editorial.

Octavio Paz ha señalado sobre las vanguardias que: "Sus fuentes históricas están fuera de la tradición de Occidente: el arte negro, el precolombino, el de Oceanía" (192). Si la vanguardia buscaba descentrar el objeto de arte ya ultra-dosificado en el sistema de referencias simbólicas de la época, haciéndolo remitir a la alteridad de los productos culturales de la periferia, entonces la propuesta de Martínez retoma ese trabajo desde su experiencia como artista sudamericano en los años setenta. Luego del mago salvaje que fuera Huidobro, el nuevo salvaje, al tomarse la palabra, la produce desde un desfase crítico que redispone su propia identidad, asumiéndola siempre en condición de sujeto otro, dejándola en suspenso, abierta a otras posibilidades.

El libro de Martínez se concibe como una cifra o acertijo que propone y deja en suspenso sus propuestas desde un inicio. Para que el lector entre en el juego, debe aceptar que éste se lleva a cabo no sólo desde el verso sino desde el reverso, no sólo de la página en blanco —su albura— sino desde el negativo, la opacidad absoluta de sí misma. El placer del texto, para citar de paso la fórmula de Barthes, surge de la confrontación del lector con este sistema de paradojas que propone el valor musical del pajarístico o lenguaje poético sin desentenderse del silencio que lo funda. *La nueva novela* se organiza, así, como un dispositivo que no sólo anda en busca de un lector inteligente, informado, sino que desea producirlo al exigirle que considere la disposición articulada de sus piezas en movimiento y al enviarlo a esa biblioteca explícita en la que el libro se sustenta de manera sobresaliente[8]. Por su parte, la propuesta cubista de Huidobro no sólo privilegiaba una construcción inteligente de los desplazamientos metafóricos entre los elementos del poema sino que le exigía al lector, a partir de tal puesta en escena, el placer de reconstruir tales desplazamientos —un universo imaginario en principio fuertemente caótico de acuerdo al patrón verosímil del momento— articulados por la capacidad constructiva del poeta. Los textos de *Horizon carré*, *Ecuatorial* o de *Poemas Árticos*, para no referirnos a *Altazor*, no sólo requieren de manera frontal y jocosa que el lector abandone de plano el verosímil poético del momento sino que exigen que el lector de principios de siglo veinte entre en el juego del rompecabezas poético como un modo de disfrutar de la experiencia desconcertante de su continua recomposición situándose de partida en otra dimensión de lo imaginario[9]. Entrelazando su propia inteligencia creativa a la inteligencia inventiva del libro, el lector necesita postular la convivencia del redescubrimiento de la solidaridad con la imaginación desatada y revelada. Así autor y lector son, como diría Enrique Lihn, "escrilectores".

Otro punto de contacto se nos revela cuando se entiende que para Martínez lo visual forma parte esencial de la inteligencia creativa del poeta. Más aún, al repensar el objeto libro, Martínez pone de relieve la consistencia del mismo como objeto plástico, subrayando, así, el carácter de ready-made del mismo[10]. El vínculo entre las artes visuales y la literatura, de tanta importancia para Huidobro, adquiere en Martínez una relevancia diametral. La razón es clara: en la medida en que se produce esta intersección de manera vigilante, es posible descentrar tanto el objeto libro como el texto que éste incluye. En una cultura profundamente atravesada por lo visual, en que lo literario aparece más y más inserto dentro del campo de la imagen y no al revés, el juego consiste aquí en no evitar la reflexión sobre este entrecruzamiento sino en ofrecerlo como un punto de partida. Aquello que Huidobro no sólo había presentado sino articulado en la relevancia que le daba a la disposición del texto sobre la página, a la capacidad expresiva de la tipografía, al valor del espacio en blanco, del papel y de su color y a la posibilidad de ofrecer el poema como un objeto visual en el caligrama, en el poema pintado, es algo que se refleja especularmente en el texto de Martínez[11]. Oponer otro universo que el verosímil aceptado y normativo implicó para Huidobro integrar una visualidad singular —la práctica poética es esa intersección de lo poético y lo visual— que hacía sistema con su concepción del juego poético desatado[12]. Así, como para tantos otros artistas de principios de siglo, el collage se volvía en Huidobro parte imprescindible de esa reafirmación de lo nuevo multiforme en el texto y en el libro mismo como texto. En *Ecuatorial*, por ejemplo, determinados elementos que se recombinan poema tras poema nos retrotraen a los otros como si el libro no fuera sino eso: una suerte de ciencia de la combinatoria incesante, obsesiva. Así, el poema forma parte de un universo en expansión cuya fuerza centrípeta parece originarse en el alucinante arte combinatorio del collage, dentro del cual el lector opera como un sujeto perpetuamente activo y paradójicamente extraviado. En otras palabras, el sentido final, último del poema, se pierde de vista, se fuga de la lectura y lo que adquiere relevancia es poner de manifiesto, a la manera de una magia que nunca prescinde de su humor, el valor epistemológico central que esta fuga tiene dentro de la modernidad. *La nueva novela* retoma estas preocupaciones y, por eso, opera como un dispositivo visual-textual que se desplaza frontalmente hacia el mundo de la plástica sin excluirse del espacio literario. Tal espacio se presenta así como una pregunta y de acuerdo a una reformulación conceptual que se inserta en lo ya pensado, distribuido, trivializado en su circulación. Al descolocar al objeto libro como tal de la circulación que lo demarca, *La nueva novela* se engarza a sí misma con los desplazamientos llevados a cabo por la vanguardia. Aunque esto obedece a más de una razón, su propia edición restringida insiste efectivamente en su capacidad de objeto atrabiliario, enemigo de la producción en serie, masiva y, por lo tanto, objeto probable de culto, fetiche de las resistencias críticas. La artesanía misma del libro objeto adquiere un valor cualitativo que el sistema de circulación busca sellar como producto de elite confinado al mundo de los elegidos, sesgando así su fuerza de objeto único, persistente e impertinente.

Lo visual —la fotografía y el dibujo, por ejemplo— en *La nueva novela* forma parte integral del objeto libro. Es un modo también multiforme de disponer la apertura del juego para quien lo lee y lo relee, ya que la obra, al acentuar la repetición de sus componentes, le indica al lector que necesita volver atrás o saltar hacia adelante en el juego infinito de las remisiones. Para apreciar la voluntad lúdica de *La nueva novela,* tenemos que hacer uso de nuestra biblioteca visual tanto como de la biblioteca literaria porque ambas se entremezclan. Así, aquel sujeto lector que piensa y reflexiona desde lo visual tiene también la palabra en este caso porque puede hacer evidente el registro y la factura de las imágenes, la manera en que éstas se convierten en un universo impensado en el que nos acomodamos y desde el cual también nos posicionamos. Las fotografías de los rostros de Karl Marx y Adolph Hitler, por ejemplo, son verdaderos monumentos iconográficos a los que traviesamente se redispone desde el artesanado del libro y de cada texto. Es decir, por un lado estas imágenes le hablan al lector desde los gestos y convenciones que éste reconoce "naturalmente" y, por otro, se proponen como enigmas a descifrar debido al contexto inusitado en que se encuentran. Así, no sólo se trata de redisponer lo textual sino lo visual, de acuerdo a la intervención premeditada del poeta/artista que los conjuga para hacer que de este vínculo inextricable surja una pequeña cosmogonía diferente de reflejos y entrecruzamientos.

Un componente fundamental que aglutina lo visual y lo textual en *La nueva novela* es, claramente, el humor. Tal como en Huidobro el poeta, el creador, es una figura cuya inteligencia se funda en un talento contradictorio cuyo objetivo es preservar el valor de lo paradojal. Pero frente al humor negro, el más ácido y absurdo que raya en el nihilismo, Martínez prefiere el humor de Lewis Carroll, de Jean Tardieu, de Yoko Ono. Carroll le ofrece el vínculo con un tipo de texto ilustrado para una audiencia supuestamente infantil y una tradición en que lo paradojal se inscribe "inocentemente" en la construcción del texto y su lenguaje; Tardieu le ofrece el vínculo con la práctica de un absurdo sutil que se entronca al juego con determinadas problemáticas filosóficas; Ono lo acerca al tumulto lúdico de los sesenta en el siglo veinte, a las prácticas de los artistas conceptuales, al poema como supuesta tarea a realizar no menos que Tardieu. En este caso el humor, que se presenta como un mecanismo aparentemente dócil o que no exalta el choque virulento de su posible arista grotesca, no pierde de vista las problemáticas del lenguaje, del discurso lógico, del discurso poético y su tradición, de la reflexión filosófica y política. El humor en Martínez forma parte intrínseca de su inteligencia creativa tal como en Huidobro. Lo que lo acerca aún más al vanguardista es el tipo de humor aparentemente dócil que privilegia y que lo distancia, de manera relativamente marcada, del humor kafkiano más corrosivo que evidencia la locura del sujeto desquiciado en Nicanor Parra. Esa arte poética que es el poema "La montaña rusa" de *Versos de Salón* termina, por ejemplo, con los siguientes versos: "Claro que yo no respondo si bajan / Echando sangre por boca y narices" (1969, 71). Es decir, el resultado posible del antipoema era violento porque provenía de la virulencia misma de las contradicciones puestas en movimiento por el texto. En el caso de Martínez, como se hace evidente en "Pequeña cosmogonía práctica" de la sección "Respuestas a problemas de Jean Tardieu" (1985, 9-33), la posible opción extrema del suicidio del personaje debido a una ruptura amorosa concluye cuando la pistola que éste tiene en sus manos, en vez de apuntar a su cabeza, apunta al retrato de la amada y finalmente lo destruye. Lo que se le ofrece al lector no es la evasión del conflicto extremo, ya que el personaje de la caricatura asume este conflicto, pero la situación misma, al ser representada visualmente por una secuencia de cuatro recuadros de caricatura cuyo estilo es directo y preciso implica, desde un principio, que la mirada sobre la situación no es virulenta ni grotesca, sino marcadamente cómico-lúdica. En este sentido, es posible encontrar un vínculo solidario con los "trastocamientos lúdico-humorísticos" de Huidobro a los que se refiere Saúl Yurkievich (en Goic, *Obra poética* 2003, XVII) por cuanto en el poeta vanguardista también encontramos la intersección medular entre el humor y la inteligencia creativa del poeta como queda de manifiesto de manera destacada en su concepción de *Altazor*, así como la preferencia por un humor más cercano al juego desatado en pirueta meditativa y melancólica que al grotesco y a la locura como enfermedad socializada, desquiciante. Hay aquí una diferencia de tono que puede tal vez subrayarse de manera paradigmática con respecto a lo que separa a dos protagonistas del humor cinematográfico de principios del siglo veinte: Buster Keaton y Charles Chaplin.

En mayor detalle, el humor en *La nueva novela* sirve como un instrumento de apertura a lo inusitado, a alternativas de pensamiento desconcertantes que se vinculan a lo fantástico. Como tal, el humor es índice de una apuesta por la renovación de un punto de vista estereotipado, que incluya lo disonante y estrafalario, tal como ocurre con el Nasobema Lyricum de Christian Morgenstern. Los productos de la imaginación, como en Huidobro, obedecen a su propia lógica desconcertante. Es decir, no es que estén faltos de lógica, sino que su funcionamiento depende de un código que sobresalta las expectativas para las cuales la contradicción irresuelta y promulgada a todo vuelo no tiene sentido. Lo que se espera del lector es entrar en el juego de este humor y participar con gusto en lo que pueda tener de serio —sus indagaciones sobre el espacio, la transparencia, la literatura, por ejemplo— y aquello que suspende tal seriedad por cuanto se la ve a esta última como parte de un rompecabezas más ambicioso y menos estable. Por otra parte, la reescritura vigilante de pasajes humorísticos en Huidobro demuestra su preocupación por incorporar el humor de manera poética y no simplemente de acuerdo al valor que éste encuentra en la circulación comunicativa del chiste. La voz del personaje Altazor, que encuentra en el famoso canto VII un apoyo irrestricto en la musicalidad, pudiera parecer un chiste costoso para la poesía de vanguardia; es decir, una suerte de liviandad que no se vincula a la peripecia trágica representada por el personaje. Puesto en contexto, el canto hace posible el juego musical inusitado que pone en práctica y también el humor inserto en la caída de Altazor que, de esta manera, adquiere proyección y consistencia de ensalmo mágico en la cuerda floja de la desaparición. Por cierto, lo interesante en el caso de ambos textos es la dificultad de delimitar la distancia crítica entre humorada y texto poético, porque en ambos casos lo que importa es repensar estos límites, abrirlos a la posibilidad de la intersección, para producir precisamente una renovación de la escritura. Si esto es así, a la mirada positiva, suerte de humor blanco desatado que

Huidobro practica y Martínez persigue tenazmente, debiéramos catalogarla no simplemente de postura ingenua sino de preferencia articulada con una poética en la cual lo que importa es una distancia severa respecto, primero, de la seriedad del pathos grandilocuente y, segundo, una suerte de diálogo distanciado con un tipo de humor virulento, fuertemente sarcástico, polémico. Para Martínez tal como para Huidobro, este diálogo distanciado es crucial porque demarca un posicionamiento frente a otros discursos que se sitúan de manera diferente respecto a la importancia que para lo poético tiene el juego como fórmula de placer que emula las pirotecnias de la infancia. El sujeto creador, en este caso, es un pequeño Dios tachado porque es también por elección o como método ineludible "un pequeño" pertinaz, un niño travieso, que insiste en las inconsecuencias del lenguaje y que encuentra su sitio precisamente en toda la productividad que pueda derivarse de las mismas. En este sitio privilegiado de creatividad ambos, Martínez y Huidobro, encuentran un gozo profundo que hace surgir al texto desde los juegos de lenguaje llevados al límite.

Por otra parte, un tema tan arduo como el del poder político en la historia y la experiencia que de éste tiene el sujeto adulto como ciudadano se filtra necesariamente en ese cuerpo poroso que es *La nueva novela* en comunicación con una mirada ciertamente cáustica, distanciada. La sección "Epígrafe para un libro condenado: La política" podría leerse como un añadido extraño dentro de un libro que pone de manifiesto sus preocupaciones poético-filosóficas a partir de lo visual y de lo textual inserto en un humor que se entronca con lo fantástico. Pero el autor ha dejado huellas de la incorporación cuidadosa de este "afuera" en diversos momentos: la tapa con la fotografía de las casas afectadas por una catástrofe y la contratapa en la que se le da la tarea al lector de marcar "dos rutas de escape" precisamente de una casa-prisión representada simbólicamente por el diseño de un papel milimetrado[13]; las figuras de Napoleón y de Hitler en la sección "El desorden de los sentidos"; los rostros icónicos de Marx y Rimbaud que aparecen como una dupla persistente en tres diversas secciones, formando parte importante, así, del sistema de remisiones o huellas propio de *La nueva novela* como juego de diferencias. Esto demuestra que la problemática del poder, en su sentido más amplio o histórico, es una faceta importante del libro.

Si se presta atención a la repetición del binomio Marx-Rimbaud en mayor detalle, se observa que da cuenta de su inserción en el imaginario público como objetos triviales de consumo popular. Esta inserción raya en el absurdo esotérico como lo manifiesta "El eterno retorno", donde aparecen lado a lado los rostros de ambas figuras en anuncios en inglés: uno que vende un póster de un Rimbaud ciclista y otro que vende un panfleto que presenta a Marx como posible representante de una secta satánica (1985, 7). Luego los mismos rostros de Marx y de Rimbaud reaparecen dos veces cada uno en la sección "Tareas de aritmética", formando así parte del juego visual del collage que los inscribe a su vez en el despliegue humorístico de *La nueva novela* como piezas de una herencia cultural formidable y, sin embargo, dispuestas a disolver su seriedad y simbolismo en la combinatoria traviesa, irreverente de los signos puramente visuales del collage. Posteriormente, en "El poeta como Fantomás, (el autor) como Rouquine", los rostros del binomio aparecen como dos forajidos, esta vez en un anuncio en inglés que ofrece una recompensa de dos mil dólares por su captura. Por un lado, entonces, los dos personajes son sinónimos de exclusión y resistencia frente a lo estatuido y, por otro, parte del juego distanciado de *La nueva novela* que los sitúa al nivel del humor sin la gravedad de un peso último, trascendental. Por último, este legado que ambos personajes representan, se retoma de manera directamente caricaturesca en "La nueva novela: el poeta como Superman" (1985, 147). Al rostro de Marx se le añade aquí un cuerpo de Superman de historieta y al de Rimbaud el cuerpo desnudo de una mujer de caricatura. Aunque el texto que acompaña a pie de página sostiene una equivalencia explícita, siempre cómica, entre Superman y "un joven poeta chileno" que no es otro que Martínez, el lector no puede pasar por alto el hecho de que la figura de Superman es indisociable de la Rimbaud como mujer desnuda. El chiste de la caricatura, si lo tomamos en serio, implica no sólo una feminización paródica de Rimbaud y una remasculinización hiperbólica de Marx sino una clara mirada cáustica a la supeditación ridiculizada de un sujeto de rostro joven e idealizado (Rimbaud) por el otro todopoderoso de barba salomónica convertido en benigna figura patriarcal (Marx). Como se puede ver, la tensión entre el filósofo y el poeta, entonces, no se resuelve sino que se explota como factor humorístico: el conflicto sólo queda subrayado para poner de manifiesto la sujeción caricaturesca de una figura a la otra[14]. Por tanto, aquí al menos *La nueva novela* nos da indicios críticos respecto de la subordinación del discurso poético por el discurso filosófico-político y, de manera interesante, realiza lo anterior de acuerdo a paradigmas caricaturescos de género. Y la estrategia, como se ve, no es la de una declaración altisonante de principios sino de un distanciamiento velado que lo visual mismo articula en el silencio significativo de las imágenes y que los textos que las circundan apenas rozan dejando que el lector opere con las posibilidades múltiples de lectura. La relación que encuentro con Huidobro nos remite a un proyecto en que también lo histórico es un elemento más de lo poético sin dejar de lado la vigilancia de un humor dosificado —más cerca del camp que del kitsch— que mantiene a distancia el peligroso pathos y sus reverencias tanto simbólicas como literales. La fortaleza de la escritura de Huidobro reside en el humor poético que abre las compuertas a la fantasía, a los juegos de lenguaje, a una visión del poema y del libro —el paradigma es aquí *Altazor*— que exalta el valor lúdico de la palabra de vanguardia como factor que puede producir una liberación cultural de proporciones porque está fundada en el máximo de expresividad y creatividad posibles. Cuando no se pierde de vista el valor político-cultural de la afirmación de vanguardia de Huidobro se comprende su propuesta latinoamericanista. Este máximo de expresividad y de regocijo en la palabra fundacional que se entronca al juego del acertijo, de la musicalidad inherente a la combinatoria en juego de las palabras, va paralela a la afirmación de un sujeto que se propone internacional, inserto en ese vórtice donde las fronteras lingüísticas, artísticas y políticas se entrecruzan. Por ello, su interés por el proyecto de la revolución como vanguardia política expresado en un poema como "Elegía a la muerte de Lenin" no obedece simplemente a un vacuo proyecto cosmopolita sino a una comprensión del valor representativo, dignificante, legitimador, que lo estético tiene en el concierto de las voces internacionales. Así, cumpliendo con pagar su deuda a la retórica hiperbólica que celebra a una figura simbólica de la revolución de su tiempo como ocurre en su "Elegía a la muerte de Lenin", no es menos evidente que una velada agudeza se advierte en el verso que cierra el texto. Después de la extensa sucesión panegírica que se cumple en este poema, resulta interesante observar cómo el texto termina precisamente con un eco de aquella fórmula por la que Huidobro ha sido ampliamente reconocido, si no por su ingenuidad o pretensión, por su peculiar ambición como carta de ciudadanía poética. Terminar, entonces, la elegía con el verso "Desde hoy nuestro deber es defenderte de ser dios" puede ser, entonces, una expresión que silenciosamente reintroduce una dosis de sano distanciamiento crítico respecto de la retórica ampulosa de todo el texto elegíaco. En otras palabras, dejar en suspenso, con no poco buen humor, lo que su propia escritura promulgaba ostentosamente. Pedro Lastra y Enrique Lihn señalan que: "[la conducta de Juan Luis Martínez] es más bien la de un 'sujeto cero' que se hace presente en su desaparición, y que declara e inventa sus fuentes, borgeanamente" (Lihn y Lastra 2001, 40). Se puede añadir que Huidobro vislumbraba la práctica de la tachadura del nombre que *La nueva novela* pone de relieve y que el humor intrínseco de esa tachadura era lo que hacía respirar a su poesía, a su práctica de la poesía, a su palabra en juego.

Notas

1   Cabe señalar que en el 2014, Scott Weintraub publicó un libro titulado *La última broma de Juan Luis Martínez: 'No sólo ser otro sino escribir la obra de otro'* (Santiago: Editorial Cuarto Propio, cursivas en el original), donde prueba que la primera sección de *Poemas del otro* es, en realidad, una traducción del libro *Le Silence et sa brisure* de un poeta suizo-catalán del mismo nombre (sin acento). En aquel estudio —y también en *Juan Luis Martínez's Philosophical Poetics* (Lewisberg, PA:

Bucknell University Press, 2014)— Weintraub analiza en detalle esta apropiación poética de Martínez.
2   Zurita afirma esto al participar en la presentación del video documental *Señales de ruta/Road Signs* (2000, 34 minutos) de Tevo Díaz que se llevó a cabo en la librería Gonzalo Rojas, en septiembre de 2007.
3   La descripción de un intervalo en "Differánce" de Jacques Derrida nos retrotrae a la figura de la huella o traza: "An interval must separate the present from what is not in order for the present to be itself, but this interval that constitutes it as present must, by the same token, divide the present in and of itself, thereby also dividing, along with the present, everything that is thought on the basis of the present, that is, in our metaphysical language, every being, and singularly substance or the subject" (1986, 13).
4   Como se ve, Martínez no intenta negar a aquellos que lo precedieron ni a aquellos que lo acompañan en la práctica de la escritura poética en Chile. Por otro lado, tampoco intenta supeditar su escritura a la de los predecesores y, por ello, critica la búsqueda de una simple filiación paterna que observa en los poetas jóvenes en la Nota 5 de *La nueva novela*. Al final del primer párrafo se lee: "(Los pájaros más jóvenes como también así algunos escritores y músicos sufren hoy por exceso de libertad y están a la búsqueda del padre perdido)" (1985, 126).
5   Jaime Concha subraya este posicionamiento de Huidobro en el decurso de la escritura misma del libro *Ecuatorial*, al señalar que: "Lo que antes era instalación centrípeta en un obelisco cultural, ahora es consciencia de confines. Huidobro percibe en este instante los límites interiores del centro, que se vuelve, de este modo, remoto. De ahí entonces el salto a la periferia, en un prodigioso recorrido, fugaz y sorpresivo para nosotros que nos creíamos en Europa…" (1980, 73).
6   Gwen Kirkpatrick pone de relieve la parodia del "sujeto que sabe" cuya función sería contraponerse directamente a esta dispersión del sujeto que (se) nombra en *La nueva novela*: "Una voz autoritaria pretende guiarnos por este laberinto, impartiendo instrucciones, postulando los problemas (proveyéndonos espacios en blanco para obtener las soluciones), incluyendo notas y referencias, y asume una posición similar a la voz de Virgilio en el viaje de Dante, o por lo menos la de un instructor competente" (1999, 229).
7   Para Octavio Paz, el ready-made tiene una evidente función crítica: "en un clima de no elección y de indiferencia, Duchamp encuentra el ready-made y su gesto es la disolución del reconocimiento en la anonimidad del objeto industrial. Su gesto es una crítica, no del arte, sino del arte como objeto" (1998, 223).

8 En "Señales de ruta de Juan Luis Martínez" Pedro Lastra y Enrique Lihn han escrito con no poco humor sobre el lector de *La nueva novela* que: "La amplitud de las referencialidades produce la reducción voluntaria del corpus de lectores, destinados a integrar un tipo de cofradía como la de los sabios de Tlön, que repite su identidad de generación en generación" (Fariña y Hernández 2001, 41).

9 En su libro sobre la obra de Huidobro, refiriéndose a los poemas de *Horizon Carré*, George Yúdice señala que: "La lectura de estos poemas es, en realidad, una circularidad remisiva mediante la cual se destacan códigos que remiten a otros códigos que a su vez remiten a otros y/o devuelven la remisión a los primeros" (1978, 42-43).

10 Por cierto, aquí habría que tener presente la serie de vasos comunicantes entre *La nueva novela* de Martínez y *Purgatorio* de Raúl Zurita.

11 Remito al lector al dossier de "Salle XIV", anexos y otros en la *Obra poética* de Vicente Huidobro, donde la variedad de poemas pintados ilustra el valor de las intersecciones y del juego gráfico.

12 Al referirse a la función estructural de la disposición gráfica del poema "Matin" de *Horizon carré*, René de Costa señala que: "El texto no es simplemente una ilustración gráfica del contenido del poema sino un evento estético más definido: un evento que adquiere sentido completo en el proceso de ser leído y visto al mismo tiempo" (1984, 53).

13 Martínez ofreció una interpretación polisémica de la casa en *La nueva novela* en una entrevista: "Ahí esas casas aluden también a nuestro paisaje, a nuestra catástrofe permanente chilena. Aunque es la situación de la literatura contemporánea también: esta catástrofe del lenguaje, la desconfianza en los lenguajes, incluso (…). La casa, el derrumbe de la casa como espacio sagrado, podría venir a representar un símbolo" (2003, 97).

14 En "La redefinición del contrato simbólico entre escritor y lector: *La nueva novela* de Juan Luis Martínez", Eugenia Brito lee este segmento de la siguiente manera: "El resto es un comic que reproduce la unión del héroe contemporáneo —impotente, homosexual, anónimo, sin nombre— con su alter ego. Unión del capitalismo y el arte: toda producción se absorbe por el sistema parece decir este abrazo paródico…" (Fariña y Hernández 2001, 17).

Obras citadas

Concha, Jaime. 1980. *Vicente Huidobro*. Madrid: Ediciones Júcar, 1980.

Costa, René de. 1984. *Vicente Huidobro. The Careers of a Poet.* Oxford: Clarendon Press.
Daydi-Tolson, Santiago. 1991. "La obra de Juan Luis Martínez: Un ejemplo de poética actual". *Romance Languages Annual* s/ n°: 406-410.
Derrida, Jacques. 1986. *Margins of Philosophy.* Trad. Alan Bass. Chicago: The University of Chicago Press.
Fariña, Soledad y Elvira Hernández, eds. 2001. *Merodeos en torno a la obra poética de Juan Luis Martínez.* Santiago: Intemperie.
Huidobro, Vicente. *Obra poética.* Cedomil Goiç, coordinador. Madrid: ALLCA XX, 2003.
Kirkpatrick, Gwen. 1999. "Ausencias y desapariciones; *La nueva novela* de Juan Luis Martínez". *Revista de crítica literaria latinoamericana* 50.21: 225-234.
Martínez, Juan Luis. 1985. *La nueva novela.* Segunda edición facsimilar. Santiago: Ediciones Archivo.
— *Poemas del otro.* 2003. Santiago: Ediciones Universidad Diego Portales.
— *La poesía chilena.* 1978. Santiago: Ediciones Archivo.
Monterroso, Augusto. 1996. *Cuentos, fábulas y lo demás es silencio.* México, D.F.: Alfaguara.
Parra, Nicanor. 1969. *Poemas y antipoemas.* Santiago: Editorial Universitaria.
Paz, Octavio. 1998. *Los hijos del limo.* Barcelona: Seix Barral.
Weintraub, Scott. 2014. *Juan Luis Martínez's Philosophical Poetics.* Lewisberg, PA: Bucknell University Press.
— 2014. *La última broma de Juan Luis Martínez: 'No sólo ser otro sino escribir la obra de otro'.* Santiago: Editorial Cuarto Propio.
Yúdice, George. 1978. *Vicente Huidobro o la motivación del lenguaje.* Buenos Aires: Editorial Galerna.
Zurita, Raúl. 10 de febrero de 2008. "Raúl Zurita habla sobre Juan Luis Martínez II". Movimiento Lúdico Films. "La belleza de no pensar", realizador audiovisual Ignacio Muñoz Cristo. YouTube.

Vicente Huidobro / Ezra Pound: traducir lo moderno[*]

Fernando Pérez Villalón
Universidad Alberto Hurtado

Los nombres de Ezra Pound y Vicente Huidobro rara vez se encuentran juntos en los estudios que pretenden entender el arte y la literatura de vanguardia, pese al lugar central que ocupa cada uno de ellos en la radical renovación del lenguaje y la estética a principios del siglo XX. Pareciera que, no sin razón, la América del Norte y la del Sur quisieran narrar su acceso a la modernidad en mapas separados (con algunas excepciones). Este ensayo intenta proponer una comprensión de lo moderno que integre y superponga las contribuciones de ambos escritores al panorama literario del siglo pasado, una concepción centrada en el papel que en la generación de la modernidad tiene la traducción, entendida en un sentido muy amplio: no sólo como traspaso de un texto de un idioma a otro, sino como operación de traslado en general, de desplazamiento cultural, lingüístico y geográfico, de viaje, en suma. Me ocuparé, entonces, de mostrar cómo la actividad de verter textos a otro idioma, pero también el desplazamiento espacial que los pone en contacto con otras culturas, son imprescindibles para una comprensión a fondo de la renovación que Pound y Huidobro efectuaron en los mundos literarios de los que provenían y en aquellos a los que llegaron a in-

[*] Una primera versión de este texto fue elaborada como trabajo de investigación para el seminario sobre poesía moderna del profesor David Lenson, en el departamento de literatura comparada de la Universidad de Massachusetts Amherst. Una versión algo más extensa fue presentada en el encuentro anual de la American Comparative Literature Association en San Juan, Puerto Rico (2002).

tegrarse, así como para la comprensión de lo que, en esa renovación, no es nuevo, sino antiguo, casi podría decirse primitivo o arcaico[1].

Esta experiencia de desplazamiento espacial, y la desestabilización de las propias coordenadas que ella implica, tiene que ver con lo que Antoine Berman llama, en su libro sobre los románticos alemanes, "l'épreuve de l'étranger", la experiencia de lo extranjero: una comprensión de lo propio que necesariamente pasa por una relación estrecha con lo ajeno, con lo otro, particularmente en la práctica de la traducción, a veces con el resultado de que nunca más es posible volver a una relación ingenua con la propia lengua, como en el caso de Hölderlin en el estudio de Berman[2]. No es casual, entonces, que el terreno en que las aventuras literarias de Pound y Huidobro pudieron haberse encontrado sea el de la traducción: en una entrevista con Ángel Cruchaga Santa María, Huidobro declara que "hay (…) un joven poeta inglés, Ezra Pound, que también ha deseado venir a nosotros y que iba a traducir a su idioma natal mi libro *Horizon Carré*" (Huidobro, 2003b 1637). Esa traducción nunca se llevó a cabo, y la vaguedad de la referencia (Ezra Pound como poeta inglés en vez de norteamericano, con supuestas intenciones de integrarse a la escuela "creacionista" cuyo único miembro fue siempre Huidobro mismo) hace suponer que el proyecto no fue nunca muy concreto. Es, entonces, sólo en la vida futura de sus obras que el legado de Pound se encuentra con el de Huidobro: en los ensayos de Paz y en su poesía, en los experimentos "ideogramáticos" de los concretistas, en la traducción que hizo Eliot Weinberger de *Altazor*, poundiana en su empeño por captar la energía vital del poema más que su mero significado o su forma. Las numerosas cercanías, sin embargo, del proyecto artístico de uno y otro parecen no interesar demasiado a los estudiosos de su obra, ocupados sobre todo en elucidar las relaciones de ambos con sus predecesores y contemporáneos europeos, los diversos "ismos" parisinos y los abundantes manifiestos que poblaban el espacio literario de esos años. Para la perspectiva que propongo, interesa entender qué significa que uno y otro provinieran de un espacio literario y cultural relativamente marginado de la "actualidad" y de la "tradición" europeas: creo que esa óptica permite percibir ciertos paralelos y contrastes importantes entre sus proyectos, obras y obsesiones.

La cultura latinoamericana se definió insistentemente, desde sus inicios, en oposición a la otra América, del Norte, y los Estados Unidos persistentemente se han limitado a considerar a América del Sur como un vecino pobre, por momentos peligroso, por momentos atractivamente primitivo y exótico, poblado literariamente por el realismo mágico y el Neruda más fácilmente deslumbrante. Sin embargo, pese a las enormes diferencias de cultura literaria, tradición e idioma que separan a ambas sociedades, creo que en las actitudes de los dos escritores de los que me ocupo aquí (así como tal vez en hartos otros) pueden percibirse algunos rasgos comunes atribuibles quizás al continente desde el que emprenden su trayectoria: su origen americano les da un sello, un cierto temple de agresividad que enmascara apenas cierta inseguridad, a la vez la arrogante afirmación del extranjero de su pertenencia a un mundo distante y la inseguridad, la ansiosa necesidad de ser aceptados como pares, o hasta como superiores y predecesores, en los grupos que producen las más radicales innovaciones en el "viejo mundo". Por cierto, junto a estas semejanzas hay también contrastes, divergencias, que tienen que ver con la disimilitud de sus proyectos literarios, pero también con la disparidad de las culturas de las que provienen y con el lugar que cada uno ocupa al interior de ellas. Es lo que intentaré desentrañar en las páginas que siguen.

Doble retrato del artista adolescente

La conocida novela de formación de James Joyce, *A Portrait of the Artist as a Young Man*, a cuya difusión contribuyó enormemente Pound, concluye cuando su protagonista, Stephen Dedalus, decide dejar su Dublín natal para partir a París, con el fin de alcanzar el estatus de artista, ambición que todo su entorno social, cultural, familiar y religioso pareciera querer volverle imposible. Una sensación parecida de frustrante marginación respecto a los lugares donde "todo está pasando" deben haber tenido los jóvenes aspirantes a escritores de regiones más lejanas aún de los centros culturales de entonces, como Santiago de Chile y los suburbios de Philadelphia en los que creció Pound. Partir, entonces, se imponía, y Europa era el destino obligado.

Huidobro ya había vivido en París cuando niño, cuidado por institutrices francesas, en 1900, cuando el poeta tenía apenas siete años: su carrera entera está marcada por el "galicismo mental" que caracterizaba a las clases altas y a la elite artística de la América Latina de entonces. Pound, nacido en 1885, viajó a Europa por primera vez a los 19 años, acompañando a una tía. Volvió a viajar al viejo continente en 1902, junto a sus padres, y luego en 1906, cuando una beca le permitió ir a Madrid a estudiar la obra de Lope de Vega. Pero no fue sino hasta 1908 cuando, despedido de su trabajo como profesor en Wabash College por haber tenido la "desfachatez" de alojar a una joven en su habitación, parte a vivir en Europa. Es recién allí que publica sus primeros libros (*A Lume Spento* y *A Quinzaine for This Yule*, ambos en 1908). Huidobro, en cambio, no se radica en Europa hasta 1916, cuando parte de Chile con el cargo de agregado civil ad honorem de la legación chilena en Italia, ya casado y con familia. Tras una breve estadía en Madrid, se instala en París. Antes de partir ya había editado las revistas *Musa joven* y *Azul* y publicado los libros *Ecos del alma, Canciones en la noche, La gruta del silencio, Las pagodas ocultas, Pasando y pasando* y *Adán* (los títulos de estos libros son un indicio claro del paradigma modernista que domina los primeros libros de Huidobro: contra lo que él afirmó a lo largo de su carrera, estoy convencido de que no es sino hasta su llegada a Europa que produce una literatura verdaderamente vanguardista, sin romper por lo demás del todo con la sensibilidad de sus predecesores, como atestiguan los numerosos ruiseñores, estrellas y mariposas que se pasean por sus poemas más radicalmente "vanguardistas")[3].

¿Qué llevó a estos dos autores a partir? Ciertamente, el deseo de escapar de un entorno social y literario que percibían como adverso a sus proyectos y, en términos de la perspectiva propuesta recientemente por Pascal Casanova en su *The World Republic of Let-*

ters (cuyo argumento me parece acertado en este punto, aunque objetable en muchísimos otros), el deseo de obtener el reconocimiento de la "república internacional de las letras" cuyos centros simbólicos se hallaban en ciertas capitales europeas, principalmente París[4].

Pero las diferencias en el talante de sus partidas no son menos importantes que esa coincidencia general: Pound, como un personaje ingenuamente romántico de una novela de Henry James (tal vez la jovencita de *A Portrait of a Lady*), quiere entrar en contacto con la vieja civilización de Europa, apropiarse de las tradiciones artísticas y literarias que allí tuvieron su cuna. Premunido de una educación universitaria bastante completa, sus primeras estadías solo en Europa tienen por objeto reunir materiales para una tesis doctoral que nunca completaría. Esta inclinación académica y pedagógica de Pound, con el respeto por la historia y por la tradición que implica, nunca lo dejó del todo: incluso en sus momentos más iconoclastas mantuvo, no obstante el tono irreverente, una gran admiración por una lista poco ortodoxa (conformada por él mismo) de los monumentos literarios del pasado, e incluso los *Cantos*, su obra mayor, pueden leerse como un esfuerzo por condensar en una enciclopedia que sirviera de material pedagógico para un líder político futuro lo mejor de la cultura, ya no sólo europea, sino universal (proyecto enciclopédico que cabría comparar con el que emprendió Borges en registro más irónico y oblicuo). Huidobro, en cambio, se interesa sobre todo por la novedad, por la actualidad, continuando así, por cierto, la puesta al día inaugurada por el modernismo, la búsqueda de lo que Rama describió como "un cierto isocronismo, por obra del cual la transformación literaria hispanoamericana sigue de muy cerca la que se produce en los centros culturales del mundo" (1985, 36) y Octavio Paz (en su discurso de recepción del premio Nobel) como "una puerta de entrada al presente" (1990). No hay en la obra de Huidobro particular interés por incorporar elementos de los grandes escritores europeos del pasado, ni la práctica constante de la imitación, traducción, cita y comentario crítico que lleva a cabo Pound. ¿Puede esto tener que ver con la manera en que estaba organizada la educación universitaria entonces en los países de origen de cada uno, o con el hecho de que, a diferencia de Pound, quien necesita ganarse la vida (y decide hacerlo como académico, conferencista y periodista, al menos hasta que su matrimonio le asegura una renta estable), la situación de la familia de Huidobro le permite llevar una vida acomodada sin trabajar, y hasta contribuir a financiar la revista *Nord-Sud*? Estas cuestiones, lejos de ser meras especulaciones biográficas o psicológicas, tienen que ver con la manera en que los proyectos de modernidad de estos escritores fueron concebidos y construidos, en relación con su pertenencia a determinados campos culturales y clases sociales. Sin embargo, una elucidación rigurosa de ellas requeriría un estudio más detallado del que he hecho hasta ahora, la consideración más exhaustiva de datos sociológicos e históricos y un espacio mayor que el de este artículo, por lo que me limito a señalar su importancia de paso.

Para uno y otro escritor, el contacto con las innovaciones que estaban ocurriendo en la literatura europea de entonces implica una exigencia de renovación de su poética. El propio Pound condenó sus primeros libros, en una nota previa a su reedición posterior como "a collection of stale creampuffs" (una colección de bollos de crema pasados) de la que no había "nada que aprender excepto la profundidad de la ignorancia [del autor], o más bien la superficialidad de su escasa percepción..." (citado en *Poems & Translations* 2003, 1256). En una anécdota famosa, Ford Maddox Ford tuvo que literalmente rodar por el suelo como signo de reprobación para que Pound se diera cuenta de que su proyecto poético inicial estaba demasiado marcado por el esteticismo arcaizante de los prerrafaelitas (comparables en muchos sentidos a los modernistas que influenciaron la obra temprana de Huidobro, para los cuales eran por cierto una referencia importante).

En el caso de Pound, poemas de corte marcadamente romántico y grandilocuente como "Grace Before Song", que abre *A Lume Spento*[5], o "Prelude: Over the Ognisanti"[6] cederían el lugar en el curso de pocos años a la despojada concisión del famoso "In a Station of the Metro": "The apparition of these faces in the crowd; / Petals on a wet, black bough." (2003, 287: "La aparición de estas caras en la multitud; pétalos en una rama húmeda, negra."). Estos ejemplos son, por cierto, tendenciosos: los primeros poemas de Pound no están del todo desprovistos de mérito, y mucho en ellos anuncia las innovaciones que vendrían en los *Cantos* y en las traducciones. Por otra parte, incluso en su obra más tardía, cuando Pound desea referirse a la experiencia de la belleza, recurre a un lenguaje cercano al de sus predecesores ingleses del Rhymers Club, poetas como Ernest Dowson, Lionel Johnson, Victor Plarr y Arthur Symons[7]. El propio Pound retrató con agudeza e ironía inmejorables, en el primer poema de su *Hugh Selwyn Mauberley* (escrito cuando decidió abandonar Londres por París), los cambios que sufrió su concepción de la poesía:

> For three years, out of key with his time,
> He strove to resuscitate the dead art
> Of poetry; to maintain "the sublime"
> In the old sense. Wrong from the start-
> No hardly, but, seeing he had been born
> In a half savage country, out of date;
> Bent resolutely on wringing lilies from the acorn (2003, 549)[8]

Huidobro, por su parte, fue siempre demasiado orgulloso y falto de autoironía y autocrítica como para reconocer tan descarnadamente su retraso respecto a los paradigmas estéticos más innovadores de su tiempo: siempre insistió en que ya antes de llegar a Europa había ya desarrollado una concepción renovada de la poesía y, aparentemente, llegó hasta el extremo de antedatar una edición de *El espejo de agua* para probarlo[9]. Pero, mirándolo con perspectiva, está claro que, incluso si la falsa fecha de publicación de este libro fuera efectiva, los cambios sucesivos que sufrieron varios de sus poemas para publicarse, primero en la revista *Nord-Sud*, y luego como parte de *Horizon Carré*, indican un esfuerzo creciente por dejar de lado lo que podríamos llamar un modernismo depurado o un simbolismo tardío por un estilo que, por medio de la supresión de toda puntuación, la inserción de algunas mayúsculas y espacios en blanco, alcanza la deseada modernidad.

"Bottom: thou art translated": modernidad y traducción[10]

René de Costa ha ya descrito cuidadosamente los cambios que en este sentido sufren los poemas de Huidobro en sus publicaciones sucesivas[11], pero no sé si se ha subrayado suficientemente el hecho de que esos cambios suceden en el curso de un proceso de traducción, un traslado lingüístico que acentúa y confirma el traslado geográfico llevado a cabo por el poeta desde su Santiago natal hasta París[12]. A diferencia de Pound, que vertió al inglés poemas de diversas épocas y lenguas, Huidobro se interesó sobre todo en traducirse a sí mismo al francés, lamentablemente desaprovechando la posibilidad de servir de vaso comunicante entre el espacio literario francés y el chileno o hispanoamericano a través de esta práctica. Como Bottom, personaje shakespereano de *A Midsummer Night's Dream* (en un pasaje en que "translated" significa "transformado", concretamente de persona a burro), Huidobro produce una versión traducida de sí mismo, una metamorfosis de sus propios poemas que los actualiza y despercude. El rito de pasaje de la traducción marca, por otra parte, el inicio de un período de creación en lengua extranjera, en el francés que Huidobro nunca dominó del todo, y que lo hace pertenecer a esa categoría de escritores extranjeros en francés a cuyas obras se refiere acertadamente Antoine Berman: se trata de textos que

> llevan la marca de su extranjería en su temática y en el idioma en que están escritos. Semejante muchas veces al francés de los franceses de Francia, su lengua está separada de él por un abismo más o menos perceptible, como el que separa nuestro francés del de los pasajes en francés de *La guerra y la paz* o *La montaña mágica*. (*L'epreuve* 1984, 18)

Ahora bien, aunque aquí Berman parece subrayar el aspecto negativo de la relación de estos escritores con una lengua que no podrán jamás dominar o poseer del todo (tal como lo hace Rojas respecto al caso de Huidobro), podemos recordar también cómo en la novela de Mann, que él mismo cita, es la lengua extranjera la que le permite expresar sentimientos que el protagonista no habría sido capaz de expresar en su propia lengua ("Moi, tu le remarques bien, je ne parle guère le français. Pourtant, avec toi je prefère cette langue à la mienne, car pour moi, parler français c'est parler sans parler, en quelque manière —sans responsabilité, ou comme nous parlons en rêve"; Mann 1967, 356).

El medio ajeno en el que se mueve un escritor que no escribe en "su propia lengua" (si existe algo así como una lengua que poseamos: yo diría que es siempre más bien a la inversa), en su lengua natal, es también un medio que le puede permitir dejar atrás hábitos, el peso muerto que todo hablante lleva, y contemplar cada palabra con el asombro y el deslumbramiento de un recién llegado: se dice que es lo que llevó a Rilke a escribir en francés. Enrique Lihn, recordemos, se quejaba de que no había salido nunca del horroroso Chile porque no había podido dejar atrás "el habla que el Liceo Alemán / me infligió en sus dos patios como en un regimiento" (1979, 53)[13]. Seguramente, un examen de los escritores de vanguardia que adoptaron el francés como lengua literaria en algún momento de su carrera (lista que incluiría a Gangotena, Moro, Eliot, Beckett, Marinetti y Ungaretti entre muchos otros) aclararía mucho lo que para Huidobro está en juego en la adopción del francés como lengua poética, pero también habría que rastrear el sentido de ese gesto en el ejemplo de Darío, que escribió: "En entendant du coq gaulois le clairon clair / on clame: Liberté! Et nous traduisons: France! // Car la France sera toujours notre espérance, / (...) / la France est la patrie de nos rêves…" (1967, 838). Es curioso cómo la obra de Huidobro prolonga este sueño en que la "Liberté" se traduce por "France" y se articula en un idioma extranjero apropiado. Irónicamente, no sería sino hasta *Altazor*, un poema en que el escritor se ve forzado a retornar a su lengua materna (en mi opinión, debido a la imposibilidad de ejecutar una obra del tamaño e intensidad de *Altazor* en su francés frágil y delgado), que este *parti pris* de Huidobro se enunciaría como una opción literaria y estilística, o casi podría decirse ética y vital: "Se debe escribir en una lengua que no sea materna" (2003b, 732). Intenté ya en otro ensayo una lectura que tuviese en cuenta las resonancias psicoanalíticas de esa afirmación en términos de la relación con lo materno y lo paterno que pone en escena del poema en el que se inserta[14], al mismo tiempo que vinculándola con su rechazo de la "madre Natura" como modelo de la poesía, en el manifiesto "Non serviam". En el contexto de la presente discusión, me parece más interesante y relevante detenerme en la afirmación que se puede leer en el manifiesto "Le créationnisme":

> Si pour les poètes crèationnistes ce qui est important est la présentation du fait nouveau, la poésie créationniste devient traduisible et universelle car les faits nouveaux restent les mêmes dans toutes les langues.
> Il est difficile et même impossible à traduire une poésie dans laquelle domine l'importance d'autres éléments. Vous ne pouvez pas traduire la musique de mots, les rythmes de vers qui varient d'une langue à l'autre mais quand l'importance du poème tient avant tout à l'objet créé il ne perd dans la traduction rien de sa valeur essentielle. Ainsi que je dise en français: "La nuit vient des yeux d'autrui" ou que je disse en espagnol: "La noche viene de los ojos ajenos" ou en anglais "Night comes from others eyes" L'effet reste le même, les détails de langue deviennent sécondaires. La poésie créationniste acquiert des proportions internationales, elle passe à être la Poésie, et elle est accessible á tous les peuples et races comme la peinture, la musique ou la sculpture. (2003b, 1332)

La afirmación principal de este texto es, por supuesto, falsa: como afirman incontables estudiosos del tema (y como bien sabe quien haya intentado alguna vez hacerlo), al traducir de una lengua a otra todo inevitablemente se transforma, se nos mueve el piso, se desplaza el marco, cambian los colores y sonidos, el sentido se enrarece, se desvía. Sólo en un ejemplo breve como el que da Huidobro, y restringido a tres lenguas modernas, puede parecer por un momento al lector desprevenido que el autor tiene razón, pero basta para darnos cuenta de que no es así que nos pongamos a imaginar versiones de frases un poco más complejas, que escuchemos la sucesión de consonantes y vocales como un aspecto esencial del texto, que nos imaginemos esa frase traducida a otras lenguas más remotas, que comencemos a pensar en las connotaciones de cada palabra en su idioma respectivo, o que escuchemos en ellas lo que Walter Benjamin llamaba el "modo de significar" de cada lengua[15]. Para dar sólo unos pocos ejemplos, la femineidad de la noche que marca los versos en inglés y francés desaparece en la neutralidad de "night"; la modulación de los "yeux d'autrui" en "others eyes" [sic][16] introduce cierta distancia, y "de los ojos ajenos" implica un contraste con "los ojos propios" que no me parece tan central en la versión original francesa. En suma, sin entrar en el estéril debate de si la poesía es o no traducible, podemos decir que su traducción entraña siempre cambios y, por tanto, el efecto no es necesariamente el mismo (sin entrar siquiera en la manera en que el efecto estaría determinado por la pertenencia del lector a una tradición textual que forma las expectativas a partir de las cuales se descifra un texto, como nos recuerda siempre la teoría de la recepción).

Pero no se trata simplemente de enmendarle la plana a Huidobro y corregir una supuesta ingenuidad: se trata de un comprender el peso y el sentido de su error. Su anuncio de una poesía traducible sin restos ni pérdida, y por tanto universal, es la contraparte de la concepción de la poesía como, justamente, aquello que escapa a la traducción, y es en ese sentido una variación de uno de los problemas centrales que obsesionó al romanticismo alemán (tal vez el momento de la historia literaria en que estas cuestiones se abordaron con mayor intensidad). Philippe Lacoue-Labarthe y Jean-Luc Nancy ya declararon hace años que las raíces de muchos motivos de la literatura llamada "vanguardista" podían rastrearse en los románticos de Jena por medio de un examen detenido de la tradición que ellos llaman el "absoluto literario", la concepción de la literatura como absoluto, como campo independiente y desligado de todo vínculo con cualquier utilidad o uso práctico, afirmado en sí y para sí[17]. Creo que el sueño de Huidobro de una Poesía de proporciones internacionales, accesible a todos los pueblos y razas sin necesidad de mediación, es una heredera tardía del sueño de la "poesía universal y progresiva" de Novalis, al mismo tiempo que la inversión exacta del énfasis en la centralidad de la lengua materna de muchos escritores del romanticismo alemán[18].

Por otra parte, se trata de una elección estratégica astuta: Huidobro afirma que desea hacer una poesía traducible, que no esté basada en las particularidades específicas de cada lengua, porque es esa la poesía que él sabe que puede escribir en francés: una poesía que, en términos de la famosa distinción propuesta por Ezra Pound, se base no en la logopoeia ni en la melopoeia, sino en lo que Pound llama la fanopoeia, la capacidad del lenguaje poético de suscitar imágenes (y recordemos que, al formular esta distinción, el propio Pound observa que la logopoeia y la melopoeia raramente pueden traducirse, mientras que en general la fanopoeia pasa sin problemas de un idioma a otro).

Es interesante constatar, por último, que la elección del verso que Huidobro propone como ejemplo está lejos de ser completamente inmotivada: esa oscuridad que proviene de ojos ajenos, de los ojos de otro, resuena inquietantemente con la experiencia de la extranjería, de la impropiedad, en un temblor que me recuerda los versos del poema "La extranjera" de Mistral, otra escritora que algo supo de desplazamientos y dislocaciones de cuerpos, lenguas y culturas. Pero, mientras Mistral reacciona con rechazo mezclado de fascinación ante el contacto de la lengua extranjera, refugiándose en el seno de lo materno ("hablan extrañas lenguas y no la conmovida / lengua que en tierras de oro mi vieja madre canta"), Huidobro se deja llevar por esa fascinación y afirma las posibilidades que ella conlleva. Ya he mostrado con más detalle en otra ocasión que uno de los resultados de esta denegación de lo materno es el balbuceo con el que se cierra *Altazor* ("Ai a i ai a i i i i o ia"). Cabría preguntarse cuál es ese objeto que en la traducción "no pierde nada de su valor esencial". No tengo una respuesta a esta pregunta, las posibilidades que se me ocurren son salidas demasiado fáciles: se podría improvisar freudianamente sobre ese objeto perdido identificándolo al falo, o bien elaborar una improvisación marxista sobre el problema del "valor esencial" y la poesía como mercancía, siguiendo las líneas que propone Rama en su análisis del modernismo como adaptación del campo literario a la lógica del capital. Me interesa por ahora sólo apuntar hacia esta zona de conflicto, que valdría la pena explorar con más calma.

Postales del Averno: un yanqui en la Grecia de Homero

Pound nunca abandonó del todo su lengua materna, tal vez porque el inglés era una lengua con suficiente valor en la "república de las letras" como para hacer en él una carrera de escritor moderno. Hay, sin embargo, unos pocos intentos de poesía en francés (ver, por ejemplo, "Dans un Omnibus de Londres" 2003, 309), y numerosa prosa en lenguas extranjeras (francés e italiano). Además, dos de los *Cantos* de contenido más abiertamente fascista (polémicos hasta el punto de que sólo recientemente se los ha restablecido como parte de la secuencia completa) fueron redactados y publicados originalmente en italiano, la lengua desde la que el autor tanto tradujo. Pero estas operaciones singulares interesan menos que el gesto que pone en escena el proyecto total de los *Cantos*, un libro que inserta en el inglés todas las lenguas posibles y todas las voces posibles, un libro que vuelve al inglés como idioma el soporte central de un proyecto repleto de incrustaciones de citas en otros idiomas, y que por otra parte exacerba la diversidad interna del idioma inglés, en la historia y en la geografía, con su inserción de citas en idioma arcaico y su imitación de diversos acentos del inglés (afroamericano, británico, yanqui o hablado por extranjeros). Con este panorama a la vista, el gesto disimulado de rechazo a lo materno que lleva a cabo Pound en el "Canto I" resuena de modo distinto, y de modo distinto resuenan sus ocasionales afirmaciones respecto a su relación con las figuras paterna y materna, en el tono desdeñoso de quien siempre desconfió del psicoanálisis[19].

Como es bien sabido, los *Cantos* de Pound se abren con una traducción de la *Odisea* de Homero, utilizando como criba una versión al latín por Andreas Divus, del año 1538[20]. Esta opción no se debe a un conocimiento insuficiente del idioma griego por parte de Pound (aunque su conocimiento del latín era superior a su conocimiento del griego) sino a la intención de indicar desde el inicio de la obra su interés por la transmisión de las obras maestras a través de la operación de traducir, concebida como transformación (en la línea de las *Metamorfosis* de Ovidio) y, como traslado, viaje y aventura (siguiendo el modelo del viaje del héroe épico, aunque no necesariamente sin transformaciones)[21]. Podría decirse que Pound, como lo han señalado numerosos intérpretes suyos, estaba más interesado en la transmisión que en lo transmitido, más en la potencia generadora de Homero en diversos momentos históricos que en su estabilidad como texto inicial, originario, más en su dinamismo que en su fijeza textual. Tal como sucede en el caso de muchos de los textos que se incorporan a los *Cantos*, el de Homero sufre en el proceso de incorporación varias condensaciones, cortes y desplazamientos: hay uno entre ellos que me parece especialmente interesante. La escena traducida es el diálogo con las sombras de los muertos en el que Ulises quiere averiguar si logrará regresar a Ítaca, para lo cual debe interrogar a Tiresias. Tras el sacrificio de animales con el que conjuran a los muertos, se acercan varias sombras que desean beber la sangre, pero Odiseo las espanta hasta que llegue Tiresias. Vale la pena citar el pasaje completo:

> Here did they rites, Perimedes and Eurylochus,
> And drawing sword from my hip
> I dug the ell-square pitkin;
> Poured we libations unto each the dead,
> First mead and then sweet wine, water mixed with white flour
> Then prayed I many a prayer to the sickly death's-heads;
> As set in Ithaca, sterile bulls of the best
> For sacrifice, heaping the pyre with goods,
> A sheep to Tiresias only, black and a bell-sheep.
> Dark blood flowed in the fosse,
> Souls out of Erebus, cadaverous dead, of brides
> Of youths and of the old who had borne much;
> Souls stained with recent tears, girls tender,
> Men many, mauled with bronze lance heads,
> Battle spoil, bearing yet dreory arms,

> These many crowded about me; with shouting,
> Pallor upon me, cried to my men for more beasts;
> Slaughtered the herds, sheep slain of bronze;
> Poured ointment, cried to the gods,
> To Pluto the strong, and praised Proserpine;
> Unsheathed the narrow sword,
> I sat to keep off the impetuous impotent dead,
> Till I should hear Tiresias (2003, 3-4)[22]

A estas líneas sigue un diálogo con Elpenor, tripulante del barco de Ulises recientemente fallecido en la mansión de Circe que solicita que lo entierren, y luego, precedidas por la conjunción "And" que caracterizará el estilo paratáctico de toda la obra, siguen las siguientes líneas:

> And Anticlea came, whom I beat off, and then Tiresias Theban,
> Holding his golden wand, knew me, and spoke first:
>   "A second time? why? man of ill star,
>   "Facing the sunless dead and this joyless region?
>   "Stand from the fosse, leave me my bloody bever
>   "For soothsay."
> And I stepped back,
> And he strong with the blood, said then: "Odysseus
> Shalt return through spiteful Neptune, over dark seas,
> "Lose all companions." Then Anticlea came. (2003, 4-5)[23]

Habría mucho que comentar respecto a este pasaje, pero me interesa sólo detenerme en esos dos "Anticlea came" y lo que ellos condensan y ocultan. Si se consulta una traducción de la Odisea, se encontrará que Anticlea, madre de Odiseo, aparece entre las sombras deseosas de beber la sangre de los sacrificios. Al verla, Odiseo, que no sabía de su muerte, rompe a llorar, pero no la deja acercarse a la sangre hasta después de haber interrogado a Tiresias. Es entonces que Odiseo interroga a Anticlea acerca de las causas de su muerte, y ella le responde que es la pena causada por su ausencia lo que le quitó la vida. Este es sólo uno de los muchos casos en los que Pound, en pro de la agilidad y concisión deseadas, suprime fragmentos de los textos que traduce y cita, pero me parece un ejemplo significativo de las tensiones que subyacen al proyecto de los *Cantos*. Sin entrar en un intento de tender a Pound en el diván del analista, podemos aventurar que hay en el inicio de su poema una relación conflictiva con el ámbito de lo materno, de la patria y el idioma dejados atrás, y una negativa a hacerse cargo de las consecuencias de esa partida, a enfrentar "el miedo de perder con la lengua materna / toda la realidad", como escribía Lihn en el poema ya citado. Contradicciones de ese tipo no están lejos de las que caracterizan la ambigua relación de Huidobro con su propio idioma y con las tradiciones que supuestamente dejó atrás al rebelarse contra la "madre naturaleza" en el manifiesto "Non serviam".

Regresos y extravíos: dos versiones del viajero

> Ítaca te brindó tan hermoso viaje.
> Sin ella no habrías emprendido el camino.
> Pero no tiene ya nada que darte.
> —Constantino Kavafis

Observando en paralelo la trayectoria de estos dos poetas y sus esfuerzos por librarse de la herencia de un modo de escribir así como del "peso de la noche" que todo modo de escribir trae consigo, a la vez que dejar atrás concepciones del arte y la literatura que en el medio europeo ya no eran vigentes, uno no puede sino admirar el modo en que, con la agilidad del recién llegado y el ingenio del *parvenu*, se pusieron prontamente al día. Para uno y otro, la traducción fue mucho más que un medio para darse a conocer en el extranjero o una manera de ganarse la vida, una escuela. Huidobro traspone sus propios poemas creyendo que en ese proceso "nada se pierde ni se destruye", Pound transforma las posibilidades vigentes de la lengua inglesa intentando amoldarla a las posibilidades del aliterativo anglosajón, de las complejas y ricas rimas provenzales, la sutileza conceptual del dolce stil nuovo y, sobre todo, la concisión de la poesía china clásica. Huidobro se despoja, para pasar al francés, del ropaje retórico que le pesaba, pero, como apuntan un par de aforismos de Karl Kraus, tal vez se deja la piel (y no sólo la ropa) al pasar la frontera[24]. Para uno y otro esta experiencia de lo extranjero, esta dislocación, son el punto de partida de exploraciones poéticas de una radicalidad y complejidad que aún no terminamos de desentrañar. Los dos comenzaron a escribir en un estilo ya en desuso, con la ingenuidad y el retraso de quienes habían aprendido sus primeras letras en regiones semi-salvajes, y nunca se libraron por completo de los restos de ese estilo. Uno y otro defendieron su derecho al "verso libre" con metáforas similares, indicadoras tal vez de que la libertad a que aspiraban era más que la de renunciar a contar sílabas o pies[25]. Para los dos, en un primer momento esta renovación se tradujo en poemas breves y reconcentrados, despojados de adorno, en cierto modo se podría decir "clásicos" o incluso "primitivos" en su simplicidad. En contraste, alrededor de la misma época, uno y otro se propusieron explorar las posibilidades del poema extenso, con los *Cantos* y *Altazor*. Ambos se hicieron responsables de crecientemente agresivos manifiestos que anunciaban el inicio de diversos "ismos", caracterizados siempre por la alianza de "precisión y violencia" que Marjorie Perloff propone como el rasgo distintivo del género, y ambos participaron en la producción de revistas literarias donde esos manifiestos se intentaban publicitar y poner en práctica[26]. Ambos comparten también, en su edad avanzada, la frustrante y dolorosa experiencia del regreso, o mejor dicho de la imposibilidad de volver, de la que habla Gabriela Mistral ("Y baldíos regresamos, / ¡tan rendidos y sin logro!, / balbuceando nombres de "patrias" / a las que nunca arribamos"). Pound es traído de Italia para ser juzgado con cargos de alta traición, Huidobro vuelve después de la Segunda Guerra, más bien desilusionado, a una propiedad de la familia en Cartagena, donde muere pocos años después debido a las heridas que le fueron infligidas en el frente. Por cierto, estos dos autores no son los únicos en compartir trayectorias de este tipo, ni están solos en estas exploraciones: estoy convencido de que una consideración cuidadosa de la génesis de la poesía moderna tendría que tomar en cuenta la importancia para ella de los fenómenos tan a menudo ligados del desplazamiento geográfico y de la traducción, así como del encuentro con otros idiomas. Habría que pensar en las *Residencias* de Neruda, surgidas inicialmente a raíz del extrañamiento de su estadía en oriente, y marcadas por el inglés que era la lengua en que el poeta se comunicaba. Pensemos en Borges y su educación anglófila, sus traducciones reales de autores desde otros idiomas y sus varios ensayos y cuentos organizados alrededor de lo que la traducción significa. O consideremos el caso de Oswald de Andrade, que sólo en París descubre la manera de hacer poesía a partir de la realidad brasileña. Pero esto no es sólo verdadero respecto a los escritores latinoamericanos o norteamericanos: lo mismo podría decirse de muchos escritores europeos. Rilke y su relación con Rusia y Francia, Ungaretti escribiendo en francés desde África, Pessoa (cuya principal aventura es la invención de una manera de expresar más radicalmente que nadie el extrañamiento respecto a lo propio, los heterónimos) iniciando su obra en un inglés cargado de ecos spenserianos y de Shakespeare.

En su reciente y muy controvertido libro, Pascale Casanova proclama que la ciudad de París es la capital de esa república mundial relativamente independiente de las estructuras de poder político y económico, y que todos los escritores deseosos de obtener el reconocimiento internacional que dispensa tal república debían en algún momento "hacerse notar" en París. El alcance que Casanova le da a esa intuición es sin duda desmesurado, y está acompañado por afirmaciones totalmente inaceptables de un eurocentrismo desbordante y de una ingenuidad que sorprende e irrita en un libro que proporciona varias observaciones valiosas para la tarea de enfrentarse a la literatura como fenómeno mundial, y la intuición acertada de que el paso por París y por otras ciudades de Europa tenía una función de rito iniciático y puerta de entrada a la posteridad literaria "universal". Sin embargo, habría inevitablemente que pensar en establecer una contraparte centrífuga al polo centrípeto que ella postula como centro del Maelstrom de la literatura contemporánea (me limito a ella, pues estoy convencido de que para la literatura anterior al siglo XIX la hipótesis de Casanova no tiene gran validez y que su discusión de la importancia de la literatura francesa del renacimiento está demasiado teñida por la conciencia de una importancia de París que sólo es tal a posteriori). Es verdad que París aparece a quien observa el panorama de la literatura moderna como una suerte de ojo del huracán, pero es verdad también que esa ciudad sólo es el centro en relación a un movimiento de descentración progresiva y veloz. Como escribió Yeats en una vena más bien apocalíptica, "Things fall apart; the centre cannot hold". En ese proceso en que las cosas caen y se desvanecen en el aire, la modernidad, la práctica de traducir ocupa un lugar al mismo tiempo central y descentrante, centrífugo y centrípeto, como he intentado mostrar en estos dos autores.

Notas

1   No alcanzaré a desarrollar esta intuición con todo el detalle que requeriría: a lo que apunto es que lo moderno no debe entenderse sólo como sed de novedad, sino que lo que Paz llama "tradición de la ruptura", en su esfuerzo por distinguirse del pasado reciente, muchas veces echa mano de pasados más remotos, y se vuelve hacia lo llamado "primitivo" en busca de una simplicidad original, de una fuerza que el refinamiento y amaneramiento de épocas posteriores habría perdido. Como lo formula Michael Bell, una de las paradojas centrales de la modernidad es que "la conquista más sofisticada del presente es un retorno a o una nueva apreciación de lo arcaico." (1999, 20) En ese sentido, en contraste con Darío o Rossetti, Pound y Huidobro son "primitivos" en el sentido que explora Gombrich en *The Preference for the Primitive*. Eliot Weinberger comprende bien esto cuando escribe que el creacionismo "was simultaneously modern, in its belief that in the new era human imagination would be able to do anything, and archaic, reflecting the contemporary preoccupation with the 'primitive,' particularly the spells and charms of sympathetic magic." (*Altazor* 2003a, ix) No por nada alega Huidobro que su idea de hacer florecer la rosa en el poema la tomó prestada de un poeta inca. En cuanto a Pound, se podrían aducir innumerables ejemplos: su interés precisamente en el episodio de la Odisea reputado más arcaico, traducido en el primero de sus *Cantos*, su fascinación por el anglosajón y sus ásperas aliteraciones previas al flujo armonioso de Shakespeare, su interés por las culturas africanas a través del trabajo de Leo Frobenius, que lo acerca al africanismo de figuras como Blaise Cendrars, Picasso, o Bre-

ton. Creo que valdría la pena examinar más en detalle lo que implica esta vertiente "primitivista" del vanguardismo, pero por el momento cabe señalar que no está ausente en la famosa definición de Baudelaire, si se equipara lo primitivo a lo eterno e inmutable que él menciona.

2   Ver Antoine Berman, *L'Épreuve*. Para una introducción general a la obra de Berman y la traducción de algunos textos suyos al castellano, ver mi "Antoine Berman: traducción y experiencia".

3   En general, la crítica ha leído la persistente aparición de temas, objetos y adjetivos modernistas en la poesía de Huidobro en clave irónica, de crítica al paradigma estético dejado atrás. Me parece que, al menos en parte, esa lectura está condicionada por la necesidad de afirmar la distinción entre dos períodos de la historia literaria, distinción que, por supuesto, fue fijada a posteriori. Me parece en general más acertado reconocer que, si bien las imágenes que en la poesía de Huidobro se mantienen dentro de un registro modernista están puestas en tensión con los aspectos más disonantes y experimentales de su estética, en muchos casos se trata de remanentes de la escuela literaria en la que se formó: la evolución de los estilos es generalmente menos nítida y delimitable que lo que querrían los historiadores literarios ocupados en periodizarla. Por otra parte, creo que sería posible mostrar cómo numerosos aspectos de la poética de Huidobro son, de hecho, simples variaciones de concepciones románticas apenas disfrazadas de vanguardismo con algunos adjetivos discordantes. Pero esto requeriría un desarrollo más extenso.

4   Volveré sobre el libro de Casanova en la conclusión de este texto, pero me parece importante señalar de inmediato que, si bien su análisis de la centralidad de París para autores que emergieron en la escena internacional en los siglos XIX y XX resulta sumamente útil y acertado, la genealogía mediante la cual ella rastrea la importancia de París hasta la *Defensa e ilustración de la lengua francesa* de Du Bellay es sencillamente delirante, y sus repetidas afirmaciones de que la construcción de París como capital de la república letrada no es un signo de francocentrismo o eurocentrismo sino un hecho objetivo y demostrable resultan poco creíbles si se las contrasta con las numerosas ocasiones en que ella ignora los datos que podrían apuntar a que no existe UN SOLO centro de la producción literaria, sino varios en diversos lugares y momentos históricos, y por otra parte el hecho de que la literatura que los centros ignoran puede tener importancia local nada desdeñable en otros de esos centros o en comunidades marginales.

5   "Lord God of heaven that with mercy dight / Th'alternate prayer wheel of the night and light / Eternal hath to thee, and in whose

sight / Our days as rain drops in the sea surge fall…" (2003, 21). Propongo una traducción aproximada en prosa: "Señor Dios del cielo, que con clemencia dictas el ciclo de oraciones de la noche y la luz, eternamente para ti, y bajo cuya mirada nuestros días caen como gotas a un mar en tormenta".

6   "High-Dwelling 'bove the people here, / Being alone with beauty most the while, / Lonely? How can I be, / Having mine own great thoughts for paladins / Against all gloom and woe and every bitterness?" (2003, 69) O sea: "En mi alta morada por sobre la gente, casi siempre a solas con la belleza, ¿cómo puedo sentirme solo si mis propios pensamientos son mis paladines contra la penumbra, el dolor y la amargura?"

7   Le debo esta observación al profesor David Lenson.

8   Una traducción literal y prosaica: "Por tres años, desentonando respecto a su tiempo / intentó resucitar el arte muerto / de la poesía, mantener 'lo sublime' / en el antiguo sentido. Equivocado desde el principio—// No en realidad, pero, viendo que había nacido en un país semi-salvaje, atrasado, insistió en pedirle peras al olmo".

9   La polémica acerca de esta edición ha hecho correr mucha tinta de estudiosos como para recapitularla en detalle. Remito al lector interesado a la discusión en la edición de Goic de la *Obra poética*, así como a las observaciones de Waldo Rojas en "El fechado dudoso de *El espejo de agua*", que contiene algunas acertadas observaciones respecto a las motivaciones de Huidobro en relación con el contexto parisino de esta polémica.

10 La frase es de Shakespeare, en su *A Midsummer Night's Dream*, acto III, escena 1.

11 Ver su "Sobre *El espejo de agua*", en *En pos de Vicente Huidobro*.

12 Waldo Rojas, en su interesante ensayo "En torno a *Automne régulier* y *Tout à coup*", así como en su introducción a sus versiones de los poemas en francés y en el ensayo "Huidobro, Moro, Gangotena", propone una cuidadosa lectura de la inserción de Huidobro en los medios literarios de lengua francesa que me fue de gran ayuda para comprender la importancia del proceso que describo.

13 En el resto del poema, Lihn continúa confesando que "Otras lenguas me inspiran un sagrado rencor: / el miedo de perder con la lengua materna / toda la realidad. Nunca salí de nada". Cabría preguntarse si Huidobro salió alguna vez de algo, pero lo que hay que reconocerle es que no tuvo miedo de perder la lengua materna, o al menos que hizo de ese miedo una pirueta prodigiosa.

14 Ver mi "Antes de hablar: el Prefacio a *Altazor*".

15 Recordemos la famosa observación de Benjamin: aunque el objeto al que las palabras *Brot* y *pain* refieren es el mismo, estas dos palabras no significan de la misma manera (su *Art des Meinens* o "modo de significar" es diverso): "This difference in the way of meaning permits the word *Brot* to mean something other to a German than what the word *pain* means to a Frenchman, so that these words are not interchangeable for them; in fact, they strive to exclude each other." (1996, 257) A primera vista, parecería que Benjamin se refiere a la dificultad de traducir la connotación de un sustantivo como "pan", pero un examen detallado de su texto muestra que no es exactamente eso lo que está en juego, sino algo semejante a lo que los románticos denominaban el "genio" de la lengua.

16 Supongo que Huidobro pensaba en *"other's eyes"*, lo que es una locución más bien extraña en inglés, en vez del más habitual *"somebody else's eyes"*.

17 Ver su *L'Absolu littéraire*.

18 Waldo Rojas señala acertadamente que la fantasía de Huidobro de una poesía traducible si resto depende de una concepción de la lengua menos como sistema que como nomenclatura (2005, 50). Yo agregaría que la fantasía de un lenguaje universal es una idea recurrente en numerosos artistas y pensadores de la época: piénsese por ejemplo en la moda del esperanto, o en los trabajos tempranos de Wittgenstein que Michael North comenta en su *Reading 1922* desde esta perspectiva. Él mismo señala que esta idea aparece a menudo vinculada el interés en la universalidad del cine y a la capacidad comunicativa instantánea de las imágenes publicitarias o pictóricas (y aquí habría que mencionar el interés en los ideogramas chinos de Eisenstein y Pound), preocupaciones para nada ajenas a los derroteros de Huidobro.

19 Durante su estadía en el hospital psiquiátrico de Saint Elizabeth, Pound le declaró a uno de sus doctores: "My own case is the farthest removed from the Oedipus complex" y "I was my father's son in opposition to my mother" (citado en Carpenter 11). Por supuesto, no se trata de una afirmación que uno pueda acoger sin reservas, se trata obviamente más de un síntoma de resistencia que del fruto de un análisis logrado, como han dejado en claro los numerosos estudios de la obra de Pound desde una perspectiva psicoanalítica.

20 Para una discusión más detenida de este tema, ver Hugh Kenner, *The Pound Era*, capítulo "The Cantos I" (1971, 349-381).

21 Sicari propone que el modelo para la travesía poundiana es menos el Ulises de Homero, que regresa a casa tras sus peripecias, que el de

Dante, extraviado para siempre a causa de la sed insaciable de viajes y descubrimientos.

22 Una versión aproximada en prosa: "Aquí celebraron ritos, Perímedes y Euríloco, y desenvainando la espada, cavé un pequeño pozo de un ana de ancho; le dedicamos libaciones a cada uno de los muertos, primero hidromiel y luego vino dulce, agua mezclada con harina blanca. Luego recé numerosas plegarias para invocar a los difuntos. Como en Ítaca se inmola a los mejores bueyes en sacrificio, tesoros puestos en la pira, sólo para Tiresias una oveja negra, una oveja con campana. La sangre oscura entró en la fosa, del Hades surgieron las almas, muertos de fúnebre aspecto, novias y jóvenes y viejos maltratados por la vida, almas manchadas por llanto reciente, tiernas muchachas, muchos hombres atravesados por puntas de lanza de bronce, despojos de la batalla, cargando todavía su desolado armamento, todos estos se juntaron alrededor mío; gritando, pálido, les ordené a mis hombres que trajeran más bestias; sacrificamos todo el rebaño, ovejas degolladas por el bronce; derramamos aceite, clamamos a los dioses, a Plutón fuerte y a la loada Proserpina, desenvainé mi espada estrecha, y me senté allí para mantener a raya a los muertos impetuosos e impotentes, hasta que oyera a Tiresias".

23 "Y vino Anticlea, y con un golpe la mantuve a raya, y luego Tiresias el tebano, con su vara dorada, me conoció y hablo primero: '¿Por segunda vez? ¿Por qué, hombre de estrella desafortunada, te enfrentas de nuevo a los muertos sombríos en esta región desolada? Aléjate de la fosa, déjame beber mi sangrienta bebida para predecir'. Y lo dejé pasar. Y él, fortalecido por la sangre, dijo: 'Odiseo regresará pese a la ira de Neptuno, por mares oscuros, perderá a todos sus compañeros'. Entonces vino Anticlea".

24 Los aforismos de Kraus afirman: "A linguistic work translated into another language is like someone going across the border without his skin and putting on the local garb on the other side" y "One can translate an editorial but not a poem. For one can go across the border naked but not without one's skin, for, unlike clothes, one cannot get a new skin" (Zohn 1971, 160).

25 Pound escribe en 1913, en sus "Imagist principles": "As regarding rhythm: to compose in sequence of the musical phrase, not in sequence of a metronome". Huidobro proclama, en su prefacio a *Adán*, que "el verso librista atiende a la armonía total de la estrofa. Es una orquestación más amplia, sin compás machacante de organillo" (2003b, 324).

26 Véase "Violence and Precision: The Manifesto as Art Form". En *The Futurist Moment: Avant-Garde, Avant-Guerre, and the Language of Rupture* (Chicago: University of Chicago Press, 2003), 80-115.

Obras citadas

Bell, Michael. 1999. "The Metaphysics of Modernism". En *The Cambridge Companion to Modernism*, ed. Michael Levenson. Cambridge: Cambridge University Press. 9-32.
Benjamin, Walter. 1996. "The Task of the Translator". En *Selected Writings 1*, eds. Marcus Bullock y Michael W. Jennings. Cambridge: Harvard University Press.
Berman, Antoine. 1984. *L'épreuve de l'étranger*. París: Gallimard.
Casanova, Pascal. 2004. *The World Republic of Letters*. Cambridge: Harvard University Press.
Costa, René de. 1980. *En pos de Huidobro*. Santiago: Universidad de Chile.
Darío, Rubén. 1967. *Poesías completas*. Madrid: Aguilar.
Gombrich, E.H. 2002. *The Preference for the Primitive*. New York: Phaidon.
Huidobro, Vicente. 2003a. *Altazor*. Trad. Eliot Weinberger. Middletown, Conn.: Wesleyan University Press.
— 2003b. *Obra poética*. París: ALLCA XX.
Kenner, Hugh. 1971. *The Pound Era*. Berkeley: University of California Press.
Mann, Thomas. 1967. *Der Zauberberg*. Berlín: Fischer Verlag.
North, Michael. 1999. *Reading 1922: A Return to the Scene of the Modern*. New York: Oxford.
Paz, Octavio. 1990. "La búsqueda del presente". Discurso de recepción del premio Nobel. Web. http://nobelprize.org/literature/laureates/1990/paz-lecture-s.html.
Pérez, Fernando. 2003. "Antes de hablar: el Prefacio a *Altazor*, de Vicente Huidobro", *Taller de letras* 32: 147-164.
— Primavera 2003. "Antoine Berman: traducción y experiencia", *Pensar y poetizar* nº 3, Universidad Católica de Valparaíso: 9-28.

Perloff, Marjorie. 2003. *The Futurist Moment: Avant-Garde, Avant Guerre, and the Language of Rupture*. Chicago: University of Chicago Press.
Pound, Ezra. 2003. *Poems & Translations*. Ed. Richard Sieburth. New York: Library of America.
Rama, Ángel. 1985. *Rubén Darío y el modernismo*. Caracas: Alfadil.
Rojas, Waldo. 2004. "El fechado dudoso de *El espejo de agua* a la luz de la tentativa poética francesa de Vicente Huidobro. ¿Un extravío del anhelo de originalidad radical?". *Caravelle. Cahiers du monde hispanique et luso-brésilien* 82: 63-88.
— 2005. "Huidobro, Moro, Gangotena: tres incursiones poéticas en lengua francesa". *Taller de letras* 36: 39-54.
Sicari, Stephen. 1991. *Pound's Epic Ambition. Dante and the Modern World*. Albany: SUNY Press.
Zohn, Harry. 1971. *Karl Kraus*. New York: Ungar.

Poèmes 1925, Vicente Huidobro y Joaquín Torres García: la poesía intervenida

Cedomil Goic
D.F. Sarmiento Professor Emeritus,
The University of Michigan

La participación o colaboración del lector en la literatura y del espectador en el arte contemporáneo aparece como una parte integral, a veces agresiva, del proceso creativo.

Me interesa abordar esta vez el encuentro de imagen visual y escritura poética en diálogo dictado por el arte y la amistad, en modo serio de ilustración de la poesía y de colaboración y de coparticipación entre las artes[1].

Consideraré la original propuesta de Joaquín Torres García a su amigo Huidobro en *Poèmes Paris 1925*[2]. Se trata de un libro artesanal, de 18,5x13 cm, que preparó a mano el pintor Joaquín Torres García (Montevideo, Uruguay, 28 de julio, 1874-1949, 8 de agosto, Montevideo). El libro existe en la biblioteca del Getty Research Institute, tiene tapas duras y un número extenso de páginas, pero contiene sólo cinco de los 32 poemas numerados del libro de Huidobro, los cinco primeros —1 a 5— de *Tout à coup* (1925)[3]. Se trataba de una intervención original y novedosa que hacía Torres García en homenaje a su amigo, esperando que tal vez su destinatario le dijera, ¿por qué no completas el libro? Torres García publicó varios libros originales con esta tipografía y con un conjunto de símbolos bien definidos y extensamente utilizados en sus pinturas constructivistas[4]. Motivado por el texto, el pintor uruguayo instala además algunos significantes visuales nuevos que no se encuentran en el repertorio o código que ha establecido. Podríamos llamar este diálogo entre poesía y pintura, ilustraciones o poemas ilustrados. Al texto conocido y original, Torres García agrega un dibujo, un trazo, una figura que intercala entre líneas y palabras.

El texto de los poemas está escrito con letra manuscrita que imita la letra de molde en minúsculas y mayúsculas y ocasionalmente sólo en mayúsculas[5]. La familia a la que pertenecen los caracteres es la grotesca, antigua o palo seco, con formas especiales en su pie, salvo en Torres García, en la M y, en algunas distracciones, en la A, y las juntas de unión de sus rasgos son angulares. En el pintor uruguayo, las astas de b, d, l, h, tienen una original gracia o adorno hacia la izquierda y la g, hacia la derecha.

Modo de intervención y diálogo entre poesía y diseño gráfico

La originalidad de la propuesta del pintor constructivista uruguayo consiste en mezclar o entrecruzar con las líneas de los versos y las palabras, figuras visuales, pequeños jeroglíficos o diseños trabados con las palabras. Estos establecen, en unos casos, equivalencias con palabras y, en otros, con frases de diversa extensión.

Junto con esto, el pintor ha intervenido los poemas en varios aspectos de diferente significación: (1) el texto original de los poemas de Huidobro va originalmente ordenado en series de líneas justificadas siempre al margen izquierdo, en versos completos o con segmentación o encabalgamiento; la intervención del pintor, modifica la disposición, introduciendo múltiples cortes y encabalgamientos, fragmentando las líneas continuas en una nueva ordenación espacial; (2) los poemas originales no tienen más de una página de extensión; las versiones del pintor extienden los poemas a 5, 4 y 5 páginas, respectivamente; (3) en los textos originales considerados, no hay palabras o versos en altas; el pintor introduce varias en cada uno de ellos; (4) como rasgo pasivo, el pintor no advierte, en dos casos, la impropiedad del impresor que puso punto en el interior del texto en dos casos, y punto final al término de cada poema; (5)

finalmente, no corrige una errata del poeta e incurre, por su parte, en tres nuevas erratas[6].

Si miramos, ahora, cada uno de los poemas en particular, podemos observar lo siguiente.

En el poema "1", cada página trae un dibujo. En ellos, el diseño es el significante directo de una palabra que el texto modifica con determinantes previos o subsiguientes que desrealizan la significación inmediata de la imagen visual: *Les deux ou trois / charmes des escaliers / du hasard sont / INCONTESTABLES* [Los dos o tres encantos de las escaleras del azar son incontestables]. Torres García convierte una palabra en altas, la que en el original está en letras bajas o minúsculas. Se trata de otro modo de intervención en el texto. En todo caso, el pintor no puede representar los irrepresentables [dos o tres encantos de las escaleras del azar]. Debe conformarse con diseñar los peldaños de una escalera. Trazando intencionadamente los peldaños de una escalera que no viene de ni va a ninguna parte, respetando la imagen creada de "*les escaliers du hasard*" y sus otros determinantes.

En principio, los diseños que acompañan o siguen a voces como *yeux, lune, oiseau,* duplican gráficamente sólo lo mentado por la palabra en referencia y no la imagen creada.

Là-haut / Montez / vers l'avenir précis
[Allá arriba / Subid / hacia el porvenir preciso].

El pintor traza la imagen de una quebrada o altura que el texto del poema conmina o incita a escalar [subid hacia el porvenir preciso], en lugar de remitir al horizonte distante. Lo que tiende a la trascripción literal más que a la referencia al horizonte mismo y el ocaso que es la referencia efectiva, pero acentúa la marca semántica de subir.

El pintor intervendrá el texto por segunda vez al poner en altas la palabra *CIEL*. En este caso, además, Torres García se ciñó a la errata del editor de la edición príncipe que puso un punto después de la palabra *externes*, en circunstancias que los poemas deben ir sin puntuación, eliminada ésta desde la etapa espacialista más temprana de la poesía de Huidobro y *Nord-Sud*.

> *les vagues du* / CIEL / *caressent les sables*
> [las olas del / CIELO / acarician las arenas]

En estos versos, la imagen visual es la onda invertida de las olas del cielo, o bien, la curva de las dunas de arena con las que el pintor rinde tributo al creacionismo del poeta y lo inhabitual, representando el horizonte como lugar de síntesis de los contrarios. Ésta es la más adecuada correspondencia del diseño con el texto y su sentido.

Los versos siguientes constatan el repentino fenómeno inhabitual —*tout à coup*— que armoniza la experiencia poética de los cinco poemas y de todo el libro de Huidobro.

> *Une certaine chaleur* / *s'échappe* / *des plis des drapeaux* / *secoués par le vent* // *De mâts à mâts* / *les* / *mots se balancent*
> [Cierto calor se escapa de los pliegues de las velas / sacudidas por el viento // De mástil a mástil / se / mecen las palabras]

Nótese el juego aliterativo y paronomásico que ilustra el movimiento —*De mât à mât les mots se balancent*. En este caso, el diseño de un velero de dos palos aparece en respuesta metonímica a la referencia a las velas y a los mástiles como partes mencionadas en lugar del todo y sus marcas de temperatura y movimiento. Es interesante observar que el velero de dos palos, que existe entre los símbolos regulares del artista uruguayo, agrega las velas para establecer correspondencia más próxima con la imagen del poeta. El pintor repite la errata del libro: *du plis*, donde debió decir *des plis*. El poema concluye con los versos:

> *Et un oiseau* / *mange les* / *fruits du* / LEVANT
> [Y un pájaro / devora los / frutos del / LEVANTE]

Una vez más interviene el pintor al alterar el tipo poniendo la palabra *levante* en altas en el interior de la imagen visual del sol naciente que es al mismo tiempo el ave marcada por un par de trazos curvos como alas que se suman al semicírculo y los rayos del sol: el pájaro que devora y es devorado en la hora poética.

En el poema "2" se altera la distribución de los diseños por página. En sus cuatro páginas, dos llevan un solo diseño, otra lleva dos y una carece de dibujos. La primera va ilustrada con la imagen de la araña en el espejo:

> *Sur le miroir // une araignée qui / rame comme une / barque régulière*
> [Sobre el espejo // una araña que / rema como una / barca regular]

De todas las alusiones, ésta es la más directa aunque, naturalmente, la imagen visual no admite el movimiento.

En la página siguiente, pone en altas las palabras: LES GESTES / DERRIÈRE.

Y, más adelante, la palabra: NAUFRAGES.

La tercera página se abre con la imagen del reloj, otro de los símbolos fijos del repertorio de Torres García, que precede y remite a: *A l'heure des hirondelles*.

Los versos finales de la página van precedidos por la imagen visual de los ojos, aunque sin hacerse cargo el dibujo de la desrealización que los modifica:

> *Ta femme a les / cheveux blonds / neufs // Ses yeux sont / de jaunes d'oeufs*
> [Tu mujer tiene los cabellos rubios nuevos / Sus ojos son yemas de huevos]

En la última página, *Les yeux de brunes / Son des jaunes de LUNE* [Los ojos de las morenas / Son yemas de luna], trae en la representación más simple la palabra *LUNE* dentro del diseño del círculo de la luna, como imagen creada de una yema de dimensión cósmica. Además, el pintor pone, en contra de la versión del poeta, la palabra *lune* en altas. En ambos casos la imagen visual carece de color.

Entre las constataciones inhabituales del poema, unas más familiares que otras, se desemboca en la visión creada repentina de *Les regards satellites / Se promenent sous les arbres de l'orbite* [Las miradas satélites / Se pasean bajo los árboles de la órbita].

En el poema "3", el poema se abre con las líneas: *Je m'éloigne en / silence* [Yo me alejo en silencio]: seguidas de la imagen parcial de un hombre como encarnación del yo peregrino. La imagen del hombre —otro de los símbolos del repertorio de Torres García, junto al de la mujer—, que aparece por los demás completo en la portada interior del libro artesanal, luce incompleta en el poema, atendiendo aparentemente a la desrealización del yo, de su imagen silenciosa, de paseante de arroyos que se ahoga en medio de plantíos de oraciones, de paseante que se asemeja a las cuatro estaciones.

Finalmente:

Le bel oiseau navigateur / Etait comme un / horloge entourée de / coton // Avant de s'envoler / m'a dit ton / nom
[El bello pájaro navegante / Era como un reloj / rodeado de algodón // Antes de volar me ha dicho tu nombre]

Esta vez el pintor escribe la palabra *nom* dentro del diseño de un pájaro, en el cual *n, o* y *m* dibujan las garras con que el ave se sujeta.

El poema concluye con la imagen visual que constata el fenómeno repentino de *L'horizon colonial est tout couvert de draperies* [El horizonte colonial está cubierto de figuras], y conmina como preferencia natural y novomundista —contraposición entre naturaleza y artificio: *Allons / dormir sous / l'arbre / pareil à la / pluie* [Vamos a dormir bajo el árbol parecido a la lluvia], seguida de punto final, con una serie de trazos de lluvia sobre el tronco y ramas de un árbol a modo de follaje, en una representación abstracta.

En este poema, Torres García pone en altas las palabras CATHÉDRALES y DRAPERIES.

Todas estas frases remiten a imágenes gráficas definidas por la alusión metonímica.

Los otros dos poemas del libro, 4 y 5, se ordenan igualmente en la propuesta de una manifestación repentina. El poema 4 se introduce con un verso original: *Tu n'as jamais connu l'arbre de la tendresse d'ou j'extrais mon essence* [Tú no has conocido jamás el árbol de la ternura de donde extraigo mi esencia]. Para revelar al final el efecto sorpresivo de su poesía:

Cherche bien sous les chaises / Cherche bien sous les ponts / Il y a des morceaux d'âme sciés par mon violon
[Busca bien bajo las sillas / Busca bien bajo los puentes / Hay trozos de alma cortados por mi violín]

El poema 5, finalmente, traza la experiencia inhabitual del buzo del rey. En la experiencia del sonido inusual:

Le la bemol des belles histoires / Joué dans la harpe d'anciennes pluies / Nous montrent à peine ce qui luit
[El la bemol de las bellas historias / Tocado en el arpa de las antiguas lluvias / Nos muestran apenas lo que brilla]

Este es el "tout à coup" que integra el poema en el libro.

Conclusión

Como sabemos, los poemas del libro *Tout à coup* van identificados por número, de 1 a 32, y carecen de título. La carencia de títulos importa, en el caso de este libro, que el título del volumen, *Tout à coup*, sea también el título de cada poema y su efecto en él no sea otro que revelar lo inesperado, lo que surge de repente, como una sorpresa o una revelación, una dimensión de lo maravilloso o lo inhabitual o sorprendente y constituya, a la vez, la matriz textual del libro y de cada poema.

Todo ello se desarrolla en el marco de una nueva etapa de la poesía creacionista de Vicente Huidobro en respuesta a los manifiestos del surrealismo de 1924 y otros. Huidobro descartó la significación del automatismo verbal, el azar y la locura, marcando las diferencias entre creacionismo y surrealismo en su libro *Manifestes* (1925). Allí recupera las nociones de delirio platónico y de superconciencia creadora. Sus libros *Automne régulier* y *Tout à coup*, publicados ambos en 1925, y especialmente este último, conducen a Huidobro a una fuerte autonomización de la imagen creada y del objeto creado y, finalmente, del poema creado que desafía la lectura con imágenes novedosas y atrevidas y que logra una originalísima expresividad de lo reveladoramente instantáneo, inhabitual o maravilloso.

El diálogo de arte y poesía que establece Torres García al intervenir el texto de los poemas con pequeños dibujos acentúa las marcas semánticas del ascenso, el horizonte y el ocaso —bien definidos motivos huidobrianos del momento poético, en el poema "1"; de la cósmica belleza luminosa que armoniza lo humano con lo celeste, en el poema "2"; la visión del poeta viajero que rechaza el paisaje colonial a favor de la naturaleza, en el poema "3". Finalmente, el poema "4" habla de la ambigüedad de la poesía; y el poema "5", de las dificultades de captar la luminosidad efectiva de la poesía antigua[7].

Notas

1   Existen, por cierto, otras formas de intervención particularmente en la poesía y la poesía visual. La traducción del texto a otra lengua es una de ellas, la modificación del color o de las formas, la adición del color allí donde no existe y la invitación a hacerlo marcan diversas manifestaciones de la escritura literaria y de la pintura. Acompañar el texto de una representación visual de lo nombrado o aludido marca —diálogo de dibujo y escritura— un rasgo definitorio de los 'poemas pintados' de Vicente Huidobro.

2   Texto que reproducimos parcialmente con la autorización del Getty Research Institute, Los Angeles, California, EE.UU. VINCENT HUIDOBRO, POEMES. PARIS, 1925. La portada interior dice: Tout à coup, 1922-1923, y a continuación los cinco poemas numerados de 1 a 5. En el cuadernillo adjunto, se reproducen sólo tres de los cinco poemas del libro. En nuestra edición de Vicente Huidobro, *Obra poética*. Paris: ALLCA XX, 2003, p. 676 consigné: "Es importante que se registre la existencia en la Biblioteca del Getty Research Institute, Los Angeles, California, de un pequeño volumen artesanal, de tapas duras cuya portada reza: Vincent / Huidobro / Poemas // Paris 1925. Al interior de la portada se lee: "A Vicente Huidobro este 'documento' testimonio de nuestra antigua y fraternal amistad espiritual. J. Torres García. Montevideo, Octubre 16 de 1945". Tiene sólo 28 páginas escritas y numerosas en blanco. Se trata de una hermosísima edición manuscrita con caracteres caligráficos de los cinco poemas iniciales del libro: 1 al 5. Al texto de cada poema, el destacado pintor

constructivista mezcla dibujos de manera muy original, dando por resultado una obra notable que sólo es de lamentar que no llegara a completarse. Así y todo, sería de gran interés publicar este notable "documento" hasta ahora ignorado.

3   *Tout à coup (Poèmes)*. París: Au Sans Pareil, 27, avenue Kléber Dépot, 1925. 49 p. 21x16 cm.
4   *Ce que je sais* (1930), *Foi* (1938), *Pire soleil* (1931), *La tradición del hombre* (1938), *La ciudad sin nombre* (1941), *La regla abstracta* (1946) y *Raison et nature: théorie* (1954).
5   El Estudio de Diseño OBRA creó una tipografía a partir del modelo de Torres García que llama MontevideoJTG (TrueType), para la letra y MontevideoJTGSymbol (TrueType) para los diseños gráficos visuales. Vid. http://www.montevideo.gub.uy.
6   La transcripción del pintor de los textos de Huidobro incurre en algunas erratas: *du plis* > *des plis*, que repite la de Huidobro; y otras de su cuenta: *nuefs* > *neufs*; *ruiseaux*> *ruisseaux*; *nuuit* > *nuit*.
7   Un caso complementario de intervención relacionado con *Tout à coup* es la traducción. En español, el título del libro de poemas se ha traducido indiferentemente: *De repente* o *Repentinamente*. El modo como Armando Uribe Arce traduce *Tout à coup* como *Al tiro*, chilenismo que corresponde al español *en seguida, de inmediato*, o *inmediatamente* —en francés, más bien, 'Tout de suite'—, se aleja del sentido del título y del poemario, así como de la manera como regularmente se lo ha traducido. Armando Uribe Arce. *Imágenes quebradas*. Santiago: Dolmen editores, 1998.

Obras citadas

Huidobro, Vicente. 2003. *Automne régulier. Obra poética*. Edición crítica. Madrid: ALLCA XX.

— 2003. *Manifestes* (Paris: 1925). *Obra poética*. Edición crítica. Madrid: ALLCA XX.

— 2003. *Tout à coup. Obra poética*. Edición crítica. Madrid: ALLCA XX.

(Re)escribiendo la bibliografía de Huidobro... una vez más

Laura D. Shedenhelm
Universidad de Georgia

En 2003, Cedomil Goic publicó la bibliografía definitiva hasta la fecha sobre las obras por y sobre el escritor chileno Vicente Huidobro. Goic incluyó no solamente las obras originales del poeta, sino también las entrevistas y las correspondencias publicadas, además de la voluminosa crítica y los textos de investigación sobre Huidobro. La bibliografía de Goic empezó con las obras de Huidobro categorizadas meticulosamente (poesías, novelas, dramaturgias, ensayos, compilaciones, representaciones audiovisuales, y obras dispersas), enumerando cada título y las ediciones del título, las cuales aparecen ordenadas por fecha de publicación. Esta forma de organización establece el talento creativo de Huidobro en el contexto del género literario y de la cronología. Dado que los escritos de Huidobro fueron frecuentemente publicados por diferentes editoriales, o republicados en diversas revistas, en la próxima sección de la bibliografía Goic anotó de forma exhaustiva esta tendencia, arreglando los poemas o ensayos singulares en coordinación con el título de la compilación original —se ven, por ejemplo, los poemas de *Horizon carré* (2003, 229-230). También, Goic ordenó los trabajos separados de Huidobro por tema, por ejemplo, "Hispanoamérica" (2003, 252). Finalmente, en la última sección aparece una extensa bibliografía segundaria.

Mi intención original en 2009 era solamente escribir un ensayo bibliográfico sobre las publicaciones relevantes que habían aparecido desde el 2003, actualizando el trabajo ya extenso de Goic.

Sin embargo, durante las investigaciones, me di cuenta de la existencia de varios libros y artículos que no se encuentran en la bibliografía del 2003. Existe la posibilidad que algunas de las citas que incluyo aquí ya estén en las bibliografías que Goic incluye (259), pero estas bibliografías frecuentemente son muy especializadas. Por ejemplo, hay el estudio de Goic sobre la poesía de Huidobro o la bibliografía de María Ángeles Pérez López que se enfoca en la obra narrativa del poeta. En el presente trabajo, he actualizado la bibliografía que data desde 2009 hasta 2017, incorporando las nuevas citas correspondientes. Sigo convencida de que el lector apreciará que las referencias dispersas sean compiladas en una sola fuente. Quedo muy agradecida al trabajo del Dr. Goic y al de la Dra. Pérez López por la estructura y el contenido de lo que presento a continuación. También estoy en deuda con mis generosos colegas de otras bibliotecas que me comprobaron y completaron unas citas.

Utilizo la fórmula básica de Goic para esta bibliografía, pero la he simplificado. La estructura se describe a continuación: obras originales de Huidobro colocadas alfabéticamente por el título original (ediciones seguidas por compilaciones, con referencia a Goic al ser necesario); antologías, poemas singulares de compilaciones (ordenados por título de la publicación original), traducciones y adaptaciones; bibliografía, biografía y correspondencia, etc.; crítica (obras generales seguidas por crítica de escritos específicos). Sigo el ejemplo de Goic e incluyo una sección de las investigaciones académicas no publicadas de tesis y tesis doctorales. Dado que la bibliografía de Pérez López se enfocó particularmente en reseñas, especialmente de diarios, añadí una sección de reseñas de libros originales de Huidobro y de la literatura secundaria sobre el poeta, incluyendo las citas de reseñas extensivas de la bibliografía de Pérez López, notando su enumeración original. Bajo la sección de obras originales enumeradas en Goic hay "Grabaciones, versiones musicales, teatrales, videos" (2003, 227-228), que contiene una miscelánea de obras audiovisuales sobre Huidobro. Basándome en esta idea, termino este trabajo con tres secciones: Huidobro como sujeto de obras literarias originales de otros autores, la poesía de Huidobro en música, y Huidobro en otras formas de arte y obras audiovisuales. En muy pocos casos la obra no estaba disponible para revisar. Para estas citas, indico "N. pág." en lugar de poner páginas específicas.

Ahora, unas palabras sobre Huidobro en el ciberespacio. Una búsqueda reciente en Google™ sobre Vicente Huidobro en la red dio unos 550.000 resultados posibles sitios del web. Estos, claro, abarcan todos los sitios comerciales dedicados a la venta de las publicaciones de Huidobro a páginas web en que los aficionados han hecho transcripciones o han reproducido versiones de las obras de Huidobro. Decidí considerar únicamente los sitios que disponen de enlaces e/o información amplia o difícil de encontrar (ver por ejemplo, *Vicente Huidobro Papers, 1886-1968*, en la sección de correspondencia). De manera previsible, la mayoría de los sitios importantes están basadas en Chile.

Como cualquier bibliografía publicada, ésta estará rápidamente desfasada. Reconozco también, que habrá obras relevantes que no habré encontrado. Cualquier error u omisión aquí es mío, pero forma la base para las investigaciones de bibliógrafos en el futuro.

Ediciones de las obras de Huidobro

2006. *Altazor*. México, D.F.: Colofón.
1994. *Altazor, o, El viaje en paracaídas*. Caracas, Venezuela: Monte Avila Editores Lationamericana.
2008. *Altazor: El viaje en paracaídas: poemas en VII cantos: (Textos escogidos)*. Chile: Fundación Vicente Huidobro.
1985. *Altazor; Temblor de cielo*. Bogotá: Editorial Oveja Negra.
1986. — Barcelona: Planeta-Agostini.
1986. — Editado por René de Costa. México, D.F.: Red Editorial Iberoamericana México.
1999. — Editado por Hernán Lavín Cerda. México: CONACULTA.
1993. *Altazor y otros poemas*. Lima: Embajada de Chile en el Perú, Universidad Nacional Mayor de San Marcos.

2011. *Cagliostro*. Editado por Gabriele Morelli. Madrid: Cátedra.
2003. *Cagliostro: Novela-film*. Prefacio por Orlando Jimeno-Grendi. París: Indigo.
2007. *El ciudadano del olvido*. Santiago de Chile: Editorial Universitaria Boliviariana.
2003. *Manifestes: 1925*. París: Indigo.
1997. *Mío Cid Campeador*. Editado por María Ángeles Pérez López. México, D.F.: Universidad Autónoma Metropolitana, Unidad Azcapotzalco.
2003. *Mío Cid Campeador: Hazaña*. 4. ed. Santiago de Chile: Editorial Universitaria. Facsímile de Goic núm. 23.
2014. — Barcelona: Libros de la Vorágine D.L.
1983. *Mío Cid Campeador, hazaña: Texto original completo en dos tomos*. Santiago: Editorial Andrés Bello.
1985. *Papá, o, El diario de Alicia Mir*. Santiago de Chile: Zig-Zag.
2012. *Poesía y creación*. Editado por Gabriele Morelli. Madrid: Fundación Banco Santander.
2008. *El pasajero de su destino*. Editado por Óscar Hahn. Sevilla: Biblioteca Sibila Antologías: Fundación BBVA.
2012. *Sátiro, o, El poder de las palabras*. 2a. ed. Santiago de Chile: Editorial Mago.
1991. *Temblor de cielo*. México: Ediciones del Equilibrista.
2008. *Tout à coups*. "Poèmes Paris, 1925". *Anales de literatura chilena* 9: 275-290. Facsímile.
2011. *Tres inmensas novelas*. Con Hans Arp. Buenos Aires: Mansalva.
2012. *Últimos poemas*. Santiago de Chile: Universidad Diego Portales.

Escritos/poemas individuales: selecciones y compilaciones

2015. "'Alegoría de Atahualpa': Un texto desconocido de Vicente Huidobro". *Anales de literatura chilena* 23:153-160. Incluye introducción, reproducción facsimilar de la revista *Zig-*

Zag (1935) con la ilustración de Carrasco Delano, y una transcripción.

2012. "Alegoría de Bolívar". En *Un canto a Bolívar: (Antología poética)*, editado por Coral Pérez, 75-79. Caracas, Venezuela: Fundación Editorial El Perro y la Rana.

Alvarado, Harold, ed. 1991. *Vicente Huidobro (1893-1948)*. Tenorio. Calí: Fundación para la Investigación y la Cultura.

Anguita, Eduardo y Volodia Teitelboim. 2000. "Vicente Huidobro, 1893". En *Antología de poesía chilena nueva (1935)*, 33-112. Santiago: Ediciones LOM. Incluye una lista de las obras de Huidobro, "Estética", "El libro silencioso", "Arte poética", "El espejo de agua", "Telephone", Fragmentos de *Ecuatorial*, "Exprés", "Égloga", «Hijo», "Adiós", "Sombra", Fragmentos de *Altazor*, "Elegía a la muerte de Lenin", "Eté en Sourdine", "La Matelotte", "Poema funerario a Guillaume Apollinaire", "Ya vas hatchou", Poemas 4, 13, 22, 23, y 32 de *Tout à coup*, "Noche y día", "Ser y estar", "Canción de la Muervida", "Panorama encontrado o revelación del mundo", "Ronda", "Cantacto Externo", "Para llorar", "Tenemos en cataclismo adentro", "Por esto y aquello", "Imposible", "Apagado en síntesis", "El paladín sin esperanza", Fragmentos de *Temblor de cielo*, y Fragmentos de *El pasajero de su destino*.

1993. *Antología poética*. Editado por Andrés Morales. Buenos Aires: Corregidor.

1998. *Antología poética*. Editado por Federico Schopf. Santiago de Chile: LOM Editions.

Aridjis, Homero, ed. 1972. "Vicente Huidobro". En *Seis poetas latinoamericanos de hoy*, 1-27. New York: Harcourt Brace Jovanovich. Hay un breve ensayo introductorio seguido por "Arte poética", "Horas", "Esprés", "Horizonte", "Départ", "Campanario", fragmentos de "Altazor", "Ella", "Pesos y medidas", "Balada de lo que no vuelve", "Infancia de la muerte", y preguntas de estudio.

1975. "Auswanderer nach Amerika". *Humboldt* 15, n° 56: 41. [Poemas.]

Baciu, Stefan, comp. 1974. "Vicente Huidobro (1893-1948)". En *Antología de la poesía surrealista latinoamericana*, 145-154. México: J. Mortiz. De *Horizon carré*, incluye versiones en francés y castellano de: "Nouvel an" / "Año nuevo", "Téléphone" / "Teléfono", "Paysage" / "Paisaje", y "Matin" / "Mañana". De *Poemas Árticos*, incluye: "Exprés", "Vermouth", "HP", y "Non serviam".

— 1981. —. —, 173-182. Valparaíso: Ediciones Universitarias de Valparaíso.

Ballardo, David y Walter Sanseviero, eds. 2007. Índice de la nueva poesía americana. Prólogo de Alberto Hidalgo, Vicente Huidobro y Jorge Luis Borges. San Isidro: Sur Libreria Anticuaria. Incluye: "1926", nuevo prólogo de Mirko Lauer (5-12), y "En busca de una antología", nuevo colofón de Mario Montalbetti (291-295). También hay el prólogo original de Huidobro conocido como "Manifesto tal vez", titulado aquí como "II" (19-22). Los poemas de Huidobro (139-148) son: "Hijo", "La senda era tan larga", "Media noche", "Torre Eiffel", "Paisaje", "22", "Poema", "Estío en sordina", "Océano o dancing", y "Campanario".

Barchino, Matias y Jesús Cano Reyes, eds. 2013. "Vicente Huidobro". En *Chile y la guerra civil española: la voz de los intelectuales*, 323-335. Madrid: Calambur. Hay un ensayo corto sobre Huidobro en España (323-327), seguido por el poema "Está sangrando España" (328-332), y la letra de una alocución hecho en una estación de radio madrileña: "¡Compañeros de América: España es la barrera de la humanidad contra la esclavitud fascista!" (332-335).

Contreras, Gonzalo, ed. 2013. "Vicente Huidobro (1893-1948)". En *Poetas chilenos contemporáneos*, 71-82. Santiago, Chile: Etnika. Incluye una breve introducción seguida por "Arte poética", "Casa", "Paquebot", Canto I (fragmento) y Canto VII de *Altazor*, y "Paisaje".

2003. "Don César Quíspez, morito de calcomanía". En *Amour à Moro: Homenaje a César Moro*, editado por Carlos Estela y José Ignacio Padilla, 92-95. Lima, Perú: Signo Lotófago.
2004. "Ecuatorial" (fragmento.) "A Picasso. Poemas de León Felipe, José Moreno Villa, Gerardo Diego, Rafael Alberti, Vicente Aleixandre, Manuel Altoaguirre, Vicente Huidobro, Pablo Neruda, Gabriel Celaya, Blas de Otero, Alfonso Canales, Carlos Edmundo de Ory y María Victoria Atencia". *El Maquinista de la generación* 7: 41.
1993. "España". *Anthropos* n° extra 39: 29.
Fernández, Jesse. 1994. "Vicente Huidobro (Chile 1893-1948)". En *El poemas en prosa en hispanoamérica: Del modernismo a la vanguardia, estudio crítico y antología*, 191-204. Madrid: Hiperión. Incluye: "Anuncio" (fragmento de *La gran visión*), "No ser, no ser" (fragmento de *La próxima*), "Un rincón olvidado" (fragmento de *El ciudadano del olvidado*), "Vagabundo" (fragmento de *El ciudadano del olvidado*), "Más allá", "Irreparable, nada es irreparable" (fragmento de *El ciudadano del olvidado*), y "De vida en vida" (fragmento de *El ciudadano del olvidado*).
Fuente A., José Alberto de la, ed. 2004. *Vicente Huidobro: Textos inéditos y dispersos*. Santiago, Chile: Universidad Católica Silva Henríquez. Nueva edición del núm. 57 en Goic.
— 2015. — 3ª ed. Santiago, Chile: Ediciones Tácitas.
1938. "Fuera de aquí". *España Leal* 7: 24-25.
1996. "Fuera de aquí." En *España, 1936: Antología de la solidaridad chilena*, editado por Hernán Soto, 112-116. Santiago: LOM Ediciones.
Gander, Forrest, ed. 2014. "Vicente Huidobro (Chile, 1893-1948)". En *Pinholes in the Night: Essential Poems from Latin America*, 6-51. Port Townsend, Washington: Copper Canyon Press. Incluye selecciones en castellano e inglés (Eliot Weinberger, trad.) de *Altazor*: Prefacio (6-15), Canto IV (16-37), Canto VI (38-47), Canto VII (48-51).

2007. "El gato con botas y Simbad el marino o Badsim el marrano". En *Narrativa vanguardista latinoamericana: Los mejores relatos*, editado por Álvaro Contreras, 210-223. Venezuela: Bid & Co. Editor.

1996. "Gloria y sangre". En *España, 1936: Antología de la solidaridad chilena*, editado por Hernán Soto, 52-54. Santiago: LOM Ediciones.

Gómez F., Daniel. 1952. "Vicente Huidobro". En *Lecturas clásicas: Autores hispanoamericanos: Selección adaptada a las lecturas que deben realizar los alumnos de segundo año del segundo ciclo de educación secundaria: Ciencias y humanidades*, 286-288. Caracas, Venezuela: Ediciones Co-bo. Incluye: "Arte poética", "El espejo de agua", "Horas", "Noche", "Las olas mecen al navío muerto", "Astro", y "Vaso".

Gutiérrez Vega, Hugo y León Guillermo Gutiérrez, eds. 2003. "Vicente Huidobro". En *Prisma: Antología poética de la vanguardia hispanoamericana*, 45-58. México: Alfaguara. Incluye: "Fresco Nipón", "Nipona", "Paisaje", "Arte poética", *Altazor, o El viaje en paracaídas* [fragmentos: Prefacio, Canto I, Canto IV, Canto VII].

1978. "Huidobro a 30 años de su muerte". *Literatura chilena en el exilio* 2, n° 5: 17-19. Incluye: "Hijo", "Ecuatorial" (fragmento), "Ronda de la vida riendo" (fragmento), "Altazor" (fragmentos), y "Elegía a la muerte de Lenin" (fragmentos). Consultado el 3 de octubre de 2008. Reproducido en http://www.memoriachilena.cl/archivos2/pdfs/MC0005287.pdf.

Jiménez, José Olivio, ed. 1970. "Vicente Huidobro". En *Antología de la poesía hispanoamericana contemporánea, 1914-1970*, 128-141. Madrid: Alianza Editorial. Las ediciones de 1970 y 1971 son de 508 páginas. Las reimpresiones de 1973 hasta 1984 tienes 511 páginas, pero los poemas de Huidobro están en el mismo lugar que en la versión de 1970. En 1988, apareció una versión aumentada de la *Antología*, con 560 páginas, en que la sección sobre Huidobro se cambió. Hay impresiones de esta versión hasta 1999. La versión más reciente aumentada apareció en 2000 con 604 páginas. La sección sobre Huidobro está en las páginas 137-151. Hay impresiones de esta versión de 2002, 2005, 2008, y 2009. Todas las versiones incluyen una breve bio-bibliografía y los poemas: "Arte poética", "El espejo de agua", "Noche", "Las olas mecen el navío muerto", "Marino", "Départ", fragmentos de *Altazor*, y "La raíz de la voz".

Martínez Luz Angela, ed. *Vicente Huidobro*. Universidad de Chile. Facultad de Filosofía y Humanidades. Consultado el 27 de octubre 2014. http://www.vicentehuidobro.uchile.cl/.

2016. "El mes próximo se va a celebrar en París el centenario de Max Jacob. Prohibido escupir en el Polo Norte". En *168 dardos dada*, editado por José Antonio Sarmiento García, 152. Cuenca: Ediciones de la Universidad de Castilla-La Mancha.

Millares, Selena, ed. 1997. "Vicente Huidobro: Entre magia y alquimia". En *Poetas de Hispanoamérica*, 27-48. Madrid: McGraw Hill. Contiene una breve introducción seguida por "Arte poética", "El espejo de agua", "Sombra", y fragmentos de *Altazor, o el viaje en paracaídas*.

Montes, Hugo, ed. 1974. "Vicente Huidobro". En *Poetas del amor*, 141-154. Valparaíso, Chile: Ediciones Universitarias de Valparaíso. Incluye: "Primer amor" de *Adán*; "Cantar de los cantares", "Paquebot" y "Départ" de *Poemas árticos*; Canto II de *Altazor*; y "Preludio de esperanza" de *El ciudadano del olvido*.

Morelli, Gabriele, ed. 2015. *Poesía última: Poesía reunida, 1941-1948*. Sevilla: Renacimiento.

2000. "Nueva iniciativa pacifista contra la Guerra del Chaco". En *Pensando en Bolivia: Gabriela Mistral, Vicente Huidobro, Pablo Neruda, Pablo de Rokha*, editado por Mariano Baptista Gumucio, 11-12. La Paz: Anthropos.

Peña Martín, Juan Francisco, ed. 2014. "Vicente Huidobro". En *Las cien mejores poesías de amor de la lengua castellana*, 133-138. Colmenar Viejo (Madrid): Amargord.

1973. ["Picasso".] *Occidente* 245: 3.
2013. "Prólogo". En *Defensa del ídolo*, por Luis Omar Cáceres, n pág. Santiago de Chile: Biblioteca Nacional de Chile—DIBAM.
1934. — En *Defensa del ídolo: Poemas*, por Luis Omar Cáceres, n pág. Santiago de Chile: Norma.
2014. — En *Luis Omar Cáceres, El ídolo creacionista*, por María José Cabezas Corcione, 117-121. Santiago de Chile: Ediciones Lastarria. Incluye un comentario sobre los tres prólogos de *Defensa del ídolo*, y reproduce el prólogo escrito por Huidobro (120-121).
2014. "Un puerto a Bolivia". En *Bolivia, tu voz habla en el viento: poemas y prosas*, editado por Homero Carvalho Oliva, 249-250. La Paz: Edición 3600.
2000. — En *Pensando en Bolivia: Gabriela Mistral, Vicente Huidobro, Pablo Neruda, Pablo de Rokha*, editado por Mariano Baptista Gumucio, 12-14. La Paz: Anthropos.
Rosas Galicia, Rolando, Moisés Zurita Zafra, y Ofelia López Ríos, eds. 2003. "Vicente Huidobro". En *Cuestión personal: Poesía hispanoamericana del siglo XX*, 17-30. México: Universidad Autónoma Chapingo. Incluye: "Arte poética" y *Altazor* (Canto IV).
Rovira, José Carlos, ed. *Vicente Huidobro en la Biblioteca Nacional de Chile*. Biblioteca Virtual Miguel de Cervantes. Consultado el 27 de octubre 2014. http://www.cervantesvirtual.com/bib/portal/bnc/huidobro/huidobro.shtml.
1993. "Selección de poemas de Vicente Huidobro". *Atenea* 467: 75-79. Incluye: "Arte poética", Canto II, "Noche y día", "El paso del retorno". La bibliografía de Goic registró todos los artículos sobre Huidobro en este ejemplar de la revista, pero excluyó las obras del poeta.
2010. *Un siglo de dramaturgia chilena. Antología. Tomo 1: período 1910-1950*. Santiago de Chile: Andros. Incluye un capítulo sobre Huidobro.

Uribe, Armando, ed. 1964. En *Las 4 estaciones*. Santiago de Chile: Editorial Lord Cochrane. n pág. (las páginas no están enumeradas). Contiene: "Primavera/acuarela de Mario Toral; poemas de Vicente Huidobro".

2001. *Vicente Huidobro (Chile)*. Humberto C. Garza, ed. 21 de Julio. Los-Poetas.com. Consultado el 27 de octubre 2014. http://www.los-poetas.com/b/huid.htm.

Vicente Huidobro (1893-1948). Memoria chilena: Portal de la cultura de Chile. Consultado el 27 de octubre 2014. *http:// www.memoriachilena.cl/602/w3-article-7676.html*. Información sobre Huidobro se encuentra también en otros documentos enlazados de la página principal de *Memoria chilena*. Consultado el 27 de octubre 2014. http://www.memoriachilena.cl/602/w3-channel.html.

2016. "Vicente Huidobro o El obispo embotellado." En *Los anteojos de azufre*, de César Moro; editado por Ricardo Silva-Santisteban, n pág. Lima: Sur Librería Anticuaria: Academia Peruana de la Lengua. Reproducción facsimilar.

Poemas individuales de las compilaciones publicadas de Huidobro

Altazor

1999. "Altazor". En *Volodia oral: la diversidad de la poesía*, editado por Otty Estrella, 73-100. Quito, Ecuador: Casa de la Cultura Ecuatoriana "Benjamín Carrión".

2000. "Fragmento". *El cotidiano* 16, n° 102: 4.

1973. "Altazor (Fragmento)". *Revista de la Universidad de México* 28, n° 1: 5-6.

Canciones en la noche

1989. "Triángulo armónico". *Poesía* 30-32: 24.

El ciudadano del olvido

1931. "El paladín sin esperanza". *Imán* 1: 66-74. "Cuentos diminutos".
2005. "La joven del abrigo largo". En *La otra mirada: Antología del microrrelato hispánico*, editado por David Lagmanovich, 61. Palencia, España: Menoscuarto. Hay también una breve bio-bibliografía (p. 316).
1986. "Tragedia". *El organillo* 5: n pág.
2005. — En *La otra mirada: Antología del microrrelato hispánico*, editado por David Lagmanovich, 62. Palencia, España: Menoscuarto. Hay también una breve bio-bibliografía (p. 316).
1996. — Reproducido por completo en la "Introducción" del artículo "El insidioso espacio de la letra: Juan José Arreola y el relato breve en Hispanoamérica" de Laura Pollastri. *Revista Interamericana de bibliografía* 1-4: n pág. Consultado el 27 de octubre 2014. http://www.educoas.org/portal/bdigital/contenido/rib/rib_1996/articulo10/index.aspx?culture=es&navid=201.

El espejo de agua

2009. "Arte poética". *Revista Intercontinental de Psicología y Educación* 11, n° 2: 110.

Horizon carré

1991. "Paysage". *D'A: Revista balear d'arquitectura* 7: 4.

Manifestes

2011. "Manifiesto de manifiestos". *Arte y parte* 32: 64-78. Incluye fotografías y reproducciones de dibujos, poemas y portadas de libros.

2013. — *Arte y parte* 106: 58-73. El texto es el mismo que en la versión de 2011, pero faltan las fotografías y la mayoría de las reproducciones son diferentes.

1991. "El más hermoso juego". *Pluma & pincel* 145: 68-71. En la "Bibliografía" de Pérez López, primera sección, núm. 8.

1974. "Las siete palabras del poeta". *Revista de la Universidad de México* 29, nº 1: 30.

Mío Cid Campeador

1993. "Jimena". *Atenea* 467: 97-99. Fragmento de la novela. La bibliografía de Goic registró todos los artículos sobre Huidobro en este ejemplar de la revista, pero excluyó las obras del poeta.

1993. "*Mío Cid Campeador*". *Revista Nacional de Cultura* 54 nº 288: 193-212. Tres capítulos de la novela. "La obsesión de los dientes".

2017. "La obsesión de los dientes". *Litoral* 264: 58. Incluye ilustración "Dientes" de Carol Rama (1959).

Poemas árticos

1999. "Horizonte". En *Antología poética, raíz de amor*, editado por Ana Pelegrín, 101. Madrid: Alfaguara.

2015. "Marino". *Estrellas eléctricas: Poemas vanguardistas de Latinoamérica*, compilado por Carlos Sánchez-Anaya Gutiérrez, 66. Mexico, D.F.: Castillo de la Lectura.

2012. "Paquebot". *Litoral* 254: 162.

2006. "Vermout". *Litoral* 241: 286.

Tour Eiffel

2003. "Tour Eiffel". *Anales de literatura chilena* 4, nº 4: Encarte. Reproducción en color del poema con ilustraciones por Robert Delaunay.

Tres novelas ejemplares

2006. "El jardinero del Castillo de Medianoche". En *Un crimen provisional: Policiales vanguardistas latinoamericanos*, editado por Álvaro Contreras, 68-76. Venezuela: Bid & Co. Editor. Hay una breve bio-bibliografía.

Últimos poemas

1999. "Días y noches te he buscado". En *Antología poética, raíz de amor*, editado por Ana Pelegrín, 78. Madrid: Alfaguara.
1973. "El pasajero de su destino". *Sur* 332-333: 61-64.
1984. "El paso del retorno". *Plural* 13, n°. 154: 2-4.

Ver y palpar

1948. "Ronda". En *Siete poetas chilenos*, editado por José Rosende, 23-24. Buenos Aires: Editorial La Carabela.

Vientos contrarios

1993. "Greguerías y paradojas". *Atenea* 467: 143-144. Fragmento. La bibliografía de Goic registró todos los artículos sobre Huidobro en este ejemplar de la revista, pero excluyó las obras del poeta.

Traducciones y adaptaciones

2017. *Altazor: le voyage en parachute*, editado por Andrés Morales; traducido por Patricio García, Émile Grosset. Paris: L'Harmattan.
Barnstone, Willis, ed. 1966. "Vicente Huidobro". En *Modern European Poetry: French, German, Greek, Italian, Russian, Spanish*, 513-517. New York: Bantam Books. Incluye: "Ars poetica", "She", "Glances and Souvenirs", "In", y fragmen-

tos de "The Rondo of the Laughing Life"; los traductores son varios.

Hutchison, Elizabeth Quay, et. al., eds. 2014. "The Poet as Creator of Worlds: *Altazor*". En *The Chile Reader: History, Culture, Politics*, 262-266. Durham: Duke University Press. Hay una breve introducción. Es el "Prefacio" de *Altazor*, traducido por Eliot Weinberger. Reproducción de la edición de 2003, n. 15.27 de Goic.

Markus, Mario, ed. 2017. "Vicente Huidobro". En *Chilenische Lyrik im bewegten 20. Jahrhundert: Eine Anthologie*, 24-27. Aachen: Rimbaud. Incluye una breve biografía de Huidobro, y dos poemas en Alemán: "Arte poética" y "Hirtengedicht".

1998. *Obras poéticas en francés: Edición bilingüe*. Traducido por Waldo Rojas. Santiago de Chile: Editorial Universitaria. Bilingüe: francés y castellano.

1973. "Poetas españoles y latinoamericanos, nacidos en 1893: Vicente Huidobro, Ronald de Carvalho, Mario de Andrade, Jorge Guillén, César Vallejo, Jorge de Lima". *Humboldt* 14, n° 51: 28-29.

1981. "Selected Poems". *Review* 30: 28-37. Selecciones por Saúl Yurkievich del libro *The Selected Poetry of Vicente Huidobro*, editado por David M. Guss. Versiones bilingües (castellano e inglés) de "Arte Poética", "Tèléphone", "Cow-Boy", Fragmento de "Ecuatorial", "Exprés", "Marino", "10" (de *Tout à coup*), Fragmento de Canto IV (de *Altazor*).

Stavans, Ilan, ed. 2011. "Vicente Huidobro: Chile, 1893-1948". En *The FSG Book of Twentieth-Century Latin American Poetry: An Anthology*, 112-129. New York: Farrar, Straus, Giroux. Incluye: "Globe-Trotter" (Francés e inglés; traducido por Ilan Stavans); Canto III de *Altazor* (Castellano e inglés; traducido por Eliot Weinberger).

Tapscott, Stephen, ed. 1996. "Vicente Huidobro". En *Twentieth-Century Latin American Poetry: A Bilingual Anthology*, 117-123. Austin: U. of Texas Press. Hay un breve ensayo biográfico seguido por versiones en castellano e inglés de "Arte

poética", "Marino", fragmentos de *Altazor*, "Rincones sordos", y "La poesía es un atentado celeste".
Vicuña, Cecilia y Ernesto Livón-Grosman, eds. 2009. "Vicente Huidobro (1893-1948, Chile)". En *The Oxford Book of Latin American Poetry: A Bilingual Anthology*, 160-168. Oxford: Oxford University Press. Incluye: Excerpt from Canto I de *Altazor* y "Non Serviam".

Altazor

2004. *Altazor*. Traducido por Eliot Weinberger. Rev. ed. Middletown, CT: Wesleyan University Press. Bilingüe: inglés y castellano. Nueva edición del núm. 15.27 de Goic.
2011. *Altazor*. Traducido por Menachem Argov. Jerusalem: Rimonim Publishing. Edición bilingüe: Castellano e hebreo.
2007. *Altazor*. Traducido por Cristina Sparagana. *Poesia: mensile di cultura poetica* 20, n° 222: 7-16. Fragmentos de Cantos I, II, IV, y V. Edición bilingüe: Castellano e italiano.
Carpentier, Hortense y Janet Brof, eds. 1972. "*Altazor* [fragmento] de Canto I = *Altazor*, Fragment of Canto I". En *Doors and Mirrors: Fiction and Poetry from Spanish America, 1920-1970*; traducido por Jerome Rothenberg, 14-17. New York: Grossman Publ. Reproducción: New York: Viking Press, 1973. 14-17. Bilingüe: castellano e inglés.
2012. *Altazor. O el viaje en paracaídas = Hogevalk. Of de reis aan de parachute*, traducido por Piet Devos. Gent: PoëzieCentrum. Edición bilingüe: Castellano e holandés.
2003. *Altazor or A Voyage in a Parachute: Poem in VII Cantos (1919)*, traducido con introducción por Eliot Weinberger. Middletown, CT: Wesleyan University Press. Nueva edición del núm. 15.25 de Goic.
1957. *Altaigle, ou, L'Aventure de la planète*, editado por George Houyou; traducido por Fernand Verhesen. Bruxelles: Editions des Artistes. Éste parece ser distinto de los números 15.20 y 15.21 de Goic.

Atentado celeste

Carpentier, Hortense y Janet Brof, eds. 1972. "La poesía es un atentado celeste = Poetry Is a Heavenly Crime". En *Doors and Mirrors: Fiction and Poetry from Spanish America, 1920-1970*; traducido por W.S. Merwin, 22-23. New York: Grossman Publ. Reproducción: New York: Viking Press, 1973. 22-23. Bilingüe: castellano e inglés.

1983. *La poésie est un attentat céleste*, editado y traducido por Fernand Verbesen. Bruxelles: Le Cormier.

2007. "Balada de lo que no vuelve = Ballad of the Unreturning". Traducido por Dan Bellm. En *Two Lines XIV: World Writing in Translation*, 142-149 San Francisco, CA: Center for the Art of Translation. Bilingüe: inglés y castellano. Precedido por introducción: 140-141.

Cagliostro

Montealegre, Jorge y Máximo Carvajal. 1997. *Cagliostro de Vicente Huidobro*. Santiago: Secretaría Ministerial de Educación, Dept. de Cultura, Andros. "Adaptación de la novela *Cagliostro* al género comic, realizada por el Taller Experimental de Comic y Literatura".

El ciudadano del olvido

Carpentier, Hortense y Janet Brof, eds. 1972. "Tenemos un cataclismo adentro = There Is a Cataclysm Inside Us". En *Doors and Mirrors: Fiction and Poetry from Spanish America, 1920-1970*; traducido por Jerome Rothenberg, 18-21. New York: Grossman Publ. Reproducción: New York: Viking Press, 1973. 18-21. Bilingüe: castellano e inglés.

Ecuatorial

2007. Équatoriale = *Ecuatorial*. Prefacio por Orlando Jimeno Grendi. Paris: Indigo. Bilingüe: francés y castellano.
1968. "Vicente Huidobro". En *Nine Latinamerican Poets*, traducido por Rachel Benson, 48-75. New York: Las Americas Pub. Co. Hay una breve bio-bibliografía seguida por "Ecuatorial" en castellano e inglés.

El espejo de agua

2011. "Ars Poetica". («Arte poética", traducido por Rhina P. Espaillat) *Hudson Review* 64, n° 1: 126.
1999. *Arte poetica*. Traducido por Cercle Fouq Essour. Tunis: Groupe SOTUMEDIA-Edittions La Nef. Edición bilingüe de "Arte poética" en francés y árabe.

Horizon carré

2002. *Horizon carré = Horizonte cuadrado*. Editado por Orlando Jimeno-Grendi; traducido por José Zañartu. Paris: Indigo. Bilingüe: francés y castellano. Hay una edición electrónica, 2014.

Manifestes

1981. "Manifesto Perhaps". Traducido por Geoffrey Young. *Review* 30: 25. Traducción de "Manifeste Peut-être".
2005. *Manifestos Manifest*. Los Angeles, Calif.: Green Integer. Inglés; trad. del francés.
2009. *Manifiestos*. Traducido por Marie-Laure Sara. Santiago de Chile: Editorial Mago. Castellano; trad. del francés.
Puchner, Martin, ed. 2012. "Creationism [fragmento]". Traducido por Gilbert Alter-Gilbert. En *The Twentieth Century*, 660-664. 3a. ed. New York: W.W. Norton. Vol. F de *The Norton Anthology of World Literature*, editado por Sarah Lawall.

Monument à la mer

1956. *Monument à la mer*. Traducido del castellano por Fernand Verhesen. Paris: Le Cormier. Versión anterior del núm. 21 de Goic.

Carpentier, Hortense y Janet Brof, eds. 1972. "Monumento al mar = Monument to the Sea". En *Doors and Mirrors: Fiction and Poetry from Spanish America, 1920-1970*; traducido por Electa Arenal, 24-31. New York: Grossman Publ. Reproducción: New York: Viking Press, 1973. 24-31. Bilingüe: castellano e inglés.

Papá o el diario de Alicia Mir

2005. *Papa, ou, Le journal d'Alicia Mir: Roman*. Traducido por Christophe David. Paris: Phébus.

Poemas árticos

2010. *Arctic Poems*. Traducido por Nathan Hoks. Claremont: Toad Press.

1981. "From *Arctic Poems*: 'Express'". Traducido por David M. Guss. *Review* 30: 32. Reproducción: *Review* 71 (2005): 219-220.

Temblor de cielo

2003. *Tremblement de ciel = Temblor de cielo*. Prefacio por Orlando Jimeno-Grendi. Paris: Indigo. Bilingüe: castellano y francés.

Tour Eiffel

Rosenthal, Mark. 1997. "Tour Eiffel". Traducido por Stephen Sartarelli. En *Visions of Paris: Robert Delaunay's Series*, 136-

137. New York: Guggenheim Museum. Bilingüe: francés e inglés.
2003. *Tour Eiffel; Hallali; Automne régulier; Tour à coup = Torre de Eiffel; Halali; Otoño regular; De repente*. Traducido por José Zañartu y Teófilo Cid. Paris: Indigo. Bilingüe: castellano y francés.

Bibliografías

Goić, Cedomil. 2003. "Bibliografía de y sobre Vicente Huidobro". *Anales de literatura chilena* 4: 217-319.
Pérez López, María Ángeles. 1997. "Bibliografía de y sobre la prosa narrativa de Vicente Huidobro". *Anales de literatura hispanoamericana* 26, n° 2: 111-126. Contiene 150 entradas numeradas, muchos también aparecen en Goic (2003). La mayoría de las entradas originales son reseñas de diarios mundiales. Incluyo aquí las entradas substanciales que no aparecieron en Goic.
2003. "Vicente Huidobro". *Hibris: Revista de bibliofilia* 14: 13-16.

Biografías y bosquejos biográficos

Castillo, Tito. 1993. "Gratos recuerdos de Vicente Huidobro y Jacques Lipchitz". *Atenea* 467: 149-154.
Charry Lara, Fernando. 1993. "Centenario de Vicente Huidobro". En *Caminos hacia la modernidad: Homenaje a Rafael Gutiérrez Girardot*, editado por Juan Guillermo Gómez, Bettina Gutiérrez-Girardot, Rodrigo Zuleta, 289-298. Frankfurt am Main: Vervuert.
Cifuentes, José Luis. 1958. "Vicente Huidobro". En *José Batres Montúfar*, 89-92. Guatemala, Ministerio de Educación Pública.
Cortanze, Gérard de. 1981. "Vicente Huidobro, 1893-1948: Chronology". *Review* 30: 24.

Coyné, André. 1987. "Moro entre otros y en sus días". *Cuadernos hispanoamericanos* 448: 72-89.

Délano, Luis Enrique. 1987. "Neruda, Huidobro". *Araucaria de Chile* 40: 123-127.

Edwards, Jorge. 1993. "Huidobro, Vicente". En *Diccionario de literatura española e hispanoamericana*, editado por Ricardo Gullón, vol. 1, 750-752. Madrid: Alianza Editorial.

Fernández Fraile, Maximino. 1980. "Vicente Huidobro". En *Vicente Huidobro y Nicanor Parra: Vida y obra*, 3-41. Santiago de Chile: Editorial Lord Cochrane S.A.

García-Huidobro, Cecilia. 2012. *Vicente Huidobro a la intemperie: Entrevistas (1915-1946)*. Santiago, Chile: Ocho Libros.

Garet, Leonardo. 1983. *Vicente Huidobro*. Montevideo, Uruguay: Kappa.

Goić, Cedomil. 2007. *Vicente Huidobro*. Chile: Aifos.

— 2012. "Vicente Huidobro en España". En *Viajeros, diplomáticos y exiliados: Escritores hispanoamericanos en España (1914-1939)*, editado por Carmen de Mora, Alfonso Garcia Morales, vol. 2, 67-82. Brüssel: P.I.E.-Peter Lang S.A.

Marchamalo, Jesús y Damián Flores. 2006. "Vicente Huidobro: Oui d'aubrau, el francés". En *39 escritores y medio*, 105-108. Madrid: Ediciones Siruela.

Martínez, Juana. 2007. "Chilenos en Madrid: Cronistas de la guerra civil: (Edwards, Bello, Huidobro, Romero y Délano)". *Anales de literatura chilena* 8: 111-132.

Merino Roberto. 2008. "Hervores y fervores de Vicente Huidobro". En *Luces de reconocimiento: Ensayos sobre escritores chilenos*, 22-23. Santiago de Chile: Ediciones Universidad Diego Portales.

Pérez López, María Ángeles. 2012. "Zaratustra y la guerra de España: Vicente Huidobro a fines de los años 1930". En *Viajeros, diplomáticos y exiliados: Escritores hispanoamericanos en España (1914-1939)*, editado por Carmen de Mora, Alfonso Garcia Morales, vol. 2, 83-96. Brüssel: P.I.E.-Peter Lang S.A.

Posner, Geraldine. 1979. *Mistral, Neruda, Huidobro, Three Figures in Chilean Literature*. Washington, D.C.: Cultural Dept., Embassy of Chile. Hay versiones impresas de 1985 y 1987.

Quiroga, José. 2004. "Huidobro, Vicente". En *Encyclopedia of Latin American and Caribbean Literature, 1900-2003*, editado por Daniel Balderston y Mike Gonzalez, 268-269. London: Routledge.

Sparagana, Cristina. 2013. "Vicente Huidobro (1898-1918)". *Poesia: Mensile di cultura poetica* 26, n° 278: 162-163. Incluye su traducción del fragmento de Canto II de *Altazor*, una reproducción del original en *Poesia: Mensile di cultura poetica* 20, n° 222 (2007): 10-11.

Teitelboim, Volodia. 2016. *Huidobro: La marcha infinita*. Santiago de Chile: LOM Ediciones.

Vazú, Isa. 2012. "Vicente Huidobro, poeta". En *Mariposas plateadas: (Recopilación)*, 67-73, 148. Santiago de Chile: Ceibo Ediciones.

2017. "Vicente Huidobro". En *Columbia Electronic Encyclopedia*, n pág. 6th ed. New York: Columbia University Press.

Ward, Philip, ed. 1978. "Huidobro Fernández, Vicente García". En *The Oxford Companion to Spansih Literature*, 282-283. Oxford: Clarendon Press.

White, Steven F. 1997. "Vicente Huidobro 1893-1948". En *Enclyclopedia of Latin American Literature*, editado por Verity Smith, 428-429. London: Fitzroy Dearborn Publ.

Correspondencia, recuerdos, etc.

2009. "Al fin se descubre mi maestro". *Atenea* 500: 207-230. Reproducción de *Atenea* 7 (1925): 217-244.

1991. "Buzón de fantasmas: De Juan Gris a Vicente Huidobro". *Vuelta* 15, n° 171: 66-67. Incluye una introducción y la carta.

1991. "Buzón de fantasmas: De Vicente Huidobro a Guillermo de Torre". *Vuelta* 15, n° 175: 62.

Cano Reyes, Jesús. 2014. "Las mil y una noches de la guerra civil española: Florilegio de crónicas". *Guaraguao* 18, n° 46: 89-203. En las páginas 134-136, hay un comentario sobre Huidobro frente a la guerra civil española, y una reproducción del artículo de *Frente Popular*, "Triunfo de la República es seguro y próximo, dice Vicente Huidobro en su correspondencia de España".

Edwards, Jorge. 1982. "Espacio literario". *Vuelta* 6, n° 69: 51-52.

Gallego Cuinas, Ana, y Erika Martinez, eds. 2014. "Cartas del Cono Sur entre dos orillas: Vicente Huidobro: Cartas creacionistas; Carta manuscrita de Juan Gris a Vicente Huidobro; Carta manuscrita inédita de Juan Gris a Vicente Huidobro". En *Queridos todos: El intercambio epistolar entre escritores hispanoamericanos y españoles del siglo XX*, n pág. Brüssel: P.I.E.-Peter Lang S.A.

García, Carlos, ed. 2005. *Correspondencia entre Alfonso Reyes y Vicente Huidobro, 1914-1928*. México, D.F.: El Colegio Nacional.

Inventory of the Vicente Huidobro Papers, 1886-1968. Getty Research Institute, Research Library, Núm. de la colección: 960018, editado por Annette Leddy. Online Archive of California. Consultado el 27 de octubre 2014. http://www.oac.cdlib.org/findaid/ark:/13030/tf8779n95r/.

Lentas, Beata. 2011. *Tadeusz Peiper w Hiszpanii*. Gdansk: Wydawnictwo Slowo/Obraz Terytoria. Incluye correspondencia entre Peiper y Huidobro.

Lizama A., Patricia. 2002. "Alvaro Yáñez/Jean Emar en Santiago de 1924". *Anales de literatura chilena* 3: 223-226.

Morelli, Gabriele. 2000. "La correspondencia inédita Huidobro-Diego Larrea: Primeras cartas: En busca del inevitable encuentro". Ínsula 642: 5-8.

—, ed. 2008. *Epistolario: Correspondencia con Gerardo Diego, Juan Larrea y Guillermo de Torre, 1918-1947*. Madrid: Publicaciones de la Residencia de Estudiantes.

Rivas Panedas, José. 2015. "Hermanos Rivas / Vicente Huidobro (1920-1925)". En *Poeta ultraísta, poeta exiliado: Textos recuperados*, editado por Carlos García y Pilar García-Sedas, 270-279. Madrid: Iberoamericana; Frankfurt am Main: Vervuert. Cartas entre Humberto Rivas, José Rivas Panedas, y Huidobro.

Rojas, Gonzalo. 2015. "Vicente Huidobro". *Todavía: Obra en prosa*, editado por Fabienne Bradu, 118-122. México, D.F.: Fondo de Cultura Económica. Incluye "Por Huidobro" y "Huidobro por repente".

Crítica

Aguilar Mora, Jorge. 1999. "Buscar a H: Poesía y posmodernidad". *Hispamérica* 28, n° 84: 13-22.

Aguirre, Raúl Gustavo. 1978. "Recordando a Vicente Huidobro: 1893-1948". *Escandalar* 1, n° 2: 69-70.

Alcantud, Victoriano. 2014. "Creacionismo y cubismo literario: Vicente Huidobro, "el que trajo las gallinas"". En *Hacedores de imágenes: propuestas estéticas de las primeras vanguardias en España (1918-1925)*, 106-136. Granada: Editorial Comares.

Alegría, Fernando. 2007. "Vicente Huidobro (1893-1948)". En *Poesía chilena en el siglo XX*, 88-103. Santiago de Chile: Ediciones Literatura Americana Reunida. Dos secciones: "Su obra poética" (88-98) y "Vicente Huidobro: La Vanguardia" (99-103).

Alemany Bay, Carmen. 2017. "Escritores latinoamericanos en la España del siglo XX = Latin American Writers in the XXth Century Spain". *Kamchatka* 9: 65-82.

— 2011. "La forma externa del poema en la poesía chilena: De la vanguardia a los albores del siglo XXI". *América sin Nombre* 16: 54-62.

Alifano, Roberto. 2007. "Vicente Huidobro y el creacionismo". En *Actas poesía última, Fundación Rafael Alberti: Sobre los án-*

geles, 2006*, editado por José Ramón Trujllo y Basilio Rodríguez Cañada, 179-188. Puerto de Santa María (Cádiz): Fundación Rafael Alberti; Madrid: SIAL.

Álvarez Lobato, Carmen. 2017. "La tradición romántica en la poética creacionista de Vicente Huidobro: Una revisión de sus textos programáticos". En *Manifiestos… de manifiesto: Provocación, memoria y arte en el género-síntoma de las vanguardias literarias hispanoamericanas, 1896-1938*, editado por Omar Sánchez Aguilera, 41-59. Madrid: Iberoamericana.

Ambrozio, Leonilda. 1980. "Mario de Andrade e Vicente Huidobro: identidades". Minas Gerais, Suplemento literario 27: 1-2.

Anderson, Andrew A. 2017. *El momento ultraísta: orígenes, fundación y lanzamiento de un movimiento de vanguardia*. Madrid: Iberoamericana; Frankfurt: Vervuert. Véase especialmente el capítulo cuatro (249-333), y la sección "Vicente Huidobro" del capítulo uno (86-98).

Areta Marigó, Gema. 2007. "Molina de la muerte/Molino de la vida en Vicente Huidobro". En *Territorios de La Mancha: Versiones y subversiones cervantinas en la literatura hispanoamericana: Actas del VI Congreso Internacional de la Asociación Española de Estudios Literarios Hispanoamericanos*, editado por Matías Barchino, 115-122. Cuenca: Ediciones de la Universidad de Castilla-La Mancha.

Aullón de Haro, Pedro. 2002. "La teoría poética de Vicente Huidobro en el marco del pensamiento estético". *Studi ispanici* 5: 239-245.

Alvarado Cornejo, Marina. 2010. "Ni aristócratas, ni rebeldes, ni tristes ni contentos: Escritura y revistas literarias de Joaquín Edwards Bello, Teresa Wilms Montt y Vicente Huidobro". *Literatura y lingüística* 21: 29-44.

Baciu, Stefan. 1974. "Vicente Huidobro: Oxígeno invisible de la poesía". En *Antología de la poesía surrealista latinoamericana*, 57-68. México: J. Mortiz.

— 1981. — —, 63-77. Valparaíso: Ediciones Universitarias de Valparaíso. Incluye dibujos y fotografías que no están en la edición de 1974.

Baeza Flores, Alberto. 1991. "Con Vicente Huidobro y el creacionismo". *Revista nacional de cultura* 52, n° 282: 38-55.

Baglyosi, Leona. 2012. "Cosmovisión poética en las vanguardias latinoamericanas: Huidobro y Gorostiza". En *Vanguardias sin límites: Ampliando los contextos de los movimientos hispánicos: VIII Coloquio Internacional de Estudios Hispánicos, Universidad Eötvös Loránd, Budapest*, editado por Gabriella Menczel, Katalin Perényi, Melinda Skrapits, vol. 2, 5-34. Budapest: Universidad Eötvös Loránd, Departamento de Lengua y Literatura Españolas.

Bajarlía, Juan Jacobo. 1959. "El creacionismo en Huidobro y Reverdy". Nueva democracia 39, n° 1: 12-15.

Balakian, Anna. 1986. "A Triptych of Modernism: Reverdy, Huidobro, and Ball". En *Twentieth-Century Literary Criticism*, editado por Linda Pavlovski, vol. 104, n pág. Detroit: Gale Group, 2001. Reproducción del original en *Modernism: Challenges and Perspectives*, editado por Monique Chefdor, Ricardo Quinones, y Albert Wachtel, 111-127. Urbana: University of Illinois Press. En Goic.

Balderston, Daniel. 1990. "Huidobro and the Notion of Translatability". *Fragmentos* 3, n° 1: 59-74.

Banga, Fabián Marcelo. 2016. *Brujos, espiritistas y vanguardistas: Arlt, Huidobro & Valle-Inclán*. Buenos Aires: Leviatán. Véase especialmente el capítulo 2: "En busca de una nueva estética, Huidobro y el ocultismo".

Baquero, Gastón. 2015. "Vicente Huidobro". En *Ensayos selectos*, 352-354. Madrid: Editorial Verbum.

— 2014. — En *Una señal menuda sobre el pecho del astro: ensayos*, editado por Remigio Ricardo Pavón, 289-291. Holguín, Cuba: Ediciones La Luz.

— 2014. — En *Volver a la Universidad*, editado por Alfredo Zaldívar, 84-87. Matanzas, Cuba: Ediciones Matanzas.

Barón, Jaime. 2007. "Huidobro: Entre El espejo de agua, Nord-Sur y Horizon carré". Caravelle 89: 185-204.

— 2015. *Le sujet poétique chez Apollinaire et Huidobro*. Bruxelles: PIE Peter Lang. Libro electónico.

Barón Palma, Emilio. 1981. "André Breton y Vicente Huidobro: Las poéticas surrealista y creacionista". *Anales de literatura hispanoamericana* 9, n° 10: 67-83.

Batista, José. 2008. "El rapsoda dominicano, el amanuense chileno y la rosa que habría de florecer en la isla Quisqueya". *Anales de literatura chilena* 9: 257-264.

Benítez Villalba, Jesús. 1994. "Búsquedas en el lenguaje poético de la vanguardia hispanoamericana". En *Actas del XXIX Congreso del Instituto Internacional de Literatura Iberoamericana: Barcelona, 15-19 de junio de 1992*, editado por Joaquín Marco, vol. 2, pt. 1, 523-532. Barcelona: PPU. Incluye comentario sobre las obras de Huidobro (526-529).

Benko, Susana. 2014. *Vicente Huidobro y el cubismo*. México D.F.: Fondo de Cultura Económica. Edición electrónica.

Bietolini, Nicola. 2003. "Il 'piccolo dio': Vicente Huidobro e la parabola estetica del 'creazionismo' ibero-americano". *Quaderni Ibero-Americani* 94: 60-78.

Binns, Niall. 1996. "Herencias antipoéticas: Vicente Huidobro y Nicanor Parra". *Nuevo texto crítico* 9, n° 18: 139-152.

— 2014. "Intelectuales de Hispanoamérica y la guerra civil española". *Guaraguao* 18, n° 46: 9-36.

— 1995. "Lecturas, malas lecturas y parodias: Desplumando el cisne rubendariano; Enrique González Martínez, Delmira Agustini, Vicente Huidobro, Nicanor Parra". *Anales de literatura hispanoamericana* 24: 159-179.

— 2000. "¿Puro Chile, es tu cielo azulado? Poesía ecologista en la delgada patria (Vicente Huidobro, Gabriela Mistral, Pablo Neruda y Nicanor Parra)". *Ixquic* 2: 38-54.

— 1998. "Tres poetas metecos: Darío, Huidobro, Lihn". *Quaderni Ibero-Americani* 83-84: 5-18.

Blengio Brito, Raúl. 2004. "Hacia el surrealismo". En *Las vanguardias literarias en Argentina, Uruguay y Paraguay*, editado por Carlos García y Dieter Reichardt, 443-448. Madrid: Iberoamericana. Compara Julio Herrera y Reissig a Huidobro.

Bonilla, Juan. 2010. "Ultraísmo en ultramar". *Cuadernos Hispanoamericanos* 720: 95-114.

Bravo, Luis. 2007. "Álvaro de Campos: Fernando Pessoa/Ludwig Wittgenstein/César Vallejo/Vicente Huidobro/René Magritte/André Breton/Arthur Rimbaud: Tabquería: la conciencia poética de la 'visión'". En *Escrituras visionarias: ensayos sobre literaturas iberoamericanas*, 83-106. Montevideo, Uruguay: Editorial Sin Fin. En el índice de materias aparece como "Álvaro de Campos: Tabquería, la conciencia poética de la visión".

— 2007. "Conde de Lautréamont y Vicente Huidobro: Lord Byron/Charles Baudelaire/Pierre Reverdy/Antiguo y Nuevo Testamento/Francisdo de Goya: A orillas del hemisferio de las aguas". En *Escrituras visionarias: Ensayos sobre literaturas iberoamericanas*, 107-116. Montevideo, Uruguay: Editorial Sin Fin. En el índice de materias aparece como "Conde de Lautréamont y Vicente Huidobro: A orillas del hemisferio de las aguas".

Cabezas Corcione, María José. 2014. "Vicente Huidobro y el creacionismo". En *Luis Omar Cáceres, El ídolo creacionista*, 69-76. Santiago de Chile: Ediciones Lastarria.

Canseco-Jerez, Alejandro. 2001. "Poética y estética de Hans Arp y Vicente Huidobro: Contingencia y convergencia de los últimos románticos". *Une domestique dissipée: Essais sur la fiction en Amérique Latine*, editado por Christoph Singler, 45-57. Paris: Presses Universitaires Franc-Comtoises.

Castilla Cerezo, Antonio. 2007. "Vicente Huidobro y lo nuevo como categoría estética". En *Literatura latinoamericana: Historia, imaginación y fantasía*, editado por Elizabeth Sánchez Garay y Roberto Sánchez Benítez, 59-85. México, D.F.: Plaza y Valdés.

Castillo, Tito. 1993. "Un gran poeta". *Atenea* 467: 7-11.
Castro Morales, Belén. 2008. "Los horizontes abiertos del cubismo: Vicente Huidobro y Pablo Picasso". *Anales de literatura chilena* 9: 149-167.
— 1998. "Vicente Huidobro, poeta experimental". *Texturas* 8: 54-61.
— 2011. "Vicente Huidobro y el arte negro: algunas paradojas creacionistas". En *Literatura a ciencia cierta: Homenaje a Cedomil Goic*, editado por Tamara R. Williams y Leopoldo M. Bernucci, 115-141. Newark, Del.: Juan de la Cuesta.
Chang-Rodríguez, Raquel y Malva E. Filer, eds. 2004. "Vicente Huidobro (1893-1948)". *Voces de Hispanoamérica: Antología literaria*, 339-346. 3a. ed. Boston: Thomson/Heinle. Incluye una breve biografía seguida por los poemas: "Nipona", "Arte poética", "Poemas árticos", y "Altazor; o, El viaje en paracaídas". También hay otras ediciones: 1a. Boston, Mass.: Heinle & Heinle, 1988 y 2a. 1996; 4a. Boston: Heinle Cengage Learning, 2013 y 5a. 2017.
Chueca, Luis Fernando. 2004. "Presencia de la muerte en El ciudadano del olvido de Vicente Huidobro". *Pie de página* 2: 64-71.
Concha, Jaime. 1979. "Huidobro, entre él y nosotros". *Literatura chilena en el exilio* 3, nº 10: 2-8. Consultado el 27 octubre 2014. Reproducido en *http://www.memoriachilena.cl/archivos2/pdfs/MC0005292.pdf*.
Connor, Daniel. 2009-2010. "Lirios y cañonazos: La prosa anarquista de Vicente Huidobro". *Espéculo* 43: n pág. Consultado el 4 septiembre 2014. *http://pendientedemigracion.ucm.es/info/especulo/numero43/vhuidob.html* .
Correa-Díaz, Luis y Scott Weintraub, eds. 2010. *Huidobro's Futurity: Twenty-First Century Approaches*. Número especial de *Hispanic Issues Online* 6. Consultado el 10 septiembre 2014. http://hispanicissues.umn.edu/Spring2010.html.
Corsi, Daniele. 2017. "Huidobro y el futurismo en Chile". *Cuadernos Hispanoamericanos* 800: 30-41.

Costa, René de. 1995. "Dos imágenes de vanguardia en la poesía de Borges, Huidobro, Apollinaire y Guillermo de Torre: El 'avión' y la 'luz eléctrica'". En *Essays in Honor of Frank Dauster*, editado por Kirsten F. Nigro y Sandra M. Cypess, 77-85. Newark, Del.: Juan de la Cuesta.
— 1995. "El Larrea de Huidobro". *Ínsula* 586: 8-10.
— 1987. "El Neruda de Huidobro". En *Nuevas aproximaciones a Pablo Neruda*, editado por Ángel Flores, 273-279. México: Fondo de Cultura Económica. Consultado el 27 octubre 2014. Reproducido en http://www.neruda.uchile.cl/critica/decosta.html.
Cragnolini, Mónica B. 2000. "De Nietzsche a Huidobro: Azores fulminados por la altura". *Metapolítica* 4, n° 16: 108-123.
Cruz de Amenábar, Isabel. 2017. "Los años omitidos 1933-1935: Hechos claves en la formación del pintor Roberto Matta en Chile". *Universum* 32, n° 1: 39-57. Véase la sección "El modelo de Huidobro".
D'Asprer, Núria. 2012. "Traduir Paul Nogué: Esquisse d'une pratique agissante". *Hermeneus* 14: 79-101.
Dawes, Greg. 2005. "Huidobro: Entre el esteticismo vanguardista y la izquierda". *Casa de las Américas* 45, n° 240: 41-56.
— 2009. *Poetas ante la modernidad: Las ideas estéticas y políticas de Vallejo, Huidobro, Neruda y Paz*. Madrid: Editorial Fundamentos.
Devos, Piet. 2017. *El cuerpo elocuente: Percepción visual y háptica en la poesía de Huidobro y Péret*. Leiden: Almenara Press.
Díaz Merino, Ximena Antonia. 2004. "Vicente Huidobro: Do modernismo ao criacionismo". *Anuario brasileño de estudios hispánicos* 14: 155-166.
Dougherty, Dru. 2015. "Hacia la poesía autónoma: La 'Invitación a la transparencia o La nieve ha variado' de Gerardo Diego (1928)". *Anales de la Literatura Española Contemporánea* 40, n° 1: 75-99.

Duarte, Jose A. Moreira. 1968. "Acera de Vicente Huidobro". Minas Gerais, Suplemento literario (28 septiembre): 3; (5 octubre): 4.

Dumont, Stéphanie. 2012. "Mage et "faiseur" de mondes: Le cas Huidobro". *Babel* 26: 215-230. Consultado el 14 septiembre 2014. http://babel.revues.org/2564.

Durán Villarreal, Fernando. 2014. "Retorno de Vicente Huidobro". *Cincuenta escritores*, editado por Juan Antonio Massone, 60-64. Chile: Academia Chilena de la Lengua. Reproducido del original en *El Mercurio de Santiago*, 29 de junio de 1975.

Echeverría, José. 1993. "La muerte de Dios y la muerte en la obra de Vicente Huidobro". *La torre* ns. 7, n° 27-28: 415-447.

Edwards, Aníbal. 1975. "Vicente Huidobro y Alejo Carpentier: Entre lo credo y lo edificado". *Mensaje* 241: 353-360.

Edwards, Jorge. 1994. "El apocalipsis según Vicente Huidobro". *Vuelta* 18, n° 208: 63-65. Reproducido del original en *Suplemento Literario La Nación* (Buenos Aires) (26 Febrero 1995): 1-2.

Ellis, Keith. 1979. "Propósito y realización en Vicente Huidobro". *Revista Iberoamericana* 45, n° 106-107: 291-300.

— 2004. "Vicente Huidobro y la Primera Guerra Mundial". En *Nueve escritores hispanoamericanos ante la opción de construir*, 110-128. La Habana: Ediciones Unión.

Estripeaut Bourjac, Marie. 1999. "Ritmos ruptura(s) espacio/s". En *Poesía hispanoamericana: Ritmos(s)/métrica(s)/ruptura(s)*, editado por Gema Areta Marigó, 154-168. Madrid, Spain: Verbum. Compara Huidobro y Stéphane Mallarmé.

Eymar Benedicto, Marcos. 2007. "La poética de la autotraducción en tres escritores bilingües franco-hispánicos: Vicente Huidobro, Juan Larrea y Ventura García Calderón". En *Actas del XVI Congreso de la Asociación Internacional de Hispanistas, París, del 9 al 13 de julio de 2007*, editado por Pierre Civil y Françoise Crémoux, en el CD-ROM adjunto. Vervuert: Iberoamericana.

Fernández, Jesse. 1999- 2000. "Parodia, humor y prosificación en la obra de Vicente Huidobro". *La Página* 38: 33-40.
— 1995. "¿Prosificación del verso o versificación de la prosa? A propósito de Vicente Huidobro". *Círculo* 24: 86-91.
— 1994. "Vicente Huidobro". En *El poemas en prosa en hispanoamérica: Del modernismo a la vanguardia, estudio crítico y antología*, 64-68. Madrid: Hiperión.
Fernández Pérez, José Luís. 1998. *Vanguardia en Chile: Vincente Huidobro, Juan Emar*. Santiago, Chile: Santillana.
Fernández Spencer, Antonio. 2017. "Vicente Huidobro y la invención poética". En *El gallo y la veleta: ensayos últimos*, editado por Carlos X. Ardavín Trabanco, 119-122. Santo Domingo, República Dominicana: Cielonaranja.
Flores, Miguel Ángel. 1996. "Vicente Huidobro y las trampas de la política". *Universidad de México* 549: 65-69.
Fonseca, Claudia Lorena Vouta da. 2012. "A narrativa estilhaçada am *Assim na terra*, de Luis Sérgio Metz". *Scripta* 16, n° 31: 161-172. La influencia de Huidobro en este autor.
Franklin, Kelly Scott. 2014. "'Without Being Walt Whitman': Vicente Huidobro, Whitman, and the Poetics of Sight". *Comparative American Studies* 12, n° 4: 282-300.
Franz, Carlos. 2009. "Huibodolabroño: mitad Vicente Huidobro y mitad Roberto Bolaño, esta criatura híbrida, hija de la vanguardia chilena, se pasea por las letras latinoamericanas y es cuidadosamente diseccionada por el autor de este ensayo". *El Malpensante* 96: 32-34, 36-39.
Fuente, José Alberto de la. 2010. *Vicente Huidobro: el adelantado que no escuchamos*. Santiago: Ediciones Universidad Católica Silva Henríquez.
Fuente, José Luis de la. 1990. "Una iniciación melódica al final del camino: Anagogías de Raquel Señoret". *Castilla* 15: 89-104. *Anagogías* de Señoret está analizado en relación a Huidobro.

Galindo, Oscar. 1998. "Darío y Huidobro: Del modernismo a la estética del sugerimiento". *Anales de literatura hispanoamericana* 27: 211-223.

— 1994. "La poesía de Eduardo Anguita y el lenguaje de los pájaros". *Estudios filológicos* 29: 73-89. Analiza la obra de Anguita en relación a Huidobro.

— 2000. "Razones poéticas: la narrativa de Vicente Huidobro". *Documentos Lingüísticos y Literarios 23: 29-36.* Consultado el 27 octubre 2014. http://www.humanidades.uach.cl/documentos_linguisticos/document.php?id=415.

— 2001-2002. "Relatos como 'objetos de ansiedad' en Huidobro Arp y Emar". *Documentos Lingüísticos y Literarios* 24-25: 15-22. 29 *Consultado el 27 octubre* 2014. http://www.humanidades.uach.cl/documentos_linguisticos/document.php?id=136.

García, Carlos y May Lorenzo Alcalá. 2006. "El canon de Alberto Hidalgo". *Cuadernos hispanoamericanos* 671: 61-70. Compara el Índice de la nueva poesía americana de Hidalgo a Vicente Huidobro y Jorge Luis Borges.

García, Rafael. 2010. "La evolución de la forma en la obra poética de Vicente Huidobro: De *El espejo de agua* a *El ciudadano del olvido*". En *Literatura en diálogo: Una muestra de estudios comparados*, editado por Blanca Estela Ruiz Zaragoza y Sergio Figueroa Buenrostro, 135-144. Jalisco, México: Universidad de Guadalajara, Centro Universitario de Ciencias Sociales y Humanidades.

Gené, Emilio. 1976. "Gabriel Alomar, el futurismo y Vicente Huidobro". *Mayurqa* 15: 291-302.

Glickman, Robert Jay. 1984. "Infraestructura de la literatura hispanoamericana: Proyección gráfica de su evolución desde el neoclasicismo hasta el vanguardismo". *Revista canadiense de estudios hispánicos* 8, n° 3: 413-423.

Glover, Adam. 2016. "Creation, Icons, and the Language of Poetry". *New Blackfriars* 97, n° 1071: 529-546.

Goic, Cedomil. 2008. "Presentación". *Anales de literatura chilena* 9: 9-14.
— 2012. *Vicente Huidobro, vida y obra: las variedades del creacionismo*. Santiago: LOM Ediciones.
Gómez Menéndez, Llanos. 2017. "Ultraísmo en Argentina: Raíces y conexiones con la vanguardia europea". *Cuaderenos Hispanoamericanos* 800: 19-29.
González Fuentes, Juan Antonio y Dámaso López García, eds. 2014. *Vicente Huidobro y Gerardo Diego en vanguardia: (Creacionismo, contexto histórico y relaciones personales)*. Heras (Cantabria), España: Ediciones La Bahía.
Guerrero del Río, Eduardo. 2013. "Vicente Huidobro: Antipoeta y mago". *Mensaje* 62, n° 616: 56-58.
Gullón, Ricardo. 1979. "Saludo al espíritu de vanguardia". *Revista Iberoamericana* 45, n° 106-107: 3-6.
Gutiérrez, Jesús Eloy. 2002. "La pérdida de la fe religiosa en la dramaturgia de Vicente Huidobro". *Dram@teatro revista digital* 7. Consultado el 27 de octubre 2014. http://dramateatro.sc15.co.uk/ensayos/n_0007/LA%20PERDIDA%20DE%20LA%20FE.pdf.
Gutiérrez Revuelta, Pedro. 2013. "Pablo Neruda y los misterios de la naturaleza = Pablo Neruda and the Mysteries of Nature". *Atenea* 507: 25-44. Compara Neruda con Huidobro.
Hahn, Oscar. 1999. "Los desfases de Vicente Huidobro". *Hispanic Poetry Review* 1, n° 1: 3-15.
— 1993. "Huidobro: Un niño de cien años". *Atenea* 467: 67-74.
— 1999-2000. "Muerte y transfiguración". *La Página* 38: 75-78.
— 1994. "Vicente Huidobro: Del reino mecánico al Apocalipsis". *Revista Iberoamericana* 60, n° 168-169: 723-730.
— 1997-1998. "Vicente Huidobro: El sentido del sinsentido". *Inti* 46-47: 3-11.
— 1993. "Vicente Huidobro, Marian Poet". *Xavier Review* 13, n° 2: 67-73.

— 2001. "Vicente Huidobro o la voluntad inaugural". En *Magias de la escritura*, 109-121. Santiago de Chile: Editorial Andrés Bello.
— 1980-1981. "Vicente Huidobro, poeta mariano". *Revista chilena de literatura* 16-17: 369-373. Reproducción de *Magias de la escritura*, 123-132. Santiago de Chile: Editorial Andrés Bello, 2001.
Hahn, Óscar y Cristina Sparagana. 2007. "Vicente Huidobro". *Poesia: Mensile di cultura poetica* 20, n° 222: 2-6.
Hamilton, Carlos D. 1976. "Vicente Huidobro y su obra". *Cuadernos americanos* 208: 227-237.
Hamilton, Juan. 1991. *Discurso del Ministro Juan Hamilton en la tumba del poeta Vicente Huidobro: Cartagena, 27 de septiembre de 1991*. Viña del Mar: Refinería de Petróleo Concón.
Herrera, Paula Miranda. 2009. "Poéticas y países en las vanguardias de Vicente Huidobro y Oswald de Andrade". *Taller de Letras* 44: 129-140.
— 2013. "Vicente Huidobro y Nicanor Parra: Otras posibilidades de la heteronimia poética". En *La heteronomia poética y sus variaciones trasatlánticas*, editado por Mario Barrero Fajardo, 47-57. Bogotá, D.C., Colombia: Facultad de Artes y Humanidades, Departamento de Humanidades y Literatura.
Herrero, Rosario. 1997. "Hacia una propuesta metodológica para la interpretación de la metáfora: Aspectos teóricos y aplicación práctica a la lírica de Vicente Huidobro". En *La metáfora en la poesía hispánica (1885-1936): Actas del Simposio celebrado en la Universidad de Copenhague, 25 y 26 de septiembre de 1996*, editado por Hans Lauge Hansen y Julio Jensen, 55-70. Sevilla: Ediciones Alfar.
Hopfe, Karin. 1997. "Vicente Huidobro y la cuestión de la metáfora". En *La metáfora en la poesía hispánica (1885-1936): Actas del Simposio celebrado en la Universidad de Copenhague, 25 y 26 de septiembre de 1996*, editado por Hans Lauge Hansen y Julio Jensen, 109-122. Sevilla: Ediciones Alfar.

Holmes, Henry Alfred. 2014. "The Creationism of Vicente Huidobro". En *Poetry Criticism*, editado por Lawrence J. Trudeau, vol. 147, n pág. Detroit, Mich.: Gale. Reproducido del original en *Spanish Review* 1, n° 1 (1934): 9-16. En Goic.

Jiménez, Carlos. 2000. "La ciudad moderna como proyección del yo poético: El tema de Nueva York". *Cuadernos de Aldeeu* 16, n° 2: 167-175.

Jiménez Millán, Antonio. 2008. "Rubén Darío y Vicente Huidobro: Del Modernismo a la Vanguardia histórica". En *Literatura hispanoamericana del siglo XX: Literatura y arte*, editado por Guadalupe Fernández Ariza, 69-99. Málaga: Servicio de Publicaciones de la Universidad de Málaga. La sección sobre Huidobro empieza en página 84.

Jorrat, Rita Indiana. 2009. "Rupturas vanguardistas en el discurso lírico latinoamericano: Vicente Huidobro y Oliverio Girondo". En *Argentina en su literatura*, editado por Nilda María Flawiá de Fernández, 111-127. Buenos Aires: Corregidor.

Krarup, Helge. 1993. "Vicente Huidobro: Skakspil med det uendelige". *Vinduet* 47, n° 4: 32-36.

Labraña, Marcela. 2014. "Poesía oriental y visualidad en Darío, Tablada y Huidobro". *Estudios Avanzados* 22: 1-12.

Lafourcade, Enrique. 1976. "Vicente Huidobro: ¿Genio o impostor?" *Repertorio latinoamericano* 2, n° 16: 1+.

Lihn, Enrique. 1977. "El lugar de Huidobro". En *Los vanguardismos en la America Latina*, editado Oscar Collazos, 82-104. Barcelona: Península.

Lima, Luiz Costa. 1999. "A vanguarda antropófaga". *Nuevo texto crítico* 12, n° 23-24: 213-220. Compara Huidobro a Oswald de Andrade.

Lizama A., Patricio. *Huidobro y la vanguardia de los años 30*. Consultado el 14 de septiembre 2014. http://www.vicentehuidobro.uchile.cl/ensayo_patricio_lizama.htm.

Llanos Melussa, Eduardo. 2008. "Sobre Huidobro y la poesía visual". *Anales de literatura chilena* 9: 37-45.

Madrid Letelier, Alberto. 1993. "Vicente Huidobro: Hacer poesía y hacer el discurso de la poesía". *Cuadernos hispanoamericanos* Supl. 12: 9-23.

— 2011. "Vicente Huidobro: La consturcción del espaverso". En *Gabinete de lectura: Poesía visual chilena*, 22-29. Santiago de Chile: Metales Pesados.

Masón, Maestro. 2013. "Vicente Huidobro". *Revista Occidente* 432: 14-19.

Medina, Celso. 2006. "De *Ecuatorial* a *Altazor* = From the *Ecuatorial* to *Altazor*". *Acta literaria* 32: 107-114.

Melnykovich, George. 1974. "Carlos Pellicer and 'Creacionismo'". *Latin American Literary Review* 2, n° 4: 95-111.

Miguel-Alfonso, Ricardo. 2015. "Transcendental Modernism: Vicente Huidobro's Emersonian Poetics". En *A Power to Translate the World: New Essays on Emerson and International Culture*, editado por David Larocca y Ricardo Miguel-Alfonso, 158-169. Hanover, NH: Dartmouth College Press.

Miranda, Paula. 2009. "Poéticas y países en las vanguardias de Vicente Huidobro y Oswald de Andrade = Poetics and Countries in the Vanguard of Vicente Huidobro and Oswald de Andrade". *Taller de letras* 44: 129-140. Consultado el 27 de octubre 2014. http://www7.uc.cl/letras/html/6_publicaciones/pdf_revistas/taller/tl44_11.pdf.

Mitre, Eduardo. 2000. "Huidobro, hambre de espacio y sed de cielo [fragmento]". En *Pensando en Bolivia: Gabriela Mistral, Vicente Huidobro, Pablo Neruda, Pablo de Rokha*, editado por Mariano Baptista Gumucio, 71-77. La Paz: Anthropos.

— 1976. "La imagen en Vicente Huidobro". *Revista Iberoamericana* 42, n° 94: 79-85.

— 2012. *Vicente Huidobro: Hambre de espacio y sed de cielo*. 2a. ed. Caracas, Venezuela: Monte Ávila Editores Latinoamericana.

Molina, César Antonio. 2006. "Huidobro, el ciudadano del olvido". *Revista de Occidente* 296: 126-131.

Montemayor, Carlos. 1979. "Apuntes de la nueva creación en Vicente Huidobro". En *Los dioses perdidos y otros ensayos*, 75-92. México: UNAM.

Montes, Hugo. 1993. "La maestría de Huidobro". *Atenea* 467: 137-141.

Montoya Véliz, Jorge. 1979. "La poética de Vicente Huidobro". *Aisthesis* 12: 56-61.

Moraes, Mariana. 2012. "América para la humanidad: Una aproximación al activismo latinoamericano de Vicente Huidobro". En *Literatura de la independencia e independiencia [sic] de la literatura en el mundo latinoamericano*, editado por José Carlos Rovira y Víctor Manuel Sanchis Amat, 571-582. Alicante: Universidad de Alicante. Departamento de Filología Española, Lingüística General y Teoría de la Literatura. Consultado el 21 de septiembre 2014. http://rua.ua.es/dspace/handle/10045/40280.

Morales, Andrés. 2001. "Huidobro en España". *Universidad de Chile* 17: n pág.. Consultado el 27 de octubre 2014. http://web.uchile.cl/publicaciones/cyber/17/tx3.html.

— 2016. *Huidobro en España*. Santiago de Chile: Piso Diez Ediciones. — 1992. "Orígenes del creacionismo en España". *Revista signos* 25, nº 31-32: 111-127.

— 2008. "Presencia de Vicente Huidobro en la nueva poesía chilena". En *Transatlantic Steamer: New Approaches to Hispanic and American Contemporary Poetry = Vapor transatlántico: Nuevos acercamientos a la poesía hispánica y norteamericana contemporáneas*, editado por Miguel Ángel Zapata, 85-91. Lima: Universidad Nacional Mayor de San Marcos, Centro de Producción Fondo Editorial.

— 2008. "Vicente Huidobro y la poesía chilena actual". *Anales de literatura chilena* 9: 235-240.

Morelli, Gabriele. 2001. "Contra el surrealismo: Cartas inéditas de Vicente Huidobro a Luis Buñuel"." En *Surrealismo y literatura en España*, editado por Jaume Pont, 129-140. Lleida: Edicions de la Universitat de Lleida.

— 2007. "Neruda en España y su polémica con Huidobro". En *La generación del 27 y su modernidad*, 37-55. Málaga: Centro Cultural Generación del 27.

— 2007. "Neruda y la generación del 27: La polémica con Huidobro". En *Pablo Neruda en el corazón de España*, editado por Joaquín Roses, 105-122. Córdoba: Diputación.

— 2012. "La relación Gerardo Diego-Vicente Huidobro". *Turia* 101-102: 228-237.

Moss, Grant. 2008. "La Retórica de la propaganda como agente de cambio literario en Huidobro durante la guera civil española". *Anales de literatura chilena* 9: 205-220.

Mossello, Fabián. 2007. "Conflicto entre modernidad, vanguardia e identidad en Latinoamérica: Aportes desde el discurso poético de Vicente Huidobro y Olga Orozco". En *La investigación en la Universidad Nacional de Villa María*, 249-262. Serie II. [Sin lugar: sin editorial]

Navarrete Orta, Luis. 1994. "Huidobro, hombre de su tiempo". *Escritura* 19, n° 37-38: 115-129.

Nejar, Carlos. 2007. "Vicente Huidobro, sua vertigem: Altazor e ourtros poemas = Vicente Huidobro, su vértigo: Altazor y otros poemas". En *Vicente Huidobro & Manuel Bandeira: Ensayos*, por Carlos Nejar y Juan Antonio Massone, 2-29. Santiago de Chile: Academia Chilena de la Lengua; Rio de Janeiro: Academia Brasileira de Letras. Seguida de: "Arte poética", "En = No", "Torre Eiffel", "La muerte que alguien espera = A morte que alguém espera", "El cementerio de los soldados = O cemitério dos soldados", "De ver y palpar = De ver e palpar", "Sombra", "Hasta cuando sangrarán la vida = Até quando sangrarem a vida", "Siglo encadenado en un ángulo del mundo = Século acorrentado num ângulo do mundo", "Al oído del tiempo (fragmento) = Ao ouvido do tempo (fragmento)", "Altazor (fragmentos)". El ensayo y los poemas son bilingües en portugués y castellano. El libro fue publicado simultáneamente en ambos países.

Neruda, Pablo. 1978. "Vicente Huidobro". *Literatura chilena en el exilio* 2, n° 5: 16. Consultado el 27 de octubre 2014. Reproducido en http://www.memoriachilena.cl/archivos2/pdfs/MC0005287.pdf.

Nicolás, Montserrat. 2010. *Vicente Huidobro: ¿Poeta político o intelectual?* Santiago: Ediciones DKDNT.

Oliphant, Dave. 2014. "Huidobro and Parra: World-Class Antipoets". En *Poetry Criticism*, editado por Lawrence J. Trudeau, vol. 147, n pág. Detroit, Mich.: Gale. Reproducción del original en *Hispanic Issues On Line* 6 (2014): 136-151. Véase Correa-Díaz, Luis, y Scott Weintraub, arriba.

Ortega, Julio. 2011. *La polémica Moro-Huidobro: un capítulo de la vanguardia trasatlántica*. Madrid: Del Centro Editores.

Ostria González, Mauricio. 2008. "Una lectura ecocrítica de textos huidobrianos". *Anales de literatura chilena* 9: 221-234.

Padilla, José Ignacio. 2014. "Vicente Huidobro: Entrar y salir del lenguaje". En *El terreno en disputa es el lenguaje: Ensayos sobre poesía latinoamericana*, 207-238. Madrid: Iberoamericana; Frankfurt am Main: Vervuert.

Paseyro, Ricardo. 1958. "Vicente Huidobro, antipoeta y mago". Índice de artes y letras 12, n° 112: 7-9. Rpt. en *Poesía, poetas y antipoetas*, 61-68. Madrid: Ediciones Siruela, 2009. Incluye textos tomados de *Antología de Vicente Huidobro*, editado por Antonio de Undurraga: "Poema funerario a Guillaume Apollinaire" (traducido por Antonio de Undurraga), "Tiempo de espera", "Arte poética", "La poesía", *Altazor* (fragmento), y "Ya vas hatchou" (traducido por Antonio de Undurraga).

Paz, Octavio. 1985. "Vestíbulo". *Vuelta* 10, n° 109: 6-8. Se trata de Huidobro y otros artistas chilenos en Francia.

Perdigó, Luisa Marina. 2014. Introducción a *Poetry Criticism*, editado por Lawrence J. Trudeau, vol. 147, n pág. Detroit, Mich.: Gale. Reproducción del original en *The Origins of Vicente Huidobro's 'Creacionismo' (1911-1916) and Its Evolution (1917-1947)*, 3-30. Lewiston: Mellen UP, 1994.

— 2014. "The Poet in Chile, 1911 to 1914: From *Ecos del alma* to *Adán*". *Poetry Criticism*, editado por Lawrence J. Trudeau, vol. 147, n pág. Detroit, Mich.: Gale. Reproducción del original en *The Origins of Vicente Huidobro's 'Creacionismo' (1911-1916) and Its Evolution (1917-1947)*, 93-101. Lewiston: Mellen UP, 1994. 33-48.

Pérez López, María de los Angeles. 1996. "Una aproximación a la prosa de vanguardia: Huidobro cuenta cuentos diminutos". En *Conversaciones de famas y cronopios: Encuentros con Julio Cortázar*, 393-399. Murcia, España: Edición de Compobell. Reimpresión de "Huidobro, Garmendia, Palacio: El cuento en vanguardia". *Revista nacional de cultura* (Venezuela) 57, n° 299 (1995): 67-74. Núm 105 de Pérez López "Bibliografía", segunda sección.

— 1997. "Castillos de palabras construidos sobre el aire (Acerca de las relaciones entre Unamuno y Huidobro)". *Revista chilena de literatura* 50: 141-146.

— 2008. "Parodia, humor (y humores) en la narrativa de Vicente Huidobro". *Anales de literatura chilena* 9: 137-147. — 1999- 2000. "Vicente Huidobro: La aventura plural". *La Página* 38: 33-40.

Pérez Santiago, Omar. 2002. *Escritores y el mar*. Santiago de Chile: Ediciones Cosa Nostra. Huidobro es uno de los tópicos de este libro.

Pérez Villalón, Fernando. 2007. "Vicente Huidobro-Ezra Pound: Traducir lo moderno = Translating Modernity: Vicente Huidobro-Ezra Pound". *Taller de letras* 40: 121-139.

Pineda, Carlos. 2016. "Absurdo, grotesco y humor negro: La antropofagia carnavalesca de la poesía experimental latinoamericana: Leopoldo Fijman, Rogelio Sinán, Vicente Huidobro, Nicolás Guillén, Palés Mateo, Emilio Ballagas, Oliverio Girondo y Hugo Maya". En *Poesía latinoamericana de vanguardia: transgresiones entre la carcajada y la ironía*, 37-78. Ciudad de México: Ediciones del Lirio.

Pizarro, Ana. 1992. *Desembarcar cometas como turistas: Documentos para el estudio de Vicente Huidobro en la enseñanza media*. Santiago de Chile: Fundación Vicente Huidobro.

Pizarro Roberts, Sergio. 2017. "La teofanía profana en la obra poética de Vicente Huidobro". *Revista chilena de literatura* 95: 123-147.

Pontes, Renata. 2018. "'Un poema es una cosa que será': Visceralidad, metalenguaje y renovación de la ruptura en Juan Gelman". *Literatura: Teoría, Historia, Crítica* 20, n° 1: 89-130.

— 1968. *Presencia de Vicente Huidobro (1893-1948)*. Santiago: Instituto Cultural de Las Condes.

Quackenbush, L. Howard. 1987. "In Search of Answers to the Poetic Hermeticism of Waldo Rojas". *Chasqui* 16, n° 1: 37-43. El autor considera a Huidobro como una fuente para las obras de Rojas.

Quintana, Emilio. 1995. "Huidobro, Borges, Peiper y las primeras traducciones ultraístas al polaco (1922)". *Cuadernos hispanoamericanos* 541-542: 223-231.

Quintana, Emilio y Jorge Mojarro Romero. 2009. "Tadeusz Peiper como traductor de la poesía ultraísta al polaco (1921-1922)". *1611: Revista de historia de la traducción* 3. Consultado el 4 de septiembre 2014. http://www.traduccionliteraria.org/1611/art/quintana-mojarro.htm.

Quiroga, José. 1996. "Spanish American Poetry from 1922 to 1975". En *The Cambridge History of Latin American Literature*, editado por Roberto González Echevarría y Enrique Pupo-Walker, vol. 2, 303-364. Cambridge: Cambridge University Press. Mientras que hay referencias a Huidobro en todo este artículo, en las páginas 312-314 se enfoca en el poeta.

Ramírez Peñaloza, Cynthia Araceli. 2012. "Manifiesto y poesía: el monismo en Vicente Huidobro". En *Variaciones sobre el ensayo hispanoamericano: Identidad y diálogo*, editado por Carmen Álvarez Lobato, 185-205. Toluca, Estado de México: Universidad Autónoma del Estado de México.

Ramos, Carlos. 2010. "Vicente Huidobro, 1893-1948, y la estética del purismo". En *Construyendo la modernidad: Escritura y arquitectura en el Madrid moderno, 1918-1937*, 113-130. Lleida: Edicions de la Universitat de Lleida.

Reverte Bernal, Concepción. 2006. "El 'teatro de la crueldad' de Vicente Huidobro (Artaud y Jarry)". En *Teatro y vanguardia en Hispanoamérica*, 31-90. Madrid: Iberoamericana.

Ríos, Valeria de los. 2011. "Vicente Huidobro y el cine: La escritura frente a las luces y sombras de la modernidad". *Hispanic Review* 79, nº 1: 67-90.

Rivas, Pierre. 1994. "Le moment français de Vicente Huidobro". *Littérales* 15: 105-112.

Rivera Rodas, Oscar. 1978. "Huidobro: la imagen autónoma e inédita". En *Cinco momentos de la lírica hispanoamericana: Historia literaria de un género*, 181-191. La Paz: Instituto Boliviano de Cultura. Reproducido en *Pensando en Bolivia: Gabriela Mistral, Vicente Huidobro, Pablo Neruda, Pablo de Rokha*, editado por Mariano Baptista Gumucio, 59-70. La Paz: Anthropos, 2000.

Rodica, Ilie. 2013. "Structuri legitimatoare în retorica modernismului chilian: Creaţionismul". *Revista Transilvania* 11/12: 70-78.

Rodrigues, Miguel Urbano. 1995. "Volodia Teitelboim e a Aventura Humana". *Vertice* 64: 55-62.

Rodríguez González, Alberto. 2017. "Vicente Huidobro, el proyecto universalista del creacionismo y el 'Índice de la nueva poesía americana'". *Anales de literatura chilena* 27: 47-68.

Rodríguez Gutiérrez, Milena. 2008. "Dos planetas poéticas: Huidobro vrs. Neruda, y viceversa". *Anales de literatura chilena* 9: 185-203.

Rodríguez López-Vázquez, Alfredo. 1996. "Vicente Huidobro y Tristan Tzara: La elaboración del lenguaje poético en la vanguardia". En *De Baudelaire a Lorca: Acercamiento a la modernidad literaria = Von Baudelaire zu Lorca: Signaturen der literarischen Moderne = From Baudelaire to Lorca: Ap-*

proaches to Literary Modernism, editado por Manuel Losada-Goya, Kurt Reichenberger y Alfredo Rodríguez López-Vázquez, 819-827. Kassel: Reichenberger.

Rodríguez Santibáñez, Marta. 2003. "Biopoética y biosemiótica". *Nueva Revista del Pacífico* 48: 155-164.

— 1996. "El creacionismo de Vicente Huidobro". *Cuadernos hispanoamericanos* 556: 92-105.

— 2000. *Delirio y metáfora: Vicente Huidobro y André Breton: Ensayos de investigaciones en biopoética*. Santiago, Chile: Delirio Poetico Ediciones.

— 1998. "Mito y articulación poiética de la metáfora en el sistema poético de Vicente Huidobro y José Lezama Lima". En *Mitos: (Actas del VII congreso internacional de la asociación española de semiótica, celebrado en la Universidad de Zaragoza del 4 al 9 de noviembre de 1996)*, editado por Túa Blesa, vol. 3, 539-544. Zaragoza: Asociación Española de Semiótica.

Rojas Gómez, Antonio. 2013. "Vicente Huidobro: Creador de mundos poéticos". *Revista Occidente* 432: 20-23.

Rojas-Mix, Miguel A. 1985. "Huidobro y el arte abstracto". *México en el arte* 6 (1984): 65-68. Reproducido en *Araucaria de Chile* 32: 147-151.

Rojas, Waldo. 2005. "Huidobro, Moro, Gangotena, tres incursiones poéticas en lengua francesa". *Taller de letras* 36: 38-54.

Roos Munoz, Carlos Miguel. 2011. "El tratamiento de la realidad en el teatro creacionista de Vicente Huidobro". *TRIM: Revista de investigación multidisciplinar* 3: 33-46.

Rosas Godoy de Sá, Jorge. 2014. "*Acción...* Poética en Huidobro = *Ação...* Poética em Huidobro = (Poetic) *Action* in Huidobro". *Diacrítica* 28, n° 3: 251-273.

Saganogo, Brahiman. 2011. "Análisis retórico-semiótico de el arte del sugerimiento de Vicente Huiodobro". *Revista Signótica* 23, n° 1. Consultado el 10 de septiembre 2014. http://www.revistas.ufg.br/index.php/sig/article/view/16143.

Sánchez-Pardo, Esther. 2017. "Vicente Huidobro and William Carlos Williams: Hemispheric Connections, or How to Create Things with Words". *International Yearbook of Futurism Studies* 7: 182-205.

Sanz, Ignacio. 2010. "La vaca y los ruiseñores de Huidobro". *Cuadernos Hispanoamericanos* 717: 35-37.

Sarabia, Rosa. 2003. "Interarte vanguardista y algunas cuestiones teórico-críticas a considerar". *Revista canadiense de estudios hispánicos* 28, n° 1: 45-69.

— 2007. *La poética visual de Vicente Huidobro*. Madrid: Iberoamericana.

— 1996. "The Rhetoric of the Hispanic Avant-Garde: Ultraísmo and Creacionismo". Traducido por Laurence de Looze. *Canadian Journal of Rhetorical Studies = La revue canadienne d'études rhétoriques* 6: 119-128.

Sarmiento, Oscar D. 2008. "Huidobro desde *La nueva novela* de Juan Luis Martínez". *Anales de literatura chilena* 9: 241-256.

Schopf, Federico. 2010. *El desorden de las imágenes: Vicente Huidobro, Pablo Neruda, Nicanor Parra*. Santiago, Chile: JH, Fondo Juvenal Hernández Jaque: Editorial Universitaria.

Segade, Gustavo V. 1977. "Issues in Contemporary Latin American Poetry, Part Two: The Esthetic of Vicente Huidobro". *Grito del sol* 2, n° 2: 97-121.

Sepúlveda, Jesús. 2016. "The *Petit God*: Vicente Huidobro and the Poet as a Creator". En *Poets on the Edge: Vicente Huidobro, César Vallejo, Juan Luis Martínez, and Néstor Perlongher*, 23-51. Boca Raton, Florida: Brown Walker Press.

Sepúlveda Llanos, Fidel. 1983. *Aproximación estética a la literatura chilena: Donoso, Anguita, Parra, Huidobro*. Santiago: Pontificia Universidad Católica de Chile.

Silva Castro, Raúl. 1960. "Vicente Huidobro y el Creacionismo". *Revista Iberoamericana* 25, n° 49-50: 115-124.

Silverman, Renée M. 2009. "Gerardo Diego's *Heterocronismo* and the Avant-Garde: *Imagen* and *Manual de espumas*". *Hispanic Review* 77, n° 3: 339-367. La influencia de Huidobro en las obras de Diego.

Skledar, Ana. 2003. "Cuatro poetas vanguardistas y la contemporaneidad de sus poéticas: Huidobro, Vallejo, Girondo y Borges". *Verba hispanica* 11: 55-68.
Sperber, Richard. 2011. "Huidobro, Vicente (1893-1948)". En *World Literature in Spanish: An Encyclopedia*, editado por Maureen Ihrie y Salvador A. Oropesa, vol. 2, 502-503. Santa Barbara, Calif.: ABC-CLIO.
Subercaseaux S., Bernardo. 2010. "'Chile es mi segunda patria': Vanguardia heroica y recepción nacionalista". *Atenea* 501: 53-71.
Sucre, Guillermo. 1972. "Huidobro: Altura y caída". *Eco* 26, n° 151: 4-35; 26, n° 152: 151-160. Reproducido en *La máscara, la transparencia: ensayos sobre poesía hispanoamericana*, 90-112. México: Fondo de Cultura Económica, 1985.
Teillier, Jorge. 1963. "Actualidad de Vicente Huidobro". *Boletín de la Universidad de Chile* 41: 64-72. Reprimido en *Espiral* 92 (1964): 48-62.
Torres, Aldo. 1958. "El gran ausente". Atenea 130, n° 379: 89-91.
Torres, Esteban. 2014. "Espacio dramático en Vicente Huidobro". En *El teatro en el período de la independencia dominicana y las vanguardias dramáticas hispanoamericanas*, 73-94. Santo Domingo, República Dominicana: Santuario.
Tovar, Paco. 2002. "El adán poético de Vicente Huidobro: Pautas de un proceso creacionista". *Quaderni Ibero-Americani* 92: 174-185.
— 2014. "Vicente Huidobro: La vida es una multiplicación de olvidos... ¿te acuerdas?" En *El olvido lleno de memoria: 35° Convegno Internazionale di Americanistica, Salerno, 13-15 maggio 2013*, coordinado por Rosa Maria Grillo, Carla Perugini, 373-384. Salerno: Oèdipus.
Triviños, Gilberto. 1996. "Las metamorfosis de la Muerte semejante a Diana en la poesía de Rubén Darío, Vicente Huidobro y Nicanor Parra". *Acta literaria* 21: 75-92.

Truel, Juana. 1977. "Poeta-navegante: Una metáfora en el creacionismo". En Essays in Honor of Jorge Guillén on the Occasion of His 85th Year, 119-132. Cambridge, MA: Abedul.

Tsuzumi Shu. 2010. "De Santiago a París: El uso del francés en los poemas del 1917 de Vicente Huidobro". [El título de la revista aparece en letra japonesa]: 57-71. El artículo está en letra japonesa. Consultado el 31 de octubre 2014. http://kuir.jm.kansai-u.ac.jp/dspace/bitstream/10112/2636/1/KU-1100GK-20101000-03.pdf.

— 2009. "Evolución del estilo creacionista de Vicente Huidobro en los poemas de El espejo de agua". [El título de la revista aparece en letra japonesa]: 41-52. El artículo está en letra japonesa. Consultado el 31 de octubre 2014. http://kuir.jm.kansai-u.ac.jp/dspace/bitstream/10112/764/1/KU-1100-20091000-04.pdf.

— 2009. "El germen del vanguardismo en El espejo de agua, de Vicente Huidobro". [El título de la revista aparece en letra japonesa]: 99-110. El artículo está en letra japonesa. Consultado el 31 de octubre 2014. http://kuir.jm.kansai-u.ac.jp/dspace/bitstream/10112/880/1/KU-1100-20090300-06.pdf.

— 2015. *Kureashionisumu no shigaku: Raten amerika no avangyarudo*. [Suita?: Kansaidaigakushuppanbu?]. (Kansai daigaku tozai gakujutsu kenkyujo yakuchu shirizu, 17) "Miscelánea de la poética creacionista". El libro está en letra japonesa.

— 2013. *Manifesuto: dada kara kureashionisumu e.* Suita: Kansaidaigakushuppanbu. (Kansai daigaku tozai gakujutsu kenkyujo yakuchu shirizu, 15) Es posible que este libro sea una traducción de *Manifestes* a japonés.

— 2012. "Poema del fin del mundo: Ecuatorial de Vicente Huidobro". [El título de la revista aparece en letra japonesa]: 179-189. El artículo está en letra japonesa. Consultado el 31 de octubre 2014. http://kuir.jm.kansai-u.ac.jp/dspace/bitstream/10112/7306/1/KU-0400-201204000-20.pdf.

— 2005. "Polémica entre poetas vanguardistas: La verosimlitud [sic] de la fecha de publicación de *El espejo de agua*, de Vicente Huidobro". [El título de la revista aparece en letra japonesa]: 67-78. El artículo está en letra japonesa. Consultado el 31 de octubre 2014. http://kuir.jm.kansai-u.ac.jp/dspace/bitstream/10112/1456/1/KU-1100GK-2005100-05.pdf.

— 2004. "Vicente Huidobro y la poesía vanguardista española de la década de 1910". [El título de la revista aparece en letra japonesa]: 57-74. El artículo está en letra japonesa. Consultado el 31 de octubre 2014. http://kuir.jm.kansai-u.ac.jp/dspace/bitstream/10112/1479/1/KU-1100GK-20041000-04.pdf.

Undurraga, Antonio de. 1960. "Un arquetipo panhispánico: El buen y leal castellano". Estudios Americanos 104: 143-154. Reproducido en *La Torre* 34 (1961): 75-94. Núm. 137 en Pérez López "Bibliografía", segunda sección.

— 1957. "Huidobro, poeta difamado". Nueva democracia 37, n° 1: 78-88.

Valcárcel López, Eva. 1999. "Vicente Huidobro e as interpretacións da vangardia en Galicia: Os exemplos de Montes, Risco, Castelao e Manoel Antonio". *Cuadernos de estudios Gallegos* 46, n° 111: 347-355.

Valdivia, Benjamín. 2015. *Huidobro*. Guanajuato, Guanajuato: U de Guanajuato, Campus Guanajuato, Dirección de Extensión Cultural.

Varela Jácome, Benito. 2011. "Vicente Huidobro y los poetas gallegos". *A través de la vanguardia hispanoamericana: Orígenes, desarrollo, transformaciones*, editado por Manuel Fuentes y Paco Tovar, 13-28. Tarragona: Universitat Rovira i Virgili: Publicacions URV.

Vázquez Salvadores, Dolores. 2003. "Notas para una poética de la retina en Vicente Huidobro". *Revista hispánica moderna* 56, n° 1: 45-56.

Verani, Hugo J. 1996. "The Vanguardia and Its Implications". En *The Cambridge History of Latin American Literature*, editado por Roberto González Echevarría y Enrique Pupo-Walker, vol. 2, 114-137. Cambridge: Cambridge University Press. Mientras hay referencias a Huidobro en todo este artículo, se incluye una discusión sostenida de su obra en las páginas 118-121.

Vergara Alarcón, Sergio. 1997. "Presentación de la revista *Actual* de Vicente Huidobro". *Iberoamericana* 21, n° 65: 30-38.

Vital Díaz, Alberto. 2011. "Arte poética en seis poetas latinoamericanos del siglo XX: Alfonso Reyes, Vicente Huidobro, Jorge Luis Borges, Manuel Bandeira, Pablo Neruda y Jaime Torres Bodet". *Literatura Mexicana* 22, n° 1: 159-188.

1992. "La vuelta al mundo de Magallanes. Pedro de Valdivia. Bernardo O'Higgins, el libertador. Transición a la chilena. Gabriel Mistral, Pablo Neruda, Vicente Huidobro. El suelo como fuente de riqueza". *Padres y maestros* 178-179: 33-37.

White, Steven. 2006. "Los ríos en la poesía Chilena: Nuevas definiciones ecocéntricas de la poesía épica y lírica". *Crítica Hispánica* 28, n° 1: 125-153.

Willis, Bruce Dean. 2006. *Aesthetics of Equilibrium: The Vanguard Poetics of Vicente Huidobro and Mário de Andrade*. West Lafayette, Ind.: Purdue University Press.

Xirau, Ramón. 1972. "Vicente Huidobro: Teoría y práctica del creacionismo". *Poesía iberoamericana: Doce ensayos*, 23-41. México: SEP. La edición de 1979 lleva el título *Poesía iberoamericana contemporánea: Doce ensayos*. Reproducido en *Antología personal*, 11-23. México: Fondo de Cultura Económica, 1976.

Yúdice, George. 1978. "The Poetics of Breakdown". *Review* 23: 20-24. Compara Huidobro y Enrique Lihn.

Yurkiévich, Saúl. 2014. "Los gozos ideográficos de Vicente Huidobro". En *Del arte pictórico al arte verbal*, editado por Gladis Yurkievich, 124-134. México, DF: CONACULTA.

— 1999. — En *Poesía hispanoamericana: Ritmos(s)/métrica(s)/ruptura(s)*, editado por Gema Areta Marigó, 144-153. Madrid: Verbum.

— 1997. "Una lengua llamando a sus adentros". *Suma Crítica*, 135-139. Reproducido del original en *A través de la trama: Sobre vanguardia literarias y otras concomitancias*, 40-45. Barcelona: Muchnik Editores, 1984. En Goic, sin páginas (2003, 284). Madrid: Iberoamericana; Frankfurt am Main: Vervuert, 2007. 47-53.

— 1984. "Vicente Huidobro: El alto azor". En *Fundadores de la nueva poesía latinoamericana: Vallejo, Huidobro, Borges, Girondo, Neruda, Paz, Lezama Lima*, 57-114. Barcelona: Ariel. Edición de 1971 en Goic.

— 2007. "Vicente Huidobro: En el vórtice vanguardista". En *A través de la trama: Sobre vanguardias literarias y otras concomitancias*, 55-59. Madrid: Iberoamericana; Frankfurt am Main: Vervuert.

Zerán, Faride. 1997. *La guerrilla literaria: Huidobro, de Rokha, Neruda*. Santiago de Chile: Editorial Sudamericana.

— 2005. *La guerrilla literaria: Pablo de Rokha, Vicente Huidobro, Pablo Neruda*. México, D.F.: Fondo de Cultura Económica.

— 2010. —. Santiago de Chile: DeBolsillo.

Crítica de obras específicas

Adán

Dumont, Stéphanie. 2012. "L'utopie inaugurale ou les prémices du mythe chez Vicente Huidobro". *Cuadernos LIRICO* 7. Consultado el 14 de septiembre 2014. http://lirico.revues.org/612.

Morales Alonso, Carlos Javier. 1999. "Una versión ideal para el *Adán* de Vicente Huidobro". *Studi di letteratura Ispano-Americana* 32: 61-71.

Altazor

Alarcón-Arana, Esther M. 2014. "Exilio e indentidad: Superación de las poéticas clásica y cristiana en *Altazor* de Vicente Huidotro". *Scritture Migranti* 8: 85-109.

Aldunate, Pedro. 2007. "El juego de la poesía con la muerte en Vicente Huidobro". En *Crítica y creatividad: Acercamientos a la literatura chilena y latinoamericana*, editado por Gilberto Triviños y Dieter Oelker, 45-59. Concepción: Editorial Universidad de Concepción.

Álvarez, Ernesto. 2013. "Teogonía y magnitud: El cantar de la memoria de Zoé Jiménez Corretjer". *CIEHL: Cuaderno Internacional de Estudios Humanísticos y Literatura* 20: 119-123.

Arocha, Efer. 1997. *Rasgos filosóficos tempo-espaciales en Altazor*. Paris: Université Paris VIII.

Avila Rubio, Mario Jhonny. 2001. *Altazor, la experiencia del triunfo*. Lima, Perú: Fondo Editorial de la Universidad Nacional Mayor de San Marcos.

Baler, Pablo. 2008. *Los sentidos de la distorisión: Fantasías epistemológicas del neobarroco latinoamericano*. Buenos Aires: Ediciones Corregidor. Capítulo 1 presenta el uso de metáfora en Huidobro y Francisco de Quevedo.

Bargiel, Ewa. 2008. "Más allá del último horizonte: El lenguaje poético en *Altazor* de Vicente Huidobro". En *Entre la tradición y la vanguardia de la poesía hispánica*, editado por Marcin Kurek, 63-74. Wroclaw: Wydawn. Uniw. Wroclawskiego.

Bary, David. 1978. "El *Altazor* de Huidobro según un texto inédito de Juan Larrea". *Revista Iberoamericana* 44, n° 102-103: 165-182.

— 1987. "Sobre la presencia femenina «dorada de infinito" en el *Altazor* de Vicente Huidobro". En *Literatura*, 69-74. Vol. 4 de *Philologica hispaniensia: In honorem Manuel Alvar*. Madrid: Gredos.

Benítez Pezzolano, Hebert. 1997. *Vicente Huidobro y el vuelo de "Altazor": Análisis y selección de textos*. Montevideo: Ediciones Rosgal.

Brisset, Annie. 2006. "Traduire la 'création pure': *Altazor* de Huidobro et la (dé)raison transformationniste". *Palimpsestes* 19: 207-242.

Cabezas Corcione, María José. 2014. "*Altazor*: El mito de la caída". En *Luis Omar Cáceres, El ídolo creacionista*, 77-81. Santiago de Chile: Ediciones Lastarria.

Castro Godoy, Jimena. 2011. "Altazor de Vicente Huidobro y La conferencia de los pájaros de Farid ud-Din Attar". *Estudios avanzados* 16: 207-221.

— 2010. "Exposición del exterior en Hildegard von Bingen y Vicente Huidobro". *Revista Laboratorio* 2. Analiza "Canto VII". Consultado el 10 de septiembre 2014. http://www.revistalaboratorio.cl/2010/05/exposicion-del-interior-en-hildegard-von-bingen-y-vicente-huidobro/.

Cervera Salinas, Vicente. 2005. "El creacionismo de Sor Juana". *Cuadernos hispanoamericanos* 655: 15-24. Compara "Primero sueño" de Sor Juana a *Altazor*.

Chirinos, Eduardo. 2001. "Ascenso y caído de Vicente Huidobro". En *Epístola a los transeúntes: Crónicas & artículos periodísticos*, 37-46. Lima, Perú: Fondo Editorial de la Pontificia Universidad Católica del Perú.

— 2008. — *Anales de literatura chilena* 9: 47-65. Revisión de la versión de 2001.

— 2016. — En *Abrir en prosa: (Nueve ensayos sobre poesía hispanoamericana)*, 39-59. Madrid: Visor Libros. También es un libro electrónico.

— 2013. "Del poema largo y sus alrededores". *Cuadernos hispanoamericanos* 753: 59-77.

— 2016. — En *Abrir en prosa: (Nueve ensayos sobre poesía hispanoamericana)*, 151-171. Madrid: Visor Libros. También es un libro electrónico.

Cuesta, Mabel. 2008. "Logos, destrucción y reconquista: 'Altazor' y 'Altazora acompañando a Vicente,' para una iversión de la lógica al uso". *LLJournal*: Suplemento. Consultado el 27 de

octubre 2014. http://ojs.gc.cuny.edu/index.php/lljournal/article/view/390/364.
Curieses, Oscar. 2008. "Al horitaña de la montazonte: Procedimientos cubistas en Altazor de Vicente Huidobro". *Escritura e imagen* 4: 225-247.
Cussen, Felipe. 2014. "Canto VII de *Altazor*: Lecturas críticas a través del sonido". *Confluencia* 29, n° 2: 81-91.
Dumont, Stéphanie. 2010. "La 'pre-historia' de *Altazor*". *Anales de Literatura Chilena* 14: 117-137.
Egdom, Gys-Walt van. 2012. "Prolegomena tot een nieuwe conceptie van vertaalbaarheid". *Revue Belge de Philologie et d'Histoire = Belgisch tijdschrift voor filolologie en geschiedenis* 90, n° 3: 659-730.
Espina, Eduardo. 2008. "Huidobro: La huida oída". *Anales de literatura chilena* 9: 67-84.
Espinosa, Ismael. 1993. "Significado de *Altazor*". *Atenea* 467: 123-125.
Espinoza Orellana, Manuel. 1987. "*Altazor* y la glosolalia". En *Aproximaciones*, 73-85. Santiago, Chile: Cielo Raso Ediciones.
Fava, Francesco. 2011. "Viaje alrededor de un vaso de agua: Formas del agua, naufragios de la forma en *Muerte sin fin* y en el poema extenso". *Cuadernos Americanos* ne. 138: 127-153.
Hernández Navarro, Mercedes. 1994. "*Altazor* como transgresión: (Una lectura basada en claves atrológicas)". En *Actas del XXIX Congreso del Instituto Internacional de Literatura Iberoamericana: Barcelona, 15-19 de junio de 1992*, editado por Joaquín Marco, vol. 2, pt. 2, 759-771. Barcelona: PPU.
Jiménez Emán, Gabriel. 1993. "*Altazor* rey: Vértigo y esplendor de la caída". *Revista nacional de cultura* 54, n° 288: 175-182.
Kejner, Emilse Malke y María Bernarda Torres. 2004. "…: Canto VII de *Altazor*". *Everba*. Consultado el 27 de octubre 2014. http://everba.eter.org/spring04/altazor_emilse_maria.doc.
Lastra, Pedro. 2003. "¿De Joyce a Huidobro?" *Hueso húmero* 42: 196-197. Compara *Ulysses* de Joyce a *Altazor*.

Lopez, Alejo. 2014. "Naturaleza y Americanidad en *Altazor* de Vicente Huidobro". *Entrehojas* 4, n° 1: 1-16.
Luengo, Enrique. 1997. "Unidad, coherencia y transgresión en *Altazor* de Vicente Huidobro". *RLA* 9: 582-587.
Malpartida, Juan. 2008. "Claves de la poesía hispanoamericana del siglo XX". *Revista de Occidente* 329: 96-136.
Mandlove, Nancy B. 2014. "At the Outer Limits of Language: Mallarmé's *Un coup de dés* and Huidobro's *Altazor*". En *Poetry Criticism*, editado por Lawrence J. Trudeau, vol. 147, n pág. Detroit, Mich.: Gale. Reproducción en *Studies in Twentieth Century Literature* 8, n° 2 (1984): 163-183. En Goic.
Maturo, Graciela. 1992. "De la metáfora al símbolo: Aproximación crítica al poema *Altazor* de Vicente Huidobro". *RILCE* 8, n° 1: 51-67.
Mesa Gancedo, Daniel. 1999. "Los ecos seculares y la voz de *Altazor*". *Iberoamericana* 23, n° 73: 5-20.
Moscoso de Cordero, María Eugenia. 1987. *La metáfora en Altazor de Vicente Huidobro*. Cuenca, Ecuador: Universidad de Cuenca, Facultad de Filosofía, Letras y Ciencias de la Educación.
Müller-Bergh, Klaus. 1980. "Vicente Huidobro, futurista y cuántico: Con dos autógrafos inéditos del poeta chileno". *Língua e literatura* 9: 213-222.
Muniz, Mariana de Lima e. 1999. "Sob o signo da Invenção: Um paralelo entre as poéticas de Vicente Huidobro e de Manoel de Barros sob a otica criacionista". *Lucero* 10: 29-37.
Nandayapa, Mario. 2006. "Prendas de un idioma crepuscular: Versión original del prefacio de Atalazor [i.e., Altazor] de Vicente Huidobro". *Liminar: Estudios sociales y humanísticos* 4, n° 1: 155-170.
Neghme Echeverría, Lidia. 1994. "*Altazor* y el inicio del viaje: Canto primero". *Revista interamericana de bibliografía = Inter-American Review of Bibliography* 44, n° 2: 329-345.

— 1994. "Segundo canto de *Altazor*: Divinización de la mujer y poema de amor". En *La mujer y su representación en las literaturas hispánicas*, editado por Juan Villegas, 188-195. Vol. 2 de *Actas Irvine-92, Asociación Internacional de Hispanistas*. Irvine: Regents of the U. of California.

Orrego-Salas, Juan A. 1994. "*Altazor* y la *Missa in Tempore Discordiae*: Reciprocidad de palabra y música". *Revista musical chilena* 48, nº 182: 14-43.

Ostrov, Andrea. 2006. "*Altazor* de Vicente Huidobro: La realidad en el lenguaje". En *La suma que es el todo y que no cesa: El poema largo en la modernidad hispanoamericana*, editado por María Cecilia Graña, 39-58. Rosario: Beatriz Viterbo Editora.

— 2014. — En *Espacios de ficción: Espacio, poder y escritura en la literatura latinoamericana*, 179-194. Córdoba, Argentina: Eduvim.

Paredes, Alberto. 2016. "Altazor o el Ícaro de nuestros tiempos: De la musa Eulalia al torbellino Dislalia". En *Y todo es lengua: Diez preguntas literarias*, 17-46. Ciudad de México: Universidad Nacional Autónoma de México; Siglo Veintiuno Editores.

Piccione, Anthony. 1999. "A Few Notes on Sky Climbing". *English Record* 49, nº 3: 3-6.

Posada Ramírez, Jorge Gregorio. 2017. "Alguna consideraciones sobre los libros del canon literario". *Revista Sophia* 13, nº 2: 110-125.

Quiroga, José. 2002. "Translating Vowels, or, The Defeat of Sounds: The Case of Huidobro". En *Voice-Overs: Translation and Latin American Literature*, editado por Daniel Balderston y Marcy Schwartz, 164-169. Albany, NY: State University of New York Press. Reproducido en *Poetry Criticism*, editado por Lawrence J. Trudeau, vol. 147, n pág. Detroit, Mich.: Gale, 2014.

Read, Justin. 2009. "Verse Reverse Verse: Fake Autobiographies, Lost Translations, and New Originals of Vicente Huidobro's *Al-*

tazor". En *Modern Poetics and Hemispheric American Cultural Studies*, 102-155. New York, NY: Palgrave Macmillan.
Ribeiro, Daniel Gladyson. 2010. "Altazor, de Vicente Huidobro: O gesto político numa das epopeias de XX". *Revista de letras* 50, n° 1: 217-234.
Rivas Nielsen, Niels. 2017. "Bosquejos de lo universal: La apertura del lenguaje en *Trilce*, *Altazor* y *En la masmédula*". *Alpha: Revista de artes, letras y filosofía* 44: 137-151.
Rodríguez, Mario. 1995. "Otra lectura de *Altazor*: La del anacronismo deliberado y la atribución errónea". *Acta literaria* 20: 81-87.
Romero, Publio Octavio. 2002. "La modernidad de *Altazor*: Tradición y creacionismo". *Palabra y el hombre* 121: 143-158.
Romero Suárez, Daniel. 2013. "Dos formas de afrontar la modernidad con el lenguaje: *Altazor* y *Una temporada en el infierno*". *Lucerna* 2, n° 2: 16-21.
Salvatori Maldonado, Pía. 2012. "Cuerpo y espacio, estudio de la escena poética del texto *Altazor* de Vicente Huidobro y del montaje *Un viaje en parasubidas*". *Aisthesis* 51: 217-238.
Serna, Mercedes. 2002. "Una lectura de *Altazor*, de Vicente Huidobro". En *Del modernismo y la vanguardia: José Martí, Julio Herrera y Reissig, Vicente Huidobro, Nicanor Parra*, 75-99. Lima: Ediciones El Santo Oficio.
Silva Cáceres, Raúl. 2001. "El hablante poético y los modos del canto extenso en *Altazor* de Vicente Huidobro". *Palabra y el hombre* 117: 67-75.
Śmierzchała, Agata. 2016. «Poezja totalna to sen: Szaleństwo jako płaszczyzna realnego doświadczania w Fabula rasa Edwarda Stachury i Altazorze Vicente Huidobro". En *Edward Stachura: Formy pamięci, znaki czasu*, editado por Michał Pranke, Aleksandra Szwagzyk, Paweł Tański, Jakub Osiński, 61-97. Toruń: Zakład Antropologii Literatury i Edukacji Polonistycznej. Instytut Literatury Polskiej Uniwersytetu Mikołaja Kopernika.

Tovar, Paco. 1994. "Ciertos registros románticos en *Altazor*, de Vicente Huidobro… quizás". En *Actas del XXIX Congreso del Instituto Internacional de Literatura Iberoamericana: Barcelona, 15-19 de junio de 1992*, editado por Joaquín Marco, vol. 2, pt. 2, 1171-1182. Barcelona: PPU.

Valdovinos, Hernán. 1993. "Vicente Huidobro y *Altazor*". *Atenea* 467: 127-136. Incluye las ilustraciones de Valdovinos hechas para *Altazor*.

Weintraub, Scott. 2010. "Berne-Copenhague-Madrid-París-Santiago: Interpolaciones relativistas, variaciones cuánticas e impactos cósmicos en *Altazor* (1919-1931)". *Revista chilena de literatura* 76: 129-149.

White, Steven F. 1999. "El viaje escatológico en la poesía de Joaquín Pasos, Vicente Huidobro y T.S. Eliot". En *La literatura centroamericana como arma cultural*, editado por Jorge Román-Lagunas y Rick McCallister, 243-271. Ciudad de Guatemala: Editorial Oscar de León Palacios. Compara "Canto de guerra de las cosas" de Pasos y "The Waste Land" de Eliot a *Altazor*.

Willis. Bruce Dean. 2013. *Corporeality in Early Twentieth-Century Latin American Literature: Body Articulations*. New York: Palgrave Macmillan. Huidobro figura entre varios escritores en este estudio, particularmente en la sección del primer capítulo titulado: "*Altazor*: A New Arrangement" (31-52).

Wong, Óscar. 2014. *Altazor: Alquimia y revelación*. México, D.F.: Fontamara.

Yurkiévich, Saúl. 1997. "'Altazor': La metáfora deseante". En *Suma Crítica*, 140-145. Reproducido de *Fundadores de la nueva poesía latinoamericana*, 115-123. Barcelona: Ariel, 1984.

Zonana, Víctor Gustavo. 1994. *Metáfora y simbolización literaria en la poética y la poesía de los movimientos hispanoamericanos de vanguardia: Altazor (1931) de Vicente Huidobro*. Mendoza: Editorial de la Facultad de Filosofía y Letras, Universidad Nacional de Cuyo.

Año nuevo

Ambrozio, Leonilda. 1980. "'Ano nuevo' de Vicente Huidobro: A onipresenca da guerra". Minas Gerais, Suplemento literario (10 de mayo): 4.

Cagliostro

Burgos, Fernando. 1989. "La vanguardia hispanoamericana y la transformación narrativa". *Nuevo texto crítico* 2, n° 3: 157-169. Núm. 43 de Pérez López "Bibliografía", segunda sección.

Fobes, Alexander Starkweather. 2010. "Huidobro, *Cagliostro*: Demiurge as Mage Conjuring a Metaphor for the Avant-Garde". En *The Popular Avant-Garde*, editado por Renée M. Silverman, 59-75. Amsterdam: Rodopi.

Iglesias Pérez, María. 2007. "Vicente Huidobro: *Cagliostro*, subversión creacionista". *Cartaphilus* 2: 78-82.

Negroni, María. 2015. "El gabinete del último autómata: Vicente Huidobro: *Cagliostro*". En *La noche tiene mil ojos: incluye Museo negro; Galería fantástica; Film noir*, 237-246. Buenos Aires: Caja Negra.

Noguerol, Francisca. 2008. "'Non serviam' o la imagen nueva: *Cagliostro*, de Vicente Huidobro". *Anales de literatura chilena* 9: 113-136. — 2006. "Poéticas de la mirada en *Cagliostro* de Vicente Huidobro". En *L'oeil, la vue, le regard*, editado por Philippe Merlo, 209-228. Lyon: Grimh-LCE-Grimia.

Núñez, María Gracia. 2003-2004. "Aspectos formales en la novela de 'vanguardia': Cagliostro de Vicente Huidobro". *Espéculo* 25. Consultado el 27 de octubre 2014. http://pendientedemigracion.ucm.es/info/especulo/numero25/cagliost.html.

— 2004. "Vicente Huidobro y el cine: Vanguardia y creacionismo". *Everba*. Consultado el 27 de octubre 2014. http://everba.eter.org/spring04/huidobro_mariagracia.html.

Ostrov, Andrea. 2011. "*Cagliostro*: Una novela-film de Vicente Huidobro". *Revista iberoamericana* 77, n° 236-237: 1051-1060.

— 2014. "Espacio literario y espacio fílmico: *Cagliostro* de Vicente Huidobro". En *Espacios de ficción: Espacio, poder y escritura en la literatura latinoamericana*, 135-148. Córdoba, Argentina: Eduvim.

Ríos, Valeria de los. 2011. "Vicente Huidobro y el cine: la escritura frente a las luces y sombras de la modernidad". En *Espectros de luz*, 227-253. Santiago de Chile: Cuarto Propio.

Ruiz Stull, Miguel. 2015. "Entre *Manifiestos* y *Gagliostro* de Vicente Huidobro = Between *Manifiestos* and *Gagliostro* by Vicente Huidobro". *Atenea* 511: 81-104.

— 2007. "Prefacio, la lógica de Huidobro". *MLN* 122, n° 2: 315-341.

Sánchez Martín, Fernando. 2002. "La narrativa de vanguardia en *Cagliostro*: Una poética cinematográfica". *Quaderni Ibero-American*, 92: 109-134.

Sierra, Marta J. 2003. "Fragmento, recolección y nostalgia: La figura del artista en la literatura de vanguardia hispanoamericana". *Confluencia* 18, n° 2: 42-52. Compara *La casa de cartón* de Rafael de la Fuente Benavides con *Cagliostro*.

Canciones en la noche

Sarabia, Rosa. 2008. "'Triángulo armónico' y la experimentación visual de un orientalismo parodiado". *Anales de literatura chilena* 9: 15-36. "Cuentos diminutos".

Epple, Juan Armando. 2004. "Algo más que risas y burlas: Las ficciones breves de Vicente Huidobro". En *Asedios a una nueva categoría textual: el microrrelato: III Congreso Internacional de Minificción*, editado por Andrés Cáceres Milnes y Eddie Morales Piña, 121-136. Valparaíso: Ediciones de la Facultad de Humanidades, Universidad de Playa Ancha.

Reproducido en *Anales de literatura chilena* 9 (2008): 85-95.
Romero F., María Verónica y Carolina Pizarro Cortés. 2008. "Narrativa breve de Huidobro: Tres exploraciones sucesivas". *Anales de literatura chilena* 9: 97-111.

Ecuatorial

Miranda, Paula. 2012. "Lo espacial en la poesía de vanguardistas chilenos y en *Ecuatorial* de Huidobro". *Acta literaria* 44: 105-120.
Santiváñez, Roger. 2008. "Huidobro, Borges, Vallejo: Plenitud de la vanguardia hispanoamericana, circa 1920". *Anales de literatura chilena* 9: 169-184.

En la luna

Barchino Pérez, Matías. 2000. "El poeta Vicente Huidobro viaja a la luna: El pequeño guiñol 'En la luna' en la vanguardia teatral hispanoamericana". En *La estética de la transgresión: Revisiones críticas del teatro de vanguardia*, editado por Antonio Ballesteros González, Cécile Vilvandre de Sousa, 139-148. Cuenca: Ediciones de la Universidad de Castilla-La Mancha.
Roa, Natalia. 1993. "Vicente Huidobro: La luna era mi tierra". *Mensaje* 42, n° 417: 77-78.
Saravia, Claudia. 2004. "El esperpento como mecanismo de degradación del mundo real en la obra *En la luna* de Vicente Huidobro". *Literatura y lingüística* 15: 107-118.

Espejo de agua

Araújo, Ricardo. 1997. *Mistério de Huidobro*. São Paulo-SP: Fundação Memorial da América Latina.
Rojas, Waldo. 2004. "El fechado dudoso de *El espejo de agua* a la luz de la tentativa poética francesa de Vicente Huidobro: ¿Un

extravío del anhelo de originalidad radical? " *Caravelle* 82: 63-88.

Finis Britanniae

Castro Morales, Belén. 2014. "Vicente Huidobro y su relato *Finis Britanniae*, entre la masonería y el Sinn Féin". En *En pie de prosa: La otra vanguardia hispánica*, editado por Silena Millars, 97-128. Madrid: Iberoamericana; Frankfurt am Main: Vervuert.

Gilles de Raiz

Almeida Guillán, Diana. 1998-2001. "Alrededor del teatro de Vicente Huidobro: *Gilles de Raiz* y las conexiones entre creacionismo y pirandellismo". *Teatro: Revista de estudios teatrales* 13-14: 277-291.

— 2001. "Traducción y teatro: una propuesta didáctica basada en la traducción al español de *Gilles de Raiz* de Vicente Huidobro". *Lenguaje y textos* 17: 159-168.

Angel Usábel, Antonio. 2002. "Aproximación a *Gilles de Raiz*, de Vicente Huidobro". *Analecta malacitana* 25, n° 1: 251-268.

Fuentes R., Pablo. 2012. "*Gilles de Raiz* de Vicente Huidobro: Teescribiendo la leyenda de Barba Azul mediante el devenir en el Mal = *Gilles de Raiz* by Vicente Huidobro: Rewriting the Legend of Blue Beard through Evil". *Apuntes* 135: 82-93.

Reverte Bernal, Concepción. 2004. "Llaves de puertas secretas: Otros datos para la comprensión de *Gilles de Raiz* de Vicente Huidobro". *Anales de literatura chilena* 5: 61-88.

Rey Pereira, Carlos. 1994. "*Gilles de Raiz* de Vicente Huidobro: El compendio de definiciones y las hipótesis arriesgadas". *Verba hispanica* 4: 137-149.

Thomas Dublé, Eduardo. 2010. "Intertextos y memoria en Juana de Manuela Infante". *Revista chilena de literatura* 77: 181-192. *Gilles de Raiz* es una de las obras que influyó a Infante.

Horizon carré

Santini, Benoît. 2013. "L'écriture poétique en français dans *Amour à mort* de César Moro (Pérou) et *Horizon carré* de Vicente Huidobro (Chili): Création de nouvelles réalités et liberté artistique". En *Littératures en mutation: Écrire dans une autre langue*, editado por Françoise Morcillo y Catherine Pélage, 215-228. Orléans: Paradigme. "Jacques Lipchitz".

Castro Morales, Belén. 2017. "La crítica poética de arte como transmutación creadora: Vicente Huidobro y su olvidado 'Jacques Lipchitz' de 1928". En *Diálogo de las artes en las vanguardias hispánicas*, editado por Selena Millares, 57-96. Madrid: Iberoamericana; Frankfurt am Main: Vervuert.

Manifestes

Marín Egea, Martín. 2010. "Vicente Huidobro, el ensayismo de re poética". *Cartaphilus* 7-8: 203-211. "Non Serviam".

Schulman, Ivan A. y Evelyn Picon Garfield. 1984. "'Non Serviam': Huidobro y los orígenes de la modernidad". *«Las entrañas del vacío": Ensayos sobre la modernidad hispanoamericana*, 145-154. México: Ediciones Cuadernos Americanos.

Willis, Bruce Dean. 1997. "A Desire for Equilibrium in Avant-Garde Poetics". *Chasqui* 26, nº 2: 56-71. Compara "Non Serviam" con *A escrava que não é Isaura* de Mário de Andrade.

Mío Cid Campeador

Carpentier, Alejo. 1979. "El *Cid Campeador* de Vicente Huidobro". En *Bajo el signo de La Cibeles: Crónicas sobre España y los españoles, 1925-1937*, compilado por Julio Rodríguez Puertolas, 66-70. Madrid: Nuestra Cultura. Núm. 46 de Pérez López "Bibliografía", segunda sección.

Delpy, María Silvia. 1993. "Mío Cid en América: Vicente Huidobro y su lectura de la leyenda cidiana". En *Actas del III Congreso Argentino de Hispanistas 'España en América y América en España',* editado por Luis Martínez Cuitiño y Elida Lois 467-472. Buenos Aires: Instituto de Filología y Literaturas Hispánicas, Universidad de Buenos Aires.

Dorado, Dorian J. 1997. *Huidobro y la figura del Cid.* Tegucigalpa, Honduras: Editorial Atlántida.

Ferreiro González, Carlos. 2000. "La visión paródica de la historia y la literatura en la narrativa chilena de vanguardia". *Revista Signos* 33, n° 47: 25-37.

Mathios, Bénédicte. 2011. *"Mío Cid Campeador* de Vicente Huidobro: Figure écrite, figure comme écritures, écriture comme figure". En *Le Cid, figure mythique contemporaine?*, editado por Bénédicte Mathios, 39-61. Clermont-Ferrand: Presses universitaires Blaise Pascal.

Perassi, Emilia. 1995. "'Y aquí tenéis la verdadera historia de Mío Cid Campeador escrito por el último de sus descendientes': linee di programma parodico nell'introduzione a un romanzo di Vicente Huidobro". En *Scrittura e riscrittura: Traduzioni, refundiciones, parodie e plagi: Atti del Convegno di Roma, 12-13 novembre 1993*, 151-162. Roma: Bulzoni.

Pérez López, María Ángeles. 1993. *"El Cid* de Vicente Huidobro como individualidad totalizada". En *Lengua y literatura española e hispanoamericana*, editado por Eufemio Lorenzo Sanz, 521-525. Vol. 2 de *Proyección histórica de España: En sus tres culturas–Castilla y León, América y el Mediterráneo.* Valladolid: Junta de Castilla y León, Consejería de Cultura y Turismo. Núm. 103 de Pérez López "Bibliografía", segunda sección.

— 1993. "Una lectura de *Mío Cid Campeador* de Vicente Huidobro: El espacio huidobriano, la noción de límite y su superación". *Revista Fuentes humanísticas* 6: 53-57. Núm. 102 de Pérez López "Bibliografía", segunda sección.

Pulido Mendoza, Manuel. 2010. "El Cid eléctrico: 'Mío Cid Campeador: Hazaña' (1930), de Vicente Huidobro". *Dicenda: Cuadernos de filología hispánica* 28: 185-219.

Rodiek, Christoph. 1995. "La 'Hazaña' de Huidobro". En *La recepción internacional del Cid: Argumento recurrente, contexto, género*, traducido por Lourdes Gómez de Olea, 347-361. Madrid: Gredos. Núm. 118 de Pérez López "Bibliografía", segunda sección. Publicó originalmente como *Sujet, Kontext, Gattung: Die internationale Cid-Rezeption* (Berlin: Walter de Gruyter, 1990) que fue una revisión de su Habilitationsschrift (Friedrich-Wilhelms-Universität, Bonn, 1986).

Tovar, Paco. 1999. "*Mío Cid Campeador*, un nuevo relato épico creacionista de Vicente Huidobro". En *Revisión de las vanguardias: Actas del Seminario 29 al 31 de octubre de 1997*, 149-163. Trinidad Barrera, ed. Roma: Bulzoni.

Papá o el diario de Alicia Mir

Merino Roberto. 2008. "Padre hay uno solo: *El diario de Alicia Mir*, de Vicente Huidobro". En *Luces de reconocimiento: Ensayos sobre escritores chilenos*, 24-31. Santiago de Chile: Ediciones Universidad Diego Portales.

Neghme Echeverría, Lidia. 1998. "Lo autobiográfico y lo biográfico en *Papá o el diario de Alicia Mir* de Vicente Huidobro". En *Actas del XII Congreso de la Asociación Internacional de Hispanistas, 21-26 de agosto de 1995, Birmingham*, editado por Patricia Odber de Baubeta, vol. 7, 142-150. Birmingham: Dept. of Hispanic Studies, The University of Birmingham.

Poemas árticos

Montañez, María Soledad. 2005. "Imágenes femeninas en la poesía vanguardista de Nicolás Guillén en 'Otros poemas' (1920-1923), Vicente Huidobro en "Poemas Articos' (1918), César Vallejo en 'Trilce' (1919-1922)". *Espéculo* 29. Consultado el 27 de octubre 2014. http://pendientedemigracion.ucm.es/info/especulo/numero29/imagfeme.html.

Rafael, José Alfonzo. 1996. "Escritura: Técnica y realidad imaginaria (Huidobro, Reverdy, Diego)". *Cifra nueva* 3-4: 170-193.

Scolari Vieira, Denise. 2017. "Da Pintura à Poesia: Uma proposta de Jogo Intersemiótico em *Poemas Árticos* (1918) de Vicente Huidobro". *Espéculo* 57: 153-164.

Verdugo, Iber H. 1982. "Analisis de 'Balandro' de Vicente Huidobro". En *Hacia el conocimiento del poema*, 195-200. Buenos Aires: Libreria Hachette. "Vermouth".

Beristáin, Helena. 2001. "El manantial de la poética en Huidobro: El análisis, herramienta didáctica para la semiótica literaria". *Anuario de Letras* 39: 63-87.

La próxima

Contrera, Álvaro. 2017. "Apocalipsis y exotismo colonial: Sobre Vicente Huidobro"." *Inti* 85-86: 259-272.

Pérez López, María Ángeles. 1997. "*La próxima* de Vicente Huidobro: Historia que pasó en poco tiempo más". En *Actas de las V Jornadas "La juventud e Iberoamérica"*, 77-86. Salamanca: Instituto de Investigaciones Científicas y Ecológicas. Núm. 106 de Pérez López "Bibliografía", segunda sección.

Tovar, Paco. 2001. "*La próxima*, otra utopía narrada de Vicente Huidobro". En *La isla posible*, editado por Carmen Alemany Bay, Remedios Mataix, José Carlos Rovira, 601-614. Alicante, Spain: Universidad de Alicante: Asociación Española de Estudios Literarios Hispanoamericanos.

Salle XIV

D'Asprer, Núria. 2011. "La traducción como dispositivo 'creacionista' en la poética de Vicente Huidobro: El poema-pintado 'Moulin' y sus versiones". *Anales de literatura chilena* 16: 95-115.

Sátiro

Díaz Arrieta, Hernán (bajo el seudónimo de "Alone"). 1939. "Vicente Huidobro y su libro la novela *Sátiro*". *Revista nacional de cultura* 7: 43-47.

Ferreiro González, Carlos. 2002. "Vanguardia y estética idealista sobre la concepción del arte y el creador en *Sátiro* de Vicente Huidobro". En *Vir bonus docendi peritus: homenaxe a José Pérez Riesco*, editado por Xosé Anxo Fernández Roca, María José Martínez López, 141-147. La Coruña: Universidade da Coruña, Racultade de Filoloxía.

Lucero Sánchez, Ernesto. 2006. "El ambiguo poder de las palabras en *Sátiro*, de Vicente Huidobro". *Espéculo* 33. Consultado el 27 de octubre 2014. http://pendientedemigracion.ucm.es/info/especulo/numero33/husatiro.html.

Temblor de cielo

Álvarez, Ignacio. 2006. "Isolda como emblema metapoética en *Temblor de cielo*, de Vicente Huidobro". En *La suma que es el todo y que no cesa: el poema largo en la modernidad hispanoamericana*, editado por María Cecilia Graña, 25-38. Rosario: Beatriz Viterbo Editora.

Infante, Ignacio. 2013. "The Translatability of Planetary Poiesis: Vicente Huidobro's *Creacionismo* in *Temblor de cielo/ Tremblement de ciel*". en *After Translation: The Transfer and Circulation of Modern Poetics across the Atlantic*, 51-80. New York: Fordham University Press.

Pérez López, María Ángeles. 2014. "Eros y el poema en prosa: Cernuda, Aleixandre, Huidobro". En *En pie de prosa: La otra vanguardia hispánica*, editado por Silena Millars, 419-443. Madrid: Iberoamericana; Frankfurt am Main: Vervuert. Véase especialmente páginas 435-442.

Santos García, Emiro. 2011. "*Temblor de cielo*, de Vicente Huidobro: Un cometa que bien pudo llamarse *Altazor*". *Literatura: Teoría, historia, crítica* 13, n° 2: 181-198. Consultado el

14 de septiembre 2014. http://www.revistas.unal.edu.co/
index.php/lthc/article/view/26991/39676.

Total

Ballardo, David y Walter Sanseviero, eds. 2003. "Vicente Huidobro, o, El obispo embotellado". En *El uso de la palabra; & Vicente Huidobro, o, El obispo embotellado*, Portfolio. Lima: Sur Libreria Anticuaria.

Tour Eiffel

Conley, Tim. 2010. "'Hive of Words': The Transnational Poetics of the Eiffel Tower". *Modernism/Modernity* 17, n° 4: 765-777.
Devos, Piet. 2012. "Tussen de torens van Babel en Eiffel: Vicente Huidobro en het droombeeld van universele venaalbaarheid". *Revue belge de philologie et d'histoire = Belgisch tijdschrift voor filologie en geschiedenis* 90, n° 3: 731-750.
Insausti, Gabriel. 2007. "El gigante de metal: París y la Torre Eiffel en Huidobro". En *La ciudad imaginaria*, editado por Javier Navascués, 163-185. Madrid: Iberoamericana.
— 2006. "The Making of the Eiffel Tower as a Modern Icon". En *Writing and Seeing: Essays on Word and Image*, editado por Rui Carvalho Homem y Maria de Fátima Lambert, 131-143. Amsterdam: Rodopi.
Risco, Antón. 1995. "La figura de la Torre Eiffel como paradigma de la modernidad: A propósito de Tour Eiffel, de Vicente Huidobro". *Salina* 9: 78-82.

Tout à coup

Goić, Cedomil. 2008. "*Poèmes Paris 1925*, Vicente Huidobro y Joaquín Torres García: Imagen visual y escritura poética". *Anales de literatura chilena* 9: 267-274.
Soria Olmedo, Andrés. 2000. "*Favorables París Poema* y la 'joven literatura'". *Ínsula* 642: 9-11.

Tres novelas ejemplares

Contreras, Alvaro. 2009. "Casos policiales de vanguardia". *Anales de literatura chilena* 11: 61-68. Analiza "El jardinero del castillo de medianoche".

Garfield, Evelyn Picon y Ivan A. Schulman. 1984. "Tradición y ruptura en *Tres novelas ejemplares* de Vicente Huidobro y Hans Arp". En "Las entrañas del vacío": *Ensayos sobre la modernidad hispanoamericana*, 126-144. México: Ediciones Cuadernos Americanos. Núm. 109 de Pérez López "Bibliografía", segunda sección.

Gatti, Giuseppe. 2014. "La risa transoceánica de Vicente Huidotro y Hans Arp: Ironía y parodia como fundamento de la escritura a cuatro manos de *Tres inmensas novelas*". *Tonos Digital* 27. Consultado el 14 de septiembre 2014. http://www.tonosdigital.com/ojs/index.php/tonos/article/view/1135/703.

Saldes Báez, Sergio. 2013. "Tres novelas de Vicente Huidobro". *Hibris: Revista de bibliofilia* 14: 4-12. "La cigüeña encadenada".

Krieg, Sam. 2015. "Dehumanizing Rhetoric in Vicente Huidobro's 'La cigüeña encadenada'". *South Atlantic Review* 80, n° 3-4: 13-22.

Salvad vuestros ojos

Rivero-Potter, Alicia. 1998. "La mujer cibernética en 'Salvad vuestros ojos' de Huidobro y Arp, 'Anuncio' de Arreola y 'El eterno femenino' de Castellanos"." *Torre* 3, n° 9: 579-596.

Ver y palpar (1923-1933), *"Fuerzas naturales"*

Vásquez Solano, Claudio. 2008. "'Fuerzas naturales': acerca de la escritura y el ritmo en un poema de Vicente Huidobro". *Boletín de Filología* 43, n° 2: 221-237.

Tesis y tesis doctorales

Alarcón Arana, Esther Maria. 2015. "Estepicursores: Exilios e identidades hispanos en los siglos XIX y XX". Tesis doctoral. Universidad de Pennsylvania. Enfoque en *Altazor* de Huidobro entre obras de otros autores.

Aradas Blanco, Diana. 2014. "Universalidad e intertextualidad en Gastón Baquero: (La raíz, el tronco y las ramas: España, Cuba e Hispanoamérica en el árbol de su poesía)". Tesis doctoral. Universidad de Salamanca. El capítulo 4 incluye a Huidobro y el creacionismo.

Bailey, Bonnie Lynn. 1970. "Vicente Huidobro: Accursed Poet". Tesis. Auburn University.

Baler, Pablo. 2006. "Los sentidos de la distorsión: Fantasías epistemológicas del neobarroco latinoamericano". Tesis doctoral. Universidad de California, Berkeley.

Banga, Fabián Marcelo. 2004. "Brujos, espiritistas y vanguardistas: La representación del esoterismo y el espiritualismo en las obras de Roberto Arlt, Vicente Huidobro y Ramón del Valle-Inclán". Tesis doctoral. Universidad de California, Berkeley.

Bary, David. 1956. "The Poetry of Vicente Huidobro". Tesis doctoral. Universidad de California, Berkeley.

Becker, Jessica Elise. 2014. "Poetics of Materiality: Medium, Embodiment, Sense, and Sensation in 20th- and 21st-Century Latin America". Tesis doctoral. Universidad de California, Berkeley. Véase especialmente el primer capítulo.

Bowron, Tim. 2013. "Vicente Huidobro and the 'Two Souls' of Romanticism". Tesis, Universidad de Canterbury.

Brashear, Blanca I. Alejandro. 1995. "La metapoética del olvido: Desmitificación y remitificación de la nueva búsqueda en Vicente Huidobro y 'El ciudadano del olvido'". Tesis doctoral. Universidad de Kentucky.

Buiting, Lotte Bernarda. 2015. "Echoes of the Child in Latin American Literature and Film". Tesis doctoral. Harvard University. El capítulo 3 se enfoca en Huidobro, entre otros.

Campos, Tulio A. 2010. "Impersonalidad y metáfora en la poesía de vanguardia en lengua Española: Hacia la composición de *Trilce* de César Vallejo". Tesis doctoral. Boston University. La influencia de la obra de Huidobro es significativa en los dos primeros capítulos.

Caracciolo-Trejo, Enrique. 1976. "Los poetas metafísicos ingleses: The Penguin Book of Latin American Verse; La poesía de Vicente Huidobro; William Blake, Visiones; Baroque Poetry [con J.P. Hill]". Tesis doctoral. Universidad de Essex.

Cortes Saavedra, David Fernando. 2015. "Interarts Aesthetics in Latin American Avant-Garde: On Creative Constructionism in Xul Solar, Vicente Huidobro and Joaquín Torres-García". Tesis doctoral. Jacobs University Bremen.

Devos, Piet. 2013. "Talend lichaam: De visuele en haptische waarneming in de avant-gardepoëzie van Huidobro en Péret". Tesis doctoral. Rijksuniversiteit Groningen.

Dorado, Dorian J. 1995. "Vicente Huidobro y la figura del Cid Campeador". Tesis doctoral. Universidad de Iowa. Núm. 57 en Pérez López "Bibliografía", segunda sección.

Dumont, Stéphanie. 2009. "Du graphématique dans l'oeuvre de Vicente Huidobro: Autour d'*Altazor* et du mythe personnel, figures et fondations". Tesis doctoral, Université de Paris VIII.

Emilfork, Leonidas. 1977. "Translations from Vicente Huidobro: With an Introduction". Tesis. Indiana University.

Fernández-Isla, Mercedes. 1996. "Del cine a la novela: Técnicas cinematográficas en 'Cagliostro' de Vicente Huidobro". Tesis doctoral. Boston University. Núm. 64 en Pérez López "Bibliografía", segunda sección.

Fierros, Gustavo. 2008. "Pasión por el método: Poéticas del modernismo y la vanguardia". Tesis doctoral. Universidad de Maryland. El capítulo 4 se enfoca en Huidobro, Leopoldo Lugones y Jorge Luis Borges.

Fleck, María Inés. 1995. "The Visual Poetry of Vicente Huidobro, José Juan Tablada, and Octavio Paz". Tesis doctoral. Universidad de California, Davis.

Fobes, Alexander Starkweather. 2013. "The Play of Nonsense in Modernist Creation". Tesis doctoral. Universidad de Colorado en Boulder. Huidobro es uno de varios escritores tratados en esta investigación.

Fonseca, Blanca. 2017. "El poema en prosa y los orígenes del microrrelato en Hispanoamérica". Tesis doctoral. Universidad de Córdoba. Huidobro es uno de varios escritores estudiados aquí. Se enfoca en su *Temblor del cielo*.

Frederick, Lisa Senneff. 2003. "Let There Be Revolution: The Destructive Creacionismo of Vicente Huidobro and Gertrude Stein". Tesis. North Carolina State University.

Gallardo Ballacey, Andrés. 1996. "Novelas de poetas chilenos: La actitud narrativa de Pedro Prado, Vicente Huidobro y Pablo Neruda". Tesis doctoral. Pontifica Universidad Católica de Chile. Núm. 73 en Pérez López "Bibliografía", segunda sección.

Grossman, Jorge V. 2004. "Sinfonietta: For Fourteen Players and Solo Soprano". Tesis doctoral. Boston University. Incluye música para soprano basada en el texto de "Nocturno".

Harper, Ryan. 2012. "Altazor". En "Nine Musical Compositions: Altazor; Bugs in Amber; Metonymy; Moondrunk and Suntired; Orlando; Simple as Blackbird Pie; The Glow; Time and the Garden; Truthiness", 1-12. Tesis. Universidad de Southern California.

Infante, Ignacio. 2009. "Poetics of Transfer: Translation, Cosmopolitanism and the Intermedial in Twentieth-Century Transatlantic Poetry". Tesis doctoral. Rutgers University. Huidobro es uno de varios escritores tratados en esta investigación.

Keeth, William Paul. 1993. "La parodia en la novelística vanguardista: Mío Cid Campeador de Vicente Huidobro". Tesis. Arizona State University.

López, Pedro Juan. 1978. "'Altazor' o el peregrinaje de la ascensión: Perdurabilidad de la expresión poética a través del triángulo tesis, análisis y síntesis". Tesis. City College de New York.
Luvecce Massera, María Eugenia. 1954. "La prosa de Vicente Huidobro". Tesis doctoral. Universidad de Concepción. Núm. 88 en Pérez López "Bibliografía", segunda sección.
Mac Adam, Alfred J. 1963. "Mythic Content In and a Translation of Vicente Huidobro's *Altazor*". Tesis. Rutgers University.
Machado-Echezuria, Marianella Perpetua. 1998. "'Así en la tierra como en el cielo': A Musical Approach to Poetry". Tesis doctoral. Universidad de Cincinnati. El último capítulo incluye en estudio sobre *Altazor*.
Manning, Sean O'Malley. 2015. "Tectonics of the Poietic Self: The Formation of Juan Larrea and Lorenzo García Vega". Tesis doctoral. Universidad de Texas en Austin. La influencia de Huidobro sobre Larrea.
Martínez, Erik. 1978. "*Altazor* de Vicente Huidobro: una aproximación analítica". Tesis. Queen's University.
McTague, Margaret Lees. 1985. "Writing in Scale: Huidobro's *Altazor* and Beckett's *Imagination Dead Imagine*". Tesis. Universidad de British Columbia.
Padilla, Edwin K. 1982. "Función del lenguaje poética en *Altazor* de Vincente Huidobro". Tesis. Universidad de Texas en El Paso.
Pyle, Courtney Townsend. 1994. "Poetic Vertigo: The (Re)Birth of Language in Vicente Huidobro's *Altazor o el viaje en paracaídas*". Tesis. Harvard University.
Rader, Dean. 1994. "Linking Society and Desire: Wallace Stevens and the Modern Lyric". Tesis doctoral. State University de New York, Binghamton.
Read, Justin Andrew. 2002. "Forms of Transculturation: The Cultural Aesthetics of Modernist/Vanguard Poetry of the Americas". Tesis doctoral. Universidad de Michigan. Compara *Altazor* con *The Cantos of Ezra Pound*, *Paulicéia Desvairada*

de Mario de Andrade, y *Spring and All* de William Carlos Williams.

Ribeiro, Daniel Glaydson. 2011. "Condições e forjaduras da linguagem para a poesia épica moderna em *Altazor* de Vicente Huidobro". Tesis doctoral. Universidade de São Paulo.

Riordan, Minette. 1995. "Visionary Imaginations: The Crisis of Modernity in Three Chilean Long Poems". Tesis doctoral. Stanford University.

Roach, Robert Clive. 1952. "An Introduction To the Life, Works, and Poetic Theory of Vicente Huidobro". Tesis. Washington University.

Rock, David. 1992. "The Poet-God and the Pocket Sublime: An Aesthetic Approach to the Creationism of Vicente Huidobro". Tesis. Brigham Young University.

— 1996. "Aestheticism and Poetic Impurity: The Latin American Avant-Garde and Beyond". Tesis doctoral. Pennsylvania State University. Huidobro es uno de varios escritores tratados en esta investigación.

Rodríguez Shokiche, Fanny. 2010. "Vicente Huidobro y la aventura de la prosa novelesca: Transfiguraciones en narrativa (1929-1939)". Tesis. Universidad de Chile.

Rojas, Francisca Paz Lucia. 2014. "Líneas de quiebre en la poesía chilena: Aproximación a las poéticas de los Ochenta". Tesis doctoral. Università di Bologna. http://amsdottorato.unibo.it/6720/1/Rojas_Francisca_Paz_Lucia_Tesi.pdf.

Salvatori Maldonado, Pía Fabiola. 2010. "Cuerpo y espacio, estudio de la escena poética del texto *Altazor* de Vicente Huidobro y del montaje: Un viaje en parasubidas". Tesis. Universidad de Concepción.

Silva, Maria Eugenia. 2007. "Vicente Huidobro and Pierre Reverdy in the Works". Tesis doctoral. Johns Hopkins University.

Singh, Nalini. 1991. "Where the Striptease Ends: Domination, Desire, and Resistance in Duchamp, Huidobro, and Atwood". Tesis. Harvard University.

Suarez, Nelson M. 2011. "Hacia una lectura visual del poema visual figurativo en la vanguardia Hispanoamericana". Tesis doctoral. Arizona State University. Huidobro es uno de varios escritores tratados en esta investigación.

Truel, Juana. 1978. "La poesía creacionista de Vicente Huidobro entre 1916 y 1925". Tesis doctoral. Harvard University.

Velde, Maria van der Heijden-van der. 1979. "Vicente Huidobro, teoría y poesía". Tesis doctoral. [Universidad de Pittsburgh?]

Wauters, Ellen. 2017. "El amor en *Tristán e Isolde* de Richard Wagner y *Temblor de cielo* de Vicente Huidobro: Un estudio microcrítico comparativo". Tesis. Université catholique de Louvain.

Williamson Benaprés, Luz Maria. 2014. "Memoria y amnesia: Sobre la historia reciente del arte en Chile (1976-2006)". Tesis doctoral. Universidad Compultense de Madrid. El primer capítulo incluye a Huidobro entre las influencias artísticas.

Willis, Bruce Dean. 1996. "Avant-Garde and Equilibrium: The Poetics of Vicente Huidobro and Mário de Andrade". Tesis doctoral. Universidad de Virginia.

— 1992. "The Parallel Degenerations of Body and Language in *Altazor*". Tesis. Universidad de Virginia.

Reseñas

Agosín, Marjorie. 1982. Reseña de *The Selected Poetry of Vicente Huidobro*, editado por David M. Guss. *Latin American Literary Review* 11, n° 21: 77-78.

Alegría, Fernando. 1981. Reseña de *Vicente Huidobro*, de Jaime Concha. *Literatura chilena: Creación y crítica* 5, n° 18: 34. Consultado el 27 de octubre 2014. Reproducido en http://www.memoriachilena.cl/archivos2/pdfs/mc0006561.pdf.

Araneda Bravo, Fidel. 1975. Reseña de *La poesía de Vicente Huidobro*, de Cedomil Goic. *Atenea* 431: 238-242.

Avaria, Antonio. 1993. "Crónica de varia lección". Reseña de *Huidobro: La marcha infinita*, de Volodia Teitelboim. *Mensaje* 42, n° 424: 596-597.

Ayala Pérez, Teresa. 2013. "El discurso académico de los años 50: Su vigencia y cambio". Reseña de *La poesía de Vicente Huidobro*, de Cedomil Goic. *Revista chilena de literatura* 84: 77-101. La reseña aparece en las páginas 94-95.

Bary, David. 1976. Reseña de *La poesía de Vicente Huidobro y la vanguardia*, de Enrique Caracciolo-Trejo. *Hispanic Review* 44, n° 4: 402-404.

— 1959. Reseña de *Poesía y prosa: Antología*, editado por Antonio de Undurraga. *Revista Iberoamericana* 24, n° 48: 368-370.

— 1983. Reseña de *The Selected Poetry of Vicente Huidobro*, editado por David M. Guss. *Hispanic Review* 51, n° 4: 480-481.

— 1983. Reseña de *Vicente Huidobro*, de Jaime Concha. *Hispanic Review* 51, n° 4: 480-481.

Benko, Susana. 1990. Reseña de *Poesía y poética en Vicente Huidobro (1912-1931)*, de Luis Navarrete Orta. *Escritura* 15, n° 29: 261-264.

Bernal Salgado, José Luis. 2010. Reseña de *Epistolario: Correspondencia con Gerardo Diego, Juan Larrea y Guillermo de Torre, 1918–1947*, editado por Gabriele Morelli. *Ínsula* 760: 24-26.

Binns, Niall. 2011. Reseña de *El desorden de las imágenes: Vicente Huidobro, Pablo Neruda, Nicanor Parra*, de Federico Schopf. *Revista chilena de literatura* 80: 263-286.

Borgeson, Paul W., Jr. 1986. Reseña de *Vicente Huidobro: The Careers of a Poet*, de René de Costa. *Hispania* 69, n° 1: 111-112.

Camurati, Mireya. 1983. Reseña de *En pos de Huidobro: Siete ensayos de aproximación*, de René de Costa. *Revista Iberoamericana* 49, n° 123-124: 645-647.

— 1986. Reseña de *Nueve estudios sobre Huidobro y Larrea*, de David Bary. *Hispania* 69, n° 1: 112-113.

— 1975. Reseña de *La poesía de Vicente Huidobro y la vanguardia*, de Enrique Caracciolo-Trejo. *Revista Iberoamericana* 41, n° 91: 370-371.

— 1986. Reseña de *Vicente Huidobro: The Careers of a Poet*, de René de Costa. *Hispanic Review* 54, n° 2: 240-242.

Cano Reyes, Jesús. 2013. Reseña de *Viajeros, diplomáticos y exiliados: Escritores hispanoamericanos en España (1914-1939)*, editado por Carmen de Mora, Alfonso García Morales. *Anales de literatura hispanoamericana* 42: 443-447.

Caparrós Esperante, Luis. 2003. Reseña de *La modernidad poética, la vanguardia y el creacionismo*, de Pedro Aullón de Haro; editado por Javier Pérez Bazo. *Iberoamericana* 3, n° 9: 233-234.

Carneiro, Sarissa. 2004. Reseña de *Obra poética*, de Vicente Huidobro, coordinado por Cedomil Goic. Edición crítica. *Taller de letras* 35: 269-272.

Castillo, Tito. 1981. Reseña de *En pos de Huidobro*, de René de Costa. *Atenea* 443-444: 340-341.

Cortínez, Carlos. 1982. Reseña de *Poesía y poética de Vicente Huidobro*, de Mireya Camurati. *Revista chilena de literatura* 19:129-130.

Costa, René de. 1976. Reseña de *Altazor*, de Vicente Huidobro. *Revista Iberoamericana* 42, n° 94: 141-143.

— 1977. Reseña de *Altazor. Manifestes. Transformations*, de Vicente Huidobro; editado por Gérard de Cortanze. *Revista interamericana de bibliografía* 27, n° 4: 416-417.

Crispin, John. 1976. Reseña de *Vicente Huidobro y el creacionismo*, editado por René de Costa. *Books Abroad* 50, n° 4: 842.

Cúneo, Ana María. 1990. Reseña de *Antología poética de Vicente Huidobro*, editado por Hugo Montes. *Revista chilena de literatura* 35: 153.

Donoso Pinto, Catalina. 2012. Reseña de *Espectros de luz: Tecnologías visuales en la literatura latinoamericana*, de Valeria de los Ríos. *Taller de Letras* 50: 323-326.

Díaz Pérez, Ana Ma. 2018. Reseña de *Diálogo de las artes en las vanguardias hispánicas*, editado por Selena Millares. *Guaraguao* 21, n° 56: 227-229.

García Pinto, Magdalena. 1982. Reseña de *Altazor-Temblor de cielo*, de Vicente Huidobro; editado por René de Costa. *Hispamérica* 11, n° 32: 137-139.

— 1983. Reseña de *En pos de Huidobro: Siete ensayos de aproximación*, de René de Costa. *Revista de crítica literaria latinoamericana* 9, n° 18: 131-132.

— 1981. Reseña de *Poesía y poética de Vicente Huidobro*, de Mireya Camurati. *Hispamérica* 10, n° 28: 94-97.

— 1983. Reseña de *Poesía y poética de Vicente Huidobro*, de Mireya Camurati. *Revista Iberoamericana* 49, n° 123-124: 653-654.

— 1990. Reseña de *Vías teóricas de 'Altazor' de Vicente Huidobro*, de Pedro López-Adorno. *Chasqui* 19, n° 1: 115-117.

— 1980. Reseña de *Vicente Huidobro y la motivación del lenguaje*, de George Yúdice. *Hispamérica* 10, n° 28: 94-97.

Gazzolo, Ana María. 1982. Reseña de *Vicente Huidobro*, de Jaime Concha. *Cuadernos hispanoamericanos* 380: 491-493.

Giordano, Enrique A. 1986. Reseña de *El creacionismo de Vicente Huidobro en sus relaciones con la estética cubista*, de Estrella Busto Ogden. *Hispanic Review* 54, n° 1: 113-114.

Gomes, Miguel. 2001. Reseña de *Vicente Huidobro o el atentado celeste*, de Oscar Arturo Hahn. *Revista Iberoamericana* 67, n° 194-195: 324-326.

González, Carina. 2007. Reseña de *A través de la trama: Sobre vanguardias literarias y otras concomitancias*, de Saúl Yurkiévich. *Hispamérica* 36, n° 108: 128.

Guerrero Valenzuela, Claudio. 2009. Reseña de *El pasajero de su destino*, editado por Óscar Hahn. *Anales de Literatura Chilena* 11: 292-294.

Herrera, Fernando. 1988. Reseña de *Huidobro: Los oficios de un poeta*, de René de Costa. *Revista Iberoamericana* 54, n° 144-145: 1059-1060.

Hey, Nicholas. 1979. Reseña de *Obras completas*, de Vicente Huidobro; editado por Hugo Montes. *Revista Iberoamericana* 45, n° 108-109: 702-704.

Hudzik, Robert. 1988. Reseña de *Altazor, or a Voyage in a Parachute: A Poem in VII Cantos*, de Vicente Huidobro; traducido por Eliot Weinberger. Library Journal 113, n° 13: 172.

Kerr, R. A. 1993. Reseña de *Autor/lector: Huidobro, Borges, Fuentes y Sarduy*, de Alicia Rivero Potter. *Hispania* 76, n° 4: 741-742.

— 1997. Reseña de *The Origins of Vicente Huidobro's 'Creacionismo,' 1911-1916, and Its Evolution, 1917-1947*, de Luisa Marina Perdigó. *Chasqui* 26, n° 1: 139-140.

Koch, Dolores M. 1985. Reseña de *El creacionismo de Vicente Huidobro en sus relaciones con la estética cubista*, de Estrella Busto Ogden. *Revista Iberoamericana* 51, n° 130-131: 380-382.

— 1980. Reseña de *Vicente Huidobro y la motivación del lenguaje*, de George Yúdice. *Revista Iberoamericana* 46, n° 110-111: 335-337.

Lima, Robert. 1981. Reseña de *The Selected Poetry of Vicente Huidobro*, editado por David M. Guss. Library Journal 106, n° 18: 2032-2033.

Lloró, Carlos. 2014. Reseña de *Defensa del ídolo*, de Luis Omar Cáceres. *Anales de literatura chilena* 21: 261-263. Incluye comentario sobre el "Prólogo" de Huidobro.

Massone del C., Juan Antonio. 2005. Reseña de *Vicente Huidobro en prosa de combate*, de José De la Fuente A. *Literatura y lingüística* 16: 297-301.

Mengod, Vicente. 1978. Reseña de *Mío Cid Campeador: Hazaña*, de Vicente Huidobro. *Atenea* 437: 221-223. Núm. 94 en Pérez López "Bibliografía", segunda sección.

Meza Fuentes, Roberto. 1930. Reseña de *Mío Cid Campeador*, de Vicente Huidobro. *Atenea* 66: 120-125. Núm. 96 en Pérez López "Bibliografía", segunda sección.

Montes, Hugo. 1988. Reseña de *Vicente Huidobro: The Careers of a Poet*, de René de Costa. *Atenea* 457: 243.

Moraes, Mariana. 2014. Reseña de *Viajeros, diplomáticos y exiliados: Escritores hispanoamericanos en España (1914-1939)*, editado por Carmen de Mora, Alfonso García Morales. *RILCE* 30, n° 1: 308-314.

Moreno Turner, Fernando. 1976. Reseña de *Vicente Huidobro y el creacionismo*, editado por René de Costa. *Revista de crítica literaria latinoamericana* 2, n° 4: 195-196.

Niemeyer, Katharina. 1997. Reseña de *Vicente Huidobro, der 'Creacionismo' und das Problem der Mimesis*, de Karin Hopfe. *Iberoamericana* 21, n° 66: 93-96.

Olea, Raquel. 2012. Reseña de *Espectros de luz: Tecnologías visuales en la literatura latinoamericana*, de Valeria de los Ríos. *Alpha* 34: 228-232.

Plaza, Galvarino. 1981. Reseña de *Vicente Huidobro*, de Jaime Concha. *Cuadernos hispanoamericanos* 372: 709-710.

— 1979. Reseña de Últimos poemas, de Vicente Huidobro. *Cuadernos hispanoamericanos* 351: 696-697.

— 1977. Reseña de *Vicente Huidobro y el creacionismo*, de René de Costa. *Cuadernos hispanoamericanos* 325: 205-206.

Pons, María Cristina. 1994. Reseña de *Autor/lector*, de Alicia Rivero Potter. *Hispamérica* 23, n° 67: 123-125.

Pron, Patricio. 2008. Reseña de *A través de la trama: Sobre vanguardias literarias y otras concomitancias*, de Saúl Yrukiévich. *Iberoamericana* 8, n° 30: 234-235.

Renart, Juan Guillermo. 1987. Reseña de *Nuevos estudios sobre Huidobro y Larrea*, de David Bary. *Revista canadiense de estudios hispánicos* 12, n° 1: 173-180.

— 1987. Reseña de *Vicente Huidobro: The Careers of a Poet*, de René de Costa. *Revista canadiense de estudios hispánicos* 12, n° 1: 173-180.

Riess, Frank T. 1976. Reseña de *La poesía de Vicente Huidobro y la vanguardia*, de Enrique Caracciolo-Trejo. *Bulletin of Hispanic Studies* 53, n° 3: 271-272.

Rivero, Eliana. 1981. Reseña de *Poesía y poética de Vicente Huidobro*, de Mireya Camurati. *Revista Interamericana de bibliografía* 31, n° 1: 79-80.
Running, Thorpe. 1985. Reseña de *El creacionismo de Vicente Huidobro en sus relaciones con la estética cubista*, de Estrella Busto Ogden. *Hispania* 68, n° 1: 73-74.
Schulte, Ranier. 1982. Reseña de *The Selected Poetry of Vicente Huidobro*, editado por David M. Guss. *World Literature Today* 56, n° 3: 494.
Sefamí, Jacobo. 1994. Reseña de *Huidobro: La marcha infinita*, de Volodia Teitelboim. *Vuelta* 18, n° 210: 54-55.
Sharpe, Emily Robins. 2014. "Translation and Transmission: Modern Poetry and Transatlantic Connection". Reseña de *After Translation: The Transfer and Circulation of Modern Poetics across the Atlantic*, de Ignacio Infante. *Journal of Modern Literature* 37, n° 4: 171-173.
Stanton, Anthony. 1990. "*Altazor*, or, a Voyage in a Parachute". Reseña de *A Poem in VII Cantos*, de Vicente Huidobro; traducido por Eliot Weinberger. *Vuelta* 14, n° 158: 42-43.
— 1986. Reseña de *Huidobro: Los oficios de un poeta*, de René de Costa. *Vuelta* 10, n° 113: 51-54.
Vargas Saavedra, Luis. 1993. Reseña de *Huidobro: La marcha infinita*, de Volodia Teitelboim. *Atenea* 468: 244-245.
Videla de Rivero, Gloria. 1997. Reseña de *Metáfora y simbolización literaria en la poética y la poesía de los movimientos hispanoamericanos de vanguardia: 'Altazor' de Vicente Huidobro*, de Víctor Gustavo Zonana. *Revista chilena de literatura* 50: 149-150.
Weintraub, Scott. 2010. Reseña de *Aesthetics of Equilibrium: The Vanguard Poetics of Vicente Huidobro and Mário de Andrade*, de Bruce Dean Willis. *Revista iberoamericana* 76, n° 232-233: 1014-1016.
Wilcox, John C. 1987. Reseña de *Nuevos estudios sobre Huidobro y Larrea*, de Bary, David. *Hispanic Review* 55, n° 1: 133-134.

Wood, Cecil G. 1980. Reseña de *The Creacionismo of Vicente Huidobro*, de Magdalena García Pinto. *Hispanic Journal* 1, n° 2: 153-154.

— 1980. Reseña de *The Creacionismo of Vicente Huidobro*, de Brenda Segall. *Hispania* 63, n° 2: 442.

Yúdice, George. 1982. Reseña de *The Selected Poetry of Vicente Huidobro*, editado por David M. Guss. *Review* 31: 73-75.

— 1985. Reseña de *Vicente Huidobro: The Careers of a Poet*, de René de Costa. *Review* 34: 82-84.

Huidobro como sujeto de obras literarias originales

Aguilera, Oscar. 2000. *Cartas entre Vicente y Juanita, llamada después Teresa*. 2. ed. Santiago de Chile: Eds. OA-Fines de Siglo.

Gómez Rogers, Jaime. 1993. "El litoral de los poetas". *Atenea* 467: 157-159. Incluye un poema sobre Vicente Huidobro.

Parra, Nicanor. 1997. "Also Sprach Altazor". En *Discursos de sobremesa*, 75-135. Concepción, Chile: Cuadernos Atenea. Serie de poemas irónicos sobre Vicente Huidobro y su influencia en Parra. Reproducido en Santiago: Ediciones Diego Portales, 2006. 105-193. También disponible en *Archivo Chile*. Consultado el 20 de septiembre 2014. http://www.archivochile.com/Cultura_Arte_Educacion/np/d/npde0015.pdf.

Peralto, Francisco. 2009. *Proceso creacionista: (Vicente Huidobro homage)*. Málaga: Corona del Sur.

Pérez, Carlos. 2013. *Buffalo Bill romance*. Valencia: Media Vaca. Collages de Dani Sanchis.

Rojas, Gonzalo. 1993. "Carta a Huidobro y otros poemas". *Vuelta* 17, n° 202: 10-12. Consultado el 27 de octubre 2014. Reproducido en http://letras.s5.com.istemp.com/rojas012.htm.

Sanz, Ignacio. 2012. *Una vaca, dos niños y trescientos ruiseñores*, ilustrador por Patricia Metola. Zaragoza: Edelvives. Libro para niños.

Valjalo, David. 1978. "Responso a Vicente Huidobro". *Literatura chilena en el exilio* 2, n° 5: 22. Consultado el 27 de octubre 2014. Reproducido en http://www.memoriachilena.cl/archivos2/pdfs/MC0005287.pdf.

La poesía de Huidobro en la música

Adams, John. 2000. *El Niño*. New York: Hendon Music. 1 partitura. 2002. Corr. ed. 1 partitura vocal. Un libreto adaptado de poemas de varios autores, incluyendo Huidobro.
Aguilar, Miguel. 1969. *Poema de Huidobro: para soprano y piano*. Concepción: [sin editorial]. 1 partitura; texto de Huidobro.
Carr, Peter. 1982. *Three Songs: For Tenor & Flute*. Paigles, Essex: Anglian Edition. 1 partitura; texto de "Chanson de la-haut".
Dessner, Bryce. 2013. "Tour Eiffel: For SSA Chorus and Piano". London: Chester Music. 1 partitura; basado en el texto del Huidobro traducido al inglés.
García, Fernando. 1993. *Cinco poemas de "Horizon Carré": Recitativo actuado para voz, flauta, arpa y guitarra*. Isla Negra: [sin editorial]. 1 partitura.
— 1983. *El espejo de agua: Tres recitativos para bajo y piano*. La Habana: [sin editorial]. 1 partitura; textos de Huidobro. Incluye: "El hombre triste", "El hombre alegre", y "Nocturno".
— 1992. *El espejo en el agua: Tres recitativos para barítono y piano*. Santiago: [sin editorial]. Partitura; texto de Huidobro.
— 1992. *Pasión y muerte: Para voz, clarinete en Si b, violín, cello y piano*. Santiago: [sin editorial]. Partitura; texto de Huidobro.
— 1975. *Universo: Cantata*. Lima: [sin editorial]. 1 partitura; texto de Huidobro.
— 1959. *Voz preferida: Cantata para voz y percusión*. Santiago: [sin editorial]. 1 partitura; texto de Huidobro.

Heinlein, Federico. 1984. *Antipoeta y mago: Para contralto, clarinete, violoncelo, piano*. Santiago: [sin editorial]. 1 partitura; texto de Huidobro.

Jolivet, André. 2000. *Romantiques: 3 poèmes pour voix et piano*. Paris: G. Billaudot. 1 partitura. Incluye "Voyage imaginaire" de Huidobro. 13-20.

Morales, Cristián. 1989. *El hombre alegre: Para voz y piano*. [Sin lugar: sin editorial]. 1 partitura; texto de Huidobro.

Paredes, Hilda. 2011. *Altazor: For Baritone, Flute, Clarinet, Oboe, Percussion, Piano, Violin, Viola, Violoncello, and Live Electronics*. York: Universidad de York Music Press. 1 partitura.

Raxach, Enrique. 1972. *Fragmento II: Sobre un verso de Vicente Huidobro*. Amsterdam: Donemus. 1 partitura.

Rojas Restrepo, Darío. 2003. *Homenaje a Huidobro: Para coro mixto a capella y bajo solo*. Medellín, Colombia: Editorial Universidad de Antioquia. 1 partitura. El texto es de fragmentos de *Altazor*.

Schidlowsky, León. 1956. *Altazor: Vii - canto: Recitante y percusiones*. Santiago, Chile: Universidad de Chile, Instituto de Extensión Musical. 1 partitura; texto de Huidobro.

— 1963. *Amatorias*. [Sin lugar: sin editorial]. 1 partitura; texto de Huidobro.

— 1959. *Epitafio a Vicente Huidobro*. [Sin lugar: sin editorial]. 1 partitura.

Varèse, Edgard. 1961. New York: Ricordi. 1 partitura. Incluye "Chanson de là-haut".

— 1980. *Offrandes: For Soprano and Chamber Orchestra*. New York: Colfranc Music. 1 partitura. Incluye "Chanson de là-haut".

— 2000. *Offrandes: For Soprano and Chamber Orchestra*. Milano: Ricordi. 1 partitura. Incluye "Chanson de là-haut".

Huidobro en obras de arte y audio-visuales

Alegría, Fernando. 1985. *The New Latin American Fiction*. Arlington, VA: World News for Latin America. 1 videocassette

(25 mins.) Alegría incluye a Huidobro entre los autores latinoamericanos que fueron influidos por el vanguardismo europeo.

2002. *Altazor*. Antonio Skármeta, entrevistador. Carlos Moena, director. Santiago, Chile: Televisión Nacional de Chile y Nueva Imagen. 1 videocassette (41 min.) Interpretación crítica de *Altazor*. Entrevista con el hijo de Huidobro sobre la vida del poeta.

Cornejo, Paulina y Federico Schopf. 1994. *La poesía un atentado celeste: Vicente Huidobro: Catálogo Exposición Itinerante*. Santiago de Chile: Fundación Vicente Huidobro.

Dessner, Bryce. 2013. "Tour Eiffel". En *Aheym: Kronos Quartet Plays Music by Bryce Dessner*. Los Angeles, CA: Anti. Grabación; basada en el texto del Huidobro traducido al inglés.

2002. *Digo siempre adiós y me quedo*. Juan Radrigán, Rodrigo Pérez, directores. Santiago, Chile: Teatro de la Universidad Católica. 1 videocassette; basada en la última parte de la vida de Huidobro.

1994. *Ecuatorial: Cabezas + Truffa + Leyton*. Santiago, Chile: Casa Elle. Pinturas y grabados sobre la obra *Ecuatorial* de Vicente Huidobro.

1960. "En". En *Poesía hispanoamericana del siglo XX*. New York: Folkways. Grabación; poema escogido y leído por Octavio Corvalàn.

García, Fernando. 1965. *Voz preferida: Cantata para voz y percusión*. Grabación hecho en Santiago: Teatro Astor, 2 de julio; texto de Huidobro.

— 2000. "Retrospecciones para voz, saxofón alto y piano". En *Saxofón en concierto: Compositores chilenos 1988-1998*. Santiago, Chile: FONDART. Grabación; texto de Huidobro.

Lihn, Enrique. 2017. "Exposición de Vicente Huidobro". En *Poetas, voladores de luces*, 93. Santiago de Chile: Overol.

Mandiola, Ximena. 1999. *Registro II pinturas*. Santiago, Chile: Instituto Chileno Norteamericano. Catálogo de exhibición de arte; texto de Huidobro.

Markus, Mario. 2005. *Gedichte aus Chile: Deutsch-Spanisch = Poesía chilena: español-alemán*. Santiago de Chile: Alerce, La otra música. 2 CDs que incluyen poemas de Huidobro.

Michelin, Nando. 2010. "Noche". En *Love Songs of the Americas*. [Sin lugar]: Love Songs of the Americas. Grabación; texto de Huidobro.

Montoya-Aguilar, Carlos. 2006. *Colección de esculturas africanas Vicente Huidobro: Museo Nacional de Bellas Artes, Museo de Historia Natural*. Santiago, Chile: Museo Nacional de Bellas Artes.

2014. "Offrandes: For Soprano and Chamber Orchestra: Chanson de là-haut". En *Varèse/Boulez*. New York: Sony Classical. Grabación; texto de Huidobro.

Orrego-Salas, Juan. 1982. *Missa in tempore discordiae*. Bloomington, Ind.: Enharmonic. Grabación; fragmentos de *Altazor*.

Quilapayún. 2000. *Quilapayún canta a Pablo Neruda, Vicente Huidobro, García Lorca y grandes poetas*. Chile: Warner Music Chile. Grabación; hay la letra de las canciones.

1983. "Ruy Díaz parte a la guerra". En *Exposición de poesía latinoamericana*. Leído por Teatro de Cámara. Roslyn, NY: Publicom Associates. 1 grabación en cassette, con folleto.

Schopf, Federico, ed. 1996. *Altazor: El viaje en paracaídas: Huidobro en manuscrito*. Santiago de Chile: Fundación Vicente Huidobro. "Exposición del manuscrito de *Altazor*, fotos y documentos de época, 30 de abril al 15 de junio de 1996, Sala Cervantes, Biblioteca Nacional, Santiago de Chile".

2009. *Teresa*. Tatiana Gaviola, directora. Chile: octubre Cine y TV. DVD. También conocido como *Teresa: Crucificada por amar*.

Varèse, Edgard. 1961. *All Varèse Concert*. [Sin lugar: sin editorial]. Grabación de la presentación: Town Hall, New York, NY, May 1, 1961. Incluye "Chanson de là-Haut" con texto Huidobro en francés.

— 1979. "Chanson de là-Haut". En *Offrandes*. [Sin lugar: sin editorial]. Grabación.

—— 1970. "Offrandes". *Density*. London: Vox. Grabación; texto de Huidobro en francés.

Vila, Cirilo. 1992. "Il Départ". En *Retrospectiva de la música vocal chilena: Tercer concierto*. [Sin lugar: sin editorial]. Grabación; texto basado en "Départ" de Huidobro de sus *Poemas árticos*.

Weinberger, Eliot. 1979. "Huidobro: Poetry of the Skies = Huidobro: Poesía de los cielos". En *Twentieth Century Poetry* = Poésia del siglo veinte. Princeton, NJ.: Films for the Humanities. Película con cassettes. Narración en inglés, 18 min.; Narración en castellano, 20 min.

Contribuidores

Luis Correa-Díaz, miembro correspondiente de la Academia Chilena de la Lengua, poeta y profesor de Digital Humanities y Human Rights en la University of Georgia, EE.UU. Autor de varios libros y artículos críticos. Ultimamente destacan a) "Muestrario de poesía digital latinoamericana" para *AErea, Revista Hispanoamericana de Poesía* (2016); b) el e-book colectivo *Poesía y poéticas digitales/electrónicas/tecnos/New-Media en América Latina: Definiciones y exploraciones* (2016), y c) *Novissima verba: huellas digitales/cibernéticas en la poesía latinoamericana* (2018). Entre sus poemarios: *impresos en 3D* (2018), *clickable poem@s* (2016), *Cosmological Me* (2010 y 2017). Miembro del comité editorial de diversas revistas profesionales europeas, latinoamericanas y estadounidenses. Profesor visitante en: State University of New York—Albany; Instituto Iberoamericano—Berlín, Gemany; Pontificia Universidad Católica de Chile; University of Liverpool, England; Universidad de Playa Ancha, Valparaíso, Chile.

Felipe Cussen es doctor en Humanidades por la Universitat Pompeu Fabra e investigador del Instituto de Estudios Avanzados de la Universidad de Santiago de Chile. Sus investigaciones se sitúan en la literatura comparada, especialmente la literatura experimental, las relaciones entrepoesía y música, y la mística.

Greg Dawes es un profesor distinguido de Literatura y Cultura Latinoamericanas en la North Carolina State University, EE.UU. Estudioso de la poesía latinoamericana, ha publicado cuatro libros: *Aesthetics and Revolution: Nicaraguan Poetry, 1979-1990* (Minnesota); *Verses Against the Darkness: Pablo Neruda's Poetry and Politics* (Bucknell); *Poetas ante la modernidad: las ideas estéticas y po-*

líticas de Vallejo, Huidobro, Neruda y Paz (Fundamentos); y *Multiforme y comprometido: Pablo Neruda después de 1956* (RIL Editores). Actualmente trabaja en un libro sobre Pablo Neruda y Walt Whitman. Es editor y fundador de *A Contracorriente*, una revista de estudios latinoamericanos, y editor y fundador de la Editorial *A Contracorriente*.

CECILIA ENJUTO-RANGEL es profesora asociada de español en el Departamento de Lenguas Romances de la University of Oregon, EE.UU. Su primer libro es *Cities in Ruins: The Politics of Modern Poetics* (Purdue University Press, 2010). Ahora trabaja en su segunda monografía *Through Children's Eyes: Remembering a History of Wars and Dictatorships in Spanish and Latin American Film and Literature*, y también en *The Transatlantic Studies Reader: Latin America, Africa and Iberia*, coeditado con Faber, Newcomb y García-Caro (bajo contrato con Liverpool University Press).

CEDOMIL GOIC es el Domingo Faustino Sarmiento Professor Emeritus en la University of Michigan. Fue el director-fundador de la *Revista Chilena de Literatura* (1970), *Anales de Literatura Chilena* (2000-2008), Director de *Taller de Letras* (1972-1976). Autor de *La poesía de Vicente Huidobro* (1956, 1974), *La novela chilena. Los mitos degradados* (1968), *Historia de la novela hispanoamericana* (1972, 1980), *Novela de la revolución mexicana* (1983), *Los Mitos Degradados. Ensayos de comprensión de la literatura hispanoamericna* (1992), *Historia y crítica de la literatura hispanoamericana*, 3 vols. (1988-1991), *Letras del reino de Chile* (2006), *Brevísima relación de la historia de la novela hispanoamericana* (2009), *Bibliografía de Autores Chilenos de Ascendencia Croata* (2012), *Estudios de poesía* (2012), *Vicente Huidobro. Vida y Obra, Las variedades del creacionismo* (2012). Es autor de diversas compilaciones y de ediciones importantes de Vicente Huidobro y Gabriela Mistral y de más de un centenar de artículos.

OSCAR SARMIENTO es el traductor de *La República de la Poesía* (Mago Editores, 2007). Su libro *El otro Lihn: la práctica cultural de Enrique Lihn* fue publicado por University Press of America en 2001. Artículos suyos sobre literatura latinoamericana se han publicado en diversas revistas especializadas. Fue por seis años el editor del capítulo dedicado a la poesía chilena del *Handbook of Latin American Studies* de la Biblioteca del Congreso de los Estados Unidos. Es professor titular del Departamento de Lenguas Modernas de la Universidad Estatal de Nueva York, en Potsdam. Es también co-editor de la sección de poesía de la revista literaria *Blueline*.

Durante treinta años DAVE OLIPHANT estuvo asociado con la Universidad de Texas en Austin, EE.UU., de donde se jubiló como *senior lecturer* en 2006. Su interés en la antipoesía de Nicanor Parra empezó en 1965 cuando leyó su obra y conoció a Parra personalmente en su casa en La Reina en Santiago de Chile. En 2009 la traducción de Oliphant del *Discursos de sobremesa* de Parra apareció como *After-Dinner Declarations*, la cual ganó el premio para traducción del Instituto de Letras de Texas.

FERNANDO PÉREZ VILLALÓN es doctor en Literatura Comparada por la Universidad de Nueva York y académico de la Universidad Alberto Hurtado en Santiago, Chile. Ha publicado varios libros de poemas y libros-objeto, una colección de traducciones de poesía china clásica (*Escrito en el aire*, 2013), el ensayo *La imagen inquieta: Juan Downey y Raúl Ruiz en contrapunto* (2016) y numerosos textos críticos. Forma parte del proyecto de poesía y música "Orquesta de poetas".

ROSA SARABIA es profesora titular en el Departamento de Español y Portugués en la Universidad de Toronto. Ha publicado varios artículos y capítulos de libro sobre poesía visual, arte y literatura de vanguardia, ficción detectivesca cubana y obras de mujeres latinoamericanas. Es autora de *Poetas de la palabra hablada. Un estudio de la poesía hispanoamericana contemporánea* (1997) y *La poética visual de Vicente Huidobro* (2007). Es co-editora de *Futurism in Latin America. International Yearbook of Futurism Studies* (2017).

LAURA D. SHEDENHELM es una bibliotecaria en la Universidad de Georgia. Ella tiene una maestría en literatura latinoamericana, con una especialización en América Central. Actualmente está escribiendo su tesis doctoral sobre la narrativa de los migrantes centroamericanos.

CHRISTOPHER TRAVIS lleva 16 años como profesor en Elmhurst College en Chicago, EE.UU., dónde enseña clases de cultura y literatura latinoamericana en la Facultad de Lenguas. Es autor de varios artículos sobre la poesía chilena y mapuche, estudios ecocríticos y medioambientalistas de autores latinoamericanos, y el libro *Resisting Alienation: The Literary Work of Enrique Lihn* (Bucknell UP, 2007). Actualmente trabaja en un manuscrito sobre poesía latinoamericana de mujeres y el medioambiente.

SCOTT WEINTRAUB es un profesor asociado en la University of New Hampshire. Es autor o co-editor de más de diez libros y números especiales de revistas académicas, incluso a varios libros sobre el poeta chileno Juan Luis Martínez y las poéticas digitales latinoamericanas. Ha publicado artículos en revistas arbitradas en Estados Unidos, Canadá, América Latina y Europa; también ha editado varios números especiales de, y dossiers en, revistas académicas sobre temas tales como la relación problemática entre la literatura y la filosofía en España y América Latina, la poesía vanguardista, y la literatura electrónica en Latinoamérica, España y Portugal.

BRUCE DEAN WILLIS (con doctorado de la Universidad de Virginia) es profesor de Letras Latinoamericanas en la Universidad de Tulsa, EE.UU. Autor de monografías de literatura comparada (poética de Vicente Huidobro y Mário de Andrade; el cuerpo en la literatura latinoamericana de vanguardia), publica y presenta activamente. Ha sido académico asociado del Instituto de Estudios Latinoamericanos en Londres, Reino Unido, y co-recipiente de una beca del Departamento de Estado para Brasil. Su investigación actual trata la literatura mexicana contemporánea.

www.ingramcontent.com/pod-product-compliance
Lightning Source LLC
Chambersburg PA
CBHW021830220426
43663CB00005B/192